인문학 기초강의

강태규

박영사

머리말

내가 나를 아끼지 않으면 다른 사람들도 아껴주지 않으며, 진정으로 나를 아끼는 사람은 다른 사람들도 아껴주는 사람이다.

　이 글을 시작하기 전에 여러분에게 먼저 묻고 싶습니다. 여러분은 이 글을 읽고 있는 이 순간 아무런 고민 없이 평안합니까? 그리고 내일 또다시 다가올 행복에 대한 기대로 마음이 설레고 있습니까? 아마도 이 질문들에 긍정적으로 대답할 사람들은 많지 않을 것입니다. 그렇기에 이 책을 선택한 독자도 많을 것입니다. 분명 우리 주변의 세상은 더욱 좋아지고 있다고 하는데, 왜 우리 일상생활은 갈수록 걱정이 더 많아지고 또 힘들어진다고 느껴질까요? 오늘날 교통과 통신이 발달하면서 세상은 더욱 가까워지고 있는데, 우리는 왜 오히려 더욱 외롭다고 느껴질까요? 현대인들이 이처럼 외롭고 힘들다고 느끼고 있는데, 세상은 그저 제 갈 길로 마냥 가고 있는 것 같습니다. 그렇다 보니 지금 세상은 도대체 어디로 가고 있는 것인가? 나는 이런 세상에서 과연 어떻게 살아가야만 할 것인가? 고민하게 됩니다. 그래서 이런 고민을 해결하고자 관련된 서적들을 뒤적이게도 되고, 또 유명 강사의 강의나 강연도 듣게 됩니다. 그렇게 여러분은 인문학에 다가가기 시작했던 것입니다.

　그렇습니다. 오늘날 인간 문명은 인간 스스로 예측하기 어려울 정도로 급속도로 발전하고 있습니다. 과학기술의 발달에 따른 산업화와 근대화 이후 20세기 후반부부터 급속도로 진행되고 있는 정보화와 세계화, 그리고 최근의 정보통신기

i

술(ICT)의 융합을 통한 AI(인공지능), 빅 데이터 분석, 로봇공학, 사물인터넷, 무인 운송 수단(무인 항공기, 무인 자동차), 3차원 인쇄, 나노 기술 등의 분야에서 최첨단 기술이 빠른 속도로 발달하면서 이제 4차 산업혁명 시대로 진입하게 되었으며, 이에 따라 우리 인간들의 생활도 더욱더 편리하고 풍요로워지고 있습니다.

하지만 이와 같은 인류 문명의 진보는 그에 못지않은 많은 후유증을 낳고 있습니다. 산업화, 도시화에 따른 빈부 격차와 산업공해로 인한 생태계의 파괴 등은 말할 것도 없으며, 지구촌 곳곳에서 벌어지고 있는 인종 갈등, 이념 갈등, 종교 갈등, 남녀 갈등, 세대 갈등 등으로 인간들의 생활은 안전과 평화로부터 점점 더 멀어지고 있다고 하겠습니다. 특히 강대국들의 핵무기 경쟁과 과도한 화석연료 사용에 따른 이상기후는 이미 인류와 지구촌 생존에 가장 큰 위협으로 상존하고 있습니다.

아울러 도시화, 자동화, 디지털화 등에 따른 생활환경의 변화로 인해, 가족이나 이웃, 지역사회 등에서 전통적인 인간관계가 해체돼가면서 일상생활에서 개인들의 소외는 갈수록 심화하고 있는 한편, 학교나 직장, 지역사회 등 사회생활에서 부와 명예, 권력 등을 확보하기 위한 서로 간의 경쟁은 더욱 첨예화되어가면서 조울증이나 공황장애 등 정신장애를 겪고 있는 인구가 급증하고 있습니다.

그래서 우리는 도대체 왜 이런 일들이 벌어지고 있으며, 이와 같은 세상에서 우리는 어떻게 살아가야만 할까를 때론 궁금해서, 때론 절박한 심정으로 알아보고자 관련 서적을 읽거나 전문가들의 얘기를 들어보게 되었던 것입니다. 하지만 좀 더 깊이 알고자 하면 할수록, 이런 문제들을 다루고 있는 서적들의 내용이나 용어의 많은 부분이 이해하기 어려울 뿐만 아니라, 설혹 이해되는 부분이나, 동의하는 부분이 있다 하더라도, 서로 생각이나 주장이 다른 다양한 논의들 가운데서 선택의 어려움을 겪기도 했을 것입니다.

인문학 기초강의는, 이처럼 갈수록 복잡해지고 혼란스러워지는 세상에서 우리 자신과 우리를 둘러싼 세상에 대해 제시하고 있는 동서고금의 수많은 지식과 논의들, 특히 인문학적 지식에 대해 여러분이 그 내용과 논의에 대해 좀 더 잘이해하고, 분류할 수 있도록 사전에 알아두어야만 할 공통의 준비사항들과 각 분야나 주제별 논의의 핵심 사항들을 정리하여 제시함으로써, 여러분들이 인문학적 지식에 좀 더 가까이 다가갈 수 있도록, 그리고 이를 통해 각자 자기의 삶을 좀 더 평안하고 풍요롭게 살아가기 위한 대안들을 스스로 찾아갈 수 있도록 도움을 주기 위해 작성되었습니다.

따라서 이제 막 인문학에 들어서는 초심자들뿐만 아니라 이제까지 인문학의 각 분야나 주제들에 대해 자기 나름으로 열심히 천착해 들어가고는 있으나, 아직도 제대로 이해가 안 되는 부분이 많거나, 논의들에 대한 분류와 정리가 잘 안되고 있는 독자들은 본 강의서에서 제시하고 있는 관련된 내용이나 특정 주제를 찾아 참고하길 바랍니다. 아울러 논술시험을 준비하고 있는 대입 수험생들이나 대학에서 교양이나 전공의 기초과목으로 인문학 분야의 과목을 수강하고 있는 대학생들에게도 매우 유용한 안내서의 역할을 하게 될 것입니다. 다만 이 책에서 제시하고 있는 내용 대부분이 관련된 분야 또는 주제에 대한 핵심적인 부분이나 용어들을 중점적으로 정리해서 소개하고 있는 까닭에, 그 내용을 잘 이해하고 파악하기 위해서는 여러분들이 가전제품의 사용 설명서를 읽을 때보다는 좀 더 찬찬히 생각해가면서, 그리고 주의 깊게 읽어야만 한다는 점을 강조하고자 합니다. 아울러 본서는 이처럼 진지하고도 심각한 주제들에 대해 여러분들이 나와 내 주변 사회의 문제들로 여겨, 좀 더 편안하게 다가갈 수 있도록, 여러분들이 일상생활에서 겪게 되는 다양한 경우들을 대입해서 생각해볼 수 있도록, 관련된 질문들을 필요한 부분에 마련하여 제시하였으며, 딱딱한 공부가 아닌 편안하게 강연을 듣거나, 대화를 나누고 있는 것처럼 느낄 수 있도록 문체도 대화체를 사용하였습니다. 아울러 전문적인 연구서가 아닌 인문학 안내서이기에 주(註)가 필요한 경우 그 내용을 본문에 풀어서 담는 방식으로 기술하였으며, 다만 직접적으로 인용한 내용에 대해서는 본문에 그 출처를 밝혀 놓았습니다.

아울러 광범위한 인문학 분야에 대해 좀 더 쉽게 접근할 수 있도록 책의 전체 구성을 핵심 주제에 따라 6개의 분야로 나누어 단계적으로 제시하였습니다. 먼저 제1부에서는 인문학에 대한 이해라는 주제로 인문학에 다가서기 위한 분야로 인문학 안내와 인문학 준비, 인문학 실천 등을 다루고 있으며, 제2부에서는 인간에 대한 이해라는 주제로 인문학의 주요 분야인 철학, 역사, 예술, 문명, 종교 등을 제시하고 있는데, 다만 오늘날 과학 발전이 우리의 삶에 미치는 영향이 지대한 까닭에 과학 분야도 포함하게 되었습니다. 제3부에서는 사회와 자연에 대한 이해라는 주제로 인간관계, 소통과 매체, 사랑, 갈등과 평화, 전통과 시대 변화, 자연과 생태 등의 분야들에 대해, 제4부에서는 정치이념에 대한 이해라는 주제로 시민사회와 시민의식, 정치이데올로기, 민주주의, 자본주의, 사회주의 등 오늘날 사회생활에 영향을 미치는 주요 정치이념들에 대해서, 그리고 제5부에서는 연구 방법에 대한 이해라는 주제로 우리 자신과 세계를 이해하기 위한 대표적인 연구방식들로서 과학적 연구 방법과 변증법을 다루고 있습니다. 그리고 부록에서는 인문학 연구에 따르는 대화와 글쓰기를 제대로 해나가기 위한 제안 사항들을 제시하였습니다.

한편 책을 읽어나갈 때 순서에 따라 읽어나가면서 전체 내용을 체계적으로 이해하면서 정리할 수 있도록 편성은 하였지만, 각각의 장에서 제시하고 있는 개별 주제들에 관한 개인적 관심도에 따라 순서와 관계없이 별도로 읽어나갈 수 있도록, 각 장의 주제와 관련된 내용들이 약간씩은 중복해서 설명되고 있다는 점을 미리 밝혀둡니다.

그리고 이 책 끝에서 제시하고 있는 추천 도서들은 이 책과 직접적으로 관련되는 내용을 담고 있는 것들도 있지만, 인문학 전반에 대한 이해나 인식의 제고를 위해 도움이 된다고 판단되는 책들도 선정했으므로, 이점을 참고해서 본인의 관심 분야에 따라 선택해서 읽어보길 권장합니다. 아울러 선택의 편의를 위해 서명을 맨 앞에 기재했음을 참고하길 바랍니다.

이제 이 책의 완성도를 높이는 과정에 도움을 준 분들에 대한 고마움을 전하고자 합니다. 먼저 인생과 학문의 선배로서 평소 후학들에게 모범을 보여주셨을 뿐만 아니라, 정년 퇴임 이후에도 한나 아렌트(Hannah Arendt)의 정치철학에 관한 연구와 저서들에 대한 번역 작업으로 바쁜 와중에도 이 책의 구성과 내용에 대한 전반적인 감수를 꼼꼼하게 해주신 홍원표 박사님(전 한국외국어대학교 미네르바교양대학 학장)께 존경의 마음과 함께 감사를 드리고자 합니다. 그리고 웹툰

PD로서 바쁜 직장생활을 하고 있는 어려운 여건에서도 초고를 점검해주고 또 문체와 관련된 적절한 조언을 해준 사랑하는 딸 인정에게도 고마움을 전합니다. 아울러 누구나 어린 시절 한 번쯤은 독서와 사색의 생활을 꿈꾸었을 것이고, 그런 삶이 이 책에서 강조하는 바이기에, 비록 본인이 11살 때 그린, 그래서 조금은 서툰 그림이지만 이 글 밑에 나오는 삽화로 넣고자 하는 의도를 이해하고 허락해준 사랑하는 아들 인준에게도 고마운 마음을 전합니다. 그리고 무엇보다 출간 제안을 흔쾌히 받아주었을 뿐만 아니라, 치밀하고도 신속한 교정과 편집으로 이 책이 예상보다 빨리 세상에 나올 수 있도록 배려해준 도서출판 박영사 임직원 여러분께 감사의 마음을 드립니다.

끝으로 인문학을 공부하고 연구한다는 것은 사실 자신과 주변 세상을 좀더 잘 들여다봄으로써 이를 통해 자신과 세상을 제대로 파악하기 위한 것이기에, 이 강의서가 그런 여러분들의 '나와 세상을 찾아 나서는 여행길'에서 여러분들이 길을 잃지 않도록 친절하고 유익한 길라잡이의 역할을 하는 안내서가 될 수 있길 기대합니다.

가평(加平) 서재에서 지은이

차 례

제1부

인문학에 대한 이해

제1장 인문학 안내

제2장 인문학 준비

제2부

인간에 대한 이해

제3부
사회와 자연에 대한 이해

제10장 인간관계

제11장 소통과 매체

제12장 사랑

제4부

정치이념에 대한 이해

제5부

연구 방법에 대한 이해

인문학에 대한 이해

제 1 장

인문학 안내

1. 왜 인문학에 대한 안내가 필요할까요?

우리는 살아가는 동안 힘든 일을 겪거나 괴로울 때, 또는 왜 살아야 하는지 모르거나 어떻게 살아가는 것이 잘 사는 것인지 알고 싶을 때, 아니면 누구도 피해 갈 수 없는 죽음이나 고통스러운 질병을 맞이하게 될 때, 그리고 주변 세상에서 서로 다투거나 싸우는 일들이 끊임없이 벌어지는 것에 의문이 들 때 등등 누구나 불현듯이 아니면 매우 절실하게 자신이나 세상의 존재와 삶에 대해 생각해 보게 됩니다.

예컨대 이처럼 고민하는 나 자신은 과연 누구인가? 그리고 왜 태어났으며, 또 어떻게 살아가야만 하는 걸까? 내가 살아가고 있는 이 세상은 어떻게 만들어졌으며, 지금 도대체 어떻게 돌아가고 있는 것이며, 앞으로는 과연 어떻게 변화돼갈까? 이와 같은 나 자신과 세상에 대한 궁금증이 이어지게 된다는 것입니다. 그런데 이런 문제들을 진지하게 생각하면 할수록 우리는 나와 세상을 좀 더 잘 알게 되는 것이 아니라, 오히려 더욱 답답해지면서 혼란스러움만 가중됨을 겪게 됩니다. 그래서 관련된 책자들을 찾아보거나 유명한 지식인들의 강의나 강연도 들어보게 됩니다.

하지만 관련된 글을 읽거나 설명을 듣게 될 때 처음에는 그럴듯하게 들리면서 뭔가 알 것 같은 내용들이, 좀 더 깊숙이 생각해볼수록 점점 더 어려워지는 것을 느끼게 될 뿐만 아니라, 오히려 일상적으로 잘 알고 있다고 생각했던 문제들조차 이제는 더 이상 쉬운 문제가 아니라는 것을 실감하게 됩니다. 우리가 일상적으로 자주 쓰고 있는 사랑, 우정, 행복, 의리, 정의, 자유, 평화, 평등, 갈등, 용서, 충성, 효도, 자비 등과 같은 말들을 조금만 깊이 생각해보게 되면 그 의미 파악이 점점 더 어려워진다는 점을 금방 동의하게 될 것입니다. 이제까지 잘 알고 있다고 생각해서 스스럼없이 쉽게 사용했던 용어들인데, 막상 좀 더 진지하게 각각의 용어의 진정한 의미에 대해 알아보려고 하니, 관련 전문 학자들의 보충 설명 없이는 쉽지 않다는 점을 새삼 깨닫게 된다는 것입니다. 다시 말해 우리의 일상생활을 포함해서 어느 분야나 좀 더 깊이 있게 알고자 하면, 오랜 기간에 걸친 체계적이고 전문적인 연구나 공부가 필요하다는 것입니다.

그렇습니다. 일상적으로 사람들과 어울리며 사회생활을 하고 있다고 해서 누구나 사회학자라고 할 수는 없으며, 생활 속에서 자주 물건을 사고팔며, 저축도 하고 또 투자도 한다고 해서 그 사람이 곧바로 경제학자가 될 수는 없는 것입니다. 또 수시로 동네 앞산을 오른다고 해서 쉽게 산악인이라고 일컬을 수도 없을 것입니다. 다시 말해 어느 분야나 그 분야의 관련 학자나 지식인들이 특정 분야의 전문적인 수준의 지식을 습득해서 정리하기까지는 그 분야에 대한 오랜 기간의 공부나 훈련, 또는 관찰과 분석 등을 통한 연구 과정을 거쳐야만 한다는 것입니다. 따라서 그와 같은 공부와 연구 과정을 거친 학자나 전문가가 정리, 발표한 내용들을 초심자들이 곧바로 쉽게 접근한다는 것은 쉬운 일이 아니기에, 예컨대 관련된 용어나 이론들에 대한 사전 이해부터 필요하다는 것입니다.

따라서 아직 어린 청소년들은 말할 것도 없고, 비록 오랜 기간 인생을 살면서 자기의 삶과 세상사에 대해서 본인 나름으로 진지하게 관조해왔다는 노인들조차 전문 학자들이나 사상가들이 제시하는 존재와 생명 등에 관한 의미들을 곧바로 파악하기란 어려운 일일 수밖에 없습니다. 이것이 우리가 소위 인문학이라는 분야를 막상 접하게 될 때 오히려 어려움과 답답함을 더욱 느끼게 되는 가장 큰 이유라고 하겠습니다.

즉 높고 험한 산일수록 곧바로 등반하기에 앞서, 좀 더 치밀하고 철저한 사전 준비가 필요하며, 이를 위해서는 특정 산에 대한 기본적인 지식은 물론이거니와 등산 일반에 대한 전반적인 지식과 기초적인 훈련이 선행되어야 하듯이, 비록 우리가 일상적으로 실제 살아가고 있는 우리 자신의 인생과 삶의 터전이라고 해도 이와 관련된 인문학적 지식을 이해하고 파악하기 위해서는, 관련된 전문 지식에 접근하기에 앞서 이 분야에 대한 전반적인 기초 지식과 인식 방법에 관한 사전 공부와 훈련이 필요하다는 것입니다.

그렇다고 해서 인간의 본성이나 주변 사회에 대해 성찰하는 것을 철학자나 위인 등 소수 엘리트만의 특권이라고 여겨서도 안 됩니다. 왜냐하면 이 세상에 존재하면서 잠시라도 살아가고 있는 이상, 모든 생명체는 그 자체만으로도 존재 가치를 인정받아야 하며, 그 생활도 존중되어야 하기 때문입니다. 하물며 만물의 영장이라고 일컬어지는 인간의 경우 현재 그 모습이나 생활이 아무리 비루하고 초라하게 보이는 경우라 할지라도 인간이라는 그 자체만으로도 위대하고 고귀한 존재이기에, 어떤 누구로부터도 무시당하거나 차별받아서는 안 될 뿐만 아니라, 오히려 어떤 무엇보다도 귀중하게 대접받아야만 한다는 것입니다. 따라서 우리는 모두가 고귀한 존재인 만큼 각자 자신의 존재와 삶을 무엇보다 아끼고 사랑하는 마음으로 살아 나아가야 하며, 그러기 위해서는 자신의 존재와 삶에 대해, 그리고 자신을 둘러싼 세상에 대해서 누구나 예외 없이 진지하게 성찰할 수 있어야 한다는 것입니다.

하지만 우리는 평소 일상생활 속에서 자신의 존재에 대해 진지하게 생각하고 있다기보다는, 어쩌다 다른 사람으로부터 무시당하거나 차별받고 있다고 여길 경우나, 또는 그로 인해 모욕감이나 비참함 등을 느끼게 될 때 비로소 자신의 존재를 생각하게 되며, 그에 따라 자신에게 화를 내거나 상대방에게 대들기까지 합니다. 그만큼 우리 대부분은 평소에는 자기 자신에 대해서 너무 무관심하거나, 또는 다른 사람들의 평가에만 집착하면서 살아가고 있는 경우가 많다고 하겠습니다. 그리고 그런 자기 자신에 대해서 답답해하거나 진지하게 반성하고 있지도 않습니다. 여러분은 어떻습니까? 여러분도 설마 앞서 설명한 바와 같이 지식인들이나 성인(聖人)들만이 인간으로서 존재 가치가 있고, 따라서 그렇기에 그들이 인간 본성에 대해서 성찰하거나, 바람직한 삶을 추구하는 것은 당연하고, 보잘것없는 자신은 그럴 만한 가치조차 없다고 여기고 있는 것은 아니겠지요?

그렇습니다. 누구에게나 삶은 소중한 것이며, 따라서 보다 바람직한 삶을 추구하고자 하는 것은 어떤 누구라도 존중받아야 할 권리이자 의무이기까지 한 것입니다. 그런데도 사람들 대부분은 다른 사람들, 예를 들자면 부모나 사회의 기성세대들이 제시하고 있는 삶의 궤적을 따라 흉내내며 살아가기 바쁘거나, 아니면 자신의 본능적인 욕구나 욕망에만 사로잡혀 기계적으로 살아가고 있거나, 또는 다른 사람들로부터의 평가에만 연연하면서 진정한 자신의 모습을 못 찾고 있다고 하겠습니다.

예컨대 병원 산부인과에서 태어나면 곧바로 산후조리원을 거친 후 얼마 지나지 않아 유아원이나 어린이집에 다녀야 하고, 8살 즈음에는 초등학교에 입학해서 졸업하면 중학교, 그리고 이어서 고등학교까지 마치게 되면, 또다시 대학에 들어가는 것을 당연하게 받아들이는 사회 통념에 따라 점수에 맞춰 대학을 선택하게 됩니다. 대학 입학 후에도 졸업 후 남들이 그나마 인정해주는 직장에 취직하기 위한 공부에 매달려야만 하고, 그렇게 해서 대학 졸업 후 다행히 취직했더라도, 이내 곧 남들이 인정해줄 만한 조건을 갖춘 상대를 선택하여 결혼할 것이며, 이어서 자식을 낳아야 한다는 주변 성화에 따라 아이를 낳게 됩니다. 이후에는 그 아이를 자신이 걸어온 인생에 맞춰 똑같이 학교에 보내고, 취직 뒷바라지까지 한 후에 결혼까지 시키면 어느새 빨리 아이를 낳아야 한다고 자식에게 성화하는 본인의 모습을 보게 될 것입니다. 그런 본인의 모습이 그려지나요? 그리고 그런 인생에 만족하시나요?

어떤 순간에 이와 유사한 인생을 살아가고 있는 본인의 모습을 보면서, 이렇게 사는 것이 과연 바람직하게 사는 것인가에 대해 회의를 느끼게 되면서, 마침내 앞서 설명했다시피 인문학에 들어서게 되는 것입니다. 그렇다면 과연 인문학이란 어떤 학문이며, 정말 여러분에게 올바른 삶의 대안을 제시해 줄 수 있을까요?

2. 그렇다면 인문학이란 어떤 분야일까요?

학문적 정의에 따르자면 인문학이란 인간 자신과 온 우주를 포함한 주변 세계에 대해 그 존재의 본질과 의미 그리고 그 역사와 상호 간의 관계를 탐구하는 학문 분야라고 할 수 있으며, 이 분야에는 철학, 종교학, 역사학, 인류학, 문학, 예술 등이 해당한다고 하겠습니다. 하지만 이와 관련된 기본적인 내용들은 고등학교 과정까지의 인문, 사회 분야 학습을 통해 이미 어느 정도까지는 여러분들이 배워 알고 있다고 할 수 있겠습니다. 그런데도 새삼 이 시점에서 인문학에 대한 사전 안내와 훈련이 필요한 이유는 무엇일까요?

우선 고등학교 과정까지 배운 내용은 사회의 구성원으로서 갖추어야 할 기본 인성과 사회관, 국가관 등에 맞추어 이 분야 전문 학자나 교육정책 담당자들의 대략적 합의에 따라 정해진 교과과정에 의해 마련된 것이라고 할 수 있겠습니다. 다시 말해 오늘날 사회구성원으로서 공동체의 다른 사람들과 함께 살아가는 데 필요하다고 판단되는 최소한의 기본적인 내용들을 정리하여 교과서에 제시된 것들을 배운 것이라는 점입니다. 따라서 이 내용들에는 최소한 세 가지 점에서 문제와 한계가 있다고 할 수 있습니다.

첫 번째는, 모든 사회구성원이 합의한 최종적인 교육지표란 존재할 수도 없지만, 존재해서도 안 된다는 것입니다. 우리는 각자 자신이 처한 상황이나 추구하는 목적에 따라 다양한 삶의 지표를 갖게 됩니다. 즉 하나의 삶의 방식만이 있을 수는 없으며, 어쩌면 각자의 모습과 개성이 다른 만큼의 다양한 삶의 모습들이 있다고도 볼 수 있겠습니다. 그렇다고 모든 삶의 지표들과 모습들을 전부 다 배울 수는 없기에, 우리는 기존 교과서를 통해서 오늘날 공동체 내에서 다른 구성원들과 갈등 없이 더불어 살아가는 데 필요하다고 판단되는 최소한의 합의된 인성과 사회 가치의 지표만을 기본적으로 배웠을 뿐이라는 것입니다.

둘째로는 사람은 누구나 자기의 외모나 능력, 그리고 처한 여건과는 관계없이, 누가 뭐라고 해도 그저 살아가고 있다는 그 자체만으로도 그 존재 가치를 인정받고 존중받아야 한다는 것입니다. 즉 특정 개인의 삶의 모습이 그 사회에서 요구하는 기본적인 인성과 사회관, 국가관과 다르다고 해서, 그로 인해 공동체의 안위에 위협이 되거나, 다른 사람의 인생과 사회생활에 직접적인 피해나 불이익을 주지 않음에도 불구하고, 그 공동체나 다른 사람으로부터 무시당하거나 차별받아서는 안 된다는 것입니다. 우리는 결코 완벽한 삶의 모습을 알 수 없으며, 설혹 있다고 해도 그 기준을 절대로 강요해서도, 강요받아서도 안 되는 것입니다.

셋째, 우리의 삶은 주변 환경의 변화와 도전, 그리고 이에 대응하는 인간 능력의 변화에 따라 끊임없이 달라지고 있다는 것입니다. 선사시대 인간들의 삶의 모습과 문명시대의 모습은 너무나 다르며, 또 근대 산업화시대 이전과 이후의 모습도 너무 다릅니다. 특히 오늘날 4차 산업혁명의 시대를 맞이하고 있는 우리들의 삶의 모습은 그야말로 하루가 다르게 급변하고 있다고 하겠습니다. 따라서 시대 변화에 따라 그에 요구되는 인간관과 세계관도 달라질 수밖에 없는 것입니다.

그렇다면 우리는 이처럼 변화하는 주변 여건에 맞춰 어떻게 그에 맞는 본인의 삶의 가치와 세계관을 정립할 수 있을까요? 바로 이와 같은 점에서 인문학이 필요한 것인바, 문제는 인문학 역시, 어느 날 갑자기 완성된 형태로 정립된 것이 아니라, 인간과 주변 사회의 변화 과정, 즉 역사 과정을 겪으면서 시대와 지역에 따라 끊임없이 다양한 형태로 변화되어왔기에 이에 대한 사전 안내가 필요하다는 것입니다. 그렇다면 인문학은 어떤 과정을 거쳐 발전해왔을까요?

3. 인문학은 어떤 과정을 거쳐 형성되었을까요?

인문학의 역사를 개략적으로 제시하기에 앞서, 먼저 우리 인간은 다른 동물이나 생명체와는 달리 자의식을 갖고 있으며, 그와 더불어 보다 나은 삶을 추구하는 능력도 갖추고 있다는 점부터 강조해야 하겠습니다. 즉 인간은 주어진 자연환경이나 공동체에서 단지 본능적, 반사적으로 반응하고 적응하는 데 그치는 것이 아니라, 자신의 한계를 뛰어넘어 보다 안전하고 풍요로운 삶을 끊임없이 스스로 개척하고 누릴 수 있는 자질과 욕구를 소유하고 있다는 것입니다.

그래서 선사시대에는 자신의 생활에 필요한 도구들을 자연으로부터 만들어 내기 시작했으며, 고대 시대에 이르러서는 더욱 안전하고 편안한 삶을 확보하기 위해 주변의 자연환경을 관찰하게 되면서, 변화하는 자연환경의 이면에 어떤 질서가 있음을 밝혀내기 시작했던 것입니다. 하늘의 해와 달, 그리고 주요 별들의 운행을 관찰하면서, 예를 들면 계절의 변화에 따른 밤낮의 길이 차이, 조수간만의 차이, 건기와 우기의 도래에 따른 가뭄과 홍수의 가능성, 기온의 차이, 풍향의 변화 등을 알게 되었던 것입니다.

어떻게 보면 이와 같은 발견들은 오늘날 현대 사회에서는 누구나 당연히 아는 상식적인 지식이라고 할 수 있겠지만, 자연의 변화에 따라 심각한 생존의 위협을 겪었던 고대사회에서는 그야말로 자연의 위협에 조금이라도 대처할 수 있는 매우 놀라운 발견들이라고 하겠습니다. 우리가 알고 있는 고대 문명의 발상은 바로 이와 같은 자연의 관찰을 통한 자연 질서의 발견으로부터 비롯되었던 것입니다. 특히 B.C. 5세기를 전후한 시점에 이르러 지금의 중동지역과 인도, 그리고 중국의 각 문명 지역에서 이와 같은 자연 질서에 대한 지식을 바탕으로 자연은 물론 인간 자신의 본성에 관한 성찰과 이에 따른 바람직한 사회생활을 탐구하려는 철학자들이 등장하게 되면서 본격적으로 인문학의 시대가 열리게 됩니다.

그리고 이와 같은 인문학은 서구의 경우 고대 그리스와 로마 시대까지 활발히 논의되다가 중세 봉건시대에 들어서면서 장원의 폐쇄성과 기독교 세계관의 영향에 따라 소위 '암흑시대'라고 불리는 오랜 기간의 침체 시기를 겪게 됩니다. 그러다가 11세기 말부터 십자군원정이 벌어지면서 중세의 정신적, 지정학적 폐쇄성이 붕괴하기 시작하였으며, 이후 그에 따른 여파로 르네상스와 종교개혁을 거치게 되면서 르네상스(Renaissance)라는 말뜻 그대로 인문학의 부활, 복고가 나타나게 됩니다. 다시 말해 고대 로마 시대 인문학을 구성하고 있었던 소위 4

과라고 불리는 음악과 기하, 산술, 천문 등과 함께, 3학이라 일컫는 문법과 수사학 그리고 논리학 등의 부활을 일컫는다고 하겠습니다.

특히 15세기 중반 동로마의 멸망 이후 그 지역에 남아있던 고대 그리스, 로마 시대의 철학서들이 유입, 번역되고, 또 중동지역으로부터 들여온 연금술과 점성술의 영향으로 실험과 관찰에 의한 자연과학의 발달, 즉 과학혁명이 시작되면서 기존 기독교의 신 중심적인 세계관이 붕괴하기 시작하였습니다. 이 과정에서 인간 이성에 기반한 계몽주의적 세계관이 등장하게 되면서, 자연에 대한 탐구를 통해 자연의 질서와 법칙을 발견했듯이 인간과 사회에 대한 탐구를 통해 인간의 본성과 사회 질서의 법칙을 찾아서 이를 사회, 특히 국가의 재구성에 접목하고자 하는 지적 운동이 활발하게 나타나면서 인문학은 근대 이후 오늘날까지 철학, 종교, 역사, 인류학, 예술 등의 범위를 넘어서 정치, 경제, 사회, 문화 등의 다양한 분야까지 지속해서 확장, 발전하게 되었던 것입니다.

한편 한국과 중국, 일본 등의 동아시아 전통사회에서도 중국의 춘추전국시대부터 문(文), 사(史), 철(哲) 그리고 예(禮), 악(樂), 다시 말해 문학과 역사, 철학과, 윤리와 도덕에 해당하는 예절, 그리고 음악을 대표로 하는 예술 등의 인문학을 익히는 것이 당시 지식인이라고 할 수 있는 선비들의 기본 소양 교육의 중심이 되었습니다. 특히 이와 같은 문, 사, 철의 핵심이 되는 교재인 사서삼경과 그에 대한 주해서, 그리고 사서(史書) 등이 관리로서 등용되는 과거시험의 출제 기준이 되었다는 것은 오늘날에도 시사하는 바가 매우 크다고 할 수 있겠습니다.

오늘날 세계화 시대의 가장 중요한 덕목은 각 지역의 서로 다른 문화들과 폭넓게 교류하는 과정에서 각각의 차이점들을 인정하는 한편, 이를 넘어서 인류의 보편적 가치를 추구하는 것이며, 이를 위해 먼저 서로 간에 역사와 문화의 다양성을 인정하고 포용하는 인식과 태도를 갖추는 것이 필요하다고 하겠습니다. 하지만 이를 위해서도 먼저 우리 자신과 우리 문화의 정체성부터 올바로 파악하여 정립하는 것이 선결 요건이라고 보겠습니다. 따라서 이 또한 우리가 앞으로 인문학 연구를 통해 추진해야 할 과제라고 하겠습니다. 그렇다면 인문학 공부는 어떻게 해나가야 할까요?

4. 인문학은 어떻게 공부해야 할까요?

산을 오를 때 사고 없이 정상까지 잘 오르기 위해서는 목표로 하는 산에 대한 충분한 사전 정보수집과 함께 현재 자신이 갖추고 있는 장비부터 점검하는 것이 필요하겠지만, 이것들보다 더 중요한 것은 정상까지 산을 오르기 위한 자신의 정신적 의지와 함께 이를 가능하게 하는 신체적인 능력부터 점검해보는 것이라고 하겠습니다. 마찬가지로 자신과 주변 세계를 제대로 파악하기 위해서는 자신과 주변 세계에 대한 기본적인 정보를 수집함과 아울러 이를 제대로 파악하기 위한 학문적인 인식 훈련이 요구되지만, 역시 이보다 더 중요한 것은 자신과 주변 세계에 대한 본인의 관심 정도와 이를 파악하는 데 요구되는 인식 태도와 수준부터 점검하는 것이라고 하겠습니다.

따라서 무엇보다도 먼저 자신부터 제대로 사랑하는 마음을 가져야 하며, 그 연장선에서 주변 세계에 대한 사랑도 가져야만 합니다. 그래야만 자신과 자신 주변 세계에 대해 보다 적극적인 관심을 가질 수가 있기 때문입니다. 아울러 자신이나 자신 주변을 있는 그대로 바라볼 수 있어야만 하며, 이를 위해선 마음의 문을 열고 자신이나 자신 주변 세계에 대한 선입관부터 내려놓아야만 합니다. 그리고 관찰이나 분석하는 과정에서 어떤 특정의 상황이나 관계일지라도 가능하면 관련된 다른 모든 부분까지 함께 종합적으로 점검할 수 있어야 합니다. 특히 관련된 상황이나 관계는 항상 합리적이며 인과적으로만 발생하거나 형성되는 것은 아니며, 때론 감정적이고 우연적인 측면이 작용할 수도 있다는 점도 고려해야만 할 것입니다.

무엇보다 인문학을 공부하는 과정에서는 관련된 내용들을 단순히 지식으로서 습득하여 이해하는 것에 그치는 것이 아니라, 인문학 공부를 통해 여러분 스스로 자기 자신과 주변 사회를 진지하게 돌아봄으로써, 향후 본인의 삶의 태도와 목표에 좀 더 긍정적, 적극적으로 다가갈 수 있는 기회를 마련해야겠다는 실천적인 접근 태도가 필요합니다.

다음으로 인문학 연구를 '깊이, 제대로' 해나가기 위해서는 관련된 다양한 분야에 대한 지식 습득과 인식 훈련을 '폭넓게' 해나가야만 한다는 것입니다. 예컨대 우리가 땅에 구덩이를 판다고 했을 때, 깊이 파기 위해서는 그만큼 폭넓게 파나가야만 그것이 가능하다는 것과 같은 이치라고 하겠습니다. 만일 그렇게 하지 않으면, 본인이 퍼낸 흙을 구덩이 밖으로 아무리 힘차게 내던진다고 해도, 어느 깊이에서부터는 내던진 흙덩이가 다시 제자리로 떨어질 수밖에 없으며, 아울러 깊이 팔수록 자신의 힘만으로는 그 구덩이에서 빠져나오지 못할 수도 있기 때문입니다. 그렇듯이 누구나 인생을 살아가면서 자신만의 인생관이나 세계관이 생기게 마련입니다. 더군다나 누군가 성공했다고 인정할 만한 성과를 거둔 사람의 인생관과 세계관은 많은 사람의 귀감이 되기도 합니다. 그러나 아무리 성공한 사람의 삶이라도 그 사람의 인생관과 세계관은 그 사람이 살아온 시대나 환경에 제한될 수밖에 없다는 것입니다. 즉 다른 시대나 환경 속에서 살아가게 될 후세대 사람들이 앞서 성공한 사람의 인생관과 세계관을 아무리 열심히 흉내낸다고 해도 똑같이 성공한다는 것은 거의 불가능하다는 것입니다.

특히 우리가 인생과 세상에 대해 학문적으로 접근한다는 것은 곧 개개인들의 개별적 인생 경험을 넘어서, 보편적이면서도 총체적인 삶의 의미와 세상 운영의 원리에 대한 지식을 추구한다는 것을 의미하기 때문에, 당연히 폭넓은 분야에 대한 인식 훈련이 필요한 것입니다. 또한 특정 분야의 학문 성과를 높이기 위해서는 관련된 주변 학문 분야들의 성과를 받아들여야만 하며, 바로 이 점에서 어느 학문에서나 그 토대로서 가장 중요하게 훈련해야 할 기본 분야가 바로 인문학에서 중요하게 다루는 존재론과 인식론이라고 하겠습니다.

아울러 앞의 두 목표를 충실히 수행하기 위해서는 관련된 지식인들과의 대화나 그들의 글에 대한 강독과 함께 그 과정에서 자연스럽게 떠오르는 본인의 생각들을 정리하기 위한 글쓰기 훈련도 충실히 해야 합니다. 그리고 스포츠나 연기에서도 훈련이나 연습을 충실히 하기 위해서는 그저 혼자서만 열심히 머릿속으로 하는 것보다는, 실제 현장에서의 훈련이나 연습 상대가 있는 것이 더욱 효과가 있듯이, 인문학적 소양을 높이기 위해서도 이미 앞서 이 분야에 대해서 고민했던 지식인들과의 대화나 그들의 관련 글들을 마치 그 지식인들과 대화한다는 자세로 읽어보는 과정을 통해 훈련하는 것도 필요합니다. 즉 막연한 사색을 통한 성찰의 한계를 극복하기 위해서는 본인의 생각들을 글로 정리해보는 훈련과 관련된 지식인들과의 직간접적인 대화를 통해 본인의 생각을 점검해보는 일련의 인식 훈련이 필요하다는 것입니다. 특히 인문학적인 학습과 훈련을 충실히 해서 그 성과를 제대로 거두기 위해서는 자신의 사색이나 성찰, 그리고 지식인들과의 직간접인 대화 등의 결과들을 단지 머릿속에 남겨두어서는 안 되며, 반드시 노트나 메모장에 글로써 필기해두어야만 합니다. 아무리 좋은 생각일지라도 머릿속에만 저장해둔다면 연기처럼 곧 사라질 뿐만 아니라, 제대로 된 생각인지 점검하기도 매우 어렵기 때문입니다. 그렇다면 인문학에 접근하기 위해서는 구체적으로 어떤 준비가 필요할까요?

5. 인문학 공부를 위해 어떤 준비를 해야 할까요?

우리가 등산하거나, 특정 유적지를 탐사할 때도 처음부터 무작정 곧바로 오르거나 둘러보는 것보다는, 그 산이나 유적지에 대해서 이미 잘 알고 있는 안내인으로부터 사전에 필요한 지식과 주의사항을 듣고 관련된 훈련까지 마친 후 오르거나 둘러보는 것이, 시행착오를 줄이면서 안전하게, 그리고 효율적으로 진행할 수 있듯이, 인문학에 제대로 접근하기 위해서도 관련된 논의에 대한 이해도를 높이기 위한 사전 준비가 필요합니다. 특히 인문학의 경우는 사전 준비가 필요한 보다 더 중요한 이유가 있습니다.

첫 번째는, 지식의 대상으로서 인문학에 접근하기에 앞서, 인문학의 각 분야에서 다루고 있는 내용들을 이해하기 위한 자신의 사전 지식과 인식의 수준을 점검해봐야 하기 때문입니다. 두 번째는, 논의의 내용이 직접적이고 구체적인 물질세계에 대한 것보다는 그 대부분이 피상적이고 추상적인 가치문제를 다루고 있기에, 사용되는 용어나 논의의 수준을 이해하고 파악하기 위한 사전 인식 훈련이 필요하기 때문입니다. 세 번째는, 다루는 연구 주제나 대상이 바로 우리 인간의 삶과 우리를 둘러싸고 있는 주변 세계와의 관계이기 때문입니다. 즉 각자 사는 모습이 다르듯이 그에 따라 바람직한 인간과 사회의 모습에 대한 온갖 다양한 주의, 주장이 난무하게 되며, 따라서 잘못하면 어떤 삶이나 인간관계도 그 나름의 일리가 있다는 상대주의적 함정에 빠질 수 있기 때문에, 이를 선별해서 파악할 수 있는 사전 훈련이 필요하다는 것입니다.

제2장

인문학 준비

1. 어떻게 인문학에 다가가야 할까요?

1) 나를 돌아보는 데서부터 시작해야 합니다.

　인문학이란 결국 우리 인간 자신을 다루는 학문인데, 다른 사람의 마음을 파악하는 데는 어쩔 수 없는 어려움과 한계가 있을 수밖에 없기에, 우선 자신의 마음속을 살펴봄으로써 우리 인간에 대한 이해에 다가갈 수 있습니다. 그러나 더욱 중요한 이유는 우리가 인문학을 공부하는 이유가 단순히 객관적 대상으로서 인간과 사회관계를 이해하고 설명하기 위한 것이 아니라, 직접적이자 궁극적으로는 바로 본인의 삶을 올바르고 풍요롭게 하기 위한 것이기 때문입니다. 더욱이 우리는 평소 나 자신과 관계없는 사안에 대해서는 별다른 관심을 두지 않으려고 하는 성향이 있기에, 가뜩이나 피상적이고 추상적인 내용을 다루는 분야에 접근하고자 할 때, 이 분야에 관한 연구가 나의 삶에 정말 중요하다는 생각 없이 접근한다면, 결국 어렵고 따분하게 느껴져 오히려 더 멀어질 수밖에 없다는 것입니다.

　따라서 정말 나 자신에게 필요하다는 생각에 따라 인문학에 접근하게 될 때, 보다 적극적으로 잘 이해할 수 있게 되며, 그 결과 나의 삶에 정말 보탬이 되는 공부 성과를 얻게 될 것입니다. 그러기 위해선 무엇보다 먼저 지금까지 자기의 삶과 생활부터 돌아봐야만 합니다. 하지만 막상 나 자신을 파악하려고 하면 누구나 이 과정이 생각보다 매우 어렵고 막연하다는 것을 알게 될 것입니다. 그래서 나 자신을 파악하기 위해 예컨대 다음과 같은 점들부터 구체적으로 생각해볼 것을 제안합니다.

먼저, '내가 가장 잘하는 것'과 '내가 잘못하는 것', 그리고 '정말 하고 싶은 것'과 '정말 하기 싫은 것' 등을 구체적으로 제시해보고, 그 이유에 대해서도 자세하게 정리해보라는 겁니다. 평소 우리는 남들에 대해선 날카롭게 분석하거나 문제점들을 잘 지적하지만, 막상 자신에 대해선 잘 생각해보지도 않을 뿐만 아니라, 때론 생각하는 것 자체를 두려워하기도 합니다. 그렇기에 우선 위의 네 가지에 대한 본인의 생각부터 정리해보면서 자기 자신의 모습을 파악해보길 권합니다.

다음으로는 '예컨대 만약 내게 20억 원이 생긴다면, 그 돈을 어디에, 얼마만큼 쓸 것인가'를 구체적으로 제시해보라는 겁니다. 결국 돈이란 삶의 수단이기 때문에 자신의 지출 대상이 곧 자신이 하고 싶어 하는 관심 분야를 알려주는 셈이기 때문입니다.

이 두 가지 제안을 실행하는 데에는 주의 사항이 있습니다. 우선 머릿속으로 생각만 하지 말고, 반드시 메모하라는 겁니다. 그리고 대충 정리하지 말고, 진지한 마음으로 아주 꼼꼼하게 구체적으로 꼽아보라는 겁니다. 그렇게 한다면 정말 여러분 인생에 도움이 될 기대 이상의 놀라운 성과를 얻게 될 것입니다.

2) 상호성을 인식해야 합니다.

인간은 사회적 동물이라는 말이 있다시피, 우리가 태어나서 지금 이 자리에 있기까지에는 나 혼자 나 자신을 스스로 만들어 온 것이라고는 거의 없으며, 대부분 부모부터 시작해서 학교 선생님들이나 주변 친구들과의 인간관계를 통해 성장해왔다는 것을 깨닫는 것이 대단히 중요합니다. 더구나 우리가 살아가면서 보람을 느끼거나, 착하다고 평가받는 경우는 물론, 실망하거나 나쁘다는 평가를 받는 것도 모두 다른 사람이나 사회와의 관계 속에서 이루어진다는 것입니다. 따라서 지금의 내가 어떻게 형성되어 왔으며, 또 앞으로 어떻게 살아갈 것인가에 대해 파악하고자 할 때도 나 자신의 성장 과정에서는 물론 앞으로 내가 마주치게 될 상황에서, 겪었거나 부딪치게 될 환경과 인물들을 살펴봄으로써 어느 정도는 짐작해볼 수 있다는 것입니다.

이를 위해 다음으로 제안하고자 하는 것은 이제까지 본인의 삶에 가장 영향을 미쳤던 일이나 인물들을 제시해보고, 그 이유에 대해 스스로 설명해보라는 것과 앞으로 본인은 어떤 인물이 되길 바라며, 그 경우 사회에 어떤 영향을 줄 수 있길 기대하는가에 대해서도 생각해보고 정리해보라는 것입니다. 이것들을 충실히 생각해보는 과정에서 자신의 정체성과 향후 삶의 지표를 찾아가게 될 것이며, 이를 통해 다른 사람들의 정체성과 생활 지표도 나에 비추어서 살펴볼 수 있게 될 것입니다. 물론 이 제안 사항들을 실천하는 데 있어도, 마찬가지로 중요한 것은 머릿속으로 생각만 하지 말고, 반드시 구체적으로 메모해야만 실질적인 효과를 얻게 된다는 것입니다.

3) 이제까지 자기 자신의 생각 굴레에서 벗어나야만 합니다.

바닷속에서만 살아가는 물고기가 그 바닷물이 짠지 아니면 단지 알 수 없듯이, 그리고 우물 안의 개구리가 자신이 보고 있는 하늘이 세상 전부라고 생각할 수밖에 없듯이, 우리 스스로 자신의 굴레에서 벗어나지 않는 이상, 자신이 보고, 판단하는 세상에는 한계가 있을 수밖에 없으며, 따라서 그 한계를 벗어난 세상에 대해서는 알지도 못하며, 또 당연히 이해할 수도 없을 것입니다. 따라서 나의 세상, 내 생각의 한계를 벗어나기 위해서는 먼저 내 입장, 내 주장부터 내려놓아야만 합니다. 그래야 다른 사람의 입장, 다른 사람의 주장이 내 눈에 들어오고, 내 귀에 들리게 됩니다. 그리고 그마저도 다시 내려놓는다면 우리는 너와 나를 넘어서 그 밖의 다른 사람들을 포함한 우리 모두의 입장, 우리 모두의 주장을 얻게 될 것입니다.

이를 실천하기 위해 제안하고자 하는 것은, 먼저 '현재 자신의 가정에 대해 가장 불만인 점은 무엇이며, 이를 해결하기 위해 내가 할 수 있는 일은 무엇인가'에 대해서 생각해보라는 것입니다. 우리는 사춘기 때 종종 '친구네 집은 다 가정이 화목해 보이고, 즐겁게 사는 것 같은데, 왜 우리 집은 자주 다투거나, 대화도 없이, 각자 따로따로 자기 생활만 하는 것일까'라고 하면서 본인의 집에 대해 적지 않은 콤플렉스를 느끼곤 했을 것입니다. 그러나 세상에 문제가 없는 가정은 결코 없습니다. 단지 정도의 차이가 있고 또 각자 받아들이기에 따라 다를 뿐이지, 모든 가정은 다 문제가 있을 수밖에 없는 것입니다. 다시 말해 우리 가정만 문제가 있는 것은 아니라는 것입니다. 왜냐하면 우리 중에 완벽한 사람은 없기 때문입니다. 여러분 자신이 완벽하지 않듯이, 여러분 부모님이나 형제들도 다 불완전한 사람들입니다. 이렇듯 불완전한 사람들이 함께 모여 살아가고 있는데, 그 가정이 완벽할 수는 없다는 것입니다.

인식의 전환은 바로 여기서부터 시작되는 것입니다. 즉 내가 그렇듯이 다른 사람들도 모두 불완전한, 다시 말해 모두가 부족한 사람들이라는 점을 인정하고 부족한 나를 내가 받아들이고 있듯이 부족한 다른 사람들도 받아들이는 데서부터 인식의 전환이 비롯된다는 것입니다. 그렇다면 우리 집이 더욱 화목한 가정으로 바뀌려면 구체적으로 어떤 인식의 전환이 필요할까요? 예컨대 자식의 입장이라면, 부모로부터 일방적으로 사랑 받고 돌봄을 받는, 철없는 어린 자식으로서의 수동적 입장에서 벗어나, 가정의 책임 있는 주체적 구성원으로서의 적극적인 입장에서 자신의 가정을 다시 살펴봐야 한다는 것입니다. 그렇게 되면 가정의 자식이자 구성원으로서 과연 내가 기여하고 있는 바는 무엇인가라는 마음 자세의 변화를 겪게 됩니다. 그 과정에서 다른 구성원들이 바뀌길 바라기 전에 일단 나부터 바뀐다면 우리 집안의 분위기가 생각보다 쉽게 바뀔 수 있음을 알게 될 것입니다. 예컨대 평소 안 하던 일이라 약간 낯간지러울 수는 있겠지만 그렇게 어렵거나 힘든 일은 아닌 만큼, 오늘 당장 집에서 억지로라도 밝은 미소를 지으면서 식구들에게 가벼운 인사말이라도 건네 보거나, 짧게라도 가족들에게 관심과 애정을 표현해보길 권합니다. 예컨대 '오늘 음식이 정말 맛있네요.', '밖에서 무슨 좋은 일이 있었나요? 오늘 얼굴이 좋아 보이네요'라는 식으로 말을 건네보라는 것입니다. 그럼 믿기지 않겠지만 곧바로 서서히 집안 분위기가 바뀌는 것을 확인하게 될 것입니다. 그뿐만 아니라 본인의 마음도 함께 좋아지는 것을 느끼게 될 것입니다.

다음으로 제안하고자 하는 것은 자신이 하는 일의 성격과 목표에 대해 진지하게 다시 정리해보라는 것입니다. 예컨대 본인이 대학생이라면, '대학이 무엇을 하는 곳이며, 그에 따라 바람직한 대학생으로서 본인의 생활은 어떠해야 한다고 보는지'에 대해 진지하게 다시 생각해보라는 것입니다. 이제 대학생이 되었는데도 아직 중·고등학교 시절의 학습적 태도에서 벗어나지 못한 채, 주체적이고 자기 주도적인 대학 생활을 해나가지 못하고 여전히 누군가가 이끌어주기만을 바라거나, 자신이 신청한 강좌임에도 불구하고 어떻게 해서든지 편하게만 수업을 들으려고 하는 경우는 분명 대학이 무엇을 하는 곳인지, 내가 대학생으로서 제대로 적응하고 있는지에 대한 인식의 전환이 안 되고 있음이 분명한 것입니다. 대학의 위상과 그에 따른 대학생으로서의 자기 정체성이 파악이 된 학생은 수강 태도는 말할 것도 없이 진지할 것이며, 강의가 없는 시간조차 자신의 계획에 따라 허투루 시간을 낭비하지 않게 될 것입니다. 왜냐하면 사회에서 대학을 설립하게 된 이유와 대학에서 각각의 강좌들을 개설한 이유 등을 알게 됨으로써 이제 이를 더욱 적극적으로 잘 활용하게 될 것이기 때문입니다.

2. 자신의 인식 수준을 점검해봐야만 합니다.

1) 이제까지 알고 있다고 여겨졌던 것들에 대해 재확인해야 합니다.

우리는 어릴 때 말을 배우기 시작한 이래로 사용하는 말들 대부분을 습관적으로 배우고 익혀왔습니다. 그리고 그 말들을 사용하면서 일상적으로 큰 무리

없이, 잘 소통하고 살아오고 있습니다. 그러다 보니 정작 사용하고 있는 말의 뜻을 제대로 알아본 적 없이, 대부분 그저 잘 안다고 생각해서 일상적으로 아무 부담 없이 사용해왔던 것입니다. 그러나 그 말이 담고 있는 의미에 따라 우리의 행동이 좌우되고, 또 결정되기도 한다는 점을 깨달아야만 합니다.

예컨대 우리는 친구 간의 우정을 강조합니다. 그러나 함께 얘기 나누고, 놀며, 즐길 땐 아무 부담 없이 자신들의 돈독한 우정을 내세우지만, 정작 친구가 어려울 때, 특히 금전적인 어려움을 겪고 있을 때, 우리 대부분은 사회적인 풍조를 내세우면서 머뭇거리기 일쑤입니다. 다시 말해 친구가 어려움을 호소하며 도움을 요청할 때에서야 비로소 우정의 의미를 새삼 생각해보게 된다는 것입니다.

어디 우정만 그런가요? 가정에서 부모님에 대한 효도는 어떻습니까? 여러분들은 현재 자신의 부모님께 효도하고 있다고 생각합니까? 그렇다면 어떻게 하는 게 참다운 효도일까요? 지금도 그저 부모님 말씀 잘 듣고, 시키는 대로 잘하기만 하면 그것이 효도라고 생각합니까? 사랑에 대해선 또 어떻게 생각합니까? 누군가를 진정 사랑해본 적이 있습니까? 아니면 누군가로부터 내가 사랑받고 있다고 느낀 적은 있습니까? 그때의 감정은 어떤 것이었나요? 사랑은 단순한 정서적인 느낌일까요? 국가에 대한 사랑, 즉 애국심이란 또 어떤 것일까요? 당신은 대한민국을 사랑하고 있습니까? 그렇다면 왜 사랑합니까? 다른 나라로 이민 가고 싶다는 사람들은 대한민국에 대해 과연 어떤 감정일까요? 그리고 그런 생각은 왜 하게 될까요? 그런 사람들은 진정 대한민국을 사랑하지 않는 걸까요?

우리는 누군가와 얘기를 나누면서 서로 의견이 맞지 않을 경우, 종종 이런 말을 하기도 합니다. '도대체 당신 말을 못 알아듣겠는데, 지금 당신 말의 의미는 무엇인가요? 무슨 뜻으로 그런 말을 하는 겁니까?' 위에서 제시한 예들을 이 대화에 적용해보면, 이렇게 될 것입니다. '이런 거 하나 못 도와주면서 우리 사이에 우정이 있다고 할 수 있냐? 네가 생각하는 우정은 고작 이런 거냐?', 또는 '네가 우리에게 이렇게 대하면서도 효자라고? 효자가 다 씨가 말랐나 보다', '무슨 세금이 이렇게 많이 나와? 우리나라는 나 같은 애국자에게 이렇게 대해선 안 돼, 정말 이민이라도 가야 할 것 같아.'

이상의 예에서 든 용어들은 물론이고 다른 모든 말들도 '확정적'인 뜻이란 없습니다. 언어도 생명체와 같아 끊임없이 만들어졌다가, 상황에 따라 의미가 변하기도 하며, 또 어느샌가 사멸되기도 합니다. 따라서 우리의 생활에서 중요한 의미를 갖는 용어일수록 현재 우리가 그 용어를 어떤 뜻으로 쓰고, 활용하고 있는지를 되새겨봐야 한다는 것입니다. 하물며 학문적인 논의를 하는 데 있어서, 정확한 용어의 의미 규정과 그에 따른 올바른 사용은 아무리 강조해도 지나치지 않는 필수적인 사항이라고 할 수 있겠습니다. 따라서 이제까지 여러분들이 그저 막연히 알고 있다고 생각했던 중요 용어들에 대해서 기회가 닿는 대로 사전적인 정의부터 재확인해보길 권장하고자 합니다.

끝으로 하나 더 들고 싶은 용어는 '행복'이라는 말입니다. 우리는 누구나 행복하게 살고 싶어 하지만, 막상 일상생활 속에서 행복에 대해 잘 생각하지도 않을 뿐만 아니라, 정작 뭐가 행복인지도 모른 채 하루하루 살아가고 있는 경우가 많다는 것입니다. 여러분은 어떻습니까?

2) 활자의 마술에서 벗어나야 합니다.

우리 대부분은 어린 시절 처음 독서를 할 때부터, 그리고 학창 시절 교과서를 대하면서 그 책들에서 나오는 글들에 대해 의심 없이 모두 다 옳거나, 정답인 것으로 받아들여 왔을 것입니다. 한편 학창 시절 교내 학보에 자신의 글이 실린 적이 있는 학생들은 특히 공감하겠지만, 처음 투고 제안받았을 때는 쑥스럽기도 하고, 자신감도 없어서 쉽게 응하기 어려웠고, 또 투고 후에도 출판되기 전까지는 주변에 망신당하는 것은 아닐까 하고 내심 걱정도 하게 되지만, 막상 책이 나와서 자신의 글을 활자화된 상태에서 읽게 되는 순간, 마치 마술에 걸린 사람처럼 갑자기 그 글들이 자신이 쓴 글이 맞는지 의심이 될 정도로 정말 잘 쓴 것처럼 받아들여지는 경험을 가져봤을 것입니다. 그래서 이후로는 오히려 주변 사람들이 읽어보길 은근히 기대하거나, 권유도 했을 것입니다.

다시 말해 우리는 대개 어릴 때부터의 학습훈련 과정으로 인해, 인쇄 과정을 거쳐 활자화되어 책으로 나오면, 그 글들이 마치 교과서처럼 느껴져, 내용에 대해 별 의심 없이 곧바로 올바른 것으로 받아들이는 경향이 크다는 것입니다. 하지만 그 글도 누군가의 머릿속에서 나온 것이며, 설혹 많은 사람의 검증과 합의를 거친 글이라 할지라도, 세상에는 그나마 수학의 몇몇 공리나 정리 외에는 확정적인 정답이라는 것은 없는 것이기에, 그 글도 누군가의 의견이나 어느 집단의 주장에 불과할 수 있다는 전제하에 읽고 받아들여야 한다는 것입니다. 즉, 교재나 참고문헌을 포함해서 비록 활자화되어 있는 글이라 하더라도, 있는 그대로를 올바른 주장이라고 여겨서는 안 되며, 마치 그 저자들과 대화한다는 가정하에 본인의 생각과 비교하면서, 비판적으로 분석, 평가하는 과정을 통해 받아들여야만 한다는 것입니다.

3) 범주화(Categorization)의 함정에서 벗어나야 합니다.

예를 들어 우리는 누군가로부터 사람을 소개받게 되면, 그 주선자에게 상대방에 대해 이렇게 물어봅니다. '잘생겼느냐, 키는 크냐, 성격은 착하냐, 내성적인 스타일인가, 사교적인 스타일인가, 돈은 많은가'라는 식으로. 다시 말해서 외모나 성격, 태도, 재산 등에 있어서 어떤 기준을 두고 분류한 후 이를 토대로 설명하고, 이해하길 원한다는 것입니다. 그리고 그 중 어느 쪽에 대한 답을 듣게 되면, 그에 따라 대강 어떤 사람인가를 짐작하게 됩니다. 그러나 막상 소개받는 자리에 나가서 상대방을 만나게 되었을 때, 우리는 거의 매번 만나기 전까지 머릿속에 그렸던 이미지와 다른 상대방을 보게 되면서 때론 당혹감마저 느끼게 됩니다. 그래서 남녀 간의 소개팅 자리를 우스갯소리로 '혹시나 하고 나갔다가, 역시나 하고 들어오는 자리'라는 말로 표현하기도 합니다. 왜 우리는 만난 후에 실망하게 될까요? 그것은 소개하는 위치에서 설명해주는 사람의 기준과 소개받는 사람의 기준이 서로 딱 맞아떨어지기가 어렵기 때문이라고 하겠습니다. 애당초 서로 간의 분류 기준이 불분명하게 설정되어 있었던 것입니다.

우리는 사람뿐만 아니라 어떤 대상이나 상황에 대해서도 이해와 설명을 돕기 위해, 흔히 범주화라는 것을 하게 됩니다. 예를 들면, 좋은 사람과 나쁜 사람. 우리 편 아니면 적. 예쁜가, 못생겼는가. 사랑하는가, 미워하는가. 합리적인가, 권위적인가. 잘하는가, 못하는가. 돈이 많은가, 적은가 등등. 그러나 좀 더 자세히 살펴보면, 분류의 기준도 불분명할 뿐만 아니라, 그 기준에 딱 맞는 대상이나 상황도 찾기 어렵다는 것입니다. 좋은 사람은 나쁜 짓을 하는 경우가 전혀 없거나, 나쁜 사람은 언제나 나쁜 짓만 하는 것은 아닙니다. 완벽하게 예쁜 사람도 없으며, 완벽하게 못생긴 사람도 없습니다. 학급 인원 35명 중에서 34등 하는 사람은 35등 하는 사람보다 공부를 잘하는 것이며, 2등은 1등보다 못하는 셈입니다. 어느 정도의 기준을 선택하느냐에 따라 상대적일 수밖에 없는 것입니다.

따라서 범주화라는 것은 어느 정도를 기준으로 삼느냐에 따라 판단 결과가 달라지기 때문에, 무작정 자신의 기준에 따라 바로 받아들여서는 안 되며, 또 그 기준이 항상 똑같이 유지되는 것도 아니라는 점을 명심해야 한다는 것입니다. 특히, 내 편과 다른 편, 좋은 사람과 나쁜 사람 등과 같은 이분법적인 흑백 논리에 따라 사람이나 상황을 범주화하여 파악하거나, 설명하는 것은 대단히 위험하다는 점을 강조하고자 합니다.

4) 상황 인식과 가치 판단을 구분해야 합니다.

예를 들어서 누군가가 돈이 많다고 했을 때, 돈이 많은 것은 좋은 것으로, 돈이 적은 것은 나쁜 것으로 곧바로 연관해서 판단하지 말라는 것입니다. 왜냐하면 돈이 많은 것이 곧 좋은 것으로 판단하는 사람은 오로지 돈 모으는 일에만 치중할 뿐만 아니라, 돈 쓰는 일, 특히 돈을 써서 다른 사람을 돕는 일 같은 경우를 불필요하거나 아까운 일로 여길 수가 있을 것이며, 돈이 적은 것이 나쁜 것만은 아니라고 생각하는 사람은 돈 모으는 일 말고도 돈이 안 벌리는 다양한 일들에 관심을 쓰게 되며, 특히 본인의 돈을 써가면서도 다른 사람을 돕는 일을 하게 될 수도 있기 때문입니다. 즉 돈이 많냐, 적냐 하는 것은 그냥 그런 상태라는 것으로 인식해야지, 그것을 곧바로 좋은 것이냐, 나쁜 것이냐 하는 가치 판단으로 곧바로 연결해서는 안 된다는 것입니다. 즉 상황 인식과 가치 판단을 구분해서 적용해야 한다는 것입니다. 물론 돈이 많으면서 쓰는 것도 보람 있게 잘 쓴다면 금상첨화이겠지요.

이렇게 보자면, 학점이 높은 것도 무조건 좋은 것은 아니며, 학점이 낮은 것도 곧바로 나쁜 것만은 아닌 셈입니다. 높은 학점을 유지하기 위해 대학 생활에서 중요한 그 밖의 캠퍼스 활동, 예컨대 학회나 동아리 활동, 친구나 이성 사귀기, 여행, 취미 생활 등을 소홀히 하게 된다면 높은 학점 유지가 과연 바람직하다고만 할 수 있겠습니까? 물론 이 역시 학점도 높이면서 다른 활동도 활발히 한다면 마찬가지로 더더욱 좋을 것입니다.

결론적으로 세상은 겉으로 보이는 것과 달리 그 이유나 과정, 그리고 결과에서 매우 다양하게 차이가 나타날 수 있습니다. 따라서 보이는 것만을 두고서 이를 좋다, 나쁘다 하고 곧바로 판단해서 행동하는 것은 조심해야 하며, 때론 위험할 수도 있다는 것입니다. 예컨대 누군가가 경찰에 쫓기고 있다고 해서, 그 사람을 곧바로 범법자로 판단해서는 안 되는 상황도 있는 것입니다. 경찰이 범법자고 쫓기는 사람이 그 범죄의 목격자일 수도 있기 때문입니다. 도둑질은 나쁘다고 하지만, 항상 그런 것도 아닐 것입니다. 적으로부터 대단히 중요한 정보를 훔치는 것일 수도 있기 때문입니다. 따라서 우리는 판단에 앞서 먼저 상황을 전후좌우로 신중하게 파악하는 인식 훈련이 필요합니다.

5) 인식 및 감성에서의 차이와 다양성을 인정해야 합니다.

작은 일도 어떤 사람에게는 크게 느껴질 수 있고, 큰일도 누군가에게는 별것 아닌 일이 될 수도 있습니다. 즉, 사람은 자신이 처한 상황이나 입장에 따라 매우 다양한 반응과 행동을 보입니다. 슬픔에 잠겨 있는 사람에게는 흥겨운 노래가 그저 짜증나는 것일 수 있으며, 배부른 사람에게는 옆에 있는 사람에게서 나는 맛있는 음식 냄새가 오히려 역겨울 수 있습니다. 아울러 다른 나라에서 유행하는 문화나 관습이라고 해서 우리에게도 잘 맞는다는 보장은 없으며, 때론 역효과를 가져올 수도 있습니다. 그렇기에 우리나라 사람들이 좋아하는 음식이 다른 나라 사람들 입맛에도 잘 맞을 것이라고 무작정 기대해서도 안 되는 것입니다.

따라서 우리는 다른 사람들을 살펴볼 때, 우리의 시각과 입장에서만 보아서는 안 되며, 겉으로 보기에 대부분 비슷한 모습을 보인다고 해도 사람들마다 살아온 과거 경험이나 배경, 그리고 그 사람들의 의도나 처한 여건 등에 따라 각자 다양한 행동을 취할 수 있기 때문에 이와 같은 차이와 다양성을 인정하고 존중해주어야만 합니다.

3. 세상에 대한 인식의 전환이 필요합니다.

1) 이 세계는 다양성에 바탕을 두고 있습니다.

다양하다고 하는 것은 서로 다르다는 것입니다. 하지만 우리는 우리와 다른 것들에 대해 경계하거나 두려워하기도 하고, 또 무시하거나, 배척하기도 합니다. 그러나 우리와 다른 존재들도 우리와 마찬가지로 이 지구상에서 똑같이 인정받고 존중받으면서 살아갈 권리가 있는 것입니다. 그리고 다르다고 하는 것은 틀린 것이 아닙니다. 그런데도 우리는 대화 과정에서 종종 이와 같은 표현으로 인해 서로 간에 오해와 갈등을 일으키게 됩니다. 즉 상대방이 나와 다른 의견을 제시했을 때, 우리는 습관적으로 '네 말은 틀렸어'라고 말한다는 것입니다. 그런데 틀렸다는 것은 잘못되었다는 것을 의미하기에, 이는 곧 상대방의 주장을 무시하는 것으로 전달될 수 있다는 것입니다. 그런 만큼 상대방의 감정도 격해지는 것은 어찌 보면 당연하다고 할 수 있겠습니다.

어찌 됐든 세상에는 서로 똑같은 것은 하나도 없습니다. 그렇기에 이 지구는 물론 온 우주가 아름다운 것이며, 서로 다르기에 오히려 살만한 세상이 되는 것입니다. 그 이유는 역설적으로 세상에 모든 것이 다 똑같다면 어떤 일이 벌어질지를 상상해보면 쉽게 확인할 수가 있을 것입니다. 일단 세상 사람들이 모두 똑같다면 우리는 그들과 어울릴 이유가 하나도 없을 것입니다. 나와 생각마저 똑같은데 무슨 대화가 필요할 것이며, 어제의 나와 오늘의 내가 똑같다면 굳이 내일까지 살 이유가 어디 있겠습니까? 우리나라와 다른 나라의 환경이나 생활 모습이 똑같다면 굳이 그 나라로 여행을 갈 이유도 없겠지요. 화성이 지구와 같다면 천문학적인 비용을 들여가면서까지 그렇게 머나먼 탐사를 시도하겠습니까?

우리와 서로 다르기에 우리는 상대방을 알아보려 하고, 어울리려고 하며, 또 배우기도 하는 것입니다. 하지만 우리에게 해를 입히지도 않는데, 다르다는 이유로 무시하거나 배척하고, 또 아무렇게나 대하려고 하며, 심지어 존재를 말살하려고까지 하는 경우가 있습니다. 이미 인류는 이와 유사한 직간접적인 행위로 지구상의 생명체 수만 종(種)을 멸종시켰으며, 지금도 지구촌 여기저기에서 자연환경을 훼손하고 있는 게 사실입니다. 더욱 놀라운 사실은 조금만 관심 있게 살펴보게 된다면, 자신과 다른 인종이라는 이유만으로 같은 인간을 죄책감 없이 말살하는 홀로코스트(Holocaust), 즉 인종 말살의 만행이 과거 인류 역사에서뿐만 아니라, 바로 이 순간에도 지구촌 어디에선가 벌어지고 있음을 발견하게 된다는 것입니다. 그리고 보면 이 지구상의 외계인은 바로 인간 자신이 아닌가 하는 생각마저 들게 됩니다. 왜냐하면 그렇지 않고서야 자신들의 삶의 터전인 지구를 이렇게까지 망가뜨릴 이유가 없기 때문입니다. 더군다나 인종이 다르다는 이유만으로 같은 인간을 무차별하게 말살하려는 행위까지 벌이고 있지 않습니까?

2) 이 세계의 다양한 존재는 모두 상호 연결되어 있습니다.

이 세상의 모든 존재는 존재하는 이상, 주변과 연결되지 않은 상태로 존속할 수는 없습니다. 일단 존재할 수 있다는 것부터가 다른 존재가 없다면 가능하지 않습니다. 이미 살펴보았듯이 어떤 생명체도 다른 생명체나 물질 없이 탄생할 수도, 존속할 수도 없는 것입니다. 그리고 인간도 예외일 수는 없습니다.

따라서 우리는 우리의 삶을 위해서도 우리와 다양한 방식으로 연결이 되어 있는 다른 존재들에 대해서 알아야만 하고, 또 그들을 존속시켜서 함께 더불어 살아가야만 합니다. 예컨대 나를 둘러싸고 있는 가족들부터 친지들이나 친구들, 소속 집단, 대한민국, 지구촌에 함께 살아가고 있는 자연생태계, 지구를 구성하고 있는 모든 물질적 기반, 지구 자체, 태양계 등, 우리는 이 중 어느 하나도 소홀히 할 수가 없을 만큼 서로 간에 직간접적으로 연결되어 있다는 사실을 깨달아야 하며, 나의 삶을 위해서도 이들과 어떻게 연결되어 있고, 어떻게 더불어 살아가야 하는지를 진지하게 살펴보고 고민해봐야만 합니다.

3) 다양한 존재들은 서로 간에 갈등이 발생할 수 있습니다.

그 이유는 각자 자신의 존재를 영위해 가는 과정에서 충돌할 수 있기 때문입니다. 내가 살아가기 위해서 뭔가를 먹으려 할 때, 상대방도 그것을 먹으려 한다면 당연히 다툼이 생길 것입니다. 내가 어떤 곳에 머물려고 할 때, 다른 누군가도 그곳에 머물려고 한다면 역시 충돌이 발생할 것입니다. 나는 내가 처해 있는 상태에서 어떤 의견을 낼 것이고, 상대방 역시 자신이 처한 상태에서 의견을 내게 될 것이기에 서로 간에 입장이 같지 않은 상황에선 당연히 충돌이나 갈등이 발생하게 될 것입니다.

따라서 모든 존재는 서로 다르면서도 서로 연결되어 있기에, 서로 간에 갈등이 생길 수 있다는 것은 너무나 당연한 귀결이며, 또 자연스러운 상황이기에, 우리는 갈등의 발생 가능성을 인정하고 이를 어떻게 해결해나갈 것인가에 대한 대책을 준비해야만 합니다.

4) 다양한 존재 간의 갈등을 극복하는 과정에서 발전과 진보가
이루어집니다.

서로 다른 존재들 간에 갈등이란 어쩔 수 없이 생기게 마련이기에, 이를 회피하려고만 한다고 해서 문제가 해결되는 것도 아니겠지만, 오히려 이와 같은 갈등을 적극적으로 받아들여 함께 해결하려고 하는 과정에서 각자 개별적으로 또는 서로 간의 관계가 발전하고 진보하게 된다는 것입니다.

그런데 갈등이 서로 간에 자신부터 살아가려고 하거나, 처해 진 입장의 차이에서 비롯된 것이라면, 이에 대한 해결은 관련된 각자가 함께 살아가려는 자세와 더불어 각자의 차이를 인정하려는 자세로 바뀌는 데서부터 실마리를 찾을 수 있을 것입니다. 그리고 이와 같은 자세의 전환에 따라 조금씩 서로 양보하고 타협함으로써 갈등은 차츰 해결해나갈 수가 있는 것입니다.

5) 갈등을 극복하는 데는 이성보다 감성이 더욱 중요합니다.

앞서 첫 번째 사항에서 밝혔듯이 우리가 자신과 다른 존재에 대해 경계하거나 두려워하기도 하고 또 무시하거나 배척하기도 하는 것은 그와 연관된 어떤 합당한 논리적인 이유가 있을 수도 있겠지만, 그 대부분은 나와 다른 존재에 대해 갖게 되는 일종의 본능적, 정서적인 거부반응 때문이라는 것입니다.

예컨대, 우리가 잔디밭을 보면서 아름답고, 편안한 기분을 느끼기도 하지만, 만일 좀 더 가까이 다가가서 자세히 들여다보았을 때 그 속에 지렁이나 그밖의 다른 곤충을 보게 된다면, 이것을 징그럽거나 무서운 것으로 느끼는 사람들이 많을 것입니다. 이성적으로 판단했을 때는 당연히 이들이 우리를 해치지 않으며, 또 이들도 다양한 생명체 중 하나로서 당당히 살아갈 권리가 있으며, 오히려 이들이 있음으로써 생태계의 조화와 균형이 지속된다는 점 등을 인정하게 되겠지만, 그런 데도 불구하고 감성적으로는 쉽게 받아들여지지 않는다는 것이 현실입니다.

마찬가지로 나와 생각이 다른 사람들에 대해서도 우리는 그 의견 차이를 인정할 뿐만 아니라, 상대방에 대해서도 존중하는 마음을 가져야 한다는 것을 이성적으로는 당연히 받아들일 수 있지만, 그런데도 불구하고 감정적으로는 상대방을 쉽게 받아들이지 못하는 경우가 많다는 것입니다. 따라서 그와 같은 감정이 해소되지 않고서는 갈등은 쉽게 극복되기가 어려운 것입니다.

그런데 우리는 성장 과정에서 교육받을 때, 이성적인 능력에 대해서는 많은 훈련을 받게 되지만, 막상 감성을 다루고 조절하는 데 필요한 훈련은 거의 받지 못한 채, 어른으로 성장하게 된다는 것입니다. 그래서 소위 '몸과 마음이 따로 논다'라는 말처럼, 머리로는 합리적인 판단에 따라 상대방을 받아들이고 또 양보하는 것이 필요하다고 여기고 있다 하더라도, 감성적으로도 상대방을 용납하지 않는 이상 그 판단이 행동으로까지 연결되기는 쉽지 않은 것입니다. 따라서 갈등을 제대로 해결하기 위해서는 별도의 감성 훈련이 필요하며, 이를 위한 교육 과정과 지도가 뒷받침되어야만 합니다.

4. 인식의 전환에는 단계와 훈련이 필요합니다.

1) 사용하는 용어나 개념 또는 사상의 의미를 정확하게 파악해야 합니다.

먼저 개념이나 용어부터 살펴보기로 하겠습니다. 일단 모든 언어는 사람들의 생각이나 감정을 담는 그릇이라고 할 수 있겠습니다. 그러나 그 언어는 어느 날 갑자기 인간에게 주어진 것이 아니라, 인류가 진화하는 과정에서 의식이 발달함에 따라 인간들에 의해서 만들어진 것입니다. 다시 말해 언어는 생명체와 마찬가지로 탄생과 성장, 쇠퇴와 소멸의 과정을 겪는다는 것입니다. 그렇기에 그 중에는 생명력이 오래 유지되어 오랜 기간 사용되는 언어도 있겠지만, 만들어진 지 얼마 되지 않아 곧 사라지는 언어도 있는 것입니다. 그리고 발음이나 글자의 형태는 같지만, 그 의미가 다른 경우들도 있으며, 반대로 의미는 같으나 발음이나 글자의 형태가 변형되는 경우들도 있습니다. 한편 같은 발음이지만 시대나 지역에 따라 그 의미가 달라지기도 합니다. 그리고 같은 형태의 문자지만 역시 시대나 지역에 따라 그 의미나 발음이 달라지기도 합니다. 더욱이 같은 발음이지만 지칭하는 것이 여럿인 경우도 있고, 여러 언어가 같은 의미를 갖는 것도 있습니다.

우리가 특히 세심하게 주의해야 할 점은 같은 언어라도 시대나 지역은 물론, 개인에 따라서 용도를 달리해서 쓰거나, 그 의미가 다른 경우들도 있다는 것입니다. 따라서 글을 읽거나 대화하는 과정에서 중요한 용어나 개념일수록 그 의미를 분명히 확인해야 그 글이나 상대방의 의사를 정확히 파악할 수 있다는 것입니다. 그래서 평소 자신이 알고 있던 의미와 제대로 일치하는지를 사전 등을 통해 확인하는 과정이 필요합니다. 아울러 자신이 글을 쓰거나 상대방에게 의사를 전달할 때도 중요한 용어나 개념일수록, 자신이 어떠한 의미로 사용하는지를 밝히는 것이 필요하기도 합니다. 실제 여러분들이 전문 서적이나 관련 논문 등을 보게 되면, 방금 설명한 대로 저자들 대부분은 자신들이 전달하고자 하는 핵심적인 용어나 개념일수록 글의 앞부분에서 그 의미에 대한 자신들의 개념 정의를 밝히고 있다는 점을 발견할 수 있을 것입니다.

그리고 용어나 개념뿐만 아니라 사상도 시대나 지역 또는 특정 집단이나 개인에 따라 그 의미와 용도가 달라질 수 있습니다. 예컨대, 리얼리즘(realism)이라는 사조의 경우, 철학에서는 모든 존재가 사실적으로 존재한다는 실재론(實在論)을 의미하게 되지만, 예술에서 리얼리즘은 상상이나 관념이 아닌 현실과 사실을 있는 그대로 재현하고자 하는 창작원리를 말합니다. 따라서 우리가 특정의 세계관에 대한 설명을 들을 때나 본인의 세계관을 설명하고자 할 때는 그 의미와 용도를 분명히 해야만 서로 간의 의사를 제대로 파악하고, 또 전달할 수 있을 것입니다.

2) 인식에는 수준과 단계가 있습니다.

우리가 현상을 인식하고 파악하는 데에는 인식의 수준과 단계가 있다는 것을 전제로 해야만 합니다. 이 점이 대단히 중요한 이유는 인식 수준의 차이에 따라 같은 현상에 대한 이해도가 다르기에 상대에 따라 눈높이를 맞추어서 설명해 주어야 하며, 듣는 사람의 경우에서도 상대방의 설명이 자신의 이해 수준보다 높은 경우에는 이해하기가 어렵기 때문에 그 내용에 관해 섣불리 판단해서는 안 된다는 것입니다.

예컨대, 우리는 중고등학교 시절, 수학을 공부하기 힘들 때면 종종 선생님에게, 실제 생활에서 잘 사용하지도 않을 것을 왜 이렇게 어렵게 배워야만 하는지에 대한 불만과 의구심을 호소하기도 했을 겁니다. 그럴 때마다 선생님들은 수학 공부는 실제 사용할 경우를 대비하는 것도 있지만, 아울러 일종의 논리적인 인식 훈련을 위한 것이라는 답을 주시곤 합니다. 이 말을 풀어서 살펴보자면, 가감승제 즉, 더하기, 빼기, 곱하기, 나누기와 같은 등식에 대한 문제 풀이를 배우고 있는 학생들은 x라는 미지수의 근(根)을 구하는 방정식, 즉 함수의 문제 풀이를 이해하기가 어렵습니다. 또 함수의 문제 풀이를 배우고 있는 학생들은 미적분의 문제를 도무지 이해하기가 어려울 것입니다. 그런데 재밌는 사실은 미적분의 문제를 풀 수 있는 학생들은 방정식을 쉽게 풀 수 있을 뿐만 아니라, 가르쳐줄 수도 있으며, 마찬가지로 방정식을 풀 수 있는 학생들은 덧셈, 뺄셈, 곱셈, 나눗셈에 대한 문제를 아주 쉽게 풀 수 있을 뿐만 아니라, 역시 가르쳐줄 수도 있다는 것입니다. 말하자면 상위 단계의 인식 수준에 있는 사람들은 아래 단계의 인식 수준에 있는 사람들의 사고능력을 쉽게 판단할 수 있을 뿐만 아니라, 자신의 수준까지 일정 부분 그 인식 수준을 높이는 데 도움을 줄 수도 있지만, 이와 반대의 경우는 성립하기가 거의 불가능하다는 것입니다.

이와 마찬가지로 어떤 현상들은 우리가 인식하자마자 곧바로 파악할 수 있는 반면, 다른 현상들은 아무리 이해하려고 해도 그 이치를 쉽게 알 수 없는 것들이 있습니다. 예를 들어 옛날 사람들은 천둥이나 번개가 치는 이유를 도무지 알 수가 없었을 것입니다. 그래서 어떤 초월적인 신들의 뜻에 따른 신비한 현상으로 유추할 수밖에 없었을 것입니다. 과학이 발달한 오늘날에도 우리가 파악하지 못하는 현상들은 아직도 너무 많습니다. 예컨대 우리는 중력(重力)에 대해서 알고 있다고 생각하고 있지만, 사실 그 힘의 원인이 되는 중력자(重力子)에 대해서는 첨단 물리학의 과학자들조차 아직 그 실체에 대한 실마리를 풀지 못하고 있으며, 식물들이 물과 이산화탄소, 그리고 햇빛을 통해 녹말을 만들어내는 광합성의 구체적인 과정도 아직 정확하게 밝혀내지는 못하고 있습니다. 또 당뇨병의 증상에 대해서는 어느 정도 파악하고 있으나, 왜 당뇨병이 발생하는지 그 근본적인 생리적 원인에 대해선 아직도 정확하게 밝혀내지 못하고 있는 것입니다.

그런데 이 과정에서 중요한 것은 우리가 아직도 모르는 것이 있다는 것을 인정하는 데서부터 우리 인식 수준의 향상을 도모할 수 있다는 것입니다.

3) 인식 수준의 전환 또는 도약에는 깨달음의 과정이 필요합니다.

인식 수준의 도약은 열심히 노력한다고 해서 얻어지는 것이 아니라, 한 단계 높은 수준의 이치에 대한 소위 '깨달음'의 과정이 있어야만 합니다. 조금 전의 수학의 예를 통해서 설명하자면, 가, 감, 승, 제의 문제를 열심히, 그리고 또 많이 풀어본다고 해서 방정식 문제를 푸는 이치를 알게 되는 것은 아니라는 것입니다. 흔히 이 단계에 있는 학생들이 많이 겪는 시행착오 중 하나가 방정식의 이치를 모르기에 x라는 미지수의 답을 찾기 위해 x 자리에 숫자를 순서대로 하나하나 대입해보는 것입니다. 그러나 그렇게 해서 답을 알게 되었다고 해도, 그것이 방정식의 이치를 알게 되었다는 것을 의미하지는 않습니다. 마찬가지로 우리는 지구상의 물체들이 공중으로 던져졌을 때 하늘로 계속 치솟지 않고 예외 없이 항상 지면으로 다시 떨어지는 것을 수도 없이 보아 왔고, 또 그것을 당연하게 생각하고 있지만, 뉴턴(Sir Isaac Newton)이 알아내기 전까지는 그 이치를 바로 알 수가 없었던 것입니다.

우리는 또한 일상생활에서도 가만히 살펴보게 되면, 이와 같은 깨달음의 과정이 있어야만 알게 되는 것들을 발견하게 됩니다. 왜 부모님들은 자식들을 위해서 하염없이 베풀려고만 할까요? 남을 돕는 사람들은 때로는 지치고 힘들기도 할 텐데 왜 계속 도우려고 할까요? 시장 바닥에서 일평생 노점상을 해온 할머니는 본인이 그렇게 아껴가며 한푼 두푼 어렵게 모은 돈을 왜 스스럼없이 장학금으로 쾌척하는 것일까요? 우리가 이런 분들을 옆에서 많이 지켜본다고 해서 그 이유를 저절로 알게 되는 것은 아닙니다.

4) 깨달음의 과정은 말로 설명할 수 없으며, 가르쳐줄 수도 없습니다.

위의 사항과 연관되는 것으로 깨달음의 과정은 스스로 터득해야만 한다는 것입니다. 말을 물가까지는 데려갈 수 있지만, 억지로 물을 먹일 수는 없듯이, 인식 수준의 도약을 위한 깨달음은 스스로 터득하지 않고는, 누군가가 가르쳐주거나 설명해준다고 해서 얻을 수 있는 것이 아닙니다. 물론 가르치든 설명하든 관련된 자극을 줄 수는 있습니다. 그러나 그 이치를 깨닫는 것은 오롯이 본인이 터득해야만 할 자신만의 몫이라는 것입니다.

따라서 깨달음은 사람마다 편차가 아주 클 뿐만 아니라, 또 안타깝게도 본인이 노력한다고 해서 좀 더 빠르고 쉽게 이루어지는 것도 아닙니다. 물론 방법이 전혀 없는 것은 아닙니다. 역설적으로 '내가 지금 상태에서 노력을 더하면 못 깨달을 것도 없다'라는 자만에 빠진 생각을 버려야만 가능합니다. 바로 이와 관련된 사항이 다섯 번째 항목입니다.

5) 스스로 터득하기 위해서는 먼저 현재 자신의 주장이나 입장부터 내려놓아야만 합니다.

비유하자면 바닷속의 물고기는 자신이 마시고 있는 물이 짠물인지 단물인지 모를 것입니다. 바다에서 나와 민물에 들어가 본 후에야 이제까지 자신이 마신 물이 짠물이라는 것을 알게 될 것입니다. 또 우물 속의 개구리는 자신이 보고 있는 하늘이 바깥 세계의 전부라고 생각할 것입니다. 그 우물에서 나와 봐야 비로소 더 큰 세상이 있다는 것을 알게 되는 것입니다. 안타까운 현상은 인식 수준이 낮은 사람일수록 현재 자기의 입장이나 주장을 더욱 고집한다는 것입니다. 바로 이 상태를 고대 그리스의 철학자 플라톤(Plato)은 그의 저서 〈국가론(The Republic)〉에 나오는 동굴의 비유에서, 마치 쇠사슬에 묶인 채 벽에 비친 그림자만을 보면서 그 그림자를 실제 존재하는 실물로서 믿는 어리석은 죄수의 상태로 설명하고 있습니다. 그저 고개만 돌려도, 진실한 다른 세상이 있다는 것을 알게 될 텐데, 그야말로 목이 쇠사슬에 묶인 것처럼 절대 자기의 생각을 내려놓지 못한다는 것입니다.

그래서 더 높은 단계의 인식이나 더 넓은 세상이 있다는 것을 깨닫기 위해서는 먼저 지금의 자기 자신부터 내려놓아야만 한다는 것입니다. 즉 이제까지의 자신의 주장이나 입장을 버리거나 유보해야만, 다른 주장이나 입장이 내게로 들어올 수가 있다는 것입니다. 물론 바다의 물고기가 그 물이 짠지 알기 위해서 바다에서 나와 민물에 들어간다면 당연히 죽게 될 것이고, 우물 속의 개구리도 더 넓은 세계를 보기 위해 우물 밖으로 나오게 된다면 오래되지 않아 죽게 될 것이지만, 사람의 경우는 자신의 주장이나 입장을 중지, 또는 유보해야만 한다는 것을 의미합니다.

바로 이처럼 자기의 생각을 버리거나 내려놓기 위한 대표적인 방법이 명상과 대화입니다. 먼저 명상은, 자신의 머릿속에 들어차 있는 온갖 생각들을 버리는 수행과정입니다. 그런데 여러분들이 잠시만 자신의 머릿속을 들여다보면 알 수 있다시피, 우리는 한시도 생각을 멈추지 않고 있을 뿐만 아니라, 멈추려고 해도 그렇게 하기가 대단히 어렵다는 것을 알게 될 것입니다. 따라서 일상에서 벗어나서 정말 아무 생각도 하지 않고 그저 멍하니 가만히 있는 상태를 가져본다는 것이 매우 중요하고 또 필요하지만 그만큼 어렵다는 것입니다.

이와 같은 명상이 어렵고, 그래서 잘 안 된다면, 그 대안으로 제시할 수 있는 것은 바로 산책입니다. 말뜻 그대로 무심하게 걷다 보면 꽉 막혔던 고민이나 문젯거리가 홀연히 해결되거나, 새로운 아이디어가 떠오르게 되는 등 놀라운 경험을 하게 될 것입니다. 그래서 고금동서의 철학자나 예술가, 과학자 등 창의적인 일에 종사하는 사람 중 산책을 즐겨하던 사람들이 많은 것입니다.

한편 일반적으로 학계에서 많이 선택하고 있는 방식은 대화입니다. 그 이유는 대화의 경우도, 내 생각이 옳다고 내 주장만 한다면 대화가 아예 진행되지 않기 때문입니다. 다시 말하자면 제대로 대화에 참여하기 위해서는, 비록 내 생각, 내 입장도 있겠지만, 일단 그것을 내려놓아야만 한다는 것이며, 그래야만 나와 다른 상대방의 주장이나 입장이 내게 들어올 뿐만 아니라, 내 머릿속에서도 뭔가 새로운 것이 나올 수 있다는 것입니다. 연구자나 기획자 대부분이 끊임없이 회의를 진행한다거나, 포럼, 세미나, 심포지엄 등에 참여하는 이유도 대화 또는 회의를 통해 본인의 생각을 점검하는 한편 새로운 아이디어도 얻기 위한 것이라고 하겠습니다.

결국 고대 그리스의 철학자 소크라테스(Socrates)가 '너 자신을 알라', 즉 너의 무지(無知)를 알라고 주장한 이유도 바로 여기에 있다고 하겠습니다. 다시 말해 당시의 소피스트들(sophists), 즉 궤변가들이 논변을 통해 자신들의 주장이나 논리만 맞는다고 주장할 때, 소크라테스는 그들과의 문답을 통해 그들이 알고 있다고 주장하는 것들이 사실은 옳은 것이 아니라는 것을 지적하면서, 그들에게 '내가 뭘 모른다'라는 사실을 스스로 인정하도록 함으로써 이를 통해 비로소 깨우치게 하고자 했던 것입니다. 즉, 네가 다 안다고 생각해서 지금의 너의 주장이나 입장을 여전히 고집한다면, 너는 결국 계속 모를 수밖에 없다는 것을 알리기 위해서 소크라테스는 그들이 스스로 모른다는 것을 인정함으로써 새로운 깨달음을 얻게 될 때까지 연이어 관련된 질문들을 계속 던졌던 것입니다. 바로 이것이 그 유명한 소크라테스의 산파술(産婆術)입니다.

이제 네 번째 항목을 마치기 전에, 위에서 설명한 인식의 단계 및 전환과 관련하여 가장 많이 인용되는 '동굴의 비유'에 대해 좀 더 자세한 설명을 하고자 합니다. 그만큼 이 '동굴의 비유'는 철학의 인식론에서 매우 중요하게 다루는 예시인데, 그 내용은 동굴 속에 있는 죄인이 동굴 밖으로 나와 진리의 빛을 보기까지의 네 가지 단계에서 갖게 되는 인식의 수준과 전환에 대한 것입니다. 그리고 이 내용은 원전에서 이 글 바로 앞부분에 소크라테스가 제시하고 있는 '선분(線分)의 비유'에 대한 보충 설명이라고 볼 수 있습니다. 즉, 동굴의 비유 첫 번째 단계로서 사슬에 목과 다리가 묶여 있는 동굴 안의 죄인이 벽에 비친 그림자를 인식하는 단계는 선분의 비유에서 '상상'의 단계에 해당하며, 둘째, 사슬에서 풀려난 죄인이 고개를 돌려 빛을 통해 실제로 훨씬 명료한 것을 보는 단계는 선분의 비유의 '믿음'의 단계에 해당합니다. 셋째, 해방된 죄인이 동굴 깊은 바닥에서 올라와 동굴 밖으로부터 들어오는 빛을 통해 세상을 보는 단계는 선분의 비유에서 '추론적 사고'의 단계이며, 마지막으로 동굴 밖에서 빛의 근원인 태양, 즉 '좋음'의 완전한 이데아를 보는 단계는 선분의 비유에서 '이성'의 단계에 해당합니다.

이제 이 구분을 정리해서 다시 상술하자면, 맨 처음 상상의 단계는 시각에 의한 감각의 세계에서 그림자나 반사된 이미지 등 허상을 봄으로써 '억측'의 의견을 내세우는 단계입니다. 두 번째 믿음의 단계는 같은 감각의 세계에서 동물이나 나무 등 현실적인 사물들을 봄으로써 '신념'의 의견을 제시하는 단계입니다. 다음 세 번째 추론적 사고의 단계는 이상적인 사각형이나 정육면체 등의 이데아(Idea)나 생각된 이미지를 사고에 의해 '추론한 지식'을 내세우는 단계이며, 마지막 이성의 단계는 완전한 미(美)나 정의, 선(善) 등의 이데아나 이상들에 대한 지식을 '이성을 통해 변증법적으로 파악'하는 단계를 말합니다.

이 구분을 우리 현실의 일상적인 예를 통해 쉽게 설명하자면, 첫 번째 '억측'의 단계는 우리가 허상을 때론 실제보다 더 믿게 되는 경우를 말합니다. 예를 들면, 어린아이들이 누군가 먹고 있는 약을 맛있는 것으로 받아들여, 아무리 그건 먹을 것이 아니라 약이라고 해도, 오히려 맛있는 것을 자신에게 안 주려고 한다고 믿고, 막무가내로 자기도 달라고 조르는 것과 비슷한 경우입니다. 이들은 마치 쇠사슬에 묶인 채, 벽에 비친 그림자들만을 바라보는 동굴 속의 죄수들이 그 그림자들이 세상의 실제라고 생각하는 것처럼 자기의 생각을 맹신하는 것입니다. 특히 사이비 종교를 믿는 사람들이 주변에서 아무리 사이비 종교라고 얘기를 해줘도, 오히려 더 자신들의 믿음을 공고히 하는 것 같은 경우를 말합니다.

두 번째, '믿음'의 단계는 자신이 직접 봤다는 것에만 의지해서 자신의 의견을 고집하는 단계입니다. 예컨대 누군가가 다른 사람에게 화를 내는 모습을 직접 보았다는 것을 근거로, 아무리 다른 사람들이 사실 그 사람은 부드러운 성격의 소유자라고 얘기를 해줘도, 자신이 직접 그 사람의 행동을 봤다는 근거로 그 사람에 관한 판단을 바꾸지 않고 고집하게 되는 경우를 말합니다. 연애를 한두 번 해본 경험을 근거로 마치 자신이 연애 박사인 것처럼 행세하는 사람들이 보이는 행태이기도 합니다.

세 번째, '추론적 사고'의 단계는 예를 들면 결혼생활을 해본 적이 없는 승려들이나 신부들이 신도들의 결혼생활에 관한 조언을 해줄 수 있는 것은 인간관계의 근본 이치를 나름 깨닫거나 파악해서, 이를 통해 상황에 맞춰 해석하고, 적용함으로써 가능하게 되는 경우를 말합니다. 그렇기에 상황에 따라서 조언해주는 내용도 거기에 맞춰 달라질 수 있을 것입니다. 또 어떤 사람들은 전기가 무서워서 함부로 전구나 전등을 만지지도 못하는데, 전문가들은 전기의 성질을 잘 알고 있기에 쉽게 다룰 수 있는 것입니다. 우리가 공부와 연구를 하는 것은 이처럼 사물이나 인간관계의 이치를 터득하기 위한 것이라고 하겠습니다.

　　마지막 '이성의 단계'는 모든 세상의 근본 이치를 파악한, 소위 깨달은 성인(聖人)들의 인식 수준을 말하는 것입니다. 그런데 마치 우리가 누군가를 사랑하게 되면 이제 자신은 그 사랑의 감정을 확실히 느낄 수 있게 되었지만, 만일 다른 사람이 사랑이 어떤 것이냐고 물었을 때는 '사랑이란 이런 것이다'라고 단정적으로 설명할 수는 없기에 '당신도 사랑하게 된다면 저절로 알게 될 겁니다'라고 말할 수밖에 없듯이, 성인들이 깨달은 세상의 궁극적인 근본 이치도 말로 설명할 수는 없으며, 스스로 깨달아야만 비로소 알 수 있는 것이라고 할 수 있겠습니다. 따라서 보통 사람들은 바로 이와 같은 성인들의 경지를 알 수는 없기에 흔히들 이를 입신(入神)의 경지라고 일컫기도 하는 것입니다.

　　그런데 마지막 단계로서 세상의 근본 이치를 깨달은 사람은 그것으로 만족하는 것이 아니라, 이 경지를 같은 인간으로서 다른 사람들도 알게 되기를 바라는 연민과 자비의 마음을 갖고 다시 동굴 안으로 들어가게 된다는 것입니다. 그런데 앞서 설명을 통해 살펴봤듯이 막상 동굴 속의 사람들은 깨달은 사람의 말을 알아듣지 못하거나, 알려고 들지도 않기 때문에, 이들에게 근본 이치를 전달하기 위해서는 마치 밝은 야외에 있다가 어두운 실내로 들어서게 되면, 바로 쉽게 잘 볼 수는 없기에 한동안 어둠에 적응하는 과정이 필요하듯이, 성자들도 그들과 눈높이를 같이 하는 과정이 필요하다는 것입니다. 그렇게 하지 않으면 그들은 성자들을 마치 미친 사람 취급하거나, 때론 자신들의 일상생활에 위험한 존재이거나 혹세무민하는 사람으로 여겨 죽이려고까지 하게 된다는 것입니다.

그런 까닭에 '성자(聖者)도 고향에서는 대접받지 못한다'라는 말도 나왔다고 하겠습니다. 이처럼 인간관계에 있어서 인식 수준의 차이는 소통의 부재를 넘어서 상대방에 대한 반감이나 배척까지 가져올 정도로 대단히 중요한 문제인 만큼 매우 심각하고도 진지하게 다뤄야 할 사안이라고 하겠습니다.

5. 인식 훈련할 때 주의해야 할 사항이 있습니다.

1) 다수의 주장이나 행동이라고 항상 옳은 것은 아닙니다.

어떤 말이나 행동을 사람들 대다수가 인정한다고 해서 언제나 옳은 것으로 받아들여서는 안 된다는 것입니다. 즉 항상 자기 스스로 다시 판단해보고자 하는 비판적 자세를 견지하고 있어야만 대세의 흐름 속에서도 본인의 삶을 지킬 수 있는 것입니다.

2) 유명 사상가의 권위에 압도되어서는 안 됩니다.

아무리 동서고금에 널리 알려진 고전이나 유명 사상가의 저서에 실려 있는 사상이나 주장일지라도, 단순히 그 권위에 압도되어 무조건으로 받아들이거나, 오로지 그 권위에 의지해서 자기의 생각이나 주장을 펼쳐서는 안 된다는 것입니다. 고전이라도 그 책이 나올 당시의 시대적 한계는 있을 수밖에 없을 것이며, 유명한 사상가라고 해도 그 사람이 갖추고 있었던 지식이나 경험이 오늘날의 여러분보다 풍부하지 못할 수도 있기 때문입니다.

3) 사상가의 시대적 배경과 개인적인 의도도 살펴보아야 합니다.

우리가 읽고 있는 저서의 사상가나 저자의 시대적 배경과 개인적 의도도 살펴보아야 한다는 것입니다. 예컨대 근대 초기 계몽주의 사상가들의 경우 당시 교황청은 말할 것도 없고, 왕권으로부터의 영향력에서 벗어나기는 매우 어려운 상황이었기에 이들로부터의 검열과 감시를 피하고자 자신의 책을 저술할 때 의도적으로 표현을 바꾸거나 자신의 주장을 일정 부분 수정할 수밖에 없었던 경우가 많았던 것입니다. 그리고 이와 같은 상황은 근현대의 많은 지식인들의 경우에도 해당한다는 점을 간과해서는 안 되는 것입니다. 따라서 이러한 주변 여건까지도 고려하고 참조해야만 비로소 그 저서에 좀 더 가깝게 다가갈 수 있는 것입니다.

4) 지식인들의 사상과 그들의 삶을 구분해야 합니다.

사상가나 저자가 자신들의 책이나 글에서 주장하는 것들과 실제 그들의 개인적인 생활 모습을 구분해서 살펴보아야만 합니다. 자신들의 주장과 다른 삶을 살았다고 해서 그들의 올바른 글까지 폄하되거나 무시되어서는 안 되며, 그들의 주장을 옳은 것으로 받아들인다고 해서 그들의 잘못된 삶까지도 용납하거나 추종해서는 안 된다는 것입니다.

5) 번역된 글에 전적으로 의존해서는 안 됩니다.

아무리 전문가라 할지라도 그들이 번역한 책이나 인용한 문장에 쉽게 의존해서는 안 된다는 것입니다. 번역한 용어가 본래의 의미와 다를 수도 있으며, 인용한 문장이 저자의 의도와 달리 부적절하게 적용될 수도 있기 때문입니다. 어쩔 수 없이 번역본이나 인용한 문장에 의존할 수밖에 없는 경우라 할지라도 앞뒤 문맥을 최대한 잘 살펴봄으로써 원저자의 의도나 주장에서 벗어나지 않도록 주의 깊게 읽어나가야만 합니다.

제 **3** 장

인문학 실천

제1장에서 우리가 추구하는 목표 중 하나로서 다음과 같은 점을 강조했었습니다. 즉, 여러분들이 인문학에 다가가는 과정에서, '관련된 내용들을 단순히 지식으로서 습득하는 것에 그치는 것이 아니라, 그 지식을 통해 자기 자신과 주변 사회를 진지하게 돌아봄으로써, 향후 본인의 삶의 태도와 목표를 새롭게 설정할 수 있는 기회를 마련하길 바란다'라는 것이었습니다. 다시 말해 인문학에서 다루는 내용들을 이론적으로 잘 정리하는 것보다 더 중요한 것은 인문학을 접하는 과정에서 자신이 습득한 생각들을 자신의 일상생활 속에 반영하여 실천할 수 있어야 한다는 것입니다.

그러나 실천해야겠다고 마음먹는다고 실제 실행에 들어가는 것이 아니기에 이와 같은 실천을 위한 몇 가지 방법들을 제안하고자 합니다.

1. 구체적인 실행 리스트를 작성해야 합니다.

아무리 머릿속으로 이것도 해야 할 것 같고 저것도 해야 할 것 같고, 하고자 하는 일이 많다고 생각하더라도 이 일들을 실제 실행에 옮기기 위해서는 일단 그 리스트를 노트나 종이 등 어딘가에 정리해봐야 한다는 것입니다. 그렇게 작성해보는 과정부터가 실행에 옮기는 첫걸음이 되는 것입니다. 그리고 그렇게 작성해봐야 자신이 실천할 내용들이 가시화되기 시작합니다. 자신이 희망하는 꿈뿐만이 아니라 반성해서 바꿔야 할 행동들도 이를 실제 실행에 옮기기 위해서는, 이렇게 구체적으로 작성해보는 작업부터 해야 몸에서 받아들이게 된다는 것입니다. 즉 실천한다는 것은 몸으로 실행해야 하는 것이기 때문에 일차적으로 몸에서부터 접수가 되도록 하는 점이 대단히 중요한 것입니다.

경험이 있는 사람들은 잘 알고 있겠지만, 예를 들어 우리가 어쩌다 가위에 눌리게 되면, 의식은 분명히 깨어 있는데, 몸은 손가락 하나조차 움직이지도 못하는 그런 상황에 놓일 때가 있습니다. 아무리 의지를 내어 애를 써서 움직이려고 해도 움직일 수 없기에 그 순간에 우리는 두려움과 공포마저 느끼게 되는 것입니다. 그러다가 우연찮게 긴장이 풀리면서 신체의 작은 부분이라도 움직이게 되면 이제 비로소 서서히 몸 전체도 풀리게 됩니다. 즉, 미미한 작은 움직임이 몸 전체의 움직임으로 연결된다는 것입니다. 우리 몸은 익숙한 일에는 계속 매달리고 싶어 하며, 익숙하지 않은 행동에 대해서는 긴장을 하게 되고, 때론 거부감마저 보이게 되기 때문에, 그만큼 새로운 일을 실천하는 것은 매우 어려운 일이기에 작은 부분부터 행동에 옮겨야만 몸이 조금은 쉽게 받아들이면서 서서히 바뀌게 되는 것입니다. 참고로 가위에서 쉽게 빠져나오는 방법 하나를 제시하자면, 몸은 움직이지 못하지만, 그래도 숨은 쉬고 있는 상태이므로, 숨을 더 크게 쉬면서 가슴을 부풀리게 되면, 결국 몸의 작은 부분이 일단 움직이는 셈이라 이내 곧 가위에서 빠져나올 수 있게 됩니다.

2. 비록 작은 것이라도 실행이 가능한 것부터 선정해야 합니다.

처음부터 거창하거나 부담스러운 목표를 정하게 되면, 선뜻 실행할 마음이 생기지 않거나, 설혹 실행에 옮기더라도 달성하기가 어렵게 되면, 오히려 위축되면서 그만큼 자신감마저 더 떨어지는 상황이 올 수도 있습니다. 반대로 작은 것이라도 실행에 옮겨 어느 정도의 성과를 거두게 되면, 그 자체로도 보람을 느끼겠지만, 애당초 기대하지 않았던 '나도 하면 바뀔 수 있구나'라는 자신감과 의지가 생기게 됩니다.

그렇기에 우리는 작은 시험이나 도전이라도 최선을 다해서 임해야만 합니다. 예컨대 운전면허 시험을 본다고 했을 때, 만일 별다른 준비 없이 일단 시험 삼아서 한번 봐야겠다는 마음으로 응시를 하게 되면, 단지 시험에 떨어질 가능성만 좀 더 높아지는 것뿐만 아니라, 그렇게 해서 결국 떨어지게 되면, 그냥 시험 삼아 본 것이라는 생각과는 달리 자신도 모르게 자신감이 급격히 낮아지면서, 때론 자괴감마저 느낄 수 있는 후유증을 겪게 될지도 모르기 때문입니다. 이와는 반대로 누구나 쉽게 취득하는 운전면허라고 치부해도, 막상 본인이 시험에 통과해서 면허증을 받게 되었을 때 그 기쁨이 어느 정도인지는, 그 과정을 거친 후 이미 운전면허증을 발급받은 사람들이라면 충분히 공감할 것입니다.

3. 작은 목표라도 평소 하기 싫어했거나, 잘 안 했던 일들을 일차 실행 대상으로 선정하는 것이 좋습니다.

평소 하기 싫어했거나, 잘 안 했던 일들로 정한 후 일단 용기와 의지를 갖고 그 일을 해내게 되면, 나도 달라질 수 있다는 자신감과 의욕을 가질 수 있기 때문입니다. 흔히 연예인들을 관리하는 기획사나 극단 등에서 예비 배우나 가수들을 훈련하는 교육과정으로, 전철 안에서 노래를 부르게 한다거나, 길거리 공연(busking)을 시키는 것도 무대에 자신 있게 오르기 위해서는 자신의 한계를 과감히 깨는 과정이 필요하기 때문일 것입니다. 그야말로 '나도 하면 된다!'라는 자신감이 대단히 중요한 것입니다. 그런 의미에서 요즘 젊은 세대들 사이에서 해외 배낭여행을 가는 것이 유행인데, 스스로 여행 계획을 세우고, 또 낯선 외지에서 모르는 사람들에게 길을 물어보기도 하는 등 평소 자신의 굴레에서 벗어나 새로운 일에 도전해본다는 것은 대단히 바람직한 경험이라고 하겠습니다. 물론 아르바이트 같은 것을 해서 여행경비까지 스스로 마련한다면 더욱 좋은 일일 것입니다.

우리가 잘 알고 있듯이 '시작이 반(半)'이라는 말이 있습니다. 자꾸 하다 보면 익숙해지고, 익숙해지면 점점 더 잘할 수 있게 되는 것입니다. 아무리 제대로 하지 못하고 있더라도 애당초 하지 않는 것보다는 백배 나은 일인 것입니다. 그리고 처음부터 잘하는 사람도 아주 드문 법입니다. 아기들이 '엄마'라는 말 한마디 할 때까지 옹알이를 얼마나 많이 했을지, 그리고 걸음마를 한 걸음 내디딜 때까지 얼마나 많이 넘어졌을지 생각해본다면 못 할 일이 없을 것입니다.

이제까지의 네 가지 제안 사항이 잠재된 자신의 가능성과 능력을 발견하는 과정이었다면, 다섯 번째부터는 인간관계의 상호성을 인식하는 데 필요한 사항이 될 것입니다.

5. 누군가 얘기할 때 일단 긍정의 반응을 보여주는 것이 좋습니다.

진지한 회의나 토론에서는 말할 것도 없지만, 일상적으로도 누군가 얘기할 때, 그를 응시하면서, 고개를 끄덕이거나, '그렇군요~' 또는 '그랬구나~'라는 식의 반응(reaction)을 보이게 되면, 어느 순간부터 상대방이 주로 자신을 바라보면서 얘기하며, 또 그 바라보는 눈빛도 달라지고 있음을 발견하게 될 것입니다. 왜냐하면 상대방은 그렇게 하는 우리가 자기의 말에 호응하면서 듣고 있다고 판단하기 때문입니다. 그만큼 우리는 누구나 자신의 존재를 인정받길 원한다는 것입니다. 설혹 나와 다른 의견이나 주장을 하게 되는 경우라도 일단은 '아~ 그렇군요'라고 먼저 인정부터 해준 후, '그런데 그렇게 볼 수도 있겠지만, 이건 어떨까요?' 또는 '그렇게 해도 되겠지만, 이렇게 해보는 건 어떨까요?'라고 상대방의 의견을 구하는 방식으로 우리의 의견을 제시한다면, 잠시 후 상대방도 우리의 의견에 무작정 반대만 하지 않게 된다는 것을 경험하게 될 것입니다. 다시 말해 내가 상대방으로부터 인정받고 싶다면, 나부터 상대방을 인정해주어야 한다는 것이며, 그 방법이 그렇게 거창하지 않아도 된다는 것입니다. 반대로 우리가 어떤 주제에 대해 열심히 설명하거나 주장을 펼칠 때, 누군가가 아예 딴 곳을 바라보고 있거나, 아니면 얘기 중간에 '그게 아니고요~'라고 하면서 말을 끊고 자신의 주장이나 생각을 펼친다면 여러분은 과연 어떤 기분이 들게 될지, 그리고 그 사람과 계속 관계를 유지하고 싶은 생각이 들지를 판단해본다면 호응의 중요성을 확실히 알게 될 것입니다.

6. 상대방에게 아주 사소한 것이라도 일단 칭찬해주는 것이 좋습니다.

가족이든 친구든 주변 사람들을 만날 때, 예를 들어 '오늘따라 얼굴이 좋아 보이네'라고 하거나, '널 보면 나도 모르게 기분이 좋아져.' 또는 '오늘 입은 옷이 너한테 잘 어울려 보이는데, 평소 너는 옷을 잘 고르는 것 같아'라고 말을 건네보라는 것입니다. 그러면 이내 곧 상대방의 좋아하는 얼굴을 확인할 수 있을 것입니다. 우리는 그만큼 평소 다른 사람들로부터 칭찬의 말에 목말라 있으면서도 자신부터 다른 사람을 칭찬하는 데는 인색하기에, 자신은 그냥 인사치레로 한 칭찬이거나 아니면 별것 아닌 칭찬이라도, 상대방에게는 크게 와닿는 말이 되며, 그래서 상대방은 그 말과 함께 말한 사람까지 생각보다 오랫동안 기억하게 된다는 것입니다. 그러면 당연히 상대방은 우리와 가깝게 지내고 싶어 하거나 좋아하게 될 것입니다.

7. 상대방에게 먼저 도움을 요청하는 것이 좋습니다.

물론 상대방이 현재 들어줄 수 있는 여건이 되는지 먼저 확인해본 후 예의를 갖춰서 해야 하겠지만, 상대방과 친해지고 싶거나 좀 더 가까워지고 싶다면, 일부러라도 일거리를 만들어서 먼저 상대방에게 도움을 요청해보라는 것입니다. 왜냐하면 평소 우리는 자신이 먼저 상대방을 도와주면 그 사람과 친해질 수 있다는 선입관을 갖고 있지만, 상황은 오히려 정반대로 나타날 경우가 많기 때문입니다. 예를 들어 누군가 영어 문장을 번역하는 문제를 풀고 있는데, 그게 잘 안 될 때 여러분이 먼저 나서서 '내가 도와줄게'하고 제안했을 경우와 반대로 자신이 영어 번역을 하는 데 잘 안 돼서 상대방에게 '너 영어 번역 잘하지? 미안하지만 안 바쁘다면 이 문장 좀 번역해줄 수 있겠니?'하고 제안할 경우를 비교해본다면, 어떤 경우가 상대방과 더 친해질 수 있을지 짐작이 될 것입니다. 전자(前者)의 경우는 자신의 실력을 무시했다고 오히려 상대방으로부터 미움을 받게 될지도 모릅니다. 그런데 먼저 도움을 요청하게 된다면, 상대방은 이를 곧 자신의 실력을 인정해준다는 것으로 받아들이게 됨으로써, 요청하는 우리에게 더욱 친밀함을 갖게 될 수 있다는 것입니다.

8. 세상을 달리 보는 시간을 갖는 것이 필요합니다.

기회를 마련해서 고요하고 깊은 한밤중에 밤하늘을 바라보길 바랍니다. 그리고는 내가 하늘을 우러러보고 있는 것이 아니라, 지구를 등에 업고 하늘을 '내려다본다'라고 생각을 바꾼 후 다시 밤하늘의 별들을 조금은 긴 시간 동안 바라보게 된다면, 이제까지와는 전혀 다른 느낌을 받게 될 것입니다. 아마도 자신의 존재와 우주에 대해서 전혀 예상치 못한 또 다른 느낌과 생각이 들면서, 나를 둘러싼 세상에 대해서도 이제까지와는 다른 관점을 갖게 될 수 있을지도 모릅니다. 또 다른 제안을 제시해보자면, 누군가에게 자신의 일상적인 행동을 자신도 모르는 상태에서 촬영해달라고 부탁한 후, 그렇게 촬영된 자신의 영상을 한번 보라는 것입니다. 평소 거울을 통해서 자기의 얼굴이나 앞모습만 보는 데 익숙한 상황에서 영상을 통해 예상치 못한 자신의 다른 모습들을 발견하게 되면, 평소 자신에 대한 선입관과는 다른 본인에 관한 생각과 느낌에서 많은 변화가 생길 것입니다.

9. 식물이든 반려동물이든 생명체를 키워보길 바랍니다.

예컨대 작은 꽃이나 물고기, 또는 흔히 키우고 있는 강아지나 고양이든 생명체를, 씨앗이거나 갓 태어났을 때부터 시작해서 죽음을 맞이하게 되는 순간까지 키워보라는 것입니다. 특히 열매를 맺거나 새끼를 낳는 순간, 그리고 죽음에 이르는 순간은 가능하면 곁에서 지켜보길 권유합니다. 반려동물을 키우고 있거나, 키워본 경험이 있는 사람 중에는 대부분 이미 느껴본 바가 있겠지만, 이 과정에서 우리는 자연에서의 생명 탄생의 위대함과 신비로움을 그리고 생명체에게 죽음이라는 것이 어떤 것인지를 느끼게 될 것입니다. 그렇게 되면 이후에 생태계는 물론 지구환경을 생각하는 우리의 마음가짐도 많이 바뀌게 될 것입니다.

10. 실천하는 과정에서 인식과 판단이 불일치할 수도 있음에 유의해야 합니다.

인식의 오류와 관련해서 고전 중 많이 인용되고 있는 것은 영국 경험론의 대표적 사상가인 베이컨(Francis Bacon)이 제시했던 인간이 버리고 고쳐야 할 네 가지 우상입니다. 이 네 가지 우상이란 첫 번째는 종족(種族)의 우상(偶像)으로서, 인간이라는 종족 전체의 공통적 성질에 의하여 생기는 오류를 말합니다. 즉 인간이 가진 생물학적 특징이나 사회적 정서, 편견 등을 가지고 사물을 바라보고 이해하거나 해석하는 태도로서, 인간 자신의 성질을 만물에 투사하여 그것을 규정하려는 것을 말합니다. 가령 자연을 의인화하여 본다거나 혹은 인간 자신이 목적적 행위를 한다는 이유로 자연에 대해서도 그와 같은 목적적 견해로 보려는 것 등을 일컫는 것입니다. 그 예로서는 '우리 강아지가 떨고 있는 것을 보니 추운 것 같은데, 옷을 입혀야겠네'와 같은 말이 해당한다고 할 수 있겠습니다. 다음은 동굴(洞窟)의 우상으로서 평생을 동굴에서 살던 사람이 세상에 나왔을 때 개인의 주관이나 선입견 또는 편견을 통해 봄으로써 넓은 세계를 제대로 파악하지 못하게 되는 폐단을 말합니다. 즉 개인 각자의 특수한 성향이나, 교육, 습관, 환경, 기호 등으로 인해 공정한 견해와 판단을 그르치는 것을 말합니다. 소위

'우물 안 개구리'라는 말이 이에 해당하는 경우라고 할 수 있겠습니다. 세 번째는 시장(市場)의 우상으로 사람이 서로 교역하며 관련을 맺어온 시장에서 사물들에 적합하지 않은 단어나 이름을 붙여 사용함으로써 생기는 우상을 말합니다. 특히 잘못된 언어를 사용함으로써 사물의 이해를 방해하는 것을 말합니다. 이는 언어와 실재를 혼동하는 데서 오는 오류이며, 언어가 있다고 해서 반드시 그에 대응하는 실재가 있는 것은 아니라는 것입니다. 예컨대 '이과(理科) 쪽 친구들하고는 말이 안 통해'라고 한다거나, '문과(文科) 쪽 친구들은 말도 안 되는 얘기들을 하는 것 같아'와 같은 말들이 이에 해당한다고 하겠습니다. 네 번째로는 극장(劇場)의 우상을 제시하고 있는데, 이는 자신의 사색이나 경험에 따라 옳고 그름을 명백히 판단함이 없이, 학문적 패러다임(paradigm)의 지배를 받음으로써 자신들의 편견과 왜곡을 인식하지 못하거나. 권위나 전통을 지닌 어떤 사람의 학설이나 주장을 비판 없이 받아들임으로써 그것에 의지하려는 데서 생겨나는 편견을 말합니다. 우리가 일상생활에서 권위 있는 사람의 이름을 빌려서 자신의 주장을 뒷받침하거나 그들의 말을 그대로 옳다고 믿게 되는 것을 말합니다. 광고 회사에서 유명인이나 대학교수 등을 모델로 선호하는 것도 이와 같은 이유에 해당한다고 하겠습니다. 이상의 네 가지 우상의 비유 외에도 최근의 인지심리학 등에서는 다음과 같은 인식이나 판단의 오류에 대해 제시하고 있습니다.

1) 누구나 착각할 수 있다는 점을 인정하고 이에 주의해야 합니다.

상대방은 물론, 본인조차도 사실을 인지할 때 착각할 수 있다는 점을 인정하고 이에 대비해야 한다는 것입니다. 최근의 인지과학(認知科學, cognitive science)에 따르면, 이와 같은 착각은 인간 뇌의 본능적 직관에 따른 부작용, 즉 '인지적 착각(cognitive illusion)'으로서 설명되는데, 대표적인 예로는 '뮐러리어의 도형(Muller-Lyer figure)' 같은 것이 있습니다.

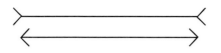

예컨대, 위 선분 중 어느 것이 더 긴 것 같습니까? 실제 길이를 재어본 후 사실 두 선분의 길이가 같다는 것을 알게 된 후, 다시 두 도형을 보게 되더라도 역시 뇌의 착각에 따라 아래의 선분이 더 짧게 보일 것입니다.

2) 어떤 기준을 적용하느냐에 따라 관찰이나 판단의 결과가 다르게 됩니다.

우리는 일상생활을 하는 가운데에서도 평소의 가치판단이나 선호도에 따라 관찰하고 판단하며 행동한다는 것입니다. 예컨대 평소 많이 먹는 것을 좋아하는 사람들은 음식점을 평가하고 결정할 때 맛보다는 양을 먼저 고려해서 판단하는 경우가 많습니다. 또 돈에만 관심이 있는 사람들은 사람들을 사귈 때 그 사람의 인격과는 관계없이 주로 자신에게 금전적인 이득을 안겨줄 수 있느냐, 그렇지 못하냐의 기준에 따라 그 사람에 대한 선호도를 결정하게 될 것입니다. 이와 같은 기준 적용을 '프레이밍 효과(framing effect)'라고 하는데, 전문가들조차 평소의 관심이나 고정관념에 의해 인지적인 착각에 빠지거나, 이성적인 판단에 앞서 감정적인 선호에 좌우되어 자신의 관찰이나 판단을 그르치는 경우가 있다는 점을 염두에 두어야만 합니다.

3) 친숙한 것을 옳은 것으로 여기는 경향이 있습니다.

우리는 평소 자주 먹는 음식이 자신에게 잘 맞는 음식이라고 여기고 있듯이, 언론 매체에 자주 등장하는 전문가들이나 정치인들을 더 선호하거나, 그들의 주장이 옳다고 여기는 경향이 있습니다. 그렇기에 상품 판매를 위한 광고 전략이나 정치인들의 홍보 전략에서도 매체에서의 노출 빈도를 중요하게 여기는 것입니다. 그러나 평소 자신이 잘 먹고 있는 음식이 본인의 비만이나 질병의 원인일 수 있으며, 우리가 자주 접하고 있는 전문가들의 의견 역시 단순히 기존에 있던 지식이거나 다른 전문가의 의견을 본인의 철저한 검증도 없이 그저 전달하는 것일 수 있는 것입니다. 그렇기에 우리는 익숙한 것에 대한 경계심을 갖추고 있어야만 합니다.

4) 비교에서 오는 상대적인 착각에서 벗어나야 합니다.

배고플 때면 평소 좋아하지 않던 음식도 맛있게 먹게 되고, 배가 부를 때면 맛있는 음식의 냄새조차 역겹게 느껴집니다. 잔혹한 살인 사건에 대한 뉴스 보도를 본 직후에 생계가 어려워 강도 범죄를 저지른 어린 가장과 관련된 보도를 보게 될 때, 우리는 나중 사건에 대해 비난하기보다는 오히려 동정심을 갖게 되는 경우가 있습니다. 우리가 어떤 사안을 판단할 때 유사한 사안과 비교함으로써 상대적인 판단의 착각이나 오류가 나타날 수 있다는 것입니다.

5) 처음 입력된 정보가 이후 판단에 계속 영향을 미칠 수 있습니다.

배고플 때 우연히 맛있게 먹었던 음식에 대해서 우리는 그 이후로 계속 그 음식에 대해 맛있는 음식으로 여기게 될 가능성이 있습니다. 또 자신이 외롭고 힘들었을 때 위로의 말 한마디를 건네준 사람에 대해서 우리는 계속해서 좋은 감정을 갖게 됩니다. 이처럼 앞서 겪었던 경험이나 판단이 이후에도 계속 영향을 미치는 것을 소위 '닻 내림 효과(anchoring effect)'라고 합니다. 그러나 앞서 좋은 느낌의 음식이나 사람을 다른 여건이나 환경에서 다시 겪었을 때 그 결과가 다를 수도 있다는 점에 주의해야 할 것입니다. 소위 '도루묵'의 어원과 관련된 일화가 이에 해당한다고 하겠습니다.

6) 사실이나 정보를 자신의 신념에 맞춰 수집해서는 안 됩니다.

우리는 자신이 옳다고 믿는 정보나 사실만을 받아들이려는 경향이 있다는 것입니다. 즉 내가 좋아하는 사람에 대해서는 좋은 점만 보이고 단점이 보이더라도 의도적으로 눈감으려 하며, 내가 싫어하는 사람의 경우는 반대로 단점만을 찾으려고 하는 경향이 있다는 것입니다. 소위 '확증 편향(conformation bias)'이라고 일컫는 것으로서, 우리가 특히 정치인이나 정치적 사건에 대해 공정하고 공평한 판단을 하기 위한 사실관계 확인에 있어서 자신의 정치적 신념으로 인해 범하기 쉬운 장애 요인이라고 할 수 있겠습니다.

제 2 부

인문학 기초강의

인간에 대한 이해

철학

1. 인간은 어떤 존재일까요?

　철학의 대표적인 관심 주제는, 과연 인간이란 어떤 존재이며, 인간은 어떠한 세계 속에서 살고 있고, 또 이러한 인간 자신과 주변 세계에 대해 어떻게 해야 제대로 파악할 수 있을까에 대한 것입니다. 소위 철학적으로 분류했을 때, 존재론과 인식론에 해당한다고 볼 수 있겠습니다. 그렇다면 인간은 어떤 존재일까요? 우선 인간은 무엇보다도 자연의 다른 물체나 생명체와는 달리 '의식', 즉 '생각'을 하는 존재이며, 특히 자기 자신의 존재에 대한 인식, 다시 말해 '자의식'까지 갖추고 있는 유일한 존재로서, 따라서 단순히 다른 생명체와 같이 주어진 본능에 따라 주변의 자극이나 변화에 생리적, 반사적으로만 반응하는 것이 아니라, 이 의식을 통해 분석하고 판단해서 행동한다는 점을 제시할 수 있겠습니다.

　그런데 이러한 의식이란 눈으로 직접 관찰할 수 있는 것이 아니기 때문에, 아무리 다른 사람들의 행동을 열심히 관찰한다고 해도 이를 통해 인간의 의식 구조를 파악한다는 것은 대단히 어려울 뿐만 아니라, 설혹 일정 부분 가능하다고 해도, 분명한 한계가 있을 수밖에 없습니다. 더욱이 우리가 인간에 대해서 알려고 할 때는 애당초 인간에 대해 관심이 있어야만 합니다. 따라서 그 관심의 출발점은 바로 자기 자신이어야만 한다는 것입니다. 말을 바꿔 다시 정리하자면 사람은 누구나 자기 자신에 대해서 당연히 관심이 있고, 그런데 우리 자신은 인간이기 때문에, 바로 자신에 관한 관심의 연장선에서 인간 존재에 대한 관심이 비롯되며, 또 그렇게 해야만 인간의 막연한 의식에 대해 좀 더 공감할 수 있게 다가갈 수 있다는 것입니다. 그래서 앞서 인문학에 접근하기 위한 준비 첫 번째 사항에서 우리가 인간 존재에 대해 파악하고자 했을 때는, 나 자신을 파악하는 데서부터 출발하는 것이 중요하다는 점을 강조했던 것입니다.

그렇다면 우리는 왜 자신에 대해 관심을 두고 알아야만 할까요? 이 질문이 너무나도 당연한 일을 묻는 우문(愚問)처럼 들리겠지만, 사실 사람들 대부분은 평소 자신에 대해 무관심하거나 아니면 왜곡된 관심을 두고 살기에, 어떻게 살아야 할지 갈피를 잡지 못한 채 살아가거나, 또는 사는 것이 너무 힘들다고 불평하면서 살아가다가 어느 순간 죽음을 맞이하기 때문에 새삼 자신에 대해서 제대로 파악하는 것이 대단히 중요한 일인 것입니다. 아울러 사람은 누구나 천년, 만년 영원히 살 수는 없습니다. 현대 의학이 발달하면서 평균수명이 많이 늘었다고는 해도, 사람들 대부분은 백 년 이상 살기 쉽지 않을 뿐만 아니라, 아직도 수많은 사람이 원인 모를 질병으로 고통을 겪고 있는 것도 현실입니다. 어찌 보면 길지 않은 인생인데 누구나 잘살아야 하지 않겠습니까? 왜냐하면 누구나 자신의 인생은 소중한 것이고, 또 누가 대신 살아줄 수 있는 것도 아니기 때문입니다.

그렇다면 과연 어떻게 사는 것이 '잘사는 것'일까요? 흔히 이 질문에 '인간답게 사는 것'이 잘사는 것이라고들 합니다. 그렇다면 당연히 '어떻게 사는 것이 인간다운 것인가?'라는 질문으로 이어질 것입니다. 바로 여기서부터 인간 존재에 대한 본격적인 성찰과 고민이 시작된다고 하겠습니다. 즉, 역사적으로 위대한 사상가나 종교인들의 고매한 사상도 바로 '인간이란 어떤 존재인가'라는 존재론적인 화두(話頭)를 풀어나가는 데서부터 비롯된다고 볼 수 있겠습니다. 그런데 제1장 도입 부분에서 강조했다시피, 이와 같은 인간에 대한 성찰은 위대한 사상가들이나 엘리트들만의 고민은 아니라는 것입니다. 왜냐하면 그들의 인생만이 고귀하고, 또 존중받아야 할 대상이 아니기 때문입니다. 인간은 누구나 인간으로 태어났다는 그 자체만으로도 고귀한 존재이며, 따라서 어떤 누구의 삶도 차별 없이 똑같이 존중받아야 하는 것입니다.

그런데 만일 본인이 자신의 인생에 대해 무관심하고, 또 자신의 존재를 아끼지 않고 있다면, 과연 다른 사람으로부터 존중받거나 배려받을 수 있을까요? 위치를 바꿔서 여러분들은 누군가가 자기 자신에 대해 관심과 애착도 없이, 그저 아무 데서나 생활하면서 아무거나 먹고, 입고, 행동하면서 살아간다면 과연 그 사람을 아끼고 존중해야겠다는 생각이 쉽게 들까요?

그렇다면 이제 어떻게 사는 것이 인간답게 잘 사는 것인가부터 짚어 보기로 하겠습니다. 그런데 이를 위해선 당연히 '인간은 어떤 존재인가'부터 다시 규정해봐야 할 것입니다. 그리고 잘 알다시피 인간은 다른 생명체와 달리 육체와 정신을 함께 갖추고 있다는 점부터 제시할 수 있을 것입니다. 하지만 과학이 발달한 오늘날까지도 아직 우리는 인간의 몸과 정신의 실체를 제대로 파악하지 못하고 있는 것이 현실입니다. 그런데도 새삼스럽게 인간의 정신과 육체의 실체를 지금 바로 완벽하게 파헤치려고 시도한다는 것은 현실적으로 무모하기 그지없는 일이라고 하겠습니다. 따라서 우리는 우선 인간답게 잘사는 것과 관련해서 살펴볼 수밖에 없을 것입니다. 그리고 그 첫 번째 단계로서 우선 육체와 정신의 특성을 파악한 후 이를 통해 잘사는 삶과의 관계를 모색해야 할 것입니다.

다시 말해 잘살기 위해선 무엇보다 육체와 정신이 건강해야만 할 것입니다. 이를 위해 먼저 '건강하다'라는 것의 사전적 정의를 찾아보면, '몸과 마음이 편안하고 튼튼한 상태'라고 나옵니다. 따라서 일단 몸의 특성에 따른 건강부터 살펴보자면, 몸이 편하고 튼튼한 상태라는 것은, 몸이 불편한 점이 없어서 생활하는 데 지장이 없어야 한다는 것임을 알 수 있습니다. 즉 인간으로서 살아가는 데 있어서 어쩔 수 없이 수명이 다하는 날까지는 신체적으로 고통과 불편함 없이 정상적인 활동을 할 수 있어야 한다는 것입니다.

그러기 위해선 우리 몸의 생리적 구조와 특성에 맞춰 신진대사가 원활하게 작동할 수 있도록 몸이 원하는 요구에 적절하게 응해주어야 합니다. 다시 말해 목이 마를 때 물을 마셔야 하고, 배고플 때 먹어야 하며, 졸리면 자야 하고, 몸이 원하는 올바른 자세와 적당한 운동을 해야만 합니다. 어떻게 보면 육체적인 건강을 지킨다는 것은 이처럼 매우 단순하고 쉬운 일인 것입니다. 그러함에도 불구하고 우리는 평소 자신의 욕심과 무관심, 또는 게으름에 의해 자기의 몸을 제대로 관리 안 하거나 혹사하고 있는 것입니다. 이미 배가 찼는데도 더 많이 먹거나, 잠을 자야 할 때 안 자거나, 아니면 게으른 습관으로 필요 이상 많이 자거나, 운동을 소홀히 하는 것입니다. 책을 보거나 스마트폰을 들여다볼 때, 그리고 특히 컴퓨터 게임을 할 때는 장시간 안 좋은 자세를 취하기도 합니다. 이렇게 몸이 원하지 않는 생활, 즉 몸이 편하지 않은 생활을 하면서 건강이 유지되길 바란다면 그건 대단한 착각일 수밖에 없습니다.

몸이 안 좋아 병원에 갔을 때, 의사들이 건강을 유지하기 위해 항상 강조하는 사항들은 어렵고 힘든 내용이 아닙니다. 그저 일상적인 생활을 잘하라는 것입니다. 예컨대 가능하면 규칙적인 생활을 하고, 음식을 적당량 골고루 섭취하며, 또 자기 신체에 맞는 운동을 선택하여 꾸준히 하라는 것들입니다. 왜냐하면 그런 내용들이 바로 신체의 생리적 구조와 특성에 따라 요구되는 사항들이기 때문입니다. 어찌 보면 그다지 어려운 제안이 아님에도 불구하고 우리가 제대로 실천하지 못하고 있는 것은 그만큼 내 몸에 대해 무관심하거나 아끼지 않기 때문이라고 볼 수 있겠습니다.

다음으로 우리의 정신에 대해 살펴보자면, 우리는 누구나 육체적으로 '살려고', 즉 '존재(생명 유지)'하려고 애쓰듯이, 정신적으로는 자신의 '존재감(정체성)'을 찾고, 인정받으려 한다는 것입니다. 그런데 앞서 지적했듯이 오로지 인간만이 자신에 대한 자의식을 갖고 있을 뿐만 아니라, 이 자의식에 따른 존재감이라는 것은 인간의 삶에 있어서 때론 목숨 이상으로 중요하다는 것이 바로 정신의 핵심적 특성이라고 하겠습니다. 따라서 이러한 존재감을 못 느끼거나 상처받고, 무시당할 때, 우리는 정신적인 불편함이나 고통을 느끼게 됩니다. 따라서 정신적으로 건강한 삶을 유지하기 위해선 무엇보다 자신의 존재감을 확인할 수 있고 또 존중받아야 하며, 이를 위해선 다음의 두 가지 측면 모두를 갖추어야만 합니다. 즉 본인부터 자신을 존중해야 하며, 아울러 다른 사람으로부터도 자신의 존재감을 인정받고 존중받아야만 합니다.

그렇다면 신체적으로 건강하고, 정신적으로 존재감을 가질 수 있게 되면 잘 사는 것일까요? 몸은 건강한데 자신만 챙기거나 다른 사람을 괴롭힌다면, 결코 잘 사는 것은 아닐 것입니다. 일단 몸은 자신의 정신과 조화를 이루어 본인이 의욕을 갖고 하고자 하는 바를 행동으로 옮기는 데 필요한 수단의 역할을 제대로 할 수만 있다면 그 정도로 충분할 것입니다. 문제는 내가 의식적으로 의욕을 갖고 하는 일이 과연 무엇이냐에 달려있다고 하겠습니다.

이와 관련하여 예를 들어보자면, 어릴 때는 그저 밥 잘 먹고, 잘 놀고, 잘 자기만 해도 부모님이나 주변 어른들은 잘했다고 칭찬했을 것입니다. 그런데 성인이 되어서도 똑같이 내 것만을 챙긴다면, 그래도 칭찬해줄까요? 아마 대개의 부모는 그럴지도 모르겠습니다. 하지만 대부분의 주변 사람들은 저만 아는 이기적인 놈이라고 손가락질하게 될 것입니다. 인간으로서 이제 제 몫을 해야 할 성인이 되어서, 이제 제대로 잘한다는, 또는 잘 산다는 평가를 받을 수 있는 일은 무엇일까요? 다른 사람들의 평가뿐만 아니라 자신조차도 스스로 잘살고 있다는, 즉 살아가는 보람을 느끼는 일은 무엇일까요?

이 점에서 우리가 한편으론 스스로 존재감을 느끼고, 다른 한편으론 사람들로부터도 존재감을 인정받게 되는 일, 그 자체야말로 잘 산다고 할 수 있으며, 이런 경우 우리는 행복감을 느끼게 될 것입니다. 다시 말해 다른 사람들과 함께 잘 어울려 살면서, 기본적으론 자신과 관련된 일, 즉 스스로 생존하는 일에 충실하면서도 이와 더불어 다른 사람을 위해서도 힘닿는 데까지 최선을 다해서 도움을 줄 수 있을 때 우리는 자신의 존재감 확인과 함께 사는 보람을 느끼는, 다시 말해 '잘 살고 있는' 삶을 영위하고 있다고 할 수 있겠습니다.

그렇다면 다른 사람들을 위해 어떠한 일을 해주어야, 그들로부터 존재감을 인정받으면서, 본인 자신도 사는 보람을 느끼게 될까요? 그것은 역설적으로 다른 사람들과 더불어 살아가면서 그들이 육체적으로는 생명을 이어가고 즉, 존재를 유지하고, 또 정신적으로는 그들 스스로 존재감을 가지고 살아갈 수 있도록 돕는 일일 것입니다. 왜냐하면 인간은 사회적 동물이기에, 자신을 포함한 인간이라는 종(種, species)의 생존 유지와 번식 그리고 성장을 위해 살아가는 존재이기 때문입니다. 이와 관련해서는 뒷부분에서 사회와 자연 그리고 우주와의 관계를 다룰 때 좀 더 자세히 설명하도록 하겠습니다.

그런데 우리 대부분은 앞서 지적했다시피 자신부터 자신의 존재에 대해서 잘 모르거나 무관심하기까지 합니다. 일단 이 부분부터 살펴보자면, 여러분은 자기 자신에 대해 잘 안다고 생각합니까? 예컨대 녹음된 자신의 목소리를 처음 들었을 때 어떤 느낌이 들던가요? 자신도 모른 채 누군가에게 찍힌 자신의 스냅 사진, 특히 평소에 볼 기회가 거의 없는 자신의 옆모습이나 뒷모습이 찍힌 사진을 봤을 때는 어떻든가요? 자신의 걸음걸이의 특징을 압니까? 다른 사람과 얘기할 때나 식사할 때의 모습은 어떻습니까? 자신의 성격을 명쾌하게 제시할 수 있나요? 가족이나 주변 친구들이 인정하는 자신의 장단점을 열거할 수 있나요? 이와 같은 몇 가지 질문들을 통해 점검해보더라도 쉽게 자신을 잘 알고 있다고 말하기는 어려울 것이라고 봅니다.

이처럼 자신에 대해 잘 알지 못하는 데에는 역설적으로 평소 자신이 자신을 잘 알고 있다고 여기는 데서부터 그 원인이 있다고 볼 수 있겠습니다. 다시 말해 자신을 잘 알고 있다고 여기기 때문에 오히려 자신에 대해서 특별한 관심을 두지 않게 된다는 것입니다. 그러기에 고대 그리스 철학자 소크라테스(Socrates)부터 '너 자신을 알라'고 강조하면서 '너 자신의 무지(無知), 즉 네가 모르고 있다는 사실부터 알아야 한다'라고 역설한 것입니다.

그렇다면 본인 자신에 대해 관심을 가지고, 또 잘 알기 위해선 어떻게 해야 할까요? 무엇보다 먼저 나부터 아끼고 사랑해야 할 것입니다. 왜냐하면 그래야만 나에 대해 진정으로 관심을 기울일 수 있기 때문입니다. 아울러 내 인생은 소중하고, 또 누가 대신 살아주는 것이 아니라는 것을 새삼 깨달아야만 나에 대해 더욱 관심을 가지게 될 것입니다. 앞서 설명한 바와 같이 내가 나를 아끼지 않는데, 누가 나를 아껴줄 것이며, 자기 자신도 잘 챙기지 못하면서 어떻게 남을 제대로 챙기면서 도와줄 수 있겠습니까?

다음으론 평소 자기 자신에 대한 부정적인 인식에서 벗어나야 합니다. 우리는 어릴 때부터 사람은 항상 겸손해야 하고, 또 매사 반성하면서 살아가야 한다고 교육받아 왔습니다. 물론 겸손하고 반성하면서 살아가는 것이 필요하고 또 중요하기도 하지만, 매사 그런 식으로 반성만 하다 보면, 정작 자신의 장점과 능력에 대해선 오히려 잘 모르거나, 회의적인 측면이 많아지게 되며, 때론 자신감마저 떨어지게 되면서 자신을 있는 그대로 파악하는 데 어려움을 느끼게 되는 것입니다.

　　그 반면에 역설적이지만 평상시 우리는 자신에 대해 나르시시즘(narcissism)적인, 즉 자기 만족적인 인식도 함께 갖고 있다는 것입니다. 예컨대 '나는 그래도 어느 정도의 수준은 되겠지'라는 식으로 자신에 대한 막연한 과장된 이미지와 자신감 등을 갖고 있다는 것입니다. 이렇듯이 서로 교차 되어 나타나는 자신에 대한 부정적 인식과 과장된 자기 만족감의 상호 모순된 자기 인식에서 벗어나야만, 비로소 자신을 찾을 수 있는 것입니다.

　　그런데 그렇게 하기 위해선, 있는 그대로의 자신과 맞닥뜨릴 수 있어야 하며, 또 이를 위한 기회를 마련해서 훈련해야만 합니다. 아울러 그에 필요한 용기도 가져야 합니다. 다시 말해 가만히 자기 자신에 대해 머릿속으로만 생각한다고 저절로 나를 알게 되는 것이 아니라 그에 필요한 훈련을 해야 하며, 이를 실행하기 위한 용기도 필요하다는 것입니다.

　　사람들 대부분은 있는 그대로의 자신을 마주하게 되었을 때 혹시라도 자신에 대해 실망하거나, 그에 따라 자괴감마저 가지게 될까 봐 자신과 마주하기를 꺼리게 되거나 두려워합니다. 그래서 관련된 조언을 받으면서 훈련을 해야 이를 극복할 수 있습니다. 예를 들면 제1장 도입 부분에서 제시되었던 질문들에 답을 하면서 조금씩 자신에게 다가가는 것도 한 방법일 수 있습니다. 즉 내가 좋아하는 것과 내가 싫어하는 것, 내가 해야만 하는 것과 하지 말아야 할 것 등을 꼽아보면서 아울러 그 이유까지도 찾아보는 것입니다. 하나 더 예를 들어본다면 내가 언제 가장 행복하며, 또 언제 가장 슬플까에 대해서도 생각해보는 것입니다. 주의할 점은 머릿속으로만 생각하지 말고, 반드시 메모하면서 구체적으로 제시해보아야 한다는 것입니다. 진정성을 갖고 정말 진지하게 꼽아본다면, 분명 기대 이상의 결과를 얻게 될 것입니다.

2. 인간은 세상과 어떤 관계를 맺고 있을까요?

지금부터는 자기 자신에 대한 관심의 연장선에 따라, 그렇다면 과연 나, 즉 인간을 형성하고 만들어 가는 것들은 무엇인가에 대해 알아보도록 하겠습니다. 먼저 자연적, 동물적 존재로서 우리는 부모라는 생물학적 존재의 결합으로부터 탄생하게 됩니다. 그리고 양육 과정에서 나이와 여건에 따라 온갖 종류의 다양한 음식물을 섭취하면서 발육, 성장하게 됩니다. 기본적인 성장 발육이 끝나더라도 생존을 위해서 우리는 끊임없이 자연환경으로부터 많은 것을 섭취, 흡수하게 됩니다. 우선은 잠시라도 공기를 호흡하지 않으면 우리는 이내 곧 죽게 될 것이며, 주기적으로 물과 음식을 통해 수분과 영양분을 공급받지 못해도 정상적인 생활이 어렵거나, 단 며칠도 못살게 될 것입니다. 또 추운 지방에 사느냐 더운 지방에 사느냐에 따라 인간의 생존 조건은 그만큼 달라지며, 계절의 변화에 따라 이에 적응하기 위해 인간은 어려운 생존 투쟁도 벌여야만 합니다. 그만큼 우리의 생존은 자연을 떠나서는 생각할 수 없으며, 우리 자신이 자연의 한 부분이라는 것을 명심해야 할 것입니다.

한편 인간은 자연으로부터 일방적으로 받기만 하는 존재가 아니라 긍정적이든 부정적이든 자연에 다양한 형태의 영향을 끼치기도 합니다. 특히 인간의 이기적 필요에 따라 자연을 개간하기도 하고 물길과 해안선을 바꾸기도 했으며, 산업화 시기 이후로는 풍요로운 인간 생활을 위해 화석연료를 비롯해 다양한 종류의 자원과 에너지를 채취하면서 자연환경에 엄청난 폐해를 끼쳐오고 있습니다. 개발이라는 명분에 따라 행해지는 지구촌 곳곳의 삼림 남벌과 식량 확보라는 국가적, 지역적 차원의 이기적 목적에 따라 다양한 생물들에 대한 무차별한 포획으로 생태계는 되돌릴 수 없는 지경까지 파괴됨으로써, 급기야 오늘날에 이르러서는 자연의 한 부분이기도 한 인류에게 그 폐해가 부메랑처럼 되돌아와 향후 인류의 미래 생존에 지대한 영향을 끼치고 있는 것입니다. 덧붙여서 자연은 인간과 신체적, 물질적으로 상호 분리될 수 없는 필연적 연관관계에 있을 뿐만 아니라, 정서적인 의식의 형성과 변화에도 직·간접적인 영향을 주기 때문에 우리는 자연과학 분야에서뿐만 아니라 인문학에서도 자연환경의 존재 가치와 상호 관계에 대해 더욱 관심을 가지고 알아 나가야만 할 것입니다.

다음으로 인간은 '사회적 동물'이라는 말이 의미하듯이, 우리는 태어나면서 단지 부모로부터 육체적, 생리적인 것만 이어받아 존재하게 된 것은 아닙니다. 부모는 물론 주변의 많은 사람과 끊임없는 의식적, 무의식적 상호교류를 통해야만 서서히 자의식을 갖춘 하나의 인간 개체로 성장하는 것입니다. 여러분도 잘 알다시피 인간은 동물들 대부분과는 달리 태어나서 대략 1년까지는 스스로 생존할 수 있는 능력을 전혀 갖추고 있지 못합니다. 오로지 부모의 '자궁 밖 양육'을 통해 1년 정도는 지나야 비로소 혼자 걷고, 조금씩 말하기 시작하는 인간 개체로서의 성장 출발점에 도달하는 것입니다. 더군다나 그 이후로도 20년에 가까운 기간 동안 부모를 비롯한 가족과 주변 친지들, 그리고 교육기관 등으로부터 육체적, 정신적인 양육과 교육을 거쳐야만 비로소 성인(成人)이라고 일컫는 인간 성체(成體), 즉 인격체로서 자격을 갖추게 되는 것입니다.

따라서 한 인간으로서 나의 자아는 바로 이와 같은 사회관계 속에서의 탄생과 성장 과정에서 이루어지기 때문에, 나 자신을 알기 위해서는 무엇보다도 먼저 이 과정에서 내가 어떤 사람들로부터 어떤 교육과 영향을 주고받아왔는가를 파악해야 하는 것입니다. 그런데 이 과정에서의 교류 또한 일방적인 것이 아니라 상호 연관된다는 점이 중요합니다. 다시 말해 우리가 성장하는 과정에서 교류하는 상대방들도 우리 자신으로부터 끊임없이 영향을 받게 된다는 것입니다. 즉 우리가 그들과 어떤 내용으로 어떤 과정을 통해 상호 교류했느냐 하는 교류의 총체적 과정을 살펴봐야 한다는 것입니다. 예를 들면, 상대방과의 교류가 원만했는지 아니면 순탄치 못했는지에 따라, 그리고 상대방으로부터 권위적으로나 일방적으로 영향을 받았는지 아니면 서로 간에 자율적인 분위기 속에서 서로를 배려하고 존중하는 분위기 속에서 대화와 합의에 따라 영향을 받았는지에 따라 인격체로서의 인성과 자질에는 큰 변화와 차이가 생길 수밖에 없기 때문입니다. 이를 좀 더 구체적으로 살펴보자면, 어릴 때 가정이나 공동체에서의 성장 과정에서 어떤 위계질서 속에서 자랐는지, 어떤 종교적 신념과 세계관을 추구했는지, 정치적 신념이나 이념은 어떤 성향의 영향을 받았는지, 금전과 관련된 신용이나 거래에 대한 관행은 어떠했는지, 그리고 다른 민족이나 국가, 그리고 종교에 대한 관용은 어떠했는지 등에 대한 차이에 따라 개개인의 자아는 많은 차이를 보일 수밖에 없는 것입니다.

한편, 앞서 살펴봤듯이 우리의 자아 형성뿐만 아니라, 자아를 실현하는 데 있어도 우리 주변 사회 환경은 대단히 중요합니다. 즉 내가 삶을 유지하기 위해서도 그렇지만, 그 삶 속에서 나의 존재감을 확인하고, 또 인정받기 위해서도 내가 어떤 사람들과 어떤 제도와 문화 속에서 살아가느냐 하는 점은 대단히 중요한 필수적 요소라는 것입니다. 즉 내가 어떤 가정이나 동료집단, 학교, 직장, 사회단체, 국가 등에서 살아가고 있느냐 하는 것은 나의 존재를 구속하는 필수적인 여건일 뿐만 아니라, 나의 삶을 규정하는 것이기도 한 것입니다. 그렇기에 우리는 때로 자신이 속한 집단을 위해 목숨까지 과감하게 바치기도 하는 것입니다.

이처럼 나와 주변 사회와의 관계, 즉 사회관계를 제대로 인식하고 그에 따라 자신의 사회성을 발달시키기 위해서도 우리는 그에 맞는 기회를 마련하여, 적절한 훈련을 거쳐야만 합니다. 이와 관련한 예를 들어보자면, 청소년 시절에 적절한 시기와 자격을 갖추기 전이라도 미리 아르바이트나 인턴 등의 경험을 해 본 사람들이라면 그 일을 하는 동안에 관련된 업무뿐만이 아니라, 직장 동료나 상사와의 관계, 그리고 고객과의 관계도 대단히 중요하다는 것을 깨닫게 됩니다. 또 다른 예로서 비록 어린 나이일지라도 연애해 본 사람들은, 단순히 자신이 느끼는 사랑이라는 감정만을 갖고 일방적으로 상대방을 대해서는 그 사람과의 인연을 맺는 것이 어렵다는 점을 알게 됩니다. 즉 나의 마음을 일방적으로 전달만 하거나, 상대방의 마음을 그저 받아주는 것으로는 부족하며, 서로 간에 상대방에 대한 진정한 배려와 양보를 바탕으로 하는 감정적 교감이 정말 필요하다는 점을 발견하게 됩니다.

3. 인간은 세상을 어떻게 살피면서 살아왔을까요?

그렇다면 우리는 인간 자신과 자연 그리고 주변 사회에 대해서 어떠한 방식을 통해 인식하고, 또 어떻게 살아왔을까요? 고생물학자나 인류학자들의 연구에 따르면, 인간은 동물 중에서도 자연에 매우 취약한 상태로 태어난다고 합니다. 앞서 설명했다시피 인간은 출생 후 최소 1년간 부모의 적극적인 보살핌을 받지 못한다면 이내 곧 죽을 수밖에 없을 정도로 아주 연약하고 미숙한 상태로 태어납니다. 이후 다행히 성년이 될 때까지 살아남더라도, 강인한 근력이나 날카로운 이빨, 또는 파괴적인 뿔은커녕 그저 연약한 피부와 약간의 근력만을 가지고 있는 인간이기에 자연의 조건과 변화에 대해 민감할 수밖에 없으며, 따라서 선사시대에는 거친 자연과 위협적인 맹수들로부터 살아남기 위해 집단적인 동굴 생활과 아주 초기 형태의 도구나 무기, 그리고 불을 사용함으로써 연명할 수 있었던 것입니다.

그러나 고대 농경시대에 이르러서는 더욱 안전하고 편안한 삶을 확보하기 위해 주변의 자연환경과 그 변화를 관찰하게 되면서, 변화하는 자연환경의 이면에 어떤 질서가 있음을 알아내기 시작한 것입니다. 즉, 농경사회에서 계절에 따른 날씨와 기온의 변화는 농사를 짓는 데 대단히 중요한 요소로서, 언제 논밭을 갈고, 또 씨는 언제 뿌리는 것이 좋으며, 모내기와 추수 등은 언제 해야 하는지 등 이 모든 일련의 과정은 바로 계절의 변화에 따른 날씨와 기온에 의해 결정된다는 점을 알게 된 것입니다. 예컨대 고대 농경사회에서부터 계절의 변화는 태양이 아침 저녁으로 뜨고 지는 위치의 변화, 즉 황도의 변화에 따라 달라진다는 것을 오랜 기간의 관찰과 경험을 통해 일찍부터 알게 되었던 것입니다. 그 밖에도 조수 간만의 차에 따른 강물의 범람도 태양과 달의 위치에 따라 달라진다는 것을 발견하게 되었던 것입니다. 즉 자연 현상의 변화, 특히 태양과 달, 그리고 별들의 운행 과정을 살펴서 알아내고자 하는 초기 천문학 등이 고대 문명 지역에서 일찍부터 발달하게 된 것입니다. 아울러 천체의 운행에 따른 자연의 일정한 변화를 지켜보면서 그것을 인간의 운명과 연관시키고자 하는, 소위 점성술도 함께 발달하게 됩니다. 다시 말해 인간의 운명도 천체의 운행 질서에 따라 결정되며, 따라서 하늘의 주요 별자리의 위치와 변화를 살펴보면서 사람들의 운명을 예측하는 그런 세계관이 동서양의 고대 문명사회에서 형성되기 시작한 것입니다.

이와 같은 세계관의 이면에는 우주에는 질서가 있으며, 특히 하늘의 천체 운행에는 일정한 규칙이 있으며, 이는 관찰을 통해 알 수 있다는 인식이 놓여있는 것입니다. 이는 신과 같은 어떤 초월적인 신비한 힘의 작용에 따라 세상이 움직이게 된다는 이전의 주술적 세계관에서 탈피하게 되었음을 의미하며, 이런 세계관이 고대 자연 철학자들 사이에서 형성되기 시작하면서, 이후 고대 그리스 시대와 중국의 고대사회에서 그 절정을 이루게 되었던 것입니다. 이 과정에서 특히 만물의 근원은 물이라고 주장한 탈레스(Thales)와 만물의 근원이 수(數)라고 주장한 피타고라스(Pythagoras) 등을 대표적인 철학자들로 꼽을 수 있는 이오니아(Ionia)학파 이래로 세상의 모든 존재는 하나 또는 몇 개의 근본 요소로 이루어져 있다거나, 우주의 모든 존재는 일정한 불변의 법칙에 따라 운영된다는 주장들이 등장하기 시작했습니다. 비슷한 시기 중국의 춘추전국시대에도 소위 만물은 음양의 원리에 따라 금(金), 수(水), 목(木), 화(火), 토(土) 다섯 가지 기운에 의해 생성되고 소멸한다는 음양오행설이 등장하였습니다.

이후 소크라테스(Socrates), 플라톤(Plato), 아리스토텔레스(Aristotle)로 이어지는 고대 그리스 철학의 황금시대에는 우주의 근본 원리와 이를 인식하는 방식을 토대로 인간의 존재와 가치를 철학의 중심 과제로 등장시키면서, 이를 바탕으로 바람직한 삶의 태도와 방식 등을 설파했던 고대 인문주의가 성행하였습니다. 특히 근대 합리론의 근원이라고 할 수 있는 플라톤의 이상주의와 근대 경험론의 근원이라고 할 수 있는 아리스토텔레스의 경험주의가 이후 서구의 철학과 종교철학의 토대를 이루었다고 하겠습니다.

그러나 앞서 살펴보았듯이, 이와 같은 인간 중심의 세계관은 중세 봉건시대가 들어서면서 기독교 교회의 신(神) 중심적 세계관에 의해 억압되었다가, 십자군원정 이후 르네상스 과정에서 유럽에서 다시 등장하게 된 것입니다. 특히 십자군원정 이후 당시 중동지역에 유행했던 연금술과 중국으로부터 건너온 나침반, 종이, 화약, 인쇄술 등이 유럽으로 들어오게 되면서, 이에 따른 영향으로 천문학, 논리학, 수학 등에서 혁신적인 진보가 나타나고, 이를 토대로 자연과학 전반이 급속히 발달하게 됩니다. 즉 관찰과 실험을 통해 자연 현상을 탐구함으로써 자연 현상 이면에 있는 자연의 질서와 법칙을 찾아내는 과학적 연구방식이 확산하면서 이제까지 독단적이면서 관념적인 기독교 세계관은 점차 붕괴하기 시작한 것입니다. 그 결과 당시 기독교로부터 공인되었던 고대 프톨레마이오스(Claudius Ptolemaeus)의 천동설을 깨고 지동설을 주장한 코페르니쿠스(Nicolaus Copernicus)와 그에 이은 갈릴레오(Galileo Galilei)의 등장은 이후 천문학을 기점으로 자연과학 전반에 소위 '코페르니쿠스적 대전환'이라는 큰 변혁을 가져오는 토대가 되며, 그 밑바탕에는 어떤 근거 없는 초월적 힘이나 종교적 교리에 의한 것이 아닌, 인간 자신의 관찰과 실험을 통해서 자연 현상 이면의 질서를 찾아낼 수 있다는 확신이 깔려있다고 하겠습니다.

이와 같은 과학혁명 이후 근대 산업화 시대에 들어서면서 관찰과 실험을 통해 알아낸 자연의 법칙을 이용하여 자연을 인간의 필요에 따라 개발함으로써 자연으로부터의 위협을 상당 부분 극복하게 되었으며, 아울러 인류의 일상생활이 급격히 풍요로워지기 시작했던 것입니다. 그리고 이와 같은 과학적 연구 방법을 인간과 사회에 대한 탐구에 적용함으로써, 이를 통해 인간 본성과 사회 질서에 관한 법칙을 찾아내서 이를 사회 발전에 접목하고자 하는 지적(知的) 운동이 활발하게 전개되면서, 근대 이후 오늘날까지 정치, 경제, 사회, 문화 등 다양한 분야에서 이와 같은 과학적 연구 방법이 계속해서 확장, 발전해오고 있는 것입니다.

하지만 다른 한편으론 인간중심의 물질만능주의에 따른 자연에 대한 무차별한 개발과, 인간 사회를 바람직한 이상세계로 재편할 수 있다는 도구적 이상주의에 따른 사회공학적 접근이 지구 곳곳에서 시도됨에 따라 오늘날에 와서는 생태 환경의 파괴와 인간성의 왜곡과 상실이 시대적 과제로 대두되고 있는 상황에 직면해 있다고 하겠습니다.

4. 인간은 인식한 바를 어떻게 실천하면서 살아왔을까요?

이제까지 살펴본 바와 같이 철학적 논의에서는 '인간과 세계는 어떤 존재인가?', '인간과 세계의 존재를 어떻게 파악할 수 있을까?'와 같은 존재론적, 인식론적 탐구를 토대로 '인간은 무엇을 위해 살아가는가?', '과연 어떻게 사는 것이 잘 사는 것일까?'와 같은 소위 도덕론과 윤리론도 다루게 됩니다.

그렇다면 우리는 왜 이렇게 어렵고도 심오한 질문을 하게 되고, 또 그 답을 찾아야만 할까요? 일단 우리의 일상생활을 점검해보자면, 우리는 누구나 매 순간 수많은 고민과 갈등 속에서 살아갑니다. 왜 아침에 일찍 일어나야만 하는지? 아침밥은 꼭 먹여야 하는지? 내가 알아서 할 텐데도 엄마는 나를 그냥 내버려 두지 못하고 왜 이렇게 잔소리를 계속하는지? 대학은 꼭 들어가야만 하는지? 저 친구를 앞으로도 계속 마주쳐야 하는지? 내가 전공은 제대로 선택한 것인지? 군대는 언제 가야 하는지? 취업 준비는 언제부터 해야 하는지? 어떤 직업을 선택해야 하는지? 먹고살기도 힘든 세상인데 결혼은 꼭 해야 하는지? 이 직장을 계속 다녀야만 하는지? 왜 나는 이렇게 고민이 많은지? 어차피 언젠가는 죽어야 할 인생인데 이처럼 발버둥 치면서 꼭 살아야만 하는지? 나는 도대체 무엇을 위해 이렇게 살아가야만 하는지? 나는 도대체 누구인지? 아니 인간이란 존재는 어떤 존재인지? 우리는 의식적이든 무의식적이든 이런 고민과 의구심을 끊임없이 갖게 됩니다. 그리고 우리뿐만이 아니라, 어쩌면 인간이란 존재가 이 세상에 나타나서 자의식을 갖게 된 순간부터 이런 생각을 하면서 살아오고 있는지도 모릅니다. 그리고 이런 생각들을 본격적으로 진지하게 연구하고, 또 체계적으로 정리한 사람들이 기원전 6세기 전후로 동서양에서 나타나게 됩니다. 여러분들이 잘 알고 있는 석가모니, 소크라테스, 공자 등이 바로 이들입니다. 그리고 이들의 생각은 그들이 세상을 어떻게 파악하고 있느냐에 따라 어느 정도는 차이를 보이고 있습니다만, 그러면서도 삶에 대한 태도와 살아가는 방식에 있어서 진실함과 성찰적 자세를 강조한다는 점에서 이들의 생각은 오늘날까지도 많은 사람의 귀감이 되는 것입니다.

우리가 이 책자를 통해 이와 같은 위대한 철학자들이나 종교인들의 사상을 모두 섭렵해서 이해하기에는 그들의 사상이 너무나도 벅찰 뿐만 아니라, 지면상으로도 턱없이 부족할 것입니다. 그렇다고 이런 고민을 위대한 철학자들만이 할 수 있다는 건 결코 아니기에 우리도 할 수 있는 범위 내에서 위대한 사상가들이 했던 생각들을 참고삼아 오늘날 우리가 놓인 시대적 상황을 반영하여 진지하게 짚고 넘어가고자 합니다. 물론 이런 생각들은 어차피 죽을 때까지 평생 계속하게 될 것입니다.

그렇다면 인간은 과연 어떤 존재일까요? 가장 먼저 제시하게 되는 것은 앞서 살펴보았다시피 다른 모든 생명체와 마찬가지로 생명을 가지고 있는 존재라는 것입니다. 그리고 그 생명을 유지, 보존하려는 욕구, 즉 생존본능을 가지고 있는 존재입니다. 그래서 인간은 그 생명력을 유지하기 위해 최선을 다해 발버둥 치면서 살아가고 있으며, 만일 생명에 위협이 나타날 때는 엄청난 공포심과 두려움을 느끼게 됩니다.

그런데 지구상에는 수많은 생명체가 살아가고 있으며, 또 인간 역시 수십억 명이 살아가고 있기에, 어쩌면 생명의 존재 가치에 대해서 우리는 너무 흔한 것으로 쉽게 받아들이고 있는지도 모르겠습니다. 하지만 잠시 고개를 들어 밤하늘의 우주를 한번 쳐다보면서, 수많은 별, 즉 태양 같은 항성이 수천억 개 이상 모여 있는 우리 은하계와 또 그러한 은하계가 또 천억 개 이상 모여 있는 우주를 생각해봅시다. 그렇게 말뜻 그대로 셀 수 없이 많은 별이나 그보다 더 많은 지구와 같은 행성 중에서 지금까지 생명체가 확인된 적은 아직 없습니다. 다시 말해 지구라는 우주의 먼지와도 같은 행성에만 유일하게 생명체가 존재한다는 것 그 자체는 그야말로 기적이며, 그중에서도 만물의 영장이라는, 즉 생각할 수 있는 존재로서의 인간은 말로 표현할 수 없을 만큼 고귀하고 소중한 존재가 아닐 수 없습니다. 그리고 우리 모두 한 사람, 한 사람이 틀림없이 바로 그런 인간이라는 것입니다. 그렇기에 우리 모두 이 지구상의 아주 하찮게 보이는 작은 생명체까지도 소중하게 생각하고 또 존중해야 하는 마당에 인간은 오죽하겠습니까? 그런데도 그런 인간으로 태어난 것을 우리 스스로 축복해야 하는 상황에서 오히려 삶의 괴로움과 고달픔을 한탄하고 불평한다는 것은 얼마나 자신의 존재 가치를 모르는 안타까운 투정이겠습니까!

우리는 지구상에 생명체가 처음 어떻게 생겨났는지, 아직도 정확히는 모르고 있습니다. 그리고 왜 살아가야 하는지도 모릅니다. 그러나 그렇게 존재하고 있고, 그렇게 살아가려고 애쓰고 있다는 것은 어쩔 수 없이 주어진 현실입니다. 그것을 거부하거나 피하려고 한다면 그것은 오히려 더 큰 고통이자 괴로움으로 돌아옵니다. 따라서 우리는 일단 주어진 생명을 잘 유지하고 보존하는 것은 가장 자연스러운 것이면서도 가장 당위적인 것입니다. 그래서 대개의 종교에서도 자살을 매우 중대한 죄로 여기고 있는 것입니다. 이렇게 인간은 생명력을 유지하면서 이를 유지하고 보존하려는 삶의 의지가 있는 존재이기 때문에 누구나 자신의 생명을 지키고, 또 연장하려고 노력합니다. 이것이 인간의 첫 번째 실존적 속성입니다.

그렇다면 생명은 오로지 개체로서의 나 자신만의 것일까요? 그렇지 않습니다. 최초의 생명은 하늘에서 떨어졌는지 모르지만, 그 이후 모든 생명체는 자신의 존재를 가져다준 앞선 세대가 있었으며, 여러분도 여러분의 부모가 여러분에게 생명을 가져다주지 않았으면 존재할 수 없었을 겁니다. 그렇기에 여러분들도 개체로서 자신의 생명을 보존하고 연장하려고 애쓸 뿐만 아니라, 자기의 대를 이을 다음 세대를 만들어내려고 하는 본능 역시 누구나 가지고 있는 것입니다. 즉, 종족을 이어가고 번성시키려는 종족 보존의 본능은 모든 생명체에게 주어진 실존적 속성이며, 인간도 당연히 이 속성을 가지고 있습니다. 그래서 이 본능 때문에 앞선 세대는 때론 다음 세대의 탄생과 유지, 보존을 위해 그렇게 지키려고 애썼던 자신의 생명까지도 과감히 희생하기까지 하는 것입니다. 여러분들의 부모들이 여러분들에 대해 갖는 마음 자세도 바로 이와 같을 것입니다. 흔히 '내리사랑'이라는 것의 본질일 것입니다.

인간을 비롯한 모든 생명체의 그 다음 실존적 속성으로 들 수 있는 것은, 개체로서의 모든 생명체는 자신의 생명을 보존하고 연장하려고 아무리 노력하고 애를 쓴다고 해도, 결국에는 그 한계가 분명 있다는 것입니다. 즉, 정도의 차이만 있을 뿐, 모든 개체로서의 생명체는 언제가 죽음을 맞이하게 되는 한시적인 존재라는 것입니다. 아무리 발버둥 쳐도 죽음은 그 누구도 피해 갈 수 없는 실존적 현실입니다.

이렇게 살펴보는 과정에서 우리는 다음과 같은 네 가지 점을 정리해볼 수 있습니다. 즉, 첫 번째는 어느 생명체나 독자적으로 탄생할 수 없다는 것입니다. 세대 간의 대를 잇는 종족 보존의 본능 속에서 각각의 개체들도 태어나고, 살아가는 것이며, 또 그 개체도 다음 세대의 탄생과 생명 유지를 위해 살아가는 존재라는 것입니다. 이와 같은 생명의 유전에서 그 누구도 벗어날 수 없습니다.

두 번째는 어떤 생명체나 자신의 생명을 유지, 연장하려고 할 뿐만 아니라, 세대를 이어가는 집단, 즉 자기의 종족을 유지하고 번식시키려는 본능을 갖고 있다는 것입니다. 생물학자들의 견해에 따르면 종종 생명체들이 어떤 순간 희생을 감수하는 것도 역설적으로 그 희생을 통해 자신들의 종족을 보존하고 번식시키려는 본능적인 행위의 연장선일 뿐이라는 것입니다. 따라서 하나의 개체로서의 생명을 연장하는 데에는 한계가 있지만, 종족으로서의 생명은 끊임없이 이어나갈 수 있다는 것입니다. 이 과정에 대해 〈이기적 유전자〉를 저술한 진화생물학자 리처드 도킨스(Clinton Richard Dawkins)는 결국 인간을 비롯한 개개의 개체들은 종족의 대를 이어가려고 하는 이기적 유전자, 즉 DNA의 복제 욕구를 위한 도구일 뿐이라고까지 주장하고 있습니다.

세 번째는 모든 생명체는 대를 이어 생명을 이어가는 과정에서 주변 환경과 끊임없이 교류하면서 영향을 주고받는다는 것입니다. 즉 주변으로부터 에너지와 자원을 공급받지 못하면 생명은 지속될 수 없으며, 이 과정에서 생명체도 환경에 대해 반대급부로 영향을 미치게 되며, 생명이 다하게 되면 그 생명체도 바로 그 환경의 일부가 되는 순환의 과정을 겪게 됩니다. 물론 이 환경에는 다른 생명체도 당연히 포함됩니다. 따라서 주변 환경도 생명체의 탄생과 존속에 필수적인 조건이라는 것입니다.

끝으로 네 번째는 세균이나 아메바, 짚신벌레 등과 같은 무성생식을 하는 하등 생명체들 외에 거의 모든 생명체는 암수의 구별이 있는 두 생식 세포가 결합하여 새로운 개체를 만드는 유성생식을 한다는 것입니다. 아마도 그 이유로는 무성생식을 하는 하등의 생명체의 경우 환경이 변하게 될 때 생존과 번식이 어려울 수밖에 없기에, 진화된 형태의 유성생식을 통해 환경 변화에 대한 적응과 생존의 가능성을 높이기 위한 것으로 판단되고 있습니다. 중요한 것은 유성생식을 하는 인간도 다음 세대의 종족을 번식시키기 위한 이와 같은 성적 본능을 누구나 갖고 있다는 것입니다.

다음으로 인간은 이상과 같은 생명체의 근본적, 본능적인 실존적 속성에 덧붙여, 생각할 수 있는 능력도 갖추고 있으며, 특히 자신의 존재를 스스로 인식할 수 있는 자의식을 가지고 있는 유일한 생명체라는 것입니다. 그러나 인간의 의식은 태어나면서부터 곧바로 갖게 되는 능력이라고 볼 수는 없습니다. 즉, 신체적 능력 측면에서 출생 후 최소한 1년 이상 부모를 중심으로 그 밖의 다른 보호자들의 보살핌 속에서 겨우 걷기 시작하고, 이후 성체로서 어느 정도 성장할 때까지 거의 20년 가까운 기간 동안 주변의 보살핌이 지속되어야 하듯이, 인간의 의식 능력도 태어난 직후, 또는 태아 시절부터 부모를 비롯한 주변 보호자들과의 눈 맞춤을 비롯한 끊임없는 의사소통을 통해 조금씩 발달하는 것으로, 어느 정도 온전한 의식 능력을 갖추기까지는 일차적인 자아 형성기인 4~5살 때부터, 그리고 이차적인 자아 형성기로 흔히 사춘기라고 부르는 시기까지를 거쳐야만 비로소 자리 잡기 시작하는 것입니다.

이 과정에서 마치 인간의 신체가, 생명체가 탄생한 이후 만물의 영장인 인간으로 진화하기까지의 모든 단계의 유전정보를 담고 있는 유전자, 즉 DNA를 통해 생식되어 탄생하듯이, 인간의 의식도 각 지역의 문명이 발생한 이후 오늘날까지 그 지역사회가 축적한 문화의 총체를 교육이란 형태로 부모나 주변의 공동체로부터 전수되어 형성된 것입니다. 즉 개개인의 의식은 태어나면서부터 생리적, 원천적으로 주어지는 것이 아니라, 지역이나 공동체에 따라 많은 차이가 있긴 하지만, 성장 과정에서 이제까지 그 개인이 소속된 공동체에서 쌓아온 공동체 의식의 총체를 교육이란 형태로 전수되어 형성된 것이라고 하겠습니다.

여기서 우리는 또다시 인간의 특성을 다음 네 가지로 정리해볼 수 있습니다. 첫째, 인간은 의식을 갖게 됨에 따라 다른 생명체나 동물처럼 주변 환경과의 접촉에서 본능적, 반사적으로만 파악해서 반응하는 것이 아니라, 자기의 감각을 통해 파악된 주변의 상황에 대해 본능적으로 반응하고, 행동하기도 하지만, 이를 자신의 의식을 통해 판단하고 규정함으로써 그 결과에 따라 반응하고 행동할 수도 있다는 것입니다. 즉, 자신과 주변 상황에 대해 본능적, 반사적인 행동만이 아닌, 의식을 거친 판단에 따라 의지를 갖고 자신의 여건과 상황에 따라 달리 반응하고 행동할 수 있는 능력도 갖추고 있다는 것입니다.

둘째, 인간은 의식을 통해 자의식이 형성되면서, 신체적인 존재뿐만이 아니라, 개별적 자아를 갖춘 독자적 존재로서의 '존재감'을 가지게 된다는 것입니다. 다시 말해 다른 개체와는 배타적이며 독립적인, 개체로서의 자신에 대한 존재의식, 즉 존재감을 가지게 된다는 것입니다. 그리고 마치 모든 생명체의 생명 자체처럼, 이 존재감은 자의식을 갖추고 있는 모든 인간에게 있어서 생명과 같이 소중하게 여겨진다는 것입니다. 따라서 자신의 존재감에 대한 침해나 위협을 자신의 생명에 대한 침해나 위협처럼, 그리고 때론 그보다 더 중대하게 받아들인다는 것입니다. 그 결과 자신의 존재감이 주변으로부터 무시당하거나 침해받았다고 판단될 때는 자신의 육체적인 생명을 걸고 대항하거나, 또는 역설적으로 육체적인 생명을 포기하는 경우까지 발생하는 것입니다. 그래서 소위 '왕따'라고 불리는 집단 따돌림 행위는 그야말로 심각한 범죄 행위가 되는 것입니다.

세 번째로는 이와 같은 의식과 자의식은 태어난 이후로 부모나 주변의 보호자, 즉 이미 의식이 형성되어 있는 다른 인간과의 상호교류나 소통할 기회를 얻지 못할 때는 형성될 수 없다는 것입니다. 즉 이미 의식을 갖춘 다른 인간과의 상호교류를 통한 소통이 이루어지지 않으면, 인간으로서의 의식과 함께 자의식도 갖지 못하게 된다는 것입니다. 다시 말해 본인이 인간이라는 것을 의식하지 못할 뿐만 아니라 아예 의식이란 것조차 없는, 즉 단지 신체적인 형태에서만 인간이 될 뿐이라는 것입니다. 바로 이런 점에서 인간에게 있어서 다른 인간과의 교류는 실존적인 필수조건이며, 그렇기에 우리가 인간을 사회적 동물이라고 표현하게 된다고 하겠습니다.

여기에 더해 인간은 자신의 존재와 자의식을 형성시켜준 공동체, 즉 가정이나 소속 집단, 나아가서는 국가 등과 공통의 동질성을 갖게 되면서, 이들과의 일체감을 형성하게 된다는 점을 네 번째로 제시할 수 있겠습니다. 즉 자신과 자신의 존재감을 형성시켜준 공동체를 동일시하게 되며, 그래서 때론 자신이 속한 공동체의 존속을 위해 자신의 생명까지도 과감하게 희생할 수 있게 된다는 것입니다. 그렇다면 이와 같은 존재로서 인간은 어떻게 살아가는 것이 올바른 삶일까요? 우리는 위에서 파악한 인간 존재의 실존적 속성과 필수적 조건 등을 통해 이 질문에 대한 답에 어느 정도 다가갈 수 있을 것입니다.

먼저 인간은 온 우주에서 지구에만 존재하는 생명체, 그중에서도 만물의 영장으로서 태어났다는 것입니다. 따라서 비록 자신의 의지로 태어난 것은 아니라고 해도, 이처럼 소중하고 존귀한 인간으로 태어났다는 것은 오히려 축복일 수밖에 없기에 우리의 생명을 아끼고, 보존한다는 것은 가장 기본적인 권리이자 의무라고 하겠습니다. 또한 역설적으로 우리가 자신의 건강과 생명을 잘 챙기지 않는다면, 이는 곧 자신에게 고통과 두려움을 가져다주기 때문에, 이를 회피하기 위해서라도 우리는 최선을 다해서 자신의 건강과 생명을 잘 챙겨야 할 것입니다. 아울러 자신이라는 생명체는 인간이라는 종족의 일부분으로서 유전자를 지켜나가는 실존적 존재이기 때문에, 자신뿐만이 아니라 자기의 종족인 인류 자체의 존재를 유지, 보존해야 한다는 차원에서도 자신의 생명과 건강을 지켜나가는 것은 매우 중대한 사명이라고 할 수 있겠습니다.

다음으로 우리 인간은 생명체로서 자연 속에서 태어났을 뿐만 아니라, 육체적인 삶을 유지하기 위해서도 자연으로부터 끊임없이 에너지와 자원을 공급받아야 하기에, 그런 자연 생태계를 잘 보호하고 보존해야 할 것입니다. 아울러 인간으로서의 의식과 자의식을 갖게 할 뿐만 아니라, 육체적인 생명만큼 소중한 존재감을 형성하고 유지하는데도 실존적 필수 요건이 되는 소속 공동체 역시 잘 보존하고 발전시켜나가야만 한다는 것은 매우 중요한 삶의 지표가 될 것입니다. 이를 위해 우리는 나와 같은 공동체의 구성원인 다른 사람들에 대해서도 그들의 삶을 존중하고, 또 보호해야 할 것입니다.

이제까지 살펴본 바를 통해 우리는 또 몇 가지 점을 정리해볼 수 있겠습니다. 먼저 인간으로서 올바르게 살아가기 위해서는 무엇보다 인간의 실존적 존재를 보장하는 것이 가장 기본적인 일이라고 할 수 있겠습니다. 즉 자신과 더불어 자기 종족의 생명을 유지, 보존하여야 하며, 아울러 인간 존재의 배경이자 필수 요건인 자연생태계도 보호하고 보존해야만 합니다. 물론 공동체의 구성원인 다른 사람들의 삶도 자연생태계의 다른 생명체들과 함께 존중하고 배려해야겠습니다. 그러나 이런 실존적 판단에 따라 자연이나 공동체와 더불어 평화롭고 화목하게 살아가야 하는데도 불구하고 현실적으로 그렇지 못하는 것은 기본적으로 무엇보다 자신의 존재, 즉 자기의 삶만을 추구하려는 이기적인 욕구가 앞서기 때문입니다. 그리고 이 과정에서 다른 인간이나 다른 종족, 다른 생명체들과의 갈등과 충돌이 발생하기 때문에, 우리는 이를 슬기롭고 조화롭게 해결해서 상호 공존할 수 있는 길을 모색해야만 하는 것입니다.

이와 같은 노력을 인간이 추구해야 할 가치와 행동의 지침으로서 정의한 것이 바로 우리가 아는 도덕과 윤리 같은 것들입니다. 즉 도덕과 윤리는 인간이 살아가면서 당위적으로 지켜야 할 것들, 즉 사람으로서 올바르게 살아가기 위한 지표들을 제시하고 있는 것입니다. 그런데 이런 도덕관이나 윤리관은 인간들이 삶을 영위해 온 시대적, 사회적 배경의 차이에 따라 그 내용이나 실천 방식에 있어서 조금씩은 편차를 보이고 있습니다. 하지만 서양철학에서 강조하는 정의와 신뢰, 조화, 중용, 배려, 희생 등이나 동양의 유교에서 주장하는 인, 의, 예, 지, 신 같은 것들 그리고 불교의 자비, 중생구제 등이나 기독교의 사랑, 믿음, 소망 등과 같은 지침들은 모두 바로 이와 같은 인간관, 세계관 속에서 나타나는 도덕적, 윤리적 지표라고 할 수 있겠습니다.

그런데 인간이 자연 속에서 다른 사람들과 함께 더불어 평화롭고 화목하게 살아가기만 하면 된다면, 그 밖의 다른 생명체나 동물과 무슨 차이가 있겠습니까? 의식을 갖추고 있는 존재로서 인간은 자신의 생명을 보존하고 연장하는 데에만 만족하지 않으며, 자신의 의식, 즉 인식능력의 향상을 통해 좀 더 쾌적하고 안전하며, 풍요로운 삶을 영위하기 위해 끊임없이 노력하고 있다는 것입니다. 예컨대 자신의 사고능력을 더욱 활용함으로써 불을 사용하게 되었고, 도구도 만들기 시작하면서 의, 식, 주에 엄청난 변화를 가져오게 됐으며, 이후 씨를 뿌려 경작하면서 정주 생활하는 농경시대에 들어섰고, 특히 언어 사용과 문자 발명을 기점으로 본격적인 문명시대를 열게 되었던 것입니다.

이 과정에서 우리는 다음과 같은 점을 정리해볼 수 있겠습니다. 먼저 인간은 불과 도구를 이용하면서 일차적으로 자연의 위협과 두려움에서 서서히 벗어나기 시작하였으며, 언어와 문자를 만들어 사용하면서 인간 자신의 지식과 정보를 전달하고 축적할 수 있게 되었다는 것입니다. 아울러 인간의 신체적 감각 도구로서 시각, 청각, 후각, 미각, 촉각 등의 오감을 단순히 생존을 위한 수단으로 활용하는 데에 그치지 않고, 이 감각들과 감각의 결과들로써 느껴지는 희, 노, 애, 락 등의 정서를 보다 승화시킴으로써 더욱 쾌적하고, 풍요로운 삶을 추구하기 시작했다는 것입니다. 즉, 음악, 미술, 문학과 같은 예술 활동은 말할 것도 없으며, 의, 식, 주와 같은 실생활에서도 정서적인 만족감을 추구하게 되었다는 것입니다. 한편 농경의 발달에 따른 집단 정착 생활이 시작되면서 인간의 삶의 토대이자 배경이 되는 공동체의 존속과 안정적인 사회관계를 위해 그에 요구되는 도덕적, 윤리적 차원의 규칙과 제도도 마련하면서 인간의 문명 생활이 비롯되었다고 하겠습니다.

제 5 장

역사

1. 왜 역사를 알아야만 할까요?

현재 우리의 삶과 주변 사회는 어느 날 갑자기 만들어졌거나, 주어진 것이
아니라, 오랜 세월을 통해 끊임없는 변화 과정을 통해 형성되어 온 것입니다. 따
라서 우리의 삶과 사회를 제대로 파악하기 위해서는 이제까지 어떤 과정을 거쳐
오늘날까지 형성되어 왔는가, 즉 역사를 알아보는 것이 필수적이라고 할 수 있
겠습니다. 따라서 이번 장에서는 역사란 무엇이며, 그것을 어떻게 기술할 것이
고, 또 어떻게 해석할 것인가에 대한 문제를 다루고자 합니다. 일단 역사를 살펴
보기 위해선 여러분 스스로가 역사에 대한 인식, 즉 역사관을 갖는 것이 중요합
니다. 이를 위해 몇 가지 질문을 통해 여러분의 역사의식을 점검해보도록 하겠
습니다.

여러분은 매일은 아니더라도 일기를 쓰고 있습니까? 쓰고 있다면 왜 씁니
까? 그리고 쓰고 있지 않다면 왜 안 씁니까? 나중에 나이가 들어 인생을 돌아볼
때쯤 자서전을 쓸 용의가 있습니까? 쓴다면 어떤 내용을 담고 싶습니까? 이제 이
와 같은 질문들에 대한 여러분 자신의 답을 염두에 두고 다시 역사에 대해 알아
보도록 하겠습니다. 사람들이 일기나 자서전을 쓰는 이유가 단지 자신을 스스로

돌아보기 위한 것만 있을까요? 인간이 다른 동물과 달리 진보된 문명을 이룩해 나갈 수 있는 이유는 당대에 얻은 지식과 정보를 다음 세대에 이어가고자 하는 욕구와 수단을 갖고 있다는 것입니다. 그런데 이처럼 후세대에 전달하는 지식과 정보 중에서 때론 사소하게 보이는 개인의 메모나 일기가 다음 세대에게는 중요한 정보나 자료가 되기도 한다는 것입니다.

예컨대, 1670년경 안동 장씨(貞夫人 安東 張氏) 부인이, 스스로 개발한 음식들과 함께 당시 양반가에서 먹는 각종 특별한 음식들의 조리법을 자세하게 소개한 〈음식디미방(飮食知味方)〉이라는 책은, 비록 사대부 부인이 개인적으로 쓴 것이지만, 오늘날에 와서는 한글로 쓴 최초의 조리서이자, 동아시아 최초로 여성이 쓴 조리서로서뿐만 아니라, 17세기 중엽 한국인들의 식생활을 연구하고 이해하는 데 있어서 귀중한 문헌으로서의 가치를 갖추고 있는 것으로 평가되고 있는 것입니다.

여러분이 잘 알고 있는 〈안네의 일기〉 역시 제2차 세계대전 중 유대인 소녀 안네 프랑크(Anne Frank)가 국외 탈출에 실패한 아버지의 결단으로 1942년부터 1944년까지 2년간 은신 생활하면서 남긴 개인적인 일기이지만, 당시 전쟁의 참혹함과 나치 독일 치하에서 겪었던 유대인들의 어려움과 더불어 그 시절 어린 소녀의 풋풋한 감정까지를 엿볼 수 있는 귀중한 사료로 인정받아 2009년 유네스코 세계기록유산으로 등재되었던 것입니다.

앞에서 살펴보았듯이 인간은 누구나 어느 날 갑자기 하늘에서 뚝 떨어지듯이 이 땅에 나타난 것이 아닙니다. 누구나 자기의 부모로부터 태어났으며, 아울러 부모를 비롯한 주변 사람들과의 교류와 소통을 통해 인간으로서 성장하게 됩니다. 다시 말해 생명체로서의 인간은 당연히 부모로부터 육체를 받아 태어나지만, 인격체로서의 인간도 독자적으로 형성할 수 있는 것이 아니라, 부모를 비롯한 주변 사람들과의 교류와 소통을 통해 만들어진다는 것입니다.

이때 생명체로서의 인간 육체도 유구한 세월 속에 여러 단계의 다양한 생명체들의 유전자를 거친 후 진화된 총합으로서의 인간 유전자에 의해 형성되었지만, 인격체로서의 인간도 태어나면서부터 선천적으로 주어지는 것이 아니라,

성장 과정에서 다른 사람들과의 교류를 통해 이제까지 자신이 속한 공동체가 형성되기 시작한 시기부터 오늘날까지 오랜 기간 축적되어 온 공동체의 정신적인 업적들을 전달받아 현재의 인격체로 만들어진 것입니다.

따라서 어떤 환경에서 누구로부터 어떤 과정을 거쳐 인간 생명체가 진화되어왔는가를 알아보는 것이 진화생물학이나 유전공학 등에서 대단히 중요한 연구 과제가 되듯이, 하나의 인격체가 어떤 문명 속에서 누구로부터 어떠한 과정을 거쳐 형성되어 왔는가를 알아보는 것은 그 인격체가 자신을 이해하고, 또 지키는 데 있어서 대단히 중요한 요소가 되는 것입니다. 즉 자기의 뿌리와 자신을 형성해온 정신적 자양분을 파악한다는 것은 현재 자신의 존재감 형성과 미래의 발전된 자신을 실현해나가는 데 있어서 대단히 중요하다는 것입니다.

즉, '나는 누구인가'라는 자신의 정체성을 파악함과 더불어 자신에게 주어진 사회적 환경을 파악함으로써 향후 자신의 나아갈 바를 찾게 되는 것입니다. 그런데 이와 같은 과정은 개인의 정체성 형성에서 뿐만이 아니라 각각의 공동체의 집단 정체성의 형성 과정에도 똑같이 적용된다고 하겠습니다. 그래서 우리는 있는 그대로의 역사를 파악하고 정리해서, 미래 세대에 전달해야 하는 것입니다. 왜냐하면 왜곡되거나 각색된 역사는 개인이나 공동체를 올바로 파악하고 정립하는 데 있어서 장애를 가져오기에 결국 왜곡되고 각색된 정체성을 형성하게 되며, 그로 인해 미래의 나아갈 바를 제대로 정립하기 어려워지기 때문입니다. 다시 말해 개인적으로나 공동체에 있어서나 과거 역사에 부끄러운 점이 있다고 해서 이를 숨기거나 왜곡시키게 되면, 그로부터 개인이나 공동체를 올바로 파악할 수는 없기에, 올바른 자아상이나 올바른 공동체 의식을 갖지 못할 뿐만이 아니라, 향후 좀 더 나은 미래로 나아가는 데 있어도 제대로 된 방향을 잡아나가기 어렵게 될 것입니다.

2. 과연 역사란 무엇일까요?

1) 정통성의 기반

이와 같은 역사의식을 토대로 실제 역사의 속성을 살펴보자면, 우선 역사는 개인이나 공동체에 있어서 그 존재의 정통성을 부여하는 기반이 된다는 점입니다. 즉 자기의 부모나 조상이 누구냐를 분명히 알고 밝힘으로써 내 존재의 존재감과 소속감을 좀 더 확고히 갖게 한다는 것이며, 공동체에 대해서도 그 집단의 설립 근원과 근거를 분명히 한다는 점에서 구성원들에게 소속감과 더불어 그에 따른 충성도를 높일 수 있게 해준다는 것입니다.

예를 들면, 공동체 의식이 강한 전통사회에서 그 친족의 족보에 기재된다는 것은 한 개인에게 있어서 종족의 구성원으로서의 소속감을 갖추게 하는 정통성의 기반이 되는 것입니다. 즉 이를 통해 관혼상제 등의 가족 행사에 참여할 수 있는 자격이나 유산상속 등의 권리를 갖게 되는 것입니다. 또 다른 예로서, 왕정시대 무소불위의 권력을 휘두르는 왕을 견제할 수 있는 근거로서 가장 효과적으로 제시되었던 것이 바로 역사라고 할 수 있습니다. 즉, 사극 드라마에서도 자주 나오는 장면으로, 신하들이 왕의 자의적인 권력 행사를 견제하고자 할 때, 그 근거로서 종묘사직(宗廟社稷)을 내세웠던 것입니다. 이때 종묘란 역대 왕들의 위패를 모신 사당을 말하는 것이기에, 종묘를 거론한다는 것은 왕권의 존립 근거가 '선왕(先王)들로부터 권력을 물려받았다'라는 바로 그 사실에 있으며, 따라서 선왕들을 내세움으로써 선왕들의 뜻에 거스르는 일을 하지 말라는 의미로써 종묘를 거론했던 것입니다. 이를 뒤집어서 해석하면 왕권의 근거는 바로 선왕들로부터 물려받았다는 그 전통에 있으므로, 바로 그 전통에 기반해서 다스릴 때 그에 따르는 정통성도 부여받게 되고, 그렇게 정통성이 성립함으로써 비로소 신민(臣民)들로부터 충성을 받게 된다는 것입니다.

여러분이 잘 알고 있듯이, 이성계가 조선을 건국할 때 그 명분으로서 역성혁명(易姓革命)을 내세운 것도 바로 이와 같은 역사적 전통의 중요성 때문입니다. 즉 역성혁명이란 곧 성(姓)만 바꿔 등장한 왕조라는 것이며, 이 말인즉슨 조선왕조는 고려왕조로부터 모든 전통은 그대로 이어받고 있으며, 다만 왕씨(王氏) 왕조에서 이씨(李氏) 왕조로 성만 바꾼 것일 뿐이라는 점을 강조하는 것입니다. 이를 통해 이전 고려왕조에 충성했던 신민들로부터의 지지와 충성을 이어받고자 하는 의미를 담고 있다고 하겠습니다. 이에 대한 역사적 근거는 종로3가에 있는 종묘에 가면 확인할 수가 있습니다. 그곳에 가면 당연히 조선시대 역대 왕과 왕비들의 위패가 마련된 사당이 있는데, 그 사당 옆에 엉뚱하게도 고려시대 공민왕의 사당이 있는 것을 볼 수 있습니다. 이는 고려시대의 마지막 왕으로서 정통성을 인정한 공민왕과 그의 부인인 노국대장공주의 사당을 함께 모심으로써 조선왕조가 고려왕조의 전통을 이어받고 있다는 점을 보여주기 위한 것이라고 해석되고 있습니다.

2) 시대적 상대성

다음 두 번째 역사의 속성으로 내세울 수 있는 것은 시대적인 상대성을 갖는다는 것입니다. 즉 특정 시대의 역사적 사건에 대한 의미를 파악하는 데 있어서 그와 다른 시대의 평가 기준을 갖고 해서는 안 된다는 것입니다. 즉, 오늘날의 판단 기준으로 과거 역사를 평가하고자 할 때는 대단히 신중하게 해야 한다는 것입니다.

예컨대, 시대의 영웅으로 평가되고 있는 알렉산더대왕(Alexander The Great)이나 칭기즈 칸(Genghis Khan)을 오늘날의 판단 기준으로 보게 된다면, 자신의 권력욕과 명예욕에 따라 수십만, 수백만 명을 숨지게 한 독재자로서, 어쩌면 히틀러(Adolf Hitler)와의 차이점을 발견하기 어려운 지도자로 평가될 수도 있다는 것입니다. 마찬가지로 우리가 존경하는 세종대왕도 수많은 위대한 업적에도 불구하고 결국은 민주화에 거스르는 전제군주일 뿐일 수도 있다는 것입니다.

따라서 역사를 평가하는 데는 시대적, 상황적 한계를 고려해서 상대적 입장에서 신중하게 해야 할 필요가 있다는 것입니다. 오늘날 우리 사회나 가정에서 겪는 세대 간 갈등도 사실은 이와 같은 상대적 관점의 결여에서 비롯되는 점이 많다고 볼 수 있습니다. 즉 기성세대나 부모 세대는 자신들이 살아온 환경과 경험으로부터 얻은 삶의 지혜와 방식을 후세대에 전달해주고 싶은 좋은 뜻으로 이를 후세대에 권유하거나, 때론 강요하기까지 합니다. 하지만 특히 오늘날처럼 변화가 급속도로 진행되는 시대에 있어서는 그 전달 내용들이 그야말로 시대착오적인 것일 수 있기에 신세대의 반감을 불러일으킬 수 있다는 것입니다. 물론 신세대들 역시 빠르게 변하는 시대 조류에만 편승해서, 구세대의 생활방식이나 가치관에 대해 무조건 시대에 맞지 않는 것으로 폄하를 하거나 무시해서도 안 될 것입니다.

3) 역사 평가의 자기 규정성

다음 역사의 속성으로 짚고 넘어가야 할 사항으로는, 역사에 대한 평가는 자기 규정성을 갖게 된다는 것입니다. 흔히 이 부분이 역사에 대한 왜곡과 각색을 하게 될 때 그 근거로서 많이 제시되는 이유가 됩니다. 따라서 예민하게 살펴볼 필요가 있겠습니다.

우리는 자신에 대해 스스로 어떻게 생각하느냐에 따라 자신에 대한 자긍심을 가질 수 있거나, 반대로 콤플렉스를 가질 수도 있다는 점을 잘 알고 있습니다. 그래서 가능하면 자기 자신을 미화하고 싶어 하기까지 합니다. 마찬가지로 국가를 포함해서 자기가 속한 집단에 대해서도 우리는 자긍심을 갖고 싶어 하기에, 가능하면 불행했던 역사나 창피하다고 생각하는 역사를 감추고 싶은 충동을 느끼게 됩니다. 그러면서도 우리는 섣불리 역사를 왜곡하려고 하지 않습니다. 왜냐하면 그것은 진실을 감추는 행위이기 때문입니다. 굳이 논리적으로 따진다면 역사를 왜곡해서 얻을 수 있는 득보다는 진실을 감추고 왜곡하는 행위가 미래 우리 자신이나 후손에게 더 큰 손실로 다가올 것이라는 점을 알기 때문입니다.

이와 같은 점에서 우리 선조들은 대단히 현명하였으며, 그래서 후손들에게 귀감이 되는 선례를 남긴 것으로서 평가받고 있습니다. 즉 조선왕조실록 얘기입니다. 다시 말해 조선시대 강력한 왕권 통치하에서도 당대의 임금은 자신에 대한 역사 기록, 즉 사초(史草)를 들여다보지 못했으며, 특히 사관(史官)들은 이를 위해 목숨을 걸고 사초를 지켰던 것입니다. 그리고 바로 이 점이 조선왕조실록이 유네스코(UNESCO) 세계기록유산으로 지정된 가장 큰 이유 중 하나라고 할 수 있겠습니다. 다시 말해 역사 왜곡이 없는 정사(正史)로서 인정받은 것입니다. 우리는 결국 과장되거나 왜곡된 허상이 아니라 진실한 사실로부터 올바른 교훈을 얻을 수 있기 때문입니다.

물론 역사와 신화는 다릅니다. 대부분의 나라에서 선사시대부터 전설로서 내려온 건국 신화나 구전(口傳)으로 내려온 영웅담 등이 있습니다. 그중에서 역사적 비유로서 어느 정도 사실적인 근거가 있는 경우도 찾을 수 있겠습니다만, 어차피 신화나 설화에서는 그것이 중요한 것이 아닐 것입니다. 왜냐하면 신화나 설화에서 중요한 것은 사실적 근거보다는 거기에 담겨 있는 의미와 메시지이기 때문입니다. 즉 사실에 기반을 둔 정통성이 아니라, 그 속에 담긴 정신적 가치에 기반을 둔 정통성이 중요한 것입니다. 그래서 우리에게도 단군신화가 중요한 이유는, 단군신화에서 표방하고 있는 홍익인간과 인내천의 정신을 계승하고자 하는 바로 그 가치 때문이라고 할 수 있겠습니다.

3. 역사를 어떻게 해석해야 할까요?

먼저 우리는 과거의 사건에 대해 접근할 때, 그 사료(史料)를 그저 역사적 자료로써 수집하고 정리하는 것만이 아니라, 그것이 당시 시대의 사람들에게 그리고 오늘날의 사람들에게 대입해봤을 때 각각 어떠한 의미와 영향을 주는 것인가에 대해 생동적으로 공감할 수 있는 상상력을 갖고 그 사건을 들여다봐야 합니다. 예컨대, 14세기 유럽에서 중세의 몰락을 가져온 사건 중 하나로써 흔히 흑사병의 유행을 꼽기도 합니다. 이제까지 우리는 유럽사를 공부하면서 그저 유럽에서 그런 사건이 있었구나 하고 크게 관심을 두지 않고 넘어갔었을 것입니다. 그런데 최근 우리가 겪고 있는 코로나19 바이러스의 팬데믹(pandemic, 세계적 대유행) 사태를 통해 이 사건을 보게 된다면 이전과는 달리 좀 더 그 사건을 자세히 들여다봐야만 하겠다는 것으로 생각이 달라질 것입니다. 그 결과 당시 흑사병은 유럽 인구의 약 3분의 1에서 2분의 1에 해당하는 대략 7,500만 명에서 2억 명의 목숨을 앗아간 인류사상 최악의 전염병이었으며, 이후 17세기까지 지속해서 재발했다는 것을 알게 될 것입니다. 그렇게 조사한 후에 그 사건의 의미를 새롭게 접근하게 되면서, 오늘날 의학의 발달에도 불구하고 코로나19 바이러스의 팬데믹으로 인해 전 세계적으로 수십만 명의 희생과 함께 사회적 단절에 따른 일상생활의 불편함과 고통, 그리고 천문학적인 사회적 비용이 발생하고 있는데, 당시에는 과연 어떠했을까를 상상력을 발휘해서 짐작해보게 될 것입니다. 그리고 이제 반대로 당시 흑사병이 유럽사의 변화에 가져온 충격을 되새김으로써 현재 코로나19 바이러스 팬데믹에 대한 우리의 대응 자세도 달라져, 좀 더 완벽한 대비책 마련과 함께 행동 수칙의 철저한 준수로 이어질 수 있을 것입니다. 우리가 역사적 사건을 선별하고 또 이를 통해 교훈을 얻기 위해서는 이렇게 대입해볼 수 있는 상상력이 필요하다는 것입니다.

두 번째로는 이와 같은 상상력이 반영되기 위해서는, 활자화된 사료에만 의존하는 해석의 틀을 깨야 하며, 이를 위해선 먼저 오늘날 우리 사회 개개인의 삶과 생활 속으로 들어가야만 한다는 것입니다. 역사란 박제화된 기념물이 아니라, 끊임없이 우리의 삶과 생활에 면면히 그 영향을 미치고 있는 생명체와 다름없기에 과거의 삶에 제대로 접근하기 위해서는 오늘날의 삶을 통해서 유추해야 하며, 그 당시의 생활을 지금과 비교해봄으로써 그 의미를 좀 더 생생하게 판단해볼 수 있다는 것입니다. 즉 역사를 통시적(通時的, diachronic)으로 봐야 한다는 것입니다.

다음으로 특정의 역사적 사건은 그 사건만 들여다봐서는 그 의미를 제대로 파악하거나 해석할 수 없다는 것입니다. 왜냐하면 어떤 역사적 사건도 당시의 시대적, 지정학적 배경과 동떨어져서 발생하는 것은 없기 때문입니다. 즉, 하나의 정치적 상황에서 벌어졌던 것으로 보이는 사건도 그 이면에는 당시 사회의 경제적, 사회적, 문화적 배경과 직간접적으로 연관되어 있다는 것입니다. 따라서 특정한 사건을 제대로 선별해서 파악하기 위해서는 당시의 시대적, 지정학적 배

경까지를 포함한 전반적인 상황까지 고려할 수 있는 공시적(共時的, synchronic)
접근이 필요하다는 것입니다.

예술

1. 예술이란 어떤 것일까요?

어떻게 보면 인간의 활동 중에서 다른 동물들과 가장 차별되는 것 중 하나가 예술 활동일 것입니다. 그리고 예술에는 우리의 합리적 이성을 통해 접근하기에는 한계가 있는, 즉 이성적으로 이해할 수 없는 영역이 존재한다고 할 수 있겠습니다. 그래서 말로 설명하기에는 부족한 그야말로 '특별한 뭔가', 즉 어떤 고양된 감성이 있는 셈입니다. 바로 이 점에서 예술의 창작과 감상에는 감성적인 교감을 통한 공감이 매우 중요합니다.

예컨대 우리는 고향 친구나 동창생을 만나면 반가워합니다. 왜 그러냐고 누군가 묻는다면 쉽게 대답할 수는 없지만, 그들을 만나서 얘기를 나누게 될 때, 남들이 모르는 공통의 추억과 경험을 공유함으로써 쉽게 교감하게 되는 것은 분명합니다. 우리가 다른 시대, 다른 나라의 예술 작품을 접했을 때 쉽게 공감하지 못하는 경우가 있는데, 이것은 우리와는 다른 정서를 갖고, 그것을 표현하고 있기에 교감이 잘 안되기 때문입니다.

그래서 예술 활동에는 크게 두 가지 기본요소가 필요하다고 여겨집니다. 정서를 공감할 수 있는 교감 능력과 이를 표현하고 매개하는 수단입니다. 그중에서 정서의 교감을 매개하는 수단으로는 글과 언어, 그리고 영상을 통한 감성적인 메시지와 오감을 자극할 수 있는 빛과 소리, 냄새와 맛, 그리고 질감 등을 들 수 있겠습니다. 즉 문학과 음악, 미술, 영화, 무용 등의 영역이 바로 이와 같은 정서적인 감성과 오감을 자극함으로써 우리에게 특별한 정서를 불러일으키는 대표적인 분야가 됩니다.

예를 들어 정서적인 감성을 자극하는 메시지로는 인간이 살아가는 동안 겪게 되는 희노애락애오욕(喜怒哀樂愛惡慾), 즉 기쁨과 노여움, 슬픔, 즐거움, 사랑, 미움, 욕심 등과 관련된 메시지를 들 수 있겠으며, 바로 이와 같은 메시지를 극적으로 묘사하거나 표현함으로써, 감상자가 상상력과 직관력을 동원하여 이와 관련된 자신의 감성을 자극, 확대함으로써 교감하게 된다고 하겠습니다.

오감과 관련된 자극을 살펴보자면, 원래 오감은 기본적으로 다른 동물들과 마찬가지로 인간의 생존본능에 따라 우리 주변을 파악하고 인식하는 수단이라고 하겠습니다. 그래서 평상시와 다른 특별한 감각이 감지될 때, 예컨대 갑작스러운 번쩍임이나 어둠, 외침 소리나 울음소리, 쉰 냄새나 썩은 냄새, 너무 쓴맛이나 짠맛, 피부에 와 닿는 작열감 등을 느끼게 될 때 우리는 본능적으로 움츠리거나 경계하며, 또 그것으로부터 멀리하려고 합니다. 반대로 어떤 위협감 없이 자연 상태에서 일상적으로 느낄 수 있는 감각 자극을 받게 되면, 우리는 평안함과 안정감을 가지게 됩니다. 예를 들어 요즘 방송에서 유행하는 ASMR(autonomous sensory meridian response, 자율감각 쾌락반응)이라는 소리 자극도 그런 경우라고 하겠습니다. 그러나 인간은 이와 같은 본능적인 오감의 자극과 그에 따른 본능적 반응에 머물지 않고, 이 감각에 대한 자극을 양적으로나 질적으로 좀 더 고양함으로써 감각적, 정서적인 만족감을 증폭시키고자 하는 욕망도 있는 것입니다. 그래서 새로운 자극을 찾고, 또 이것을 표현하며, 아울러 이를 공감하는 대상과의 교감을 통해 감각적, 정서적인 고양을 추구하고자 하는 것입니다. 바로 이러한 창작과 표현활동을 예술이라고 할 수 있겠습니다.

하지만 예술 활동, 즉 창작의 어려움은 작품에서 감각적, 정서적인 조화와 균형과 함께 어느 정도의 변형과 일탈도 갖추고 있어야 한다는 것입니다. 다시 말해 기본적이고 보편적인 미적 요소도 있어야만 하겠지만, 특정 시대의 미적 기준에서 요구되는 창의성과 보편성, 독창성과 대중성 사이에서의 적절한 조화와 균형, 그리고 어느 정도의 변형과 일탈도 함께 갖추고 있어야 한다는 것입니다.

2. 예술을 어떻게 이해해야 할까요?

우리의 감성은 이성과는 달리 주변 환경에 그저 수동적으로 반응하면서 편안하고 안정적인 상황에만 머무르려고 하지 않고, 이를 적극적으로 표출하려는 자연적인 속성을 가지고 있다고 하겠습니다. 그런데 만일 이러한 감정을 그야말로 마구잡이식으로 배출하게 된다면, 아마도 주변에서 야만인 취급을 하거나, 미친 사람 취급을 할 것입니다. 즉 이성을 잃은 행동으로 본다는 것입니다. 그리고 자신도 모르는 그와 같은 본능적 욕구의 통제할 수 없는 분출에 본인 자신도 자괴감을 느끼기도 할 것입니다. 그렇다고 우리는 일상에서 일관된 자기의 모습을 잃지 않은 채 마냥 조화롭고 안정적인 생활에만 머물 수는 없습니다. 본인의 내면에 자신도 모르는 어떤 희, 노, 애, 락의 감성적인 욕구들이 예측 못할 순간에 불쑥불쑥 머리를 내밀면서 이를 분출하려고 하며, 그래서 우리는 자신의 체면이나 존재를 잊어버린 채 그야말로 이와 같은 감정을 폭발적으로 표출하고 싶은 충동에 휩싸이기도 합니다. 우리가 흔히 말하는 열정이란 바로 이런 것이며, 중요한 것은 이러한 열정이란 자연스러운 본능이자 곧 생에 대한 의지의 반영이라고 할 수 있다는 것입니다. 다시 말해 열정이 없는 생활이란 오히려 그만큼 삶에 대한 욕구와 의지가 없다는 것을 의미하게 된다는 것입니다.

예술적 행위에는 근본적으로 이와 같은 열정이 깔려있다고 하겠습니다. 다시 말해 이와 같은 감성적 욕구를 표출하는 수단이 예술이라고 할 수 있다는 것입니다. 그러나 조금 전에 지적했듯이 이와 같은 감성 표출이 마구잡이식으로 폭발적으로 표출된다면 우리는 이런 행위를 예술적이라고 하지 않고, 다만 야만적이라고 하거나 광란적이라고 비난하게 됩니다. 그리고 본인 자신도 열정을 이처럼 분출하게 된다면 그 이후에는 자아 상실감에 따른 허탈감에 빠지기도 합니다. 따라서 예술이란 이와 같은 내면의 감성적 욕구 즉, 열정을 표출하되, 이와 같은 표출을 이성적 판단에 따른 상상력과 절제를 통해 조화와 균형을 잡아 나가는 행위라고 할 수 있으며, 우리는 이와 같은 예술 행위를 통해 감성 분출에 따른 자아 상실감이 아닌, 절제된 쾌감을 통한 심리적 안정감이나 카타르시스 (catharsis), 즉 자기 정화를 얻게 되는 것입니다. 그리고 바로 이와 같은 접점에서 종교와 예술이 만나게 되기도 하는 것입니다.

우리는 흔히 예술가들은 남다른 열정을 갖고 있다고 합니다. 그리고 예술가들은 이와 같은 열정을 통해 상상력을 최고조로 끌어올림으로써 일반사람들이 예상치 못하는 창의적인 작품을 만들어냅니다. 그런데 예술 행위란 예술가 개인의 창작활동에서만 그치는 것이 아니라 이와 같은 예술가들의 작품을 일반 사람들이 감상을 통해 공감하게 됨으로써, 내면의 열정을 만족시키거나 카타르시스를 느끼게 됩니다. 이 교감을 통해 창작자와 감상자 모두가 생의 열정을 가지고 있는 존재자로서의 존재감을 확인하게 되는 것입니다.

그런데 대부분의 일반 사람들이 예술을 어려워하는 이유는 평소 이와 같은 수단, 즉 예술 작품들에 접근할 기회가 많지 않은 탓도 있지만, 더 큰 이유는 예술 작품들이 정신적인 감성이나 오감을 통해 전달하려는 그 정서를 공감할 수 있는 교감 능력이 부족한 탓이기도 합니다. 다시 말해 우리는 일반적인 교육과정에서 어떤 현상이나 사상을 이성적으로 파악하고 이해하기 위해선 논리적인 인식 훈련이 중요하다는 것을 잘 알고 있으며, 그래서 실제로 이를 위한 교육훈련에 많은 시간과 노력을 투자하고 있습니다.

이와 마찬가지로 특별한 정서를 느끼고 공감하기 위해선, 이를 위한 별도의 감성 훈련이 필요한데, 인간의 삶에 있어서 이와 같은 감성교육이 정신적인 안정과 풍부한 정서 함양에 대단히 중요하다는 점을, 예술을 전문적으로 다루는 분야 이외에서는 그다지 신경 쓰지 않고 있는 것이 현실입니다. 그리고 이와 같은 감성 훈련을 통해 교감 능력을 함양하기 위해선 상상력과 직관력 그리고 감각을 체계적으로 계속해서 자극함으로써 강화해야 합니다. 다만 어느 수준 이상의 감성은 훈련으로서는 한계가 있으며, 상당 부분은 태어날 때부터 타고나야만 한다는 전문가들의 견해도 있긴 합니다.

아무튼 예술 활동이란 이처럼 고양된 상상력과 직관력을 발휘하여 창의적으로 감성과 감각을 표현하고 전달하는 방식으로 우리의 정신적인 감성과 오감을 자극함으로써 정서의 폭을 그만큼 넓히고 강화하여 정신의 안정감과 풍요로움을 가져다주는 활동, 즉 정서적인 만족감과 풍만감을 느끼게 해주고 공감토록 하는 창작활동이라고 하겠습니다. 따라서 창의성과 상상력을 통해 정서적으로나 감성적으로 고양된 예술 작품을 제대로 이해하기 위해선 그와 비슷한 수준의 정서와 감성을 갖기 위한 경험과 훈련을 통해 교감하고 공감할 수 있어야만 가능하다고 할 수 있겠습니다.

3. 예술은 어떤 역할을 할까요?

동서양의 전통 사회에서 예술의 영역은 아름다움에 대한 추구로서, 기본적으로 자연의 질서에서 보이는 조화와 균형을 오감의 조화와 균형을 통해서 이루려는 활동으로 구성되었습니다. 아울러 이와 같은 미(美)에 대한 예술적 정서의 함양은 우리의 삶과 사회생활에서 요구되는 중용의 덕, 즉 조화와 균형을 유지하고 추구하는 데 있어서 대단히 유용한 요소로서 여겨졌습니다. 예컨대 고대 그리스의 철학자들은 자연으로부터 그와 같은 조화로움과 안정감을 찾고자 했으며, 이를 모방을 통해 표현함으로써 자연과의 교감을 추구했다고 여겨집니다. 다시 말해 당시의 미, 즉 아름다움의 기준은 자연 속에서 보이는 조화와 균형, 안정감 등을 얼마만큼 비슷하게 표현했는가의 여부라는 것입니다. 이와 같은 면은 현재 남아 있는 그 시대의 조각상 등을 통해 일정 부분 확인해 볼 수 있겠습니다.

그리고 우리 전통 사회의 사대부들도 지식인으로서 갖추어야 할 기본 소양으로서 문(文), 사(史), 철(哲), 즉 문학과 역사, 철학뿐만 아니라 예(禮)와 악(樂)을 익히는 것도 중요시하였는바, 이때 악이란 단순히 음악뿐만이 아니라 시(詩), 가(歌), 무(舞)가 결합한 것으로, 일상생활 속에서 인간의 본성을 천지자연(天地自然)의 조화로운 질서에 결합하는 수단으로써 여겼던 것입니다. 특히 공자(孔子)는 논어에서 '시(詩)로써 감흥을 일으키고, 예(禮)로써 질서를 세우며, 악(樂)에 의해 인격을 완성한다'라고 했습니다. 다시 말해서 인간은 시를 통해서 존재의 세계에 눈을 뜨며, 예로써 질서를 배우고, 악으로써 자유로운 정신활동과 인격 완성에 이를 수 있다는 것입니다.

오늘날 직관력이나 상상력은, 창작이나 창의적인 정신활동을 하는 모든 분야에서 반드시 갖추어야 할 능력인데, 이 능력들을 높이기 위한 훈련에도 예술활동은 대단히 중요한 역할을 한다고 볼 수 있습니다. 즉 창의적인 활동이란 기존에 없던 생각이나 영역을 개척해야 하는 것이기에 일단 고정관념으로부터 탈피하는 것이 요구됩니다. 이를 위해선 기존의 논리적 생각을 비우는 과정이 따라야만 합니다. 이를 철학에서는 판단중지, 즉 에포케(epoche) 또는 아포리아(aporia)라고 부르는 과정입니다. 그리고 바로 이 과정에서 예술적 정서를 통한 상상력의 확장이 큰 역할을 하게 되는 것입니다. 즉 이성의 논리적 전개가 가진 한계를 감성을 통한 상상력의 발동을 통해 생각의 폭을 넓혀줄 수 있다는 것입니다.

하지만 예컨대 인간의 본성을 단정적으로 규정한다는 것이 인간이 가지고 있는 무한한 잠재 능력을 무시하는 결과를 가져오듯이, 예술의 특성과 영역을 규정해서 정의한다는 것도 무한한 상상력 통해 그 영역을 개척해나가고 있는 예술의 특성에 오히려 역행된다고 할 수 있겠습니다. 그만큼 오늘날 예술의 영역은 전통적인 미의 추구, 즉 자연의 질서에 조응하는 조화와 균형의 추구를 넘어서 일탈과 변형, 그리고 추상성을 추구하고 있는 한편, 미에 대한 재해석과 함께 장르의 결합과 확장을 통해 끊임없이 새로운 세계를 열어가고 있다고 하겠습니다.

4. 예술의 대중화는 가능할까요?

고대 종교적 행사를 장식하는 수단으로 시작되었던 예술 행위는 어느 순간 음악, 미술, 문학, 공예, 건축 등 독자적 영역을 갖추게 되면서 각 시대나 지역의 생활상과 정서를 반영하기 시작했습니다. 오늘날은 매체의 발달에 따라 영화나 설치예술, 미디어아트 등 다양한 장르의 예술 영역들이 나타나고 있으며, 특히 현대 대중사회에서는 예술의 대중화와 상업화가 급속히 전개되면서 전통적인 순수예술의 기준과 영역의 구분이 점점 무색해지고 있습니다.

한편 '예술가는 가난해야 한다'라는 말이 있듯이 순수예술을 지향하려면 시류(時流)에 영합하여 대중에게 팔릴 만한 작품 활동은 해서는 안 된다는 일종의 순수예술관을 주장하기도 하지만, 예술가들도 생계를 유지해야 할 뿐만 아니라, 대중들에게 공감될 수 없는 작품 활동이란 고작 작가 개인의 자기만족을 위한 활동일 뿐이란 비난을 받을 수도 있는 것입니다. 어쨌든 예술 활동에 전적으로 참여하기 위해서는 예술가들도 기본적인 생활에서 여유가 있어야만 가능하며, 또 대중들도 일상생활 속에서 예술 작품에 다가갈 수 있는 기회가 많아져야 한다는 점에서 순수예술과 대중예술의 접합 지점을 모색할 수가 있을 것입니다.

아울러 앞서 살펴보았듯이 예술 작품이란 작가와 감상자 간의 교감이 중요하며, 따라서 개인의 정서와 취향의 다양성에 따른 기호도의 차이에 의해 작품에 대한 평가도 달라질 수밖에 없으며, 그와 같은 개인의 정서나 취향 역시 각 시대나 지역의 대중적인 유행에 민감하기에 그에 따른 영향을 받을 수밖에 없을 것입니다. 그에 반해 지역이나 시대의 변화와 관계없이 사람들로부터 꾸준히 좋은 평가를 받는 작품들도 있는데, 우리는 이와 같은 작품들을 흔히 고전의 반열에 올려놓게 됩니다.

오늘날 매체의 발달을 통해 과거에 접하기 어려웠던 예술 작품들에 대해 일반 대중들이 좀 더 가까이 다가갈 수 있는 기회가 많아진 건 사실입니다. 그러나 매체를 통한 예술 감상으로는 작품 고유의 질감까지 느끼는 데는 아직 한계가 있다고 보입니다. 예컨대 미술작품을 TV나 모니터의 화면을 통해 감상한다거나, 오케스트라의 연주를 CD나 DVD로 들을 때, 또는 무용이나 연극을 TV 화면이나 스크린으로 볼 때, 영화를 전용 영화관의 스크린이 아닌 집에 있는 대형 TV로 봤을 때의 느낌의 한계는 곧 감동의 한계로 이어지게 되는 법입니다.

아울러 최근에는 매체의 다양성에 따라 이를 활용한 예술 영역도 출현하게 되었습니다. 비디오 아트(video art)나 미디어아트(media art), 미디어 파사드

(media facade), 3D나 4D 홀로그램(hologram), 가상현실(virtual reality, VR) 체험 등 새로운 예술 형태들이 다양하게 나타나고 있는 것입니다. 그러나 예술 작품들에 대한 접근성이 증대되고, 또 다양한 예술 형태들이 등장한다고 해도, 그것을 감상하는 대중들이 예술에 대한 필요성을 못 느끼거나 아예 관심이 없다면 아무 소용이 없을 것입니다. 그리고 비록 필요성을 느끼고 관심이 있다 하더라도 이와 같은 작품들을 제대로 느끼고 감상할 수 있는 정서적 공감 능력이 따라주지 못한다면, 이 역시 정서의 고양을 통해 자기의 삶을 풍요롭게 할 수 있는 기회를 스스로 차단하는 결과를 가져올 것입니다.

따라서 예술 작품을 이해하고 교감할 수 있는 정서적 공감 능력을 키우기 위해선 기본적으로 관련 작품들을 많이 접하고 감상해야겠지만, 특히 각 예술 분야의 전문가들로부터 눈높이에 맞는 지도와 안내를 받게 되면, 보다 고양되고 풍부한 감동까지 느끼면서 작품을 감상할 수 있을 것입니다.

문명

1. 인류의 문명은 어떻게 시작되었을까요?

    인간은 원시 상태에서는 배고픔이나 추위, 맹수들의 공격 등의 고통과 위협에서 벗어나기 위해 노력해왔습니다. 그리고 불과 도구, 무기 등을 사용하면서 인간은 점차 가장 연약한 원시 상태의 동물에서 만물의 영장으로 도약하기 시작했던 것입니다. 우리는 이 과정에서 두 가지 측면을 함께 생각해볼 수 있겠습니다. 예컨대 원시시대 추위로부터 몸을 보호하기 위해 나뭇잎이나 짐승 가죽 등의 옷을 되는 대로 걸쳤던 인간은, 점차 이와 같은 옷의 기능성을 높였을 뿐만 아니라 여기에 장식성을 추구하는 방식으로 개선하기 시작했다는 것입니다. 또 굶주림에서 벗어나기 위해 자연으로부터 열매를 채취하거나 사냥을 통해 획득한 고기를 허겁지겁 먹기 급급했던 인간은 점차 음식을 그릇에 담았을 뿐만 아니라, 그 음식과 그릇을 장식하게 됩니다. 추위나 야생동물의 공격으로부터 대피하기 위해 나무 위나 자연 동굴에 은신했던 인간은 더욱 견고하고 안전한 움막 등을 짓기 시작했을 뿐만 아니라, 나중에는 여기에 장식성을 더한 집을 건축하게 되었던 것입니다. 그리고 이와 같은 장식성은 원시시대 이후 자의식을 갖게 된 인류가 자연 상태의 생활, 즉 야만성이 고스란히 드러나는 원시적 생활방식에 대해 점차 부끄러움을 느끼게 되는 한편 좀 더 자신을 꾸민 상태, 즉 고양된 형태로 표현하고 싶은 욕구에서 나온다고 할 수 있겠습니다.

정리해보자면, 인간의 진화는 대략 두 가지 차원에서 동시에 전개되고 있는 것으로 나타납니다. 하나는 인간의 의식주를 비롯한 생존과 생활의 문제를 해결하는 부분에서의 물질적 발달이며, 또 하나는 이러한 생존과 생활에서뿐만 아니라 인간의 존재와 인간관계에서의 정신적, 제도적 발달이 그것입니다. 우리는 전자의 과정을 주로 문명으로 지칭하며, 후자 또는 전자를 포함한 후자의 과정을 문화로써 규정하기도 합니다.

2. 문명은 어떤 특성들이 있을까요?

우리 인간은 근본적으로 모순된 속성을 가지고 있다고 하겠습니다. 즉 현재 자신의 존재와 환경에 안주하려는 속성과 뭔가 새로운 것을 찾거나 더욱 어렵고 힘든 상황에 도전하고자 하는 속성, 이 두 가지 모순된 속성이 내재하고 있으며, 그로 인해 내적으로 끊임없이 갈등을 겪고 있다고 할 수 있겠습니다. 다시 말해 현재 자신을 구성하고 있는 익숙한 환경에서 벗어나 더욱 새롭고 확장된 변화를 추구하고자 하는 성향과 현재의 환경에서 자신을 유지, 보존하고자 하는 성향이 그것입니다. 어떻게 보면 전자의 속성을 도전적인 성향이라고 할 수 있으며, 후자는 안주하려는 성향이라고 할 수 있을 것입니다.

이를 심리적 측면에서 재해석해보자면, 뭔가 새로운 것을 찾아 도전해보려는 속성은 자신의 존재(정체성)를 확장하고자 하는 욕구라고 할 수 있으며, 현재의 환경에서 안주하면서 자신을 유지하려는 속성은 자신의 존재(정체성)를 보존하고자 하는 욕구라고 할 수 있겠습니다. 그리고 이 두 가지 공존하는 욕구 사이에서 우리는 끊임없이 갈등하고 있다는 것입니다. 그런데 이 상반된 욕구 중 어느 한쪽에 일정 기간 이상 머물게 되면, 마치 어떤 관성이 생긴 것처럼 그 방향으로 집착하게 됩니다. 예컨대 우리가 흔히 역마살이 꼈다고 지칭하는 사람들의 경우처럼 여행에 일정 정도 익숙해진 사람들은 어느 순간부터 한 장소에 오래 머물지를 못하고 계속해서 새로운 장소를 찾아 방랑의 생활에 빠져 살게 되며, 이와는 대조적으로 성인이 되어서도 자기의 고향이나 현재의 거주지에 일정 기간 이상 살아오고 있는 사람들은 비록 자신의 환경에 불만족스러운 점이 있는 경우라도 어느 순간부터 그 환경이 익숙해지고 편하게 느껴지면서, 새로운 환경에 대한 도전에 대해 두려움과 거부감마저 가지게 되어 소위 그 거주지에서 터줏대감 노릇을 하게 되는 경향이 높다는 것입니다.

이와 같은 상황을 공동체로 확장해봤을 때, 공동체의 정체성을 구성하고 있는 것으로 해석될 수 있는 문명도 똑같은 속성을 보인다고 하겠습니다. 즉 자신들의 문명을 유지, 보존하려고만 하는 공동체가 있는 반면에, 뭔가 새로운 문명을 찾아 도전하거나 교류함으로써 자신들의 문명을 확장해 나가고자 하는 공동체가 있다는 것입니다. 전자의 문명은 외부의 새로운 문명으로부터의 교류나 도전이 없을 때는 내부로부터의 변화 요인, 예컨대 가뭄이나 지진, 질병 등의 자연재해나 권력 계층 내부의 충돌에 따른 내란 등이 없다면 폐쇄된 환경 속에서 오랜 기간 지속되겠지만, 만일 어쩔 수 없이 외부 문명과 접하게 되는 상황에 직면하게 되는 경우 자신의 문명이 외부 문명보다 앞선 정신적, 물질적 자원과 체제를 갖고 있지 못할 때는 외부 문명에 의해 흡수되거나 붕괴할 가능성이 크다고 하겠습니다. 물론 다른 문명과 끊임없이 교류하려는 공동체 경우도 자신들의 문명이 주변의 문명에 비해 제도나 자원이 앞서 있지 못하거나, 다른 문명과의 교류를 통해 계속해서 자신들의 문명을 확장해 나가려고 하지 않는다면, 역시 그 문명도 다른 문명에 의해 붕괴하거나 흡수될 가능성이 크다고 하겠습니다.

따라서 문명의 발달은 특정의 고립된 지역에서 한정적으로 전개된 것이 아니라, 주변 문명과 끊임없는 교류와 전이, 또는 경쟁을 통해 달성할 수 있었다는 것입니다. 예컨대 고대의 4대 문명 지역도 주변의 강이나 바다를 끼고 있으면서, 이를 통해 주변 지역의 다양한 문명과 교류, 흡수하는 과정에서 발달하기 시작했다고 볼 수 있습니다. 그런데 이와는 대조적으로 남미 잉카(Inca) 문명이나 고대 인도의 인더스(Indus) 문명, 캄보디아의 앙코르(Angkor) 문명 등 고립된 지역의 문명들은 오늘날 그 당시의 놀라운 문명의 흔적만이 남아 있기에, 단지 고대 문명사가나 인류학자들의 연구 소재로, 그리고 관광객들의 감탄 소재로만 존재할 뿐입니다.

3. 오늘날 문명은 어떤 상태일까요?

　문명과 관련해서 주목할 점은 우리 인간은 다른 동물들과는 달리 단지 주변 자연환경에서의 안전한 생존에만 머물려고 하지 않으며, 그와 같은 자연환경의 구속과 한계는 물론이고 자기 자신의 한계조차도 끊임없이 극복함으로써 자신의 존재와 활동의 영역을 질적으로나 양적으로 더욱 확장해 나가려고 한다는 것입니다. 그리고 이와 같은 속성을 나타내고 있는 인류의 문명은 최근에 이를수록 그 변화의 진행 속도가 기하급수적으로 빨라지고 있는 것입니다. 이 상황을 최근의 역사를 통해 살펴보자면, 예컨대 불과 100년 전까지만 해도, 인류는 극소수의 지배층을 제외한 거의 모든 사람이 배고픔과 빈곤에 허덕여야만 했습니다. 500년 전까지만 해도 인류는 지구가 둥근지, 왜 모든 물체가 땅으로 떨어지는지 그 사실과 이유를 몰랐을 뿐만 아니라, 관심조차 가질 수 없는 형편이었습니다. 250년 전인 18세기 말 시민혁명이 일어나기 전까지만 해도 서유럽은 왕정 치하에서 지배계층의 폭압과 학정에 시달려야만 했으며, 일반 사회는 물론 가정에서조차 여성과 아동들은 가부장적 권위에 따른 남성들의 폭력에 숨죽이며 살아가야만 했습니다. 불과 50년 전까지만 해도 우리나라의 수많은 사람이 벌레나 개에게 물린 상처에 된장을 발랐었습니다. 1908년 제4회 런던올림픽 당시 마라톤 우승 기록이 2시간 55분 19초였는데, 1936년 베를린 올림픽에서 우리나라의 손기정 선수가 우승할 당시의 기록은 2시간 29분 19초였으며, 현재 마라톤 세계기록은 2018년 제45회 베를린마라톤 대회에서 케냐의 엘리우드 킵초게 (Eliud Kipchoge) 선수가 세운 2시간 01분 39초입니다. 110년 만에 1908년 세계 기록 시간의 3분의 1에 해당하는 무려 54분을 단축한 셈입니다.

　오늘날 문명 발달의 상황을 살펴보자면, 20세기 초 양자물리학이 출현한 이후 21세기 초까지 100년간의 발달은 그 이전 500년과 비교했을 때 상상을 초월한 수준이며, 이제 인공지능을 필두로 한 4차 산업혁명 시대에 진입한 인류가 향후 어떠한 문명을 전개해나갈지는 상상조차 하기 어려운 상황으로 진입하고 있다고 하겠습니다. 다시 말해 인류의 진보를 인류 스스로 제어하기 어려운 상황으로까지 전개될 것이라는 우려가 이미 나오고 있는 정도입니다. 따라서 향후 물질적인 과학 문명의 발달 수준을 정신적 문화 수준의 발전을 통해 제어하지 못하게 된다면 결국엔 인류 문명의 발달이 오히려 인류의 파멸을 앞당기게 되는 역설적 운명이 되어 눈앞에 닥쳐올지도 모릅니다.

4. 우리의 문화는 과연 어떠한 상태일까요?

요즘 젊은이들 사이에 해외 배낭여행이 유행하고 있는 상황을 점검해보면서, 다른 나라를 다니면서 견문을 넓히는 것은 매우 바람직하다고 하겠지만, 우리나라를 잘 모르는 상황에서 외국의 자연환경과 문화를 먼저 접하게 될 경우, 우리나라에 대한 왜곡된 정체성을 갖게 될 수도 있다는 점을 지적하고자 합니다. 즉 우리나라가 가지고 있는 멋진 자연환경과 뛰어난 전통문화를 오히려 우리나라를 방문하는 외국인들보다도 제대로 알아보지 못하거나, 알아볼 생각조차 하지 않을 수도 있게 된다는 것입니다. 그 결과 우리 민족의 정체성에 대한 자신감 결여가 무의식중에 곧 자신의 정체성에 대한 자신감 결여로 연결될 수 있다는 점을 의식조차 하지 못한 채, 민족 정체성에 대한 콤플렉스를 갖게 될 수 있다는 것입니다. 이는 마치 우리 가정의 좋은 점은 모른 채, 다른 가정의 좋게 보이는 점만을 부러워하게 될 경우, 어느 순간 우리 가정에 대한 불만이 곧 자기 자신에 대한 불만과 콤플렉스로 직결되고 있음을 도외시하는 것과 같다고 할 수 있겠습니다.

이 시점에서 미래 우리 문화의 발전을 가늠해보기 위해서 오늘날 우리 전통문화가 처한 상황에 대해서 살펴보고자 합니다. 그런데 우리 대부분이 가지고 있는 우리나라 전통문화에 대한 이미지는 실제 우리의 전통문화를 접해보고, 또 관련된 지식을 조사하고 정리해서 얻게 된 이미지라고 하기보다는 일상적으로

서구문화에 익숙해진 상황에서 어쩌다 우리 전통문화를 접하게 되면서 오히려 낯설게 느껴지는 가운데 얻게 된 이미지일 것입니다. 그렇다 보니, 우리 전통문화에 대한 이미지는 그 대부분이 시대에 뒤떨어진, 그러면서도 왠지 고리타분하면서도 난해한 것으로 치부되는 식으로 형성될 수밖에 없을 것입니다. 그러나 돌이켜보건대, 우리가 우리의 전통문화를, 예컨대 그것이 음악이나 춤이라면 한 곡이나 한 마당을 처음부터 끝까지 제대로 들어보거나 감상한 적이 있는지, 또 그림이나 공예품이라면 작품 전체를 제대로 찬찬히 들여다본 적이 있는지를 생각해본다면 우리 전통문화에 대해 우리가 평소 가지고 있는 이미지가 왜 그런지가 충분히 설명될 수 있을 것입니다. 특히 우리가 서양의 고전음악이나 발레, 그림, 가구 등을 감상할 때의 자세와 비교해본다면 더욱 대조적일 것입니다. 왜냐하면 우리가 서양의 명품 문화를 접할 때의 마음가짐과 자세를 갖고 우리의 전통문화를 들여다보게 된다면 정말 생각지도 못할 경탄과 함께 뿌듯한 감동도 받게 될 것이기 때문입니다.

이와 같은 관점에서 우리 전통 문화예술의 특징과 장점을 간략하게 설명한다면, 먼저 우리 전통 문화예술은 중국이나 일본과 비교하더라도 모든 면에서 좀 더 자연 친화적이며, 심미적, 실용적, 과학적일 뿐 아니라 철학적이기까지 하다는 점을 들 수 있습니다. 예컨대 집을 지을 경우, 정원을 보자면, 중국처럼 자연을 압도할 정도의 규모로 인공적으로 조성하거나, 일본처럼 자연을 모방하여 이를 축소된 규모로 앞마당에 계획적으로 조성하지 않고, 기존의 뒷산과 숲, 개울, 또는 연못 등 주변 자연환경을 놓인 그대로 활용하면서 이것과 조화롭게 어우러지는 방식으로 집을 짓는다는 것입니다. 물론 건축 재료도 자연에서 채취한 후 가능하면 가공하지 않은 채, 그러나 과학적, 실용적으로 활용합니다. 그래서 전통 방식에 따라 지어진 제대로 된 한옥이라면, 예컨대 주춧돌의 경우 윗면을 평평하게 가공하지 않고 울퉁불퉁한 자연 상태로 땅에 박아 놓습니다. 그리고 그 위에 기둥을 올려놓을 때 기둥 밑면을 울퉁불퉁한 주춧돌 윗면에 딱 맞도록 깎아낸 후 위아래 아귀에 맞춰 올린다는 것입니다. 이렇게 해서 올려놓게 되면 주춧돌과 기둥이 서로 위아래 아귀가 맞아떨어지기에, 서로 평평한 상태에서 올려놓을 때보다는 지진이나 바람이 심하게 불었을 때 훨씬 안정감이 높을 수밖에 없으며, 특히 기둥과 주춧돌 사이에 소금과 숯가루를 집어놓음으로써 방충, 방습의 효과까지 갖게 되는 셈이니, 얼마나 자연 친화적이고, 실용적이며, 또 과학적입니까? 우리가 이와 같은 점을 의식한 후 다시 한옥을 좀 더 찬찬히 들여다본다면, 이와 유사한 사례들을 더 많이 발견할 수 있을 것입니다. 예컨대 한옥 내부의 대들보 역시 나무를 직선으로 자르고 다듬어서 올려놓지 않고, 그저 휘어진 상태 그대로 올려놓음으로써 오히려 건물의 하중을 더 잘 받아낼 수 있을 뿐만 아니라, 미적으로도 훨씬 편안한 자연미를 보여준다는 것입니다.

우리 전통문화에 대해 한 가지만 더 설명하자면, 우리 전통문화는 음악, 미술, 건축, 공예, 음식, 의복 등 각각의 분야마다 앞서 설명한 바대로 철학적, 심미적, 실용적인 점 등에서 서양은 물론 같은 동양권의 중국이나 일본과도 다른 매우 탁월한 우리 고유의 특성들을 갖고 있을 뿐만 아니라, 선사시대부터 삼국시대, 고려시대, 그리고 조선시대에 이르기까지 각 시대마다도 그 양식이 다르며, 또 지방마다, 집안마다 조금씩 차이가 있을 만큼 매우 다양하고 풍부하다는 것입니다. 즉 문화콘텐츠로 활용할 수 있는 엄청난 산업적 자원을 갖추고 있다는 것입니다. 우리가 조금만 관심을 가지고 우리의 전통문화에 다가간다면 이 모든 것들이 우리에게도 쉽게 보일 것입니다. 왜냐하면 우리 몸속 DNA에는 우리 전통문화의 특성이 내재되어 있기 때문입니다.

오늘날 K-Pop을 비롯하여 영화와 드라마, 한식, 한복, 한글, 전통 문양 등 소위 K-Culture가 세계적으로 퍼져나가고 있는 기저에는 바로 이와 같은 우리 전통문화의 잠재력이 깔려있기 때문이며, 따라서 우리 후손들이 전통문화의 장점들을 제대로 잘 활용해나갈 수만 있다면 향후 우리 문화의 발전은 정신적으로나 물질적으로 매우 긍정적이라고 할 수 있겠습니다.

제 8 장

종교

1. 우리는 왜 종교를 갖게 될까요?

우리는 언제, 그리고 왜 기도하거나 숭배하게 될까요? 뭔가 간절히 바라는 것이 있거나 힘든 상태에서 벗어나고자 할 때, 자신만의 능력과 힘으로는 이루기가 쉽지 않을수록 우리는 뭔가 초월적인 힘이나 운에 기대고 싶어 합니다. 그런데 불안감이 고조될수록 누군가가 이렇게 해서 그 일이 이루어질 수 있었다거나 또는 이렇게 하지 않았더니 그 일이 이루어지지 않았다고 얘기한다면 우리는 그 말에 쉽게 저항하기 어려울 것입니다. 그리고 그 말에 따르고 기댐으로써 우리는 일종의 심리적인 안정감을 가지게 되며, 실제로 그 말대로 일이 이루어지게 될 경우, 그에 대한 보다 확고한 믿음과 집착을 갖게 되는 것입니다. 소위 종교적 믿음이나 터부(taboo)는 바로 이와 같은 기원이나 바람과 연관되어, 이를 믿고 따름으로써 자신의 생활에서 일말의 불안감이나 고통에서 벗어나게 되는 한편, 삶의 풍요로움을 누릴 수 있다는 기대와 희망에서 비롯된 것이라고 할 수 있겠습니다. 예컨대 자신이 믿고 따르는 각자의 신에게 살아가는 동안 자신이나 가족, 또는 공동체에 있어서, 화(禍)는 피하고 복(福)을 원하는 기원을 하거나, 내세에서의 극락이나 천당으로의 회귀에 대한 기원과 기대를 통해 현세에서의 고난과 내세에 대한 불안감을 극복하고자 했던 것입니다.

특히 이와 같은 믿음이 집단적 차원에서 형성될 때는 그 집단의 다른 구성원들과 동질감을 가지게 되면서, 그 집단의 정체성에 자신의 정체성을 일치시키게 되는 상황으로 전개된다고 할 수 있겠습니다. 그리고 그 믿음이 깊어질수록 동질감에 따른 일체성이 더욱 고조되면서 자기의 삶 전체를 그 집단과 동일시하는 상황까지 발전되기도 합니다. 즉 자신이 믿고 따르는 종교적 삶과 세계가 본인의 삶과 세계의 전부가 되는 셈입니다. 따라서 그 종교의 계율이나 가르침이 본인의 삶의 지표가 되며, 이에 순종하는 삶이야말로 자신의 존재가치를 스스로 인정할 수 있게 하는 기준이 되는 것입니다. 특히 자신의 의지가 개재될 수 없는 신의 영역이 개입되는 부분에서는 이를 더욱 신비스럽고 성스러운 것으로 받아들이게 된다는 것입니다.

2. 종교는 어떻게 발생하게 되었을까요?

어쩌면 종교의 출현은 원시시대 인간의 문명 발달과 함께 시작되었다고 봐도 과언이 아닐 것입니다. 왜냐하면 우리는 언제나 그리고 누구나 항상 불안감과 고난 속에 살아가고 있기 때문입니다. 오늘날 첨단과학 시대에 국가적 차원의 복지제도는 원시시대는 말할 것도 없고 불과 반세기 전에 비해서도 엄청나게 발달했지만, 그렇다고 해서 우리의 삶과 생활에서 불안감과 고충이 상대적으로 줄어들었다고 할 수는 없으며, 오히려 과학 문명이 발달하고 생활이 윤택해질수록 우리의 불안감과 고충은 더욱 커지고 있는지도 모릅니다. 아마도 인간이 세상에 대해서 많이 알면 알수록 역설적으로 인간이 스스로 할 수 있는 일이 정말 별로 없다는 것을 알게 되기 때문일지도 모릅니다.

또한 비록 첨단 자동화시스템 속에서 살아가고 있지만, 오히려 그러한 환경으로 인해 인간은 더욱 무력해지고 있는지도 모르며, 그렇기에 우리는 언제나 불안감을 안고 살아가고 있다고 할 수 있을 것입니다. 예컨대 고층아파트에 어느 날 갑자기 정전사고가 발생했을 경우를 상상해보자면, 당연히 냉난방부터 안 될 것이며, 컴퓨터나 TV, 전자레인지 같은 전자기제품도 사용할 수 없을 것이고, 엘리베이터도 당연히 이용할 수 없을 것입니다. 더욱 심각한 문제는 이 상황을 해결하기 위해 어느 한 개인이 할 수 있는 일이 거의 없다는 것입니다. 그저 언제쯤 복구될 것인가를 불안 속에서 막연히 기다릴 수밖에 없는 것입니다. 4차 산업혁명 시대에 진입하면서 정보통신기술(ICT)과 인공지능(AI)의 융합에 따라 더욱 진보된 자동화시스템은 갈수록 광범위하게 적용될 것이고, 그럴수록 기존 직업군 중에서 많은 직종이 사라져가게 될 것이 분명한데, 이는 곧 또 다른 대량 실직으로 이어지게 될 것입니다. 그리고 실제로 이와 같은 상황은 이미 관련된 분야에서 발생하고 있습니다.

하물며 원시시대나 고대 시대의 인간은 하루하루 공포와 불안감 속에서 생활했을 것입니다. 계절에 따른 추위와 더위가 과연 예년처럼 일정한 때가 되면 지나갈 것인지, 언제쯤 우기나 건기가 그칠 것인지, 밤에 자는 동안 맹수나 해충 등이 동굴 속이나 주거지로 달려드는 것은 아닌지, 언제 또 다른 부족이 침입하여 곡식이나 부녀자들을 약탈해가는 것은 아닌지, 먹을 식량이 다 떨어져 가는데 다음날 사냥은 성공할 수 있을 것인지 등등 오늘날 우리가 전혀 걱정하지 않을 상황조차 이때는 엄청난 공포나 두려움으로 다가왔을 것입니다. 거기에 보잘것없는 의식주 여건과 위생 상태 속에서 건강하게 오래 산다는 것은 거의 불가능했을 것이며, 당연히 평균 수명은 오늘날의 절반도 안 되었을 것입니다. 따라서 질병과 죽음이 항시 곁에 붙어 있는 환경에서 이에 대한 두려움 역시 벗어나기 어려웠을 것입니다. 이처럼 인간 개인으로서 벗어날 수 없는 불안과 두려움 속에서 무언가 강력하고 절대적인 존재에게 의지해서 구원받고 싶다는 생각이 드는 것은, 오히려 당연할 수도 있는 것입니다.

여러분은 기도나 기원할 때 어떤 대상에게 의지합니까? 이미 종교를 가지고 있는 사람들은 자신의 신앙에 따른 신에게 기도나 기원할 것입니다. 그리고 현재 자신이 믿고 있는 종교가 없는 사람들도 너무도 불안할 때면 다른 종교의 신들까지 동원해가며 빌거나, 아니면 소위 천지신명 등 어떤 신비로운 힘을 갖고 있을 것이라고 여겨질 수 있는 불특정 존재에게 기원할 것입니다. 그러나 공통점인 점은 뭔지는 몰라도 우리 인간으로서는 가질 수 없는 초월적인 힘이나 능력을 갖춘 존재를 찾게 된다는 것입니다.

물론 지역이나 시대에 따라 믿고 의지하고자 하는 초월적 존재는 서로 다릅니다. 자신들의 연약함과 두려움을 극복하기 위해 의지하고자 하는 강한 존재를 어느 대상으로 선정하느냐에 따라 토테미즘(totemism), 샤머니즘(shamanism), 애니미즘(animism) 등이나 모든 우주를 총괄하는 전지전능의 추상적 신의 형태로서 숭배하게 됩니다. 이때 토테미즘은 집단 또는 집단의 성원과 특별한 관계가 있다고 생각되는 특정 종류의 동물이나 식물 또는 자연물을 숭배하는 신앙이며, 샤머니즘은 소위 무당이나 주술사, 사제 등이 신이나 초자연적인 존재의 중재자로 자리 잡아 집단의 중심이 되는 종교를 말하며, 애니미즘은 바위나 산과 같은 무생물이나 모든 물건에도 신과 영혼 등이 깃들어 있다고 믿고 이를 숭배하는 신앙을 말합니다.

3. 종교의 역할과 속성은 무엇일까요?

여러분은 기도나 기원할 때 그것이 반드시 이루어질 것이라고 믿습니까? 대부분 종교에서는 믿음을 강조합니다. 이와 관련해서 중세 11세기 말 캔터베리(Canterbury)의 대주교였던 성 안셀무스(St. Anselm of Canterbury)는 '믿기 위해서 알려고 하는 것이 아니라, 알기 위해서 믿습니다'라는 유명한 말을 남긴 바 있습니다. 어쨌든 우리는 결국 바라던 소망이 이루어지지 않았을 경우 믿음이 부족해서 그렇다는 말을 많이 듣게 됩니다. 그런데 여기서 믿음에 대해 조금 더 깊이 생각해보자면, 믿음의 대상은 자신이 의지하고 따르고자 하는 신이나 초월적 존재이겠지만, 믿음의 주체는 과연 누구이냐 하는 것입니다. 다시 말해 믿고 안 믿고를 결정하는 주체는 누구냐 하는 문제입니다.

이 부분에서 우리는 종교의 또 다른 역할을 발견하게 됩니다. 결국 믿음의 주체는 자신이기에 종교적 믿음 과정에서 무의식중에 자신에 대한 믿음을 통해 자신의 존재감을 받아들임으로써 심리적 안정감을 찾게 된다는 것입니다. 다시 말해 누군가 의지할 대상이 있고, 나는 그 대상을 확실히 믿고 따르고 있으며, 결국 내가 바라고자 하는 바가 이루어질 수 있다는 것을 자기 스스로 받아들이게 됨으로써 이를 통해 자신에 대한 안정감을 가지게 된다는 것입니다. 이때 내가 믿고 의지하고자 하는 대상에 대한 나의 믿음이 온전치 못하다면, 그만큼 나의 불안감은 지속될 수밖에 없으며, 이를 해소하기 위해서라도 나의 믿음을 더욱 공고히 해야 할 필요가 있는 것입니다. 물론 그러함에도 불구하고 내 소망이 이루어지지 않았다면 그것은 당연히 나의 믿음이 그만큼 부족하기 때문으로 여겨지게 됩니다.

여러분은 처음 가보는 지역에서 맛있는 식당을 찾으려고 할 때, 같은 메뉴를 파는 식당일 경우 손님이 많아 번잡해 보이는 식당을 선택하겠습니까, 아니면 조용하고 한가하게 보이는 식당을 선택하겠습니까? 아마 대부분 손님이 많은 식당을 선택하게 될 것입니다. 즉 그만큼 맛이 있으니까 손님이 많을 것이라고 짐작하기 때문입니다. 그래서 식당뿐만이 아니라 다른 업종의 경우에서도, 얼핏 생각해보면 같은 업종의 경쟁 상대가 없는 지역에서 장사하는 것이 손님 끌기에 좋을 것 같지만 그 반대로 같은 업종의 가게가 많은 지역에서 장사하는 것이 더욱 유리한 이유도 바로 이 때문입니다. 소위 '가구 거리', '귀금속 골목', 또는 '먹자골목' 등이 그렇게 해서 형성되는 것입니다. 그래서 기도나 기원도 혼자만의 장소에서 조용하게 드리기도 하지만, 신도들이 많이 찾는 교회나 절 등에서 집단적으로도 하게 됩니다. 이를 통해 내가 믿고 있는 종교가 나뿐만이 아니라 다른 많은 사람도 믿고 숭배하는 종교라는 믿음을 통해 자신의 믿음을 더욱 공고히 할 수 있기 때문입니다. 아울러 다른 신도들과의 동질감과 소속감도 더욱 확고히 함으로써 안정감을 좀 더 갖게 될 것입니다.

그런데 만일 소위 '맛집'이라는 식당을 알게 될 경우, 여러분은 자신만의 소중한 장소로 여겨 다른 사람에게 알려주지 않을 것입니까, 아니면 주변 가까운 사람들과 함께 가거나, 또는 그들에게 적극적으로 추천하겠습니까? 이에 관한 대답을 하기 전에 다른 질문을 먼저 생각해보기로 하겠습니다. 자신이 맛집이라고 생각해서 주변의 지인을 그 식당에 데려갔을 때, 자신이 그 식당 주인도 아닌데 왜 같이 간 사람의 맛 평가를 초조하게 기다리게 될까요? 아마도 무의식중에 자신의 선택에 대한 믿음을 확인받고 싶어 하거나, 아니면 반대로 그 믿음이 부정되는 것을 두려워하는 마음이 공존하기 때문일 것입니다. 전자의 경우는 마음이 뿌듯해지면서 앞으로도 그 사람과 함께 식사하고 싶어지겠지만, 후자의 경우에는 상대방의 평가에 반발하게 되거나, 아니면 실망해서 앞으로 그 사람과는 같이 식사하고 싶은 마음도 줄어들 것입니다. 그러면 이제 앞서 질문에 대한 답과 그 이유도 자연스럽게 정리될 것입니다. 그래서 맛있는 음식을 먹게 될 때 생각나는 사람이 없는 사람은 정말 외로운 사람이거나, 아니면 대단히 이기적인 사람이라는 말도 있는 것입니다.

위의 예를 통해서 우리는 만일 내가 믿고 있는 바가 있다면, 그것도 확신하는 경우일수록, 더욱 다른 사람들로부터 확인받고 싶어지고, 또 서로 공감하고 싶어진다는 점을 확인할 수 있을 것입니다. 바로 그와 같은 이유로 종교는 전파성이 대단히 높다고 하겠으며, 신앙이 깊을수록 그 믿음을 위해 순교까지 감수하게 되는 것입니다. 그것도 기꺼운 마음으로. 왜냐하면 무엇보다 소중하며 본능적인 자신의 존재 즉, 생명을 포기해도 될 정도로 순교의 순간을 자신의 믿음을 확인함으로써 자신의 존재감과 자존감을 극도로 만족시킬 수 있는 상황과 기회가 주어진 것으로 여기기 때문입니다.

4. 종교 간의 갈등과 전쟁은 왜 벌어지는 것일까요?

이제 종교와 관련된 마지막 질문을 생각해보도록 하겠습니다. 대개의 종교에서는 그 교리로써 사랑과 평화 등을 중요하게 내세우고 있는데, 그러함에도 불구하고 왜 실제 역사 속에서는 종교전쟁이 끊임없이 벌어져 왔던 것일까요? 이 질문에 대한 답을 하기 전에 역시 다음의 질문부터 생각해보도록 하겠습니다. 과연 그들이 믿고 있는 신은 이러한 전쟁 상황을 받아들일까요? 사실 이 질문에 답을 낸다는 자체는 논리적으로 성립되지는 않을 것입니다. 왜냐하면 신자체는 그야말로 초월적인 존재인데 그 초월적인 존재를 우리가 어떠한 방식으로든 접촉해서 그 뜻을 우리가 알 수 있다면 그 존재는 이미 초월적이라고 할 수 없기 때문입니다. 그래서 가장 바람직한 기도문은 '그저 당신의 뜻대로 하소서'라는 말도 있는 것입니다. 따라서 신이 자기 존재의 확실성과 정당성을 입증하기 위해 신도들이 다른 종교나 종파와 전쟁을 벌이는 것을 인정하느냐 마느냐 하는 것 역시 논리적으로는 성립되지 않습니다. 왜냐하면 신 존재의 확실성과 정당성을 신도들의 입증을 통해서 성립하게 된다면 이 역시 그 자체로서 초월적으로 존재하는 신의 위상에 맞지 않기 때문입니다. 따라서 종교전쟁이란 결국 자신들의 신을 해석하고 입증하려 드는 인간들, 즉 자신들이 믿고 있는 신을 지키거나 입증하려고 한다는 명분으로 결국은 추종자들이 자기 자신을 입증하고 지키기 위해 벌이는 전쟁이라고 할 수밖에 없을 것입니다.

이와 관련해서 다음과 같은 질문도 생각해보도록 하겠습니다. '종교마다 성지 순례하는 장소가 별도로 정해져 있는 이유는 무엇 때문이라고 생각합니까?' 이 질문에 답을 생각하기 전에 다시 다음과 같은 질문 역시 생각해보도록 하겠습니다. '성지나 성역은 누가 정하는 것이라고 봅니까?' 위에서 살펴보았듯이 절대적이면서도 초월적인 신이라고 한다면 그 신의 존재와 뜻이 어떻다는 것을 인간으로서는 감히 짐작할 수조차 없다고 하겠습니다. 왜냐하면 인간이 파악하거나 짐작할 수 있다면, 그 신은 이미 초월적이거나 절대적인 존재라고 할 수 없기 때문입니다. 그러함에도 불구하고 신의 능력이나 뜻에 대해 이렇다저렇다 하고 규정하는 판단과 그 판단 기준은 그 신을 추종하는 집단, 즉 교회나 사제 집단에서 내부적으로 합의한 결과라고 하겠습니다. 따라서 신성시되는 성지나 성역 역시 교회나 사제 집단의 지정에 의한 것이라고 할 수 있겠습니다. 다시 말해 성역과 세속의 영역을 구분하는 경계는 신을 추종하는 신자들 스스로가 자신과 자신이 믿는 신이 연결된다고 여겨지는 부분을 더욱 신성시하기 위해 스스로 정하는 과정에서 나타난다고 하겠습니다. 아울러 온 우주를 창조하고 관장하는 전지전능한 신의 경우라면, 그 신의 영역과 뜻을 매우 한정적이고 불안정한 인간들이 자신들의 판단에 따라 특정한 범위나 의미로 구분하도록 위임한다는 것은 모순적일 수밖에 없다는 점을 지적할 수 있겠습니다.

이와 같은 이유로 서구에서는 18세기 들어서면서 자유사상과 회의주의가 퍼져나가기 시작하면서, 그리고 당시 증가하는 종교 범죄로 말미암아, 스스로 무신론자임을 자처하는 사람들이 나타나기 시작했으며, 오늘날까지도 계속해서 확산하고 있다는 점은 시사하는 바가 크다고 하겠습니다. 따라서 초월적인 신의 존재 여부를 인간의 이성적 한계 속에서 논할 수는 없을 것이며, 다만 근대 미국의 사상가인 윌리엄 제임스(William James)가 그가 저술한 〈종교적 경험의 다양성〉이라는 책 속에서 '감정적이고 신비적인 경험의 순간'이라고 표현하고 있는, 계시나 깨달음과 같은 '종교적 체험'을 직접 경험한 적이 있느냐의 여부에 따라 신의 존재에 관한 주장도 상이하게 나타날 수밖에 없다고 하겠습니다. 아울러 '어떤 진리를 들은 사람들이 그 진리를 잘못 이해하면 그 진리는 최악의 거짓말이 된다.'라는 그의 말도 종교와 관련된 우리의 믿음에 경각심을 불러일으킨다고 하겠습니다.

제 9 장

과학

1. 과학은 인류에게 어떤 영향을 미쳤을까요?

오늘날 인류는 역사상 가장 풍요로운 시대에 살고 있으며, 그 가장 큰 이유로 우리는 과학의 발전을 꼽을 수 있을 것입니다. 그 반면에 오늘날 인류 생존에 가장 긴박한 위협 요인으로서는 지구 온난화에 따른 생태계의 파괴와 핵무기의 개발과 배치 등을 지적할 수 있을 것이며, 이와 같은 위협도 결국 과학의 발전에 따른 부작용임을 잘 알고 있습니다. 아울러 제4차 산업혁명 시대의 진입을 이끌어 가고 있는 인공지능이나 양자 공학, 로봇공학, 유전공학 등의 기술개발을 비롯한 향후 과학의 발전이 인류의 미래 생활에 과연 어떠한 영향을 줄 것인지는 아무도 쉽게 예측할 수 없을 것입니다. 특히 이와 같은 기술개발을 통한 자동화 기술의 발전에 따라 어느새 인간의 일상생활은 물론이거니와 전쟁에서조차 기계나 로봇이 인간을 점점 더 대체해 가고 있는 상황이 벌어지고 있으며, 또한 최근에는 유전자 조작을 통한 인공장기의 개발 등을 통해 인류의 수명 연장을 시도하고 있는데, 과연 이와 같은 상황이 인류에게 바람직한 미래를 보장할 것인지 아니면 SF영화에서 보여지듯이 결국 인류의 멸망을 초래할 것인지, 누구도 장담할 수 없을 것입니다. 그만큼 오늘날 과학의 발전 상황은 양날의 검처럼 인류 문명에 긍정적인 기여는 물론 부정적인 부작용도 함께 제시하고 있다고 하겠습니다. 따라서 우리는 더 늦기 전에 이러한 과학의 위상과 역할, 그리고 통제 여부에 대해서 좀 더 진지하게 점검해야 할 것입니다. 이를 위해 먼저 과학이 어떠한 발전 단계를 거쳐왔는지 그 주요 과정부터 살펴보고자 합니다.

2. 근대 이전까지 과학은 어떻게 발달했을까요?

사전적인 의미로서 과학이란 자연 현상을 관찰한 후, 그 관찰 결과를 바탕으로 보편적인 법칙 또는 원리를 발견함으로써 이를 통해 그 현상을 이해, 설명, 예측, 이용하기 위한 체계적인 지식이라고 할 수 있겠습니다. 물론 인류가 출현하면서부터 과학이 이처럼 논리적이고 체계적으로 정립되어 있었던 것은 아닙니다. 문자가 없었던 선사시대에는 동식물을 비롯한 자연에 대한 오랜 기간의 관찰과 경험을 통해 얻게 된 조상들의 지식을 구전(口傳) 받음으로써 농경과 목축 등을 시작하게 되었다고 볼 수 있겠습니다. 고대 문명 시대에 들어서 문자가 발명된 이후에는 예컨대 천체 현상에 대한 오랜 기간의 관찰과 경험을 통해 알게 된 지식을 점토판 등에 기록된 글을 통해 전달받게 되고, 이러한 천체에 대한 지식을 활용함으로써 자신들의 운명을 천체의 움직임에 따라 짐작해보거나, 강의 범람을 예측하여 농사를 지을 수 있게 되는 정도가 되었다고 하겠습니다. 특히 고대 메소포타미아(Mesopotamia) 지역에서는 이미 일식과 월식, 달과 행성의 출현과 사라짐 등을 예측하는 방법을 알고 있었으며, 고대 이집트에서는 잦은 나일강의 범람으로 인한 농경지의 소실에 따라 토지 소유관계가 불확실해짐으로써 이를 재정립하기 위한 측량술이 발달하게 되면서, 이것이 피라미드를 비롯한 이집트 건축물의 설계에 응용된 기하학의 발전으로 이어지게 되었습니다. 아울러 고대 메소포타미아와 이집트, 페르시아 등에서는 다양한 실험을 통해 값싼 철이나 납과 같은 금속을 비싼 금으로 바꾸고자 하는 연금술도 성행하였습니다.

고대 그리스 시대에는 기원전 6~7세기경부터 자연 현상의 변화나 질병의 원인을 자연 자체 속에서 찾아서 이에 대해 논리적으로 답하고자 하는 의도에 따라 자연을 관찰하려는 시도들이 나타나게 되었으며, 특히 우주의 모양이나 물질의 기원 등에 관한 탐구를 하였습니다. 이와 같은 연구는 '자연철학자'라고 불리는 최초의 과학자들에 의해 시도되었으며, 그중에서도 탈레스(Thales)를 포함한 당시 이오니아(Ionia)의 밀레투스(Miletus) 학파는 세계를 구성하는 근본 실재(arché)란 무엇인가에 대한 물음에 답하고자 하였습니다. 예컨대 '과학의 아버지'로 불리는 탈레스는 '이 세계와 만물의 원소는 무엇인가?'라는 철학적 질문을 던지면서 그 스스로가 제시한 답은 '물'이었습니다. 즉 그는 '물이 모든 것의 원리이며, 모든 것은 물에서 생겨났다'라고 주장했던 것입니다. 그의 제자인 아낙시만드로스(Anaximander)는 '아무런 한정성도 없는 것'이라는 의미의 '아페이론'(apeiron)을 제시하였으며, 뒤이어 아낙시메네스(Anaximenes)는 숨결, 공기, 영혼, 생명에 해당하는 프시케(Psyche)를 만물의 원소라고 생각했습니다. 그리고 엠페도클레스(Empedocles)는 만물은 여러 원소로서 이루어져 있다고 하면서 불과 물, 땅, 공기 등을 열거하였으며, 데모크리토스(Democritus)는 세계를 구성하는 원소로 더 이상 나뉘지 않는 원자(Atom)를 제시하였습니다. 이처럼 세계를 구성하고 있는 가장 근본적인 원소가 있다는 믿음과 이를 찾고자 하는 연구 방식은 '이오니아의 마법(Ionian Enchantment)'이라는 표현으로 비유될 만큼 오늘날까지 이어져 오고 있다고 하겠습니다. 한편 피타고라스(Pythagoras)는 무엇이 근본 원소인가보다는 어떤 원리와 법칙에 따라 세계가 이루어져 있는가를 파악하려 했으며, 그가 찾은 만물의 근원은 수(數)였습니다.

이후 플라톤(Plato)과 그의 제자였던 아리스토텔레스(Aristotle)는 보편성을 추구하는 자연철학을 제시하였습니다. 그러나 플라톤이 보편성을 현상 세계 밖에 존재하는 이데아(Idea)로써 규정하면서 모든 사물의 원형 또는 전형인 이 이데아로부터 현상 세계의 특정한 것을 설명하려 했던 것과는 대조적으로, 아리스토텔레스는 현상 세계의 특정한 것들에서부터 보편성을 발견하려고 했으며, 이 보편성을 사물들의 본질이라고 규정하였습니다. 따라서 아리스토텔레스의 철학적 방법이 특정한 현상들에 관한 연구로부터 보편적인 본질에 관한 지식에 이르기까지의 과정을 포괄하는 것이라면, 플라톤의 철학적 방법은 이데아 또는 형상

(Form)이라 불리는 보편적인 것에 대한 지식으로부터 현상 세계의 특정한 것들을 파악하고자 하는 하향적인 과정을 보인다는 것입니다. 즉 플라톤의 방법이 선험적인 원칙으로부터 현상의 개별 사물들을 파악하고자 하는 연역적 추론에 기반하고 있는 것이라면, 아리스토텔레스의 방법은 귀납적인 방법과 연역적인 방법 모두를 포괄하고 있다고 할 수 있겠습니다. 따라서 이들의 방법은 후대 과학계에서 매우 중요한 과학 탐구 방법으로 사용되었으며, 특히 아리스토텔레스의 저술들은 이후 이슬람 문화권과 중세 유럽 과학의 기반이 되었으며, 근대 초기 과학혁명의 기초로 평가받고 있습니다.

이후 고대 로마 시대에 들어서는 주로 고대 그리스의 업적 중 실용적이거나 호소력 있는 주제들을 선호하였기에 형이상학이나 인식론과 같은 난해하고 어려운 주제는 피했던 반면, 수학이나 의학, 논리학과 수사학 등을 실용적인 수준에서만 받아들였으며, 자연철학은 초보적인 수준에서만 수용하였습니다. 그리고 이와 같은 고대 그리스와 로마 시기의 과학지식은 서로마 제국의 멸망 이후 중세 유럽에서는 기독교 교황권의 탄압으로 오랜 기간 사멸하게 되었습니다.

한편 중세 시기 중동에서는 그리스 철학이 새로운 이슬람 정권의 후원하에 발전하게 되었습니다. 특히 이슬람 과학자들은 경험과 실험에 기초한 과학을 중시하였는데, 이에 따라 수학과 의학, 천문학, 지리학, 광학, 그리고 화학의 기초가 되는 연금술에서 많은 발전을 이루었습니다. 하지만 이와 같은 중동지역에서의 과학 발전은 이후 몽골 제국과 오스만 제국 등의 침입으로 단절되면서, 이들의 과학은 서유럽으로 전파되어 동로마 제국의 멸망 이후 유입된 비잔틴 문화와 함께 르네상스의 기반을 마련하게 되었던 것입니다.

유럽에서 고대 그리스와 로마의 지적 전통이 다시 연결된 것은 12세기에 대학이 출현하면서부터라고 할 수 있겠습니다. 당시 이베리아반도와 시칠리아 일대를 점령하고 있었던 이슬람 세력과의 접촉과 십자군원정을 통해 유럽인들은 그리스어와 아랍어로 된 과학문서들을 접하게 되었으며, 이것들을 통해 고대 그리스와 중동의 과학 지식을 얻을 수 있었습니다. 이를 계기로 13세기 초 유럽에는 고대 지식인들의 많은 저서가 라틴어로 번역되었습니다. 그리고 이러한 번역

서적들에 의해 당시 대학과 수도원에서 고등교육이 이루어질 수 있었으며, 스콜라 철학(Scholasticism)의 등장에도 영향을 미쳤습니다. 이후 1348년 흑사병의 대유행으로 인해 그 당시까지 진행되고 있었던 철학과 과학 등에서의 지적 업적들이 몰락하게 되었지만, 1453년 오스만 제국에 의해 동유럽의 콘스탄티노폴리스가 함락되면서 수많은 비잔티움 제국의 학자들이 서방세계로 피난을 오게 됨에 따라 이들에 의해 흑사병의 발발로 멎어버린 과학 지식의 발전이 지속되었으며, 특히 이 시기에 중동의 대수학이 들어오고, 또 유입된 인쇄술도 급속도로 보급됨에 따라 서적과 문서가 대량으로 출간, 보급되면서 유럽에서 과학혁명을 이룰 수 있는 기반이 되었습니다.

3. 과학혁명을 통한 근대 과학은 어떻게 발전하게 되었을까요?

중세 이후 유럽의 과학혁명은 르네상스와 종교개혁, 콜럼버스(Christopher Columbus)의 신대륙 발견, 콘스탄티노폴리스의 함락 등의 과정에서 오리엔트 지역의 과학지식이 유입되기 시작하면서 비롯되었다고 할 수 있겠습니다. 다시 말해 서유럽에서의 이러한 대격변을 거치면서 유럽의 지식 사회에서 과학적 논변들이 벌어질 수 있는 환경이 조성되었던 것입니다. 특히 루터(Martin Luther)와 칼뱅(Jean Calvin)의 종교개혁이 성공하게 되고, 구텐베르크(Johannes Gutenberg)가 인쇄 기계를 발명한 이후 인쇄술이 유럽 전역으로 퍼지게 되면서, 이를 기반으로 이제까지 성경의 창세기와 플라톤, 아리스토텔레스의 철학이 결합한 기독교적 우주관과 세계관, 즉 스콜라 철학에 따른 이론들이 잘못된 것이었음을 실험과 관찰을 통해 증명하고자 하는 다양한 주장들이 제기되기 시작했던 것입니다. 그 대표적인 예로는 고대 아리스토텔레스와 프톨레마이오스(Claudius Ptolemaeus)로부터 이어진 지구 중심의 천문학에서 태양 중심의 천문학으로 혁명을 이룬 니콜라우스 코페르니쿠스(Nicolaus Copernicus)의 지동설과, 많은 동물을 해부해보고 인골을 모아 해부학의 방법을 근본적으로 고침으로써 그때까지 믿어 왔던 갈레노스(Claudius Galenus)의 해부학이 동물을 해부한 것을 사람의 몸에 옮긴 것임을 밝혀냈던 베살리우스(Andreas Vesalius)의 해부학 등을 들 수 있겠습니다. 아울러 이 시기에는 갈릴레이(Galileo Galilei)를 비롯하여 훅(Robert Hooke), 하위헌스(Christiaan Huygens), 브라헤(Tycho Brahe), 케플러(Johannes Kepler) 등과 같은 천문학자들과 라이프니츠(Gottfried Wilhelm Leibniz), 파스칼(Blaise Pascal) 등을 비롯한 수학자들의 업적이 집약된 시기였다고 할 수 있겠습니다.

결론적으로 과학혁명의 중요한 특징은 이제까지 선험적이거나 관념적인 세계관에서 벗어나 과학적 지식을 얻는 방법에서 혁신이 일어났다는 것인데, 대표적으로 갈릴레이는 과학적 방법을 통해 물리 이론을 검증할 수 있는 실험방법을 창안해내었으며, 프랜시스 베이컨(Francis Bacon)은 실험적 방법과 귀납적 방법을, 데카르트(René Descartes)는 가설-연역법을 제시했던 것입니다. 그리고 뉴턴(Sir Isaac Newton)은 '뉴턴 종합(Newton Synthesis)'이라는 두 가지 주장을 제시했는데, 그 하나는 만유인력이라는 단일한 힘의 운동 법칙으로 천상계의 운동과 지상계의 운동을 똑같이 설명할 수 있다는 점과 다른 하나는 정확하고 수학적이며 기계적인 방법과 실험적이고 경험적인 방법이 융합될 수 있음을 보여주었던 것입니다.

이와 같은 과학혁명을 통해 20세기 직전까지 과학의 다양한 분야에서 그 기본 토대를 마련하게 됐는데, 먼저 화학에 있어서는 보일(Robert Boyl)이 연금술과 화학을 구별하면서 실험을 중시하는 근대 화학의 기초를 세웠습니다. 그리고 현대 화학의 대부라 불리는 라부아지에(Antoine-Laurent de Lavoisier)는 산소에 대한 이론과 질량 보존의 법칙을 바탕으로 모든 가연성 물질에는 플로지스톤(phlogiston)이라는 입자가 있어 연소과정에서 플로지스톤이 소모되며, 이 플로지스톤이 모두 소모되면 연소과정이 끝난다는 당시까지의 플로지스톤설이 잘못되었음을 증명하였으며, 화학 반응에서 질량 보존의 법칙도 확립하였습니다. 또한 돌턴(John Dalton)은 모든 물질은 물리화학적 성질을 잃지 않으면서 파괴되지도 않는 가장 작은 요소인 원자로 이루어져 있다는 원자론을 제기하였으며, 멘델레예프(Dmitri Ivanovich Mendeleev)는 이 돌턴의 발견을 기초로 하여 주기율표를 완성하였습니다. 한편 19세기 최고의 화학자였던 뷜러(Friedrich Wöhler)가 요소의 합성을 통해 유기화학이라는 새로운 화학 분야의 지평을 열게 되면서, 이를 계기로 이후 과학자들이 수백 종류의 유기물을 합성하게 되었습니다.

　　지질학의 경우는 고대 그리스의 테오프라스토스(Theophrastos)의 암석 연구가 수천 년간 권위 있는 것으로 여겨져 온 탓에 18세기와 19세기에 이르러서야 비로소 점진적으로 발전하기 시작했는데, 브누아 드 마예(Benoît de Maillet)와 뷔퐁(Georges－Louis Leclerc, Comte de Buffon)은 지구가 성경학자들이 제시한 6천 년보다 훨씬 더 오래되었다고 주장했으며, 게타르(Jean－Étienne Guettard)와 니콜라 데마레스트(Nicolas Desmarest)는 자신들의 관찰을 바탕으로 최초로 지질지도를 제작하였습니다. 그리고 베르너(Abraham Gottlob Werner)는 모든 암석은 해양에서부터 퇴적되어 형성되었다는 수성론(Neptunism)을 주장하면서 암석과 광물을 분류하기 위한 체계적인 기준을 제작하였습니다.

　　천문학은 19세기 광학 기구의 발달로 소행성과 해왕성 등을 관찰할 수 있는 수준으로 발전하게 되었으며, 생물학은 방부의 방법을 개발한 리스터(Joseph Lister)와 그의 방법을 받아들여 질병의 원인이 미생물임을 규명한 파스퇴르(Louis Pasteur) 등에 의해 의학 발전의 토대가 되었습니다. 특히 파스퇴르는 광견병 백신과 저온 살균법 등을 개발함으로써 예방의학의 개념을 제시하였습니다. 한편 19세기 중반 다윈(Charles Robert Darwin)은 과학사적으로 가장 논란이 되었던 진화론을 발표하였는데, 이 진화론은 당시 지배적이었던 창조설, 즉 지구상의 모든 생물체는 신의 뜻에 의해 창조되고 지배된다는 신 중심주의 학설을 뒤집고, 생물의 모든 종은 공통의 조상으로부터 이어지면서 생존경쟁을 거쳐 자연 선택(Natural Selection)된다는 혁신적인 내용이었습니다. 그리고 수도사인 멘델(Gregor Mendel)은 수도원의 작은 정원에서 완두를 재료로 인공 교배를 통한 실험을 통해 유전의 기본원리, 즉 '멘델의 법칙(Mendel's law)'을 발견했으며, 이 원리들은 20세기 초반 유전학 연구의 중요한 기반이 되었습니다.

　　이후 19세기 말부터 20세기 초에 이르러 과학은 실험실에서의 새로운 방법과 정밀한 장비 덕분에 기존 이론으로는 설명할 수 없는 새로운 현상들을 발견하게 되었습니다. 특히 물리학에서는 뢴트겐(Wilhelm Conrad Röntgen)의 엑스선 발견에 이은 방사선과 전자의 발견 등에 따라 당시까지 위력을 떨쳤던 뉴턴의 고전역학과 특수 상대성 이론이 전제하고 있던 시공간의 절대적 개념에 의문을 제기하게 되었으며, 이 의문을 해소하기 위해서는 새로운 이론과 관점이 필요하게 되었습니다. 이에 따른 노력의 결과로 등장한 것이 바로 양자역학과 상대성 이론이라고 할 수 있겠습니다. 먼저 양자역학(quantum theory)은 분자, 원자, 전자, 소립자 등 미시세계의 현상을 연구하는 물리학의 분야로서 19세기 후반부터 20세기 초반까지 이루어진 전자, 양성자, 중성자 등의 아원자 입자와 관련된 실험의 결과들은 고전역학으로 설명하게 될 때 모순이 발생하기에 이를 해결하기 위한 새로운 역학 체계가 필요하게 되었는데, 당시 양자 이론을 창시한 플랑크(Max Karl Ernst Ludwig Planck)와 상대성 이론을 개발한 아인슈타인(Albert Einstein), 상보성 원리를 고안한 보어(Niels Henrik David Bohr) 등의 연구자들이 이와 같은 에너지의 특별한 현상을 설명하기 위해 양자역학을 제안하였던 것입니다. 이후 입자의 위치와 운동량에 관한 불확정성 원리를 제시한 하이젠베르크(Werner Karl Heisenberg)와 시스템의 파동함수를 계산하기 위한 방정식을 제시한 슈뢰딩거(Erwin Rudolf Josef Alexander Schrödinger)는 양자에 대한 가설을 설명하는 양자역학을 통계적으로 수식화하게 됩니다. 그리고 상대성 이론(theory of relativity)은 시간과 공간에 대한 물리 이론으로서 특수 상대성 이론과 일반 상대성 이론으로 나뉘는데, 이 이론에 따르면 서로 다른 속도로 움직이는 관측자들에게 있어서 같은 사건은 서로 다른 시간과 공간에서 일어난 것으로 측정되며, 그 반면에 물리 법칙의 내용은 관측자 모두에게 똑같이 적용된다는 것입니다. 이 상대성 이론은 시공간의 절대적 개념에 따른 고전역학과는 다른 시공간의 상대성을 제시한 또 다른 법칙일 뿐만 아니라, 세계와 우주에 대한 인식의 대변혁을 일으킨 새로운 패러다임이라고 할 수 있겠습니다.

한편 20세기 초반 허블(Edwin Powell Hubble)은 관측을 통해 은하 후퇴의 속도를 밝혀냈으며, 이를 통해 가모프(George Gamow)는 팽창 우주론을 발전시켜 우주가 수십억 년 전에 한 점에서 폭발하여 팽창하기 시작했다는 대폭발 이론을 주장했습니다. 곧이어 르메트르(Georges Henri Joseph Édouard Lemaître)도 우주 확대에 대한 이해를 체계화하는 빅뱅(Big Bang) 이론을 제시하였는데, 이 또한 우주와 천체에 대한 인식의 대변혁을 일으킨 새로운 패러다임이라고 할 수 있겠습니다.

4. 현대과학은 어떻게 진행되고 있을까요?

20세기 중반 이후 현대과학은 두 차례에 걸친 세계대전을 거치면서 급속도로 발전하게 되었는데, 예컨대 국가에 의한 인적, 물적 총동원 체제에서 진행된 다양한 무기개발과 군사력을 최대한 효율적으로 증대시키기 위해 병력은 물론 군수와 수송, 통신 등을 총체적으로 연결하는 전략적이면서 체계적인 작전 운용 시스템의 개발, 전투에서 발생하는 수많은 부상자에 대한 치료과정에서 얻게 된 다양한 임상 결과, 아군의 사기를 높이는 한편 적군의 사기를 낮추기 위한 고도의 심리 전술 개발 등을 들 수 있겠습니다. 아울러 현대과학은 20세기 초반 원자는 물론 전자, 양자 등 물질의 기본 입자에 대한 연구가 본격화하기 시작하면서부터 이전과는 다른 특징들을 나타내기 시작했는데, 특히 특정 개인이나 작은 집단 차원의 관찰과 실험에 따른 연구가 점점 불가능해졌다는 점을 들 수 있겠습니다. 왜냐하면 실험 장비 마련과 운용 비용에 있어서 그 규모가 개인이 부담하기에는 너무 커졌다는 점도 있지만, 연구 자체도 관련 분야의 다른 전문 연구자들의 도움 없이는 진행하기가 점점 어려워졌기 때문입니다. 이와 같은 배경에 따라 현대과학은 다음과 같은 특징을 갖고 있다고 하겠습니다.

먼저 근대 과학에서는 여전히 고대 그리스의 '이오니아의 마법'에서 벗어나지 못한 채, 세상을 가장 작은 구성 재료들로 조립되어 정확하게 운행되는 기계로 보는 환원주의적 세계관에 따라 생물을 포함한 전 우주의 복잡한 현상을 이루는 가장 작은 부분까지 쪼개어 분석함으로써 전체에 대한 이해에 도달하고자 했던 반면에, 제2차 세계대전 이후 현대과학에서는 사회나 생태계에서 구성 성분들은 서로 고립된 것이 아니라 유기적으로 연결되어 상호작용하기에, 한 가지 시스템에서 발견된 방식이 전혀 다른 성격의 시스템들에서도 적용될 수 있다는 것이 밝혀짐에 따라 각각의 학문 분야들의 연구 방식과 결과들을 서로 합쳐 진행하고자 하는 연구 방식, 즉 '학제 간 연구(inter-disciplinary research)'가 나타나고 있다는 것입니다. 예컨대 인지과학이라는 분야는 생물학은 물론 철학과 심리학, 언어학 등의 인문학 분야와 수학과 물리학, 공학 등의 분야, 그리고 컴퓨터과학과 인공지능 분야 등 다양한 분야들에서 제시하고 있는 방법론 중에서 필요한 부분을 통합한 대표적인 학제 간 연구라고 할 수 있으며, 생물정보학 역시 생물학, 수학, 통계학, 컴퓨터공학, 물리학, 화학 등에서의 연구 성과들을 활용하고 있는 분야라고 하겠습니다. 특히 요즘 최첨단의 나노기술 분야도 분자 기계를 만드는 화학자와 설계 프로그램을 만드는 컴퓨터과학자, 그리고 분자의 위치를 정확하게 조정하는 주사 터널링 현미경 기술자 등 관련된 다양한 전문가들의 협업 없이는 연구 진행이 불가능하다고 할 수 있겠습니다.

다음으로 현대과학은 과거처럼 개인이나 작은 집단에 의해서 연구가 수행되는 것이 아니라 하나의 프로젝트를 전 세계의 수많은 과학자가 참여하여 진행하는 방식으로 연구의 규모가 거대화되고 있다는 것입니다. 대표적인 예로서는 제2차 세계대전 중에 미국이 주도하고 영국과 캐나다가 공동으로 참여했던 핵폭탄 개발 프로그램, 즉 맨해튼 계획(Manhattan Project)을 들 수 있겠습니다. 이후 고에너지 입자 가속기를 이용하는 쿼크 입자 발견 계획이나 미국 항공우주국(NASA)의 우주 개발과 연관된 허블 우주 망원경 계획, 우주왕복선 계획, 인간 게놈 계획, 핵융합 연구 개발 계획 등 수많은 거대 규모의 연구들이 진행되었습니다. 이들 거대 연구의 대부분은 대량의 인적, 물적 자원을 필요로 하는 첨단 기술의 범주에 해당하는 국가 전략 기술이라고 할 수 있겠습니다. 아울러 이처럼 과학이 거대화되면서 관련된 연구시설들이 한곳에 모여 거대한 과학 산업 단지, 즉 테크노폴리스(technopolis)도 형성하게 되었습니다. 이러한 단지로 가장 대표적인 곳이 1950년대부터 미국 스탠퍼드 대학교(Leland Stanford Junior University)와의 산학 연계를 목표로 산업체들이 미국 캘리포니아주 샌프란시스코만 지역 남부에 모여들면서 형성된 실리콘 밸리(Silicon Valley)입니다. 이 실리콘 밸리에는 초단파 연구소를 비롯한 선형 가속기 센터나 전자공학 연구소뿐만이 아니라 수많은 반도체 회사들이 모여 반도체 산업을 주도하고 있습니다. 아울러 이곳은 초고속 항공 역학 연구는 물론 생명 공학 연구의 중심지가 되고 있습니다. 이처럼 실리콘 밸리가 21세기 정보기술과 생명 공학 등의 연구 개발의 메카가 되자, 다른 국가들도 이에 자극받아 자국 내에 다양한 첨단 산업 단지를 조성하거나 유치하고 있습니다.

다음 현대과학에서는 과학과 기술이 매우 밀접하게 연관되고 있습니다. 즉 과거에는 과학이 과학자 개인의 연구에 의한 발견들로써 그 자체 발전을 이루었으나, 19세기 중반부터 과학적 발견을 산업 기술에 응용하기 시작했던 것입니다. 예컨대 유기화학과 전자기학 지식을 바탕으로 하는 화학 염료공업과 전기공업 등이 이에 해당한다고 하겠습니다. 오늘날 현대과학에서는 과학적 발견이 즉각 기술에 이용되며, 기술의 협조 없이는 과학의 발전도 생각할 수 없을 정도로 과학과 기술 간의 구분은 거의 무의미해졌다고 할 수 있겠습니다. 다시 말해 과학이 산업 기술에 새로운 이론을 제공하는 수준을 넘어서, 산업체가 먼저 과학에 문제를 의뢰하면서 경제적 지원도 제공할 뿐만 아니라, 나아가서 산업체가 직접 과학적 연구 작업을 수행하는 수준까지 이르렀다는 것입니다. 대표적으로는 양자역학, 반도체 이론, 유전학 등 순수과학에서의 연구 개발과 이를 응용한 원자력 공학, 컴퓨터공학, 유전공학 등과의 관계가 이에 해당한다고 하겠습니다.

한편 현대과학은 이론과학과 실험 과학에 이어 계산 과학이 등장하였다는 점을 들 수 있겠습니다. 즉 과학혁명 전까지는 과학 기구 없이 생각의 논리적 추론을 통해 자연 현상을 탐구하였고, 근대에 들어서는 현미경이나 망원경과 같은 도구가 발명되면서 분석적인 실험 과학이 발달하게 되었지만, 오늘날에 와서는 컴퓨터 하드웨어와 소프트웨어의 개발이나 물리 현상을 모형화(simulation)하는 방정식 세우기, 그리고 이 방정식들을 푸는 알고리즘의 발전 등으로 실제 실험 능력을 넘어선 가상 실험이 가능해졌다는 것입니다. 다시 말해 현대과학은 실세계를 정밀하게 관찰한 후, 이 관찰 결과를 컴퓨터로 모형화하는 식으로 발전해 가고 있다는 것입니다. 예컨대 과거 전통 실험에서는 실세계에서 무슨 일이 일어나는지 알기 위해 다양한 방식으로 선행 조건들을 바꾸어 보는 방식을 적용하였는데, 그런 방식은 지구를 비롯한 행성의 내부 같은 자연계에는 전혀 적용해 볼 수 없는 것입니다. 그런데 이때 해볼 수 있는 유일한 방법이 바로 컴퓨터 모형화라는 것입니다. 왜냐하면 컴퓨터는 엄청난 양의 자료를 순식간에 처리하는 방식으로 실재를 모형화함으로써 전통적 분석보다도 더욱 광범위한 자연의 대상을 훨씬 정밀하게 보여주고 있는 것입니다. 특히 복잡계의 과학은 오로지 컴퓨터의 발달로 가능해진 학문으로, 예컨대 날씨 예측이나 신경망, 인간의 장기 기능, 진화 과정, 면역 반응, 세계 경제 상황 등 대단히 복잡한 현상들을 컴퓨터를 이용한 수학적 모형을 통해 기술하고 해석하는 것이 가능해진 것입니다.

다음으로 제2차 세계대전 이후에는 자연과학에서의 혁신적인 발전의 영향으로 과학적 방법론을 사회 문화 현상에도 적용하려는 시도들이 확산하고 있습니다. 예컨대 정치학, 경제학, 사회학, 심리학, 지리학, 인류학 등에서 자연과학 탐구에서 사용되는 정량적 연구 방법, 그중에서도 특히 통계적 분석 방법이 많이 활용되고 있는 것입니다. 하지만 사회현상은 여러 점에서 자연 현상과는 다르기에 사회현상에 대한 과학적 분석 방법을 적용하는 데에 한계가 있다는 주장들이 끊임없이 제기되고 있습니다. 예컨대 자연 현상은 연구자의 판단과 관계없이 객관성이 확보되기에 이를 이론화하는 것이 적절하지만, 사회현상은 주관적인 경우가 많기에 이를 어떻게 인식해서 이론화할 것인가 하는 점과 관련해서 문제점이 제기되고 있는 것입니다. 또한 자연과학은 자연 현상에 대해 탐구하기 때문에 연구자의 주관적 가치가 들어갈 수 없지만, 사회과학은 사회현상에 대한 연구자의 가치가 개입될 수 있기에 사회현상을 제대로 이해하고 파악하기 위해서는 최대한 가치 개입을 배제해야 하는데, 과연 이를 제대로 해낼 수 있는가에 대한 문제 제기도 있습니다. 아울러 사회현상은 자연 현상과는 달리 인과관계가 획일적이 아니기에 그 현상의 시작과 끝을 객관적으로 구분하기 힘들다는 점도 지적되고 있습니다. 그리고 자연 현상은 통제된 조건에서라면 언제 어디서나 똑같은 현상의 반복적 보편성을 갖는 데 반해, 사회현상은 조건을 통제하기도 어렵지만, 그것이 가능하더라도 언제, 어떤 곳에서나 같은 현상을 확보할 수 있다는 반복적 보편성을 보장할 수 없다는 점에서 이론화하는 데 한계가 있을 수밖에 없다는 점도 제기되고 있다고 하겠습니다.

5. 향후 과학의 과제는 무엇일까요?

　　20세기 이후 과학이 인류의 물질적 삶의 향상에 크게 이바지해오고 있다는 것은 사실이지만, 반면에 무분별한 자연환경 개발에 따른 지구 생태계의 엄청난 파괴와 인류는 물론 지구의 종말까지 가져올 수도 있는 핵폭탄의 개발 등과 같은 심각한 부작용을 가져온 것도 사실입니다. 최근에는 인공 나노물질의 독성으로 인한 인체와 환경에 대한 위해 가능성, 다양한 정보통신 기술의 발달로 인한 개인 정보의 유출과 새로운 전자 감시사회의 출현 가능성 등도 우리의 일상생활에 위협 요인으로 다가오고 있습니다. 아울러 과학의 발전에 따른 물질적 풍요를 누리는 과정에서 어느새 물질 만능주의와 생명 경시 풍조도 만연하고 있는 것입니다. 특히 20세기 후반부 이후 생명체의 유전자 변형 기술과 이를 통한 동물 복제 기술 등이 급속도로 발전하면서 이에 따른 과학자의 사회적 책임과 윤리에 관한 문제가 심각한 의제로 제기되고 있습니다. 일단은 과학자의 사회에 대한 책임 의식과 윤리 의식의 제고가 시급한 시점이라고 할 수 있겠습니다. 비록 과학자가 전혀 의도하지 않았다고 하더라도 자신의 연구 결과가 사회에서 다양하게 활용될 수 있기에, 과학자는 개발된 연구 결과를 활용하는 사람들에게 관련된 지식을 충분히 제공해야 할 뿐만 아니라, 그 과정에서 나타날 수 있는 위험성에 대해서도 사전에 제대로 알려야만 할 것입니다.

　　무엇보다도 시급한 과제는 이미 개발, 배치된 핵무기의 폐기와 향후 핵 개발에 대한 철저한 통제라고 하겠습니다. 현대 사회에서 핵 개발은 인류에게 있어서 뜨거운 감자와 같은 딜레마라고 할 수 있습니다. 한편으론 원자력 에너지가 갈수록 고갈되어 가는 화석연료에 대한 대체 에너지로 기대되고 있지만, 다른 한편으론 제2차 세계대전에서 보였듯이 핵폭탄을 다량 보유하고 있는 강대국들이 필요시 이를 사용할 수도 있다는 불안한 상황이 인류에게 가장 큰 위협으로 다가오고 있는 것입니다. 더욱이 원자력 발전소의 건설조차 매우 난감한 문제를 안고 있다는 것은 현실입니다. 예컨대 방사능 누출사고와 같은 안전성 문제를 비롯하여 핵분열 반응에서 연료로 쓰고 남은 찌꺼기, 즉 핵폐기물의 보관 처리 문제, 그리고 이보다 더 심각한 문제로서 핵 반응로 1기당 원자폭탄의 원료가 될 수 있는 플루토늄이 매년 수백kg씩 부산 된다는 문제 등이 있는 것입니다. 물론 수소를 이용한 핵융합 에너지의 경우는 핵분열보다 훨씬 효율적이면서 방사능폐기물도 배출하지 않으며 원료인 수소를 바다에서 무제한으로 얻을 수 있다는 장점이 있지만, 핵융합 발전소 건설에 천문학적인 비용이 소요될 뿐만 아니라, 기술적인 문제도 여전히 산적해 있는 상황이기에 현실화하기까진 아직 요원하다고 하겠습니다.

한편 산업화에 의한 생태계 파괴도 시급히 개선해나가야만 할 과제라고 하겠습니다. 예컨대 지구 온난화를 비롯하여 이상 기온, 오존층 파괴, 열대 우림 파괴, 수많은 생물의 멸종 위기, 생물 다양성 파괴, 지구환경의 오염, 소음 공해, 산성비, 핵폐기물 등 지구 생태계에 미친 악영향은 시급한 해결책이 필요한 상황이라고 하겠습니다. 이를 위해선 무엇보다도 자연을 인간을 위한 자원으로만 인식하는 인간중심주의 사고에서 벗어나, 인류를 비롯한 모든 지구상의 환경이 상호 연결되어 있으며, 따라서 인간은 그 일부분에 불과한 것으로 보는 총체적이고도 생태학적인 세계관으로 사고의 전환이 이루어지는 것이 필요하다고 하겠습니다.

그리고 20세기 말 이후 인류에게 또 다른 위협으로 다가온 과제로는 생명 공학 분야에서의 유전자 변형(Genetically Modified, GM)된 동식물의 문제와 인간 복제의 문제라고 하겠습니다. 물론 생명 공학에서의 연구 개발은 부족한 식량 문제 해결과 장기 공급, 난치병 치료에의 이용 등 긍정적인 측면도 있지만, 이 또한 심각한 부작용도 함께 예견되고 있다고 하겠습니다. 예컨대 유전자 변형 농작물의 재배는 환경의 유전자 오염 문제를 일으킬 가능성이 크며, 인간의 질병 연구를 위해 인간의 질병 유전자를 실험 동물에 주입하고자 하는 경우도 주변 생물계가 그러한 질병 유전자로 오염될 수 있으며, 아울러 사람의 생식 세포에 대한 유전자 변형을 통해 원하는 특성의 아이를 주문 제작하게 된다면 이는 결국 인간을 사육하는 결과를 가져오게 될 것이며, 이 과정에서 각각의 인간에 대한 편견도 더욱 커질 것입니다.

　아울러 제4차 산업혁명을 주도하고 있는 기술 중 하나인 인공지능(Artificial Intelligence, AI)의 경우도 인간의 단순노동과 감정 노동을 대체하거나 일상생활의 편리함을 가져다주며, 업무의 효율성과 생산성도 제고시킬 뿐만 아니라 인간의 판단과 결정에 빠른 도움을 주는 등 많은 장점을 갖고 있지만, 이로 인한 실업자의 증가와 인공지능의 오작동 등으로 인한 법적, 윤리적 문제, 그리고 개인정보의 오남용이나 인공지능을 활용하는 회사의 독점 체제 등의 우려를 낳고 있습니다.

　이처럼 과학기술의 연구 개발은 양날의 검처럼 인류의 복지를 위한 긍정적인 측면은 물론 그에 따른 부작용도 함께 발생하고 있다는 점을 우리는 분명하게 인식하고 있어야만 할 것입니다. 아울러 칼이 무기로도 사용될 수 있다는 우려에서 부엌에서 쓰는 칼조차 만들지 못하게 할 수는 없듯이, 과학에서의 연구 개발 역시 그 자체를 문제 삼기보다는 그 결과물을 무엇을 위해, 어떻게 사용할 것인가를 결정하게 될 사용자의 가치관과 윤리 의식의 제고가 더욱 중요하다고 하겠습니다.

사회와 자연에 대한 이해

인간관계

1. 우리는 왜, 그리고 어떻게 다른 사람들과 더불어서 살아야 할까요?

우리는 홀로 태어날 수 없을 뿐만 아니라, 홀로 살아갈 수도 없다는 것을 잘 알고 있습니다. 아울러 잘 살기 위해서라도 역시 홀로 살아가서는 잘 살 수도 없다는 점을 잘 알고 있어야만 합니다. 그렇기에 우리는 살아가기 위해서, 그리고 기왕이면 잘 살기 위해서라도, 내 주변 사회에 대해서 잘 알아야 할 뿐만 아니라, 그 속에서 다른 구성원들과 함께 더불어서 살아가는 방법도 알아야만 합니다. 예컨대 자신의 기준으로는 살아가는 데 있어서 바람직한 것으로 판단되는 생활방식이라도 그것들이 다른 구성원들의 판단 기준에 부합되지 않는 것이라면, 그들과 함께 더불어서 잘 살아가기 위해선 다른 구성원들의 기준을 파악함과 더불어, 그들과 어떤 합의점을 찾기 위한 대화나 협의도 해나가야만 할 것입니다. 그리고 그렇게 하기 위해선 다른 구성원들에게 본인 주장의 근거와 이유를 잘 설명하고 또 설득할 수 있어야 할 뿐만 아니라, 다른 사람들의 기준에 대해서도 그 이유를 잘 듣고 이해하려는 노력을 기울여야만 할 것입니다. 따라서 이 장에서는 다른 사람들과 더불어 살아가는 데 있어서 필요한 기본적인 사회 인식과 인식 자세에 대해 살펴보고자 합니다.

2. 인간관계를 어떻게 파악해야 할까요?

나 자신과 내 주변의 다른 구성원들을 제대로 파악하고 이해할 수 있기 위해선, 먼저 내 주변 사회의 생활양식, 역사, 문화, 전통, 제도, 관습, 규범 등이 어떠한가를 살펴봐야만 합니다. 예컨대 서울과 같은 대도시에서의 주민 생활과 아마존 원주민 사회의 주민 생활을 같은 기준에 맞춰 판단하는 데는 분명한 한계가 있을 것입니다. 다시 말해 다른 사람들과 더불어 살아가기 위해서는 나 자신뿐만 아니라, 다른 사람들에 대해서도 잘 알아야 하며, 그렇게 하기 위해선 나와 다른 사람들이 함께 더불어 살아가고 있는 터전인 바로 그 주변 사회 자체에 대해서 알아야 한다는 것입니다.

사람들은 각자 자기 나름의 판단에 따라 생활합니다. 따라서 다른 사람들과 갈등을 최소화하면서, 함께 더불어 살아가기 위해선 자신뿐만 아니라, 다른 구성원들의 판단 기준과 그 근거를 알고 있어야 한다는 것입니다. 다시 말해 각자의 판단이 합리적이고 효율적인 어떤 객관적인 기준에 따른 것인가, 아니면 그 사회의 구성원들 대다수가 바라는 기준인가, 아니면 순전히 각자 자신만의 이해관계에 의한 기준인가를 냉정하게 살펴봐야 한다는 것입니다.

3. 어떻게 해야 다른 사람들과 더불어서 잘 지낼 수 있을까요?

사회생활에 있어서 서로 간의 갈등을 최소화하면서, 함께 더불어 살아가기 위해선 그 구성원들 각자 개인만 잘 살아가는 데 필요한 사항들이 아닌, 구성원 모두의 발전, 즉 사회의 발전에 필요한 사항들과 그 이유를 알아야 한다는 것입니다. 왜냐하면 함께 더불어 살아가기 위해 요구되는 공동의 목표를 갖고 있어야만 이를 제시하고 설득함으로써 구성원들로부터 이해와 양보를 통해 각자의 이해관계에 따른 갈등을 극복할 수 있기 때문입니다. 아울러 이 과정에서 사전에 주변 사회의 문제점들과 갈등 요소들을 파악해보고, 그 이유와 발생원인, 그리고 이를 개선하기 위해 요구되는 일들과 추진 방법까지 함께 파악해야만 비로소 사회 발전을 위한 구성원들 간의 원만한 양보와 협의가 가능해질 것입니다.

그리고 함께 더불어 살아가기 위한 목표와 필요 요소들을 파악했다고 하더라도, 이를 다른 구성원들과 공유해서 함께 추진해나가기 위해선, 다른 구성원들에게 관련 내용들을 잘 설명하고, 또 이를 통해 동의와 참여를 끌어낼 수 있는 설득 과정이 필요합니다. 그러기 위해선 자기의 말에 신뢰를 줄 수 있는 근거 제시와 함께 설득에 필요한 대화 기술도 요구된다고 하겠습니다. 다시 말해 각각의 구성원들이 누구로부터 어떠한 경로를 거쳐 필요한 정보나 판단 기준을 갖게되는지 그 대상과 과정을 알고 있어야만 그에 따른 적절한 설득 방법과 수단을 찾아낼 수 있다는 것입니다. 구성원들은 자신들이 전달받은 내용들이 논리적이거나 합리적이기 때문에 믿게 될 수도 있겠지만, 나를 아끼고 사랑하는 사람이나 집단으로부터 제공된 것이기 때문일 수도 있을 것입니다. 또 정부나 언론 매체 등 권위 있는 기관이기 때문일 수도 있고, 종교적 신념에 의한 것일 수도 있을 것입니다. 그리고 많은 사람이 믿고 따르니까 그것이 옳다고 여겨져서, 또는 그들로부터 소외당하지 않기 위해서 덩달아 믿고 따르는 사람도 있을 수 있습니다. 혹은 아무 이유나 근거 없이 그저 자신이 들은 내용들을 무조건 믿고 싶은 사람도 있을 것입니다. 따라서 구성원들이 가지고 있는 정보나 가치판단의 출처와 그 내용을 신뢰하는 근거가 무엇인지 제대로 파악하고 있어야만 이들과의 대화나 설득에 필요한 적절한 방법과 수단을 찾을 수 있을 것입니다. 아울러 누구로부터의 정보나 지식을 가장 불신하며, 그 이유는 무엇인지도 함께 살펴보면 더욱 좋을 것입니다. 결국 구성원들이 평소 가지고 있는 지식이나 판단 기준의 대부분은 바로 이와 같은 주변의 다양한 출처들로부터 획득되는 것이기 때문입니다.

그렇게 한 후에 이제는 반대로 여러분 자신의 정보나 판단을 누가 가장 신뢰하며, 그 이유는 무엇인지에 대해 점검해보아야만 합니다. 사실 우리 자신도 항상 정확하고 근거가 확실한 말만 하는 것이 아니라, 때론 거짓말을 하거나, 근거가 불확실한 얘기도 할 것입니다. 그런데 누구는 거짓말을 해도 믿어주려고 하며, 누구는 정확하거나 근거가 분명한 얘기를 해도 잘 안 믿으려는 사람도 있을 것입니다. 따라서 그 이유를 파악하고 있어야 더욱 적절하고 효과적인 방식으로 다른 구성원들을 설득하고 또 그들과 협의할 수 있을 것입니다. 하지만 자신의 정보나 판단이 아무리 옳다고 여겨지더라도 그 내용을 단순히 전달하는 것만으로는 다른 구성원들을 이해시키고, 설득하는 데는 한계가 있기에 이에 필요한 기술과 수단을 알고 훈련해야만 한다는 것입니다.

4. 다른 사람들과 어떻게 교류해야 할까요?

아주 특별한 경우가 아니라면 우리 중 대부분은 자신이 직접 만들거나 생각해낸 것들을 단 한 가지라도 제시하기 어려울 것입니다. 예컨대 우리의 몸은 부모님으로부터 받은 것이며, 우리의 신분을 확인할 수 있는 이름이나 학번, 주민등록번호 등도 모두 다른 사람들이 부여한 것들입니다. 특히 우리가 평소 습관처럼 하는 행동들이나 제스처(gesture) 등도 무의식중에 부모님이나 주변의 누군가를 흉내낸 것들이라고 할 수 있겠습니다. 중요한 점은 우리 머릿속의 거의 모든 생각들조차 어려서부터 부모나 주변의 지인들, 그리고 학교 교사들이나 방송 매체, SNS 등을 통해서 다른 사람들로부터 학습된 것들이라는 점입니다.

다시 말해 평소 우리는 엄청난 자존감을 가지고 주변에 대해 우리 자신을 내세우고 있지만, 그 속을 조금만 들여다보자면 사실 자신만의 것이라고 할 수 있는 것은 거의 없다는 것입니다. 즉 주변의 누군가로부터 전달받지 않았거나 전달받지 못했다면 지금의 우리는, 육체적으로 뿐만 아니라 정신적으로도 애당초 존재할 수 없거나 전혀 다른 사람으로 존재하고 있었을 것입니다. 결론적으로 우리는 주변의 다양한 사람들과의 상호교류를 통해서만 지금의 우리로서 존재할 수 있게 되었다는 것입니다.

그런데 만일 여러분이 누군가에게 얘기하고 있는데 듣고 있는 상대방이 여러분을 쳐다보지도 않고 있다면 어떤 기분이 들겠습니까? 아마도 대부분은 상대방이 내 얘기에 관심이 없거나, 나를 무시하고 있다는 생각이 들어서 기분이 좋지 않을 것입니다. 우리가 상대방과 대화를 나누는 것은 단지 생각이나 감정만을 전달하기 위한 것이 아니라, 그 과정에서 무의식중에 상대방에게 자신의 존재감을 전달하고, 또 자신의 얘기에 대한 상대방의 피드백을 통해서 자신의 존재감을 스스로 확인받고 싶기 때문인 점도 있다는 것입니다. 이와 같은 관점에서 보자면 우리의 옛 전통에서 '윗사람의 눈을 똑바로 바라보면서 얘기하는 것은 예의가 아니다'라고 하는 것도 어느 정도 설명이 될 것 같습니다. 즉 윗사람의 눈을 똑바로 본다는 것은 아랫사람이 윗사람에게 감히 자신의 존재를 내세우려고 하는 것으로 해석될 여지가 있는 것입니다. 반대로 서양의 관습에서는 얘기할 때 상대의 눈을 쳐다보아야 예의가 있다는 것은, 눈을 마주치지 않는다는 것이 상대방이 내 존재를 무시하는 것으로 해석될 수 있기 때문입니다. 이처럼 우리는 상호교류를 통해 서로 간의 존재를 확인하게 되는 것입니다.

따라서 자신에 대해 긍정적인 존재감이나 자존감을 가지기 위해선 상대방으로부터 자신에 관한 관심이나 호감을 얻는 것이 중요한데, 그렇다면 우리는 이를 위해 어떤 행동을 하는 것이 필요할까요? 가장 좋은 방법은 역설적으로 여러분이 먼저 직접적, 적극적으로 상대방에 대해 관심과 호감을 표시하는 것입니다. 그래서 여러분의 그런 행동을 통해 상대방이 자신의 존재감과 자존감을 새삼 확인하게 되는 순간 그에 대한 반대급부로 상대방도 여러분에게 관심과 호감을 나타내게 될 것입니다. 왜냐하면 사람은 누구나 자신에게 관심을 보이는 사람에 대해 그 사람이 어떤 사람인지를 알고 싶어 하기 때문입니다. 그리고 특별한 경우를 제외하고 누구나 나를 좋아하는 사람을 마다할 이유가 없을 뿐만 아니라, 그 이유만으로도 상대방을 좋아하게 된다는 것입니다. 왜냐하면 사람은 누구나 자기 자신에게 관심 없는 사람은 없으며, 또 자신을 싫어하는 사람도 드물기 때문입니다. 즉 어떤 교류를 하느냐 하는, 교류의 목적과 내용에 따라 서로 간의 관계도 그에 맞춰 정립된다는 것을 알 수 있습니다.

5. 다른 사람들과의 갈등은 어떻게 해결해야 할까요?

그런데 우리는 종종 상대방으로 인해 화가 날 경우도 있는데, 어떤 경우에 우리는 상대방에게 화를 내며, 또 그런 경우 어떻게 화를 내야 할까요? 가만히 생각해보면 우리 대부분은 상대방이 자신의 존재를 무시하거나, 상처를 주었다고 여겼을 때 화를 내게 된다는 것을 알 수 있습니다. 예컨대, 상대방이 여러분의 입장을 고려하거나 배려하지 않고 본인의 생각대로만 행동한다거나, 여러분에게 욕을 하는 등 함부로 대한다면 자연스럽게 화가 치밀어 오를 것입니다.

그런데 우리는 평소에 화를 내는 행위는 자신이 자제력이 없는, 야만적인 사람이라는 것을 표출하는 행동이기 때문에 오히려 화를 참는 것이 교양인으로서 올바른 행동이라는 식의 교육을 받아왔습니다. 하지만 그렇게 화를 참기만 하다 보면, 소위 '화병'이라는 것이 생기게 됩니다. 결국 자신의 자존감과 존재감이 상처받았는데 이를 치유하지 않고 그냥 참고 방치하게 된다면 당연히 정신적으로나 심리적으로 견디지 못하는 상황으로 치닫게 되어 결국 병으로 나타나게 될 텐데, 이것은 어쩌면 오히려 자연스러운 결과라고 하겠습니다. 마치 몸에 상처를 입었는데, 치료하지 않는다면, 염증이 생길 것이며, 이를 계속 방치한다면 결국 염증이 온몸으로 퍼져 큰 병이 생기게 되는 것과 다름없다는 것입니다.

그렇다면 마음의 상처인 화를 다스리는 방법, 즉 치유하는 방법은 무엇일까요? 몸의 상처가 아물 듯이 마음의 상처가 아물기 위해서는 자신의 자존감이나 존재감이 회복되어야만 할 것입니다. 그런데 자신의 자존감이나 존재감에 상처를 입힌 사람이 바로 상대방이기 때문에 우리는 상대방에게 화를 냄으로써 상대방으로부터 자신의 자존감이나 존재감을 되찾으려고 할 것입니다. 즉, 화를 낸다는 것은 상대방에게 '지금 당신이 나의 자존감이나 존재감에 상처를 주었다'라는 메시지를 강력하게 보여주고자 하는 것이며, 이와 같은 의사 표시를 통해 상대방의 행위를 상대방 스스로 되돌리도록 강력하게 요구하는 것, 즉 상대방의 잘못된 행위에 대한 반성과 사과를 요구하는 행위라고 할 수 있겠습니다. 그래야 원래대로 본인의 자존감이나 존재감이 회복된다는 것입니다. 그리고 보통의 사람이라면 대부분이 이와 같은 방식으로 자신이 화가 나 있다는 것을 상대방에게 표현해서 상대방의 반성과 사과를 받고자 할 것입니다. 즉, 화를 낸다는 것입니다. 그런데 만일 그 화를 거칠게 폭발적으로 내게 된다면, 자제력 상실에 따른 후회감으로 오히려 자신의 자존감에 스스로 자괴감이라는 또 다른 상처를 입히게 될 뿐만 아니라, 화를 냄으로써 듣는 상대방의 자존감과 존재감에 상처를 주기 때문에 오히려 상대방으로부터 반성과 사과의 행동을 끌어내는 것조차 더욱 힘들어지게 되는 결과를 가져오게 될 것입니다.

그렇다면 도대체 어떻게 화를 내야 상처받은 자신의 자존감과 존재감을 회복할 수 있을까요? 결론적으로 제시하자면, 화를 내되, 본인의 자제력을 유지한 채, 그리고 상대방의 자존감과 존재감에 상처를 주지 않는 방법으로 화를 표현해야 한다는 것입니다. 다시 말해 화를 내는 것이 문제가 아니라, 어떻게 화를 내느냐가 중요하다는 것입니다. 즉 본인의 자존감은 유지한 채, 상처받은 본인의 입장을 상대방에게 분명하고 단호하게 전달함으로써 상대방이 나의 입장을 제대로 인식하도록 의사 표현해야 한다는 것입니다. 이때 중요한 것은 바로 역지사지의 태도입니다. 즉 같은 상황에 놓인다면 상대방도 본인처럼 상처받게 됨을 인식시킴으로써 본인의 상처를 상대방이 헤아릴 수 있도록 해야 한다는 것입니다. 그래야 상대방의 진정성 있는 반성과 사과를 끌어낼 수 있는 것입니다. 왜냐하면 상대방도 본인의 지적에 따라 자기의 잘못을 인식하게 되었을 때 이에 대해 진정성 있는 반성과 사과를 해야만 자신의 자존감을 지킬 수 있기 때문입니다. 따라서 바로 이와 같은 상황에서 적절한 상호교류의 방식과 기술에 따라 서로 간의 관계도 변화시킬 수 있다는 것입니다.

하지만 참고로 덧붙이자면, 이 사과의 과정이 논리적으로만 해결되는 것은 아니라는 점을 알고 있어야만 합니다. 즉 심리전문가들의 분석에 따르면, 화를 낸다는 것은 감정상의 문제이기에 논리적인 분석과 판단에 따라서만 다스려질 수 있는 것이 아니라, 감정적인 부분에서도 용납되어야만 해소될 수 있다는 것입니다. 따라서 상대방으로부터 반성과 사과를 받는 과정도 합리적인 방식만이 아닌, 감정적으로도 받아들여질 수 있는 방식으로 전해져야만 해소될 수 있다는 것입니다. 물론 성인(聖人)이나 이미 깨달은 현자들이라면 평소 마음 수양을 통해 상대방에 의해 자신의 자존감이나 존재감이 흔들리거나 상처받지 않는, 즉 본인의 마음이 상대방에 의해 일희일비하지 않는 수준까지 수양했기에 애초에 화를 낼 일은 없을 것입니다.

한편 비록 누군가가 본인에게 직접적인 피해나 상처를 주고 있는 것은 아니지만, 그 사람이 자신의 마음에 들지 않거나 아주 싫은 행동을 할 경우도 있는데, 이때 여러분은 상대방에게 어떤 태도를 보입니까? 우리는 누군가가 내 마음에 들지 않는 행동이나, 싫어하는 행동을 한다면, 그것이 나에게 직접적인 피해나 상처를 주지 않는 이상, 상대방에게 그런 행동을 하지 말라고 억지로 강요할 수는 없을 것입니다. 그리고 상대방의 그런 행동들은 대부분 나를 의식하는 과정에서 일부로 그렇게 하는 것이 아니라, 오히려 자신의 무의식적인 습관이나 자기만족에 따른 생활방식이나 취향의 차이에서 비롯된 것일 수 있는 것입니다. 따라서 이런 경우에 누군가가 나에게 자신의 생활방식이나 취향에 맞지 않는다고 내 행동을 바꾸라고 할 수는 없듯이, 나 역시 상대방에게 그렇게 할 수 있는 권리나 권한은 없는 것입니다. 그러함에도 불구하고 우리는 평소 자신의 문제점도 스스로 고치지 못하면서 상대방만 바뀌기를 요구한다는 것입니다.

여기서 우리는 두 가지 점을 심각하게 고려해야만 합니다. 그 첫째는 특별한 피해도 없는데 다른 사람을 싫어한다는 것은 이성적인 판단에 따른 객관적인 문제라기보다는 오로지 자신만의 감정적인 선호의 문제이기에 본인 스스로 자신의 감정을 통제할 수 있어야만 해결될 수 있다는 것입니다. 즉 자신의 감정상의 문제는 상대방의 탓으로 돌릴 수 없는 사안이며, 오직 스스로 자신의 감정을 억제하거나, 극복해야만 해결될 수 있는 자신만의 문제라는 것입니다. 따라서 자신의 이성뿐만이 아니라, 감정을 다스릴 수 있는 별도의 노력과 훈련이 필요하다는 것을 깨달아야만 해결의 실마리를 찾을 수 있는 것입니다.

둘째로는 나와 다른 것들의 존재에 대해, 그 존재를 인정하고 또 그 존재와 더불어서 살아갈 줄도 알아야 한다는 것입니다. 따라서 이 점도 상대방이 아닌 본인 스스로 받아들여야만 할, 자신의 과제라는 것입니다. 우리가 대화나 토론 즉, 교류하고자 할 때 의욕만큼 잘 안 되는 가장 큰 이유도 바로 나와 다른 것을 싫어하거나 잘못된 것으로 여기는 데서 비롯된다는 것입니다. 특히 인간 사회의 많은 갈등이 바로 나와 다른 것을 나와 같은 것으로 바꾸려고 강제하거나 배척의 대상으로 여겨 탄압하려고 하는 자신의 그릇된 판단과 행동으로부터 발생하고 있다는 점을 봤을 때, 이와 같은 잘못된 구분을 스스로 극복하고자 하는 이성적, 감성적 차원의 각별한 훈련이 필요하다고 하겠습니다. 즉 때론 올바른 교류를 위해서는 잘못 정립된 본인의 감정이나 선입관부터 바꾸는 것이 필요하다는 것입니다.

소통과 매체

1. 소통의 의미와 수단은 무엇일까요?

　　사회가 구성되고 또 유지되기 위한 가장 기본적인 요소일 뿐만이 아니라 인간이 비로소 존재할 수 있는 필수적인 요소 중 하나는 바로 사회 구성원들 간의 상호교류라고 할 수 있겠습니다. 그리고 이와 같은 교류가 원만하게 진행되기 위해선 의사소통을 위한 매개 수단으로서의 언어와 문자, 그리고 전달 수단으로서 매체(media)도 필요합니다. 따라서 우리가 사회를 제대로 파악하기 위해서는 사회에서 소통이 갖는 의미와 방식, 그리고 이에 필요한 언어와 문자의 기능과 역할 등에 대해 파악해야 할 것입니다. 아울러 소통을 원활하게, 그리고 제대로 하기 위해선 어떤 매체를, 어떻게 활용할 것인가를 결정하는 것도 중요하다고 하겠습니다.

2. 언어와 문자란 무엇이며, 어떤 역할을 할까요?

1) 언어의 의미

앞 장에서 우리는 상호교류가 인간의 존재와 관계에 얼마나 필수적이며, 또 그런 인간의 교류를 어떤 방식으로 하느냐에 따라 인간관계가 어떻게 설정되고, 또 어떻게 변화될 수 있는가에 대해서 살펴보았습니다. 그런데 그와 같은 인간의 상호교류를 위한 의사전달 수단, 즉 소통의 수단으로는 몸짓이나 소리, 깃발, 연기, 그리고 도구를 활용한 상징물 등 매우 다양한 형태들이 있겠지만, 그중에서도 가장 유용하면서도 정교한 수단은 언어와 문자라고 하겠습니다. 따라서 그와 같은 소통의 매개 수단으로서 언어와 문자가 갖는 기능과 역할, 그리고 그 한계 등에 대해서 점검해보도록 하겠습니다.

이를 위해 먼저 우리의 '생각'부터 살펴보고자 합니다. 즉, '생각한다'라고 하는 것은 무엇이며, 어떻게 진행되는 것인가 하는 것입니다. 흔히 인간과 다른 동물들을 구분짓는 가장 확실한 기준으로, 생각을 할 수 있는 능력 즉, '사고(思考)의 능력'을 제시합니다. 다시 말해 인간과 마찬가지로 동물들도 감각을 통해 주변 사물을 인식할 수는 있습니다. 그러나 동물은 이처럼 감각을 통해 파악된 상황에 대해 주어진 본능에 따라 바로 반사적인 행동을 보이지만, 인간의 경우는 그와 같은 반사적 행동뿐만 아니라, 인식된 감각들을 이성의 작용에 따라 수집, 정리, 분석, 판단하여 결정할 수 있는 사고의 능력도 갖추고 있다는 것입니다. 그리고 그와 같은 결정에 따라 행동을 하게 되는 것입니다. 그렇다면 인간은 그와 같은 사고의 능력을 어떻게 갖추게 되었을까요?

대부분 동물도, 특히 군집 활동하는 동물일수록 서로 간에 소통을 활발하게 합니다. 어미와 새끼 간에는 물론이고 동료 개체들과도 끊임없이 소통하면서 활동하고, 또 대를 이어 나갑니다. 하지만 그와 같은 소통은 오로지 주어진 감각과 본능에 따른 소통이지, 서로 간의 의사, 즉 생각을 교환하는 소통이라고 할 수는 없을 것입니다. 그와 같은 의사소통 능력을 인간이 언제부터 갖게 되었는지는 인류학자나 고고학자들도 분명하게 밝히지 못하고 있지만, 원시 인간의 경우에는 표정이나 손발 놀림, 몸짓, 그리고 울부짖음 등 신체를 이용한 매우 단순하고 순간적인 의사 표시를 했을 것으로 추정하고 있습니다. 그러다 아주 단순한 신호 수준의 몇 가지 음성들을 교환하는 것들로부터 해서 차츰 언어 능력이 증진되기 시작하면서, 언어를 관장하는 유전자가 활성화되고 정착된 것으로 해석하고 있습니다.

일단 언어의 발생이나 기능과 관련해서 다음의 몇 가지 사항을 살펴보도록 하겠습니다. 첫째, 언어는 인간들 간의 의사소통 과정에서 발생하고, 전달되며, 또 발전해가고 있다는 점입니다. 즉 언어는 외부의 누군가에 의해 완성된 형태로 주어지거나, 태어나면서부터 이미 갖고 태어나는 것이 아니라는 것입니다. 원시시대부터 수많은 세대와 종족들을 거치면서 부모와 자식 간에, 그리고 주변의 다른 공동체 구성원들과 끊임없는 교류와 소통을 통해 새로운 언어들이 만들어지고, 또 사용되어 온 것이라는 점입니다. 다시 말해 설혹 누군가에 의해 새로운 언어가 만들어졌다고 하더라도, 그 언어가 인간들 간에 유통되지 않고 있다면 그 언어는 이미 언어가 아닌 아무 의미 없는 소리나 외침이라고 할 수밖에 없는 것입니다. 즉 언어란 인간 상호 간의 의사소통에 의해서만 언어의 기능을 할 수 있는 '상호성'의 특징을 갖는다는 것입니다.

두 번째로 살펴봐야 할 사항은 언어는 처음부터 어휘나 문법적 차원에서 완성된 형태로 만들어지는 것이 아니라, 앞서 살펴보았듯이 세대 간, 종족 간에 대(代)를 이어 내려오면서 끊임없이 만들어지고, 변형되고, 확장될 뿐만 아니라 때론 사라지기도 하면서 오늘날의 형태를 갖추게 된 것이라는 점입니다. 즉 소위 언어는 '역사성'을 갖는다는 것입니다. 아울러 종족과 지역의 차이에 따라 언어의 발생과 사용이 다르기에 결과적으로 오늘날 확인되듯이 지구상에는 어휘나 문법상으로 매우 다양한 수많은 언어가 존재하게 됩니다. 즉 언어는 '상대성'을 갖고 있다는 것입니다. 다시 말해 언어가 서로 다르다면 의사소통도 단절될 수밖에 없다는 것입니다.

다음으로 살펴봐야 할 사항은 언어, 즉 말을 습득하지 못했다면, 정상적인 인간이라고 볼 수 없다는 것입니다. 예컨대 만일 인간이 태어나서 영유아기에 부모나 주변 사람들로부터 단절되어 말을 배울 수 있는 기회가 없었다면, 정상적인 인간으로 성장하지 못할 뿐만 아니라, 자신이 인간이라는 인식조차 갖지 못하게 된다는 것입니다. 왜냐하면 인간이 생각한다는 것은 언어를 통해서만 가능하기에 결국 언어를 사용할 수 없는 인간이라면 마치 동물처럼 감각과 본능에 의해서만 행동하게 될 것이기 때문입니다. 즉 언어는 인간이라는 존재에게 있어서 '존재 구속성'을 갖는다는 것입니다.

다음으로 생각은 언어를 통해 구성되고, 표현되기 때문에, 생각은 언어의 틀을 벗어나기가 어렵다는 것입니다. 즉 내가 생각하고 있는 바는 언어를 통해 그 내용이 형성될 뿐만 아니라, 상대방에게 내 생각을 전달할 때도 내가 선택한 언어를 통해 전달되기 때문에, 상대방은 내가 사용하는 언어를 통해서 내 생각을 인식하게 된다는 것입니다. 다시 말해 언어의 '자기 규정성'에 따라 내 생각도 언어로써 규정되고, 상대방이 내 생각을 파악하는 것도 전달되는 언어를 통해서 가능하게 된다는 것입니다. 따라서 부정확한 언어의 사용은 생각의 오류를 가져오게 되며, 또 잘못된 의사전달에 따라 상대방이 오해하게 되는 요인이 됩니다. 아울러 특정인의 인성이나 감정에 대한 평가도 외모나 태도뿐만이 아니라, 그 사람이 사용하는 언어에 따라서도 판단된다는 것입니다. 아무리 외양을 점잖으면서 세련되게 꾸몄다고 해도, 사용하는 언어가 거칠고, 천박하다면 누구도 그 사람을 교양 있는 사람으로 여기지 않을 것입니다. 즉 언어가 사람의 품성이나 인격까지 규정하게 되는 것입니다. 왜냐하면 언어란 생각의 그릇이기 때문입니다.

다음으로 언어는 그 지칭하는 대상의 존재를 규정하게 되며, 반대로 대상의 생멸이나 변화에 따라 언어도 생멸하거나 변화하게 된다는 것입니다. 다시 말해 특정의 대상도 언어로 표현되는 범위 내에서만 그 존재에 대해 설명될 수밖에 없으며, 대상이 새롭게 생기거나 없어지게 되면, 그와 결부된 언어도 따라서 새롭게 생기거나 없어지게 될 것이며, 대상에 특정의 변화가 생기면, 그에 따라 언어도 변할 수밖에 없다는 것입니다. 즉 언어와 그 언어의 대상 간에는 '상호규정성'이 나타난다는 것입니다. 다시 말해 대상은 그것을 설명하는 언어의 표현 범위 내에서만 파악될 수 있으며, 반대로 대상이 변화하거나 새로운 대상이 나타나게 되는 때에도 이 대상을 적절하게 표현하기 위해 기존 언어가 변화되거나 새로운 언어가 나타나게 된다는 것입니다. 따라서 사용할 수 있는 언어의 한계는 곧 설명할 수 있는 대상과 생각의 한계를 의미하며, 새로운 대상과 생각은 이제 새로운 언어를 요구하게 되는 것입니다.

다음으로 살펴보고자 하는 것은 언어로써 대상을 규정하고 설명하는 데에는 언제나 한계가 있을 수밖에 없다는 '한계성'입니다. 예를 들어 여러분 앞에 나무가 놓여 있다고 했을 때, 그 나무의 색깔, 모양, 크기, 냄새, 위치, 다른 사물들과의 관계 등 이 모든 것들을 언어만을 갖고 규정하고 설명할 수는 없다는 것입니다. 하물며 특정인의 생각이나 사상을 정확하게 규정하고 설명한다는 것은 본인조차도 불가능하다고 할 수 있겠습니다. 역설적으로 언어만을 갖고 특정의 대상에 대해 정확하게 설명하려고 하면 할수록 오히려 더 혼란스럽고 불분명해질 수도 있다는 것입니다.

끝으로 언어는 그 어휘나 문장만을 갖고 파악해서는 안 된다는 것입니다. 우리는 어떤 특정의 대상에 대해 그에 결부되는 단어나 문장으로써 표현하거나 설명할 때 대부분 자신도 모르게 목소리의 고저장단은 물론 표정이나 눈빛 그리고 몸짓 등을 통해 그 대상에 대한 감정이나 평가까지도 전달하게 됩니다. 단순히 그 의미만을 전달하고자 할 때조차도 우리는 무의식중에 자신의 감정이나 판단을 개입시킬 때가 많다는 것입니다. 아울러 반대로 우리가 상대방의 말을 듣게 될 때도 단순히 발음된 어휘만을 받아들여 이해하는 것이 아니라 자신도 모르게 상대방 목소리의 고저장단을 비롯해 표정이나 눈빛 그리고 몸짓 등도 함께 파악하면서 종합적으로 해석한다는 것입니다. 그래서 때론 말의 어휘보다도 오히려 목소리의 상태나 표정, 눈빛 등을 더 살펴서 상대방의 의중을 파악하기도 합니다. 특히 녹음된 음성만을 갖고 상대방의 의사를 전달받게 될 때조차도 우리는 목소리의 톤이나 떨림 등의 상태를 파악하면서 듣게 됩니다. 결론적으로 우리는 언어로 의사를 전달하는 데 있어서 그 어휘나 문장만을 갖고 소통하지는 않는다는 것입니다.

2) 언어와 문자의 비교

우리가 쉽게 알고 있듯이 글, 즉 문자란 원래 말, 다시 말해 언어를 시각적으로 표기한 것인데, 그러함에도 불구하고 말과 글 사이에는 생각보다 많은 차이가 있습니다. 일단 가장 큰 차이로 말은 현장성이 특징이고, 글은 기록성이 특징이라고 하겠습니다. 다시 말해 말은 목소리로 나오는 순간 곧 사라지지만, 글은 어딘가에 표기되어 기록으로 후대에까지 남게 된다는 것입니다. 바로 이 문자에 의한 기록이 인류의 선사시대와 구분되는 역사의 출발점이 되는 것입니다.

그리고 말은 되돌릴 수 없지만, 글은 나중에 수정하는 것이 가능합니다. 또 말은 말하는 순간에 화자(話者), 즉 말하는 사람의 표정이나 눈빛 그리고 몸짓 등과 주변의 상황이 모두 함께 고려되어 해석되지만, 글은 오로지 표기되어 있는 그 자체만을 갖고 해석될 수밖에 없다는 한계가 있습니다. 하지만 말은 현장에서 바로 표출되기에 검토할 시간이 여의치 못해 의사 표시하는 데 있어서 실수하게 되거나 오해될 수 있는 여지가 많지만, 글은 기재하는 과정에서 어느 정도는 내용을 점검할 수 있는 시간적 여유가 있기에 의사 표시의 완성도가 높다고 하겠습니다. 물론 의도적으로 화자의 의사를 수정함으로써 원래의 의도를 변경할 수 있는 여지도 있을 것입니다.

따라서 문자로 기록되어 있다고 해서 그 글만을 갖고 사실관계를 명백하게 추론할 수는 없는 것이며, 또 직접 얘기를 들었다고 해서 역시 사실관계가 명백하게 진술되는 것도 아닌 점을 우리는 충분히 참고해서 판단해야 할 것입니다. 결국 사실관계를 밝힌다는 것은 주어진 글이나 얘기만이 아닌 주변의 상황들과 그 밖의 다른 유무형의 관련 자료들을 종합적으로 판단해서 파악해야 할 사안이라는 것입니다.

물론 지금까지 설명한 말과 글의 차이점이라는 것은 그 대부분이 녹음이나 녹화 기술이 발달하기 이전의 상황에서만 주로 적용될 것입니다. 왜냐하면 오늘날과 같이 디지털 혁명에 따른 SNS의 발달은 이제까지의 소통 방식에 엄청난 변화를 가져옴으로써, 디지털 매체 시대에 있어서 말과 글의 차이라는 것은 그 구분 자체가 큰 의미가 없을 정도가 되었기 때문입니다. 특히 오늘날 글을 말로 써, 그리고 말을 글로써 자동 변환시키는 기술이나 다른 언어 간의 자동 번역 기술, 그리고 말과 글을 빠르게 전달하거나 저장할 수 있는 기술 등이 하루가 다르게 급속도로 발전하고 있다는 점에서 지금은 소위 미디어의 혁명 시대라고 할 수 있을 것입니다.

3. 매체(media)란 무엇이며, 어떤 역할을 할까요?

1) 매체의 의미

먼저 매체의 의미부터 정리해보자면, 사전적인 의미로는 '어떤 작용을 한쪽에서 다른 쪽으로 전달하는 역할을 하는 것, 또는 정보나 데이터를 저장하고 전달하는 데 사용되는 통신 수단이나 도구'라고 할 수 있겠습니다. 따라서 여러분이 쉽게 떠올릴 수 있는 것들로는 책이나 신문, 사진, 라디오, 영화, TV, 녹음기, 전화, 컴퓨터, 스마트폰 등이 있지만, 그 밖에도 우리가 생각지 못한 매체들도 있습니다. 예컨대 근대 유럽 귀족들의 살롱(Salon)이나 길거리 카페, 그리고 우리 전통 사회의 사대부 사랑방이나 서원, 그리고 아낙네들의 우물가나 빨래터 등도 관련된 사람들 사이의 정보를 전달하는 통로가 된다는 점에서 넓은 의미의 매체에 해당한다고 하겠습니다. 그래서 이제부터는 매체의 특성과 역할에 대해 좀 더 자세히 살펴보도록 하겠습니다.

2) 매체의 특성

인간이 언제부터 의사소통에 매체를 활용했는가를 정확히 확인하기는 불가능하겠으나, 그 흔적을 통해 파악된 바로는 원시시대에는 동굴의 벽면이나, 석판, 점토판, 토기 등이 당시의 생활상과 관련된 그림이나 상징 형태의 정보 전달에 활용되었던 것으로 나타나고 있습니다. 그 이후로 양피지와 같은 동물의 가

죽이나, 조개껍데기, 대나무나 그 밖의 나무껍질 등이 활용되었으며, 연기나 깃발, 연(鳶), 동판이나 철판 등도 소통의 도구로 사용된 것으로 기록되어 있습니다. 특히 중국에서 종이와 인쇄술이 개발되고, 이 기술이 중동을 거쳐 유럽으로 유입된 이후에는 인쇄물의 대량 출판이 가능해지면서 이를 통해 르네상스와 종교개혁을 전 유럽으로 확산시켰을 정도로 소통에 큰 혁신을 가져옴으로써 당시 정치사회의 변혁에 지대한 역할을 하게 됩니다.

이후 유럽의 경우 소규모의 신문이나 팸플릿 등이 점차 널리 보급되기 시작하면서 시민들 사이의 소통이 그 속도나 범위에 있어서 더욱 증대되었으며, 이를 통해 당시 시민혁명과 같은 정치사회의 변혁이 가능케 됨으로써 오늘날 서구 민주 시민사회가 성립하게 된 원동력이 되었던 것입니다. 더욱이 19세기 말 이후 전신(電信)이나, 전화 등의 통신 기술의 발전에 따른 소통의 혁신은 그에 따른 사회변혁을 가속 시켰으며, 일반 시민들의 일상생활에서부터 전쟁의 양상까지 모든 인간 사회의 생활양식과 운영시스템의 획기적인 전환을 가져오게 됩니다. 특히 영화나 라디오, 그리고 TV 등과 같은 대중매체(mass media)가 등장하게 되면서 현대 사회는 말뜻 그대로 대중사회로 진입하게 되었던 것입니다.

이후 20세기 후반 컴퓨터의 개발과 인터넷의 확산은 그야말로 정보혁명을 가져옴으로써 초고속 전철이나 초음속 비행기 등 교통수단의 발달과 더불어 인류를 세계화의 시대에 들어서게 했습니다. 특히 최근 SNS(Social Network Service)의 확산은 21세기 들어서 재스민혁명(Jasmine Revolution)을 비롯한 중동 및 북아프리카 지역 민주혁명의 기반이 되었으며, 4차 산업혁명 시대에 들어선 오늘날 인공지능(AI, Artificial Intelligence)이나 사물 간 인터넷(IoT, Internet of Things) 등의 발달은 향후 인류의 삶에 어떠한 변화를 가져올지 그야말로 예측하기 어려울 정도로 인간 사회의 소통에 획기적인 변화를 이끌고 있다고 하겠습니다. 이와 같은 개괄적인 고찰을 통해 일단 우리는 인간 사회의 소통 수단인 각종 매체 역시 어느 날 갑자기 우리에게 주어진 것이 아니라, 역사 과정에서 끊임없이 진보해왔다는 점, 즉 매체의 '역사성'을 우선 파악할 수 있겠습니다.

다음으로 우리는 매체를 통해 의사나 정보를 전달하거나, 다른 사람들로부터의 의사나 정보를 받아들이고 있다는 점을 제시할 수 있겠습니다. 그러나 이 과정에서 우리는 의도적이든 그렇지 않든 의사나 정보뿐만이 아니라, 자기 자신을 상대에게 알리거나, 다른 사람들에 대해서 파악하게 된다는 것입니다. 따라서 매체를 통해 전달되거나 전달받은 것에 따라 나 자신이 상대방에 의해 파악되고, 또 나 역시 상대방을 파악하게 된다는 점에서 매체는 인간관계에 있어서 상호 간의 존재가 규정될 수 있기에 '존재 구속성'을 갖는다고 할 수 있겠습니다. 예컨대 정치인이나 기업가 등 사회적 공인들에 대한 우리의 판단은 대부분의 매체 특히 TV나 라디오, 신문 등의 대중매체나 SNS 등을 통해 전달받고 있는 그들에 대한 정보에 의존할 수밖에 없으며, 그 한계 내에서 그와 같은 공인들이 어떤 사람들인가를 판단하게 된다는 것입니다. 따라서 미국의 트럼프(Donald J. Trump) 전 대통령의 경우처럼 오늘날 각 국가의 지도자들을 비롯한 많은 정치인이 대중매체나 SNS를 적극적으로 애용하고 있는 것이 현실입니다. 아울러 특정 국가나 특정 지역에 대한 우리의 인식 역시 대부분 매체를 통해 단편적으로 얻은 정보들에 의존하기 때문에 많은 경우 이들 국가나 지역에 대한 우리의 인식은 생각보다 편협하거나 편향될 가능성이 크다고 하겠습니다.

다음으로 매체의 종류나 기술 발달의 정도에 따라 상대방과 일대일(一對一)의 관계에서 소통하거나, 일(一)대 다(多) 또는 다대다, 다대일의 관계에서 소통하게 된다는 점입니다. 예컨대 과거의 손 편지는 주로 일대일 형태의 한 방향 소통이 이루어졌지만, 전화의 경우는 주로 일대일 쌍방향 소통이 이루어졌다고 볼 수 있겠습니다. 물론 이전 라디오나 TV의 경우는 일대 다의 한 방향 소통 방식이었다면, 오늘날은 디지털 혁명에 따라 스마트폰이나 IPTV, SNS 등을 통해 일대일부터 다대다 소통에 이르기까지 다양한 형태로, 한 방향 또는 쌍방향 소통 모두가 가능한 시대에 와 있다고 하겠습니다. 즉 매체의 전달 방식은 더욱 '다양화'된다고 할 수 있겠습니다.

하지만 이제까지 일반적인 매체에 대한 구분과 분석을 넘어서, 좀 더 우리의 소통 관계를 확대해서 살펴보자면, 평소 우리가 무심코 지나가는 일상에서도 우리는 우리의 생활에 보이지 않게 영향을 미치고 있는 매체 아닌 매체를 확인할 수가 있을 것입니다. 예컨대 여러분이 집을 나설 때 어떤 옷을 입을까 선택할 경우, 대부분은 무의식중이라도 자신의 신분과 취향 등이 나타나는 방식으로 결정하게 된다는 것입니다. 예컨대 대학생이라면 소위 말해 학생들 사이에서 튀는 복장으로 보일 수 있는 중장년의 기성세대 스타일이나, 중고생 등의 청소년 스타일이 아닌 대학생으로서 무난하다고 여겨질 수 있도록, 가능하면 대학생들 사이에서 유행하는 스타일을 선호하게 된다는 것입니다. 아울러 대학생 스타일이 아닌 자신만의 스타일을 나타내려 한다면 그것 역시 그 자체가 이미 자신을 드러내는 방식이라고 할 수 있는 것입니다. 따라서 상대방은 여러분의 복장을 통해 어느 정도 여러분이 어떤 사람인가를 파악하려고 하고 또 그에 따라 짐작하게 된다는 것입니다. 물론 여러분도 상대방을 볼 때 마찬가지 방식으로 판단하게 될 것입니다. 바로 이런 경우에 여러분의 복장은 의사전달의 수단, 즉 미디어가 된다는 것입니다.

그러고 보면 여러분이 좋아하는 머리 스타일이나 스마트폰의 색깔 등 직접적인 취향뿐만이 아니라 의식주 형태나 음악, 영화, 여행지 등의 문화생활 등에 이르기까지 여러분과 관련된 모든 것들이 상대방에게는 여러분의 성격이나 재정 상태 또는 취향 등을 알려주는 매체의 역할을 하게 된다는 것을 알 수 있습니다. 따라서 이와 같은 이유로 인해 자의식이 강한 사람일수록 자신과 관련된 주변 용품이나 액세서리들을 선택할 때 더욱 주의를 기울이게 되는 경향이 높다고 하겠습니다. 역설적으로 이와 같은 용품들을 선택하는 데 무관심한 사람도 역시 그 자체가 그 사람의 성격이나 취향을 알려주는 셈이라고 할 수 있겠습니다. 결론적으로 이와 같은 상황이 바로 매체의 '존재 규정성'을 나타내는 것이라고 하겠습니다.

다음으로 우리가 주변 사회의 모습과 진행 상황을 개략적이라도 파악할 수 있는 것은 각종 매체에서 다뤄지고 있는 정치, 경제, 사회, 문화 등 다양한 분야의 정보들을 통해 가능하다고 할 수 있겠습니다. 마찬가지로 우리가 특정 국가에 군이 여행을 가지 않더라도 그 나라에 대해 어느 정도 알 수 있는 것도 우리가 접하는 다양한 매체들을 통해 해당 국가들에 대한 정보를 파악하고 있기 때문입니다. 다시 말해 우리가 주변 사회의 모습들뿐만이 아니라 다른 사회 또는 과거 전통 사회에 대해서까지 파악할 수 있는 것은 바로 우리가 접하는 매체들이 있기에 가능하다는 것입니다. 즉 매체의 '확장성'이 작용한다는 것입니다.

아울러 우리가 다른 사람들과 함께 일상적인 생활을 영위해나가기 위해서는 사회에서 통용되는 기본적인 생활방식이나, 생활정보뿐만이 아니라, 사회에서 실행되고 있는 전통이나, 관습, 관행, 윤리, 도덕 등과 함께 최소한의 규칙이나 법 등을 관련된 각종 매체를 통해서 접할 수 있기 때문입니다. 그러다 보니 매체에서 제공하는 관련된 정보들이 우리 생활에 도움을 주고 있을 뿐만 아니라, 매체가 그 정보들을 조정하고 통제함으로써 우리의 상황 파악과 가치판단에 영향력을 행사할 수도 있다는 것입니다. 즉 바로 이와 같은 점들이 매체의 '권력성'을 나타내는 것이라고 할 수 있겠습니다.

3) 매체의 영향과 반전 현상

이제부터는 이와 같은 매체가 인간 자신이나 인간관계에 어떠한 영향을 미칠 수 있는가에 대해 좀 더 심층적으로 살펴보도록 하겠습니다. 이를 위해 먼저 몇 가지 질문에 대해 생각해보도록 하겠습니다. 여러분은 평소 어떤 매체를 가장 많이 이용합니까? 사람들은 대부분 자신이 평소 관심이 많은 분야의 콘텐츠를 다루고 있는 매체를 가장 많이 이용할 것입니다. TV의 그 많은 채널이나 인터넷의 다양한 동영상 콘텐츠, 그리고 그 밖의 많은 SNS 등 우리가 접근할 수 있는 다양한 매체들의 다양한 분야들이 있지만, 우리는 대개 자신이 관심 없는 분야보다는 자신이 관심 있는 분야를 선호하게 됩니다. 그리고 그 많은 다양한 매체들과 그 매체들이 다루고 있는 다양한 콘텐츠들이 있다는 것은 우리의 관심 분야가 그만큼 다양하다는 사실을 보여주는 셈일 것입니다. 그렇다면 자신이 관심 있는 분야를 다루고 있는 매체 중 여러분은 어떤 매체를 주로 접근하게 됩니까?

바로 이 부분에서 우리는 매체 선택, 또는 매체 이용의 첫 번째 반전(反轉) 현상을 볼 수 있을 것입니다. 즉, 우리는 다른 매체보다 특별히 많은 사람이 이용하는 매체가 따로 있다고 하면, 대부분은 다른 매체보다 바로 그 매체를 우선으로 선택해서 이용하게 된다는 것입니다. 때론 자신이 평소 관심이 없는 분야임에도 불구하고 많은 사람이 관심을 보이는 분야나 매체가 있다는 얘기나 정보를 듣게 되면, 자기도 모르게 그 분야나 매체에 호기심을 갖고 접근하게 됩니다. 다시 말해 매체 선택의 주도권은 분명히 본인이라고 여기겠지만, 어느 순간 자신도 모르게 많은 사람이 이용하는 분야나 매체를 선택하게 되는 본인의 모습을 발견하게 된다는 것입니다. 즉 '선택의 주도권'이 바뀌게 되는 셈입니다. 그렇다면 우리는 왜 많은 사람이 이용하는 매체를 우선으로 선택하게 될까요?

바로 이 과정에서 우리가 좀 더 주의 깊게 살펴봐야 할 점은 겉으로 보기에 우리가 선택하는 것은 매체겠지만, 사실 매체란 사람들이 접근해서 모이는 시공간적 지점이라는 것입니다. 따라서 엄밀히 말하자면 본인이 선택하는 것은 매체라는 외피의 지점이 아니라, 눈에 직접적으로 보이지는 않지만, 확인할 수는 있는 '집합된 사람들'이라는 것입니다. 다시 말해 우리는 많은 사람이 선택하고 이용하는 집합체에 자신도 참여하려는 속성을 보인다는 것입니다. 물론 모든 사람이 이처럼 결정하는 것은 아니겠지만, 우리 대부분은 많은 사람의 결정에 자신도 모르게 따르게 된다는 것인데, 그렇다면 그 이유는 무엇일까요?

바로 이 과정에서 우리는 두 번째 반전 현상을 볼 수가 있습니다. 즉 우리가 관심 있는 분야에 대한 보다 많은 정보를 얻고자 하거나, 또는 공감을 얻기 위해 매체를 선택하려는 경우, 우선으로 고려하게 되는 사항은 그 매체에서 얼마나 믿을 만한 정보를 다루고 있느냐 하는 신뢰의 문제일 것입니다. 그렇다면 그 매체에서 다루고 있는 정보 자체를 갖고 판단해야 할 텐데, 판단할 만한 능력이 부족하거나 여건을 갖추고 있지 못할 경우는 물론이지만, 대개 우리는 일단 많은 사람이 이용하고 있는 매체를 우선으로 선택하게 된다는 것입니다. 즉 자신의 선택 기준을 다른 사람들의 선택에 위임하는 셈인 것입니다. 다시 말해 '판단의 주체'가 바뀌게 된다는 것입니다.

여기서 우리는 세 번째 반전 현상을 보게 됩니다. 그것은 여러분이 이미 많은 사람이 이용하고 있는 매체를 믿고 함께 이용하게 될 경우, 점점 그 매체가 제공하는 정보에 의존하게 된다는 것입니다. 즉 그 매체가 여러분의 판단과 그에 따른 결정이나 행동에 영향을 끼치게 된다는 것입니다. 다시 말해 여러분의 관심과 그에 따른 생활에 이용하기 위해 선택한 매체가 역으로 여러분의 관심과 그에 따른 행동에 영향력을 행사하게 된다는 것입니다. 심할 경우 매체가 여러분의 생활을 위해 존재하고 이용되는 것이 아니라, 부분적으로는 여러분이 그 매체를 위해 존재하고 또 이용되는 상황이 전개되는, 즉 '존재의 주체'가 바뀔 수도 있다는 것입니다.

여러분에게는 지금 설명하고 있는 내용들이 상당히 과장된 것으로 여겨질 수도 있을 것입니다. 그래서 이를 보완하기 위한 사례를 들어보도록 하겠습니다. 우리 주변에는 평소 종교적 이유나 개인적인 가치판단에 따라 점(占) 같은 것을 미신이라고 하면서 믿지 않는다고 말하는 사람들이 있습니다. 그런데 가까운 지인 중에 누군가가, 아주 잘 맞춘다는 점쟁이가 있어서 한번 가보려고 하는데 같이 가자고 한다면, 일단 미신이니까 안 가겠다고 할 뿐만 아니라, 지인에게도 가지 말라고 제지할 것입니다. 그런데 그 지인이 꼭 믿어서 가는 것이 아니라, 요즘 생활이 답답한데다가, 다녀온 주변의 많은 사람이 용하다고 하니까, 호기심에 재미 삼아 한번 가보려고 하는데, 혼자 가면 쑥스럽기도 하니까 같이 가자고 한다면, 그렇다면 가서 본인은 절대 구경만 하겠다고 하고 따라갈 수도 있을 것입니다. 그런데 점집에서 지인이 정말 잘 맞춘다고 하면서, 여러분에게도 믿지는 않더라도 그저 참고삼아 한번 보라고 하면, 절대 믿지는 않을 것이라고 속으로 생각하면서 마지못해 보게 되는 경우가 발생할 수가 있습니다. 그런데 막상 그 점쟁이가 여러분의 과거사나 집안 문제에 대해 실제 겪은 일들과 유사한 얘기들을 몇 마디 건네게 된다면, 그 순간 대부분 당황함과 놀라움에 빠지게 되며, 특히 자신만 알고 있는 얘기라도 건네게 될 때는 직전의 불신과 경계심은 어느덧 사라지고, 오히려 자신의 미래에 관해 묻고 있는 자기 자신을 발견하게 될지도 모르는 것입니다. 사람들은 자신과 관련해서는 사소한 몇 가지 사례만 가지고도 거기에 매우 집착하는 경향이 있기 때문입니다. 예컨대 소설에 나오듯이 발가락 하나가 닮았다는 이유로 내 자식이 분명하다고 믿고 싶은 것과 비슷한 상황이라고 할 수 있겠습니다. 더욱이 그 점쟁이가 일러준 대로 했더니, 정말 얘기대로 일이 진행되었다면, 이제 점점 힘든 일이나 중요한 일이 생길 때마다 그 점쟁이를 찾게 될 뿐만 아니라 나중엔 그 점쟁이가 하라는 대로 생활하는 날이 오게 될지도 모르는 것입니다. 이처럼 오늘날과 같은 현대 문명사회에서 아직도 사이비 종교가 버젓이 활동하고 있는 데에는 다 그만한 이유가 있는 것입니다.

여기서 우리는 또 하나의 반전 상황을 보게 됩니다. 즉, 우리가 필요로 하는 정보나 매체를 선택할 때, 우리는 정말 그 근거가 확실한 사실 그대로의 정확한 정보나 이처럼 사실에 입각한 정보를 취급하는 매체를 선택하기보다는, 근거가 확실하고 정확하다고 우리가 믿거나, 믿고 싶은 정보, 그리고 우리가 신뢰하거나 신뢰하고 싶은 매체를 선택하게 되는 경우가 많다는 것입니다. 즉 정보나 매체의 선택 기준이 사실 여부에 근거한 기준보다는 우리가 믿거나 믿고 싶은 정보인가라는 신념에 근거한 기준, 소위 '확증 편향성'에 따른 기준에 더 치우치고 있다는 것입니다.

다음은 다섯 번째 반전 상황에 대한 것입니다. 즉 매체 중 특히 대중매체는 그 자체로서 존재하는 것이 아니라, 특정의 인간들에 의해서 만들어지고, 또 운영되는 것이라는 점을 잊지 말아야 한다는 것입니다. 다시 말해 대중매체는 정보를 주고받는 당사자들에 의해 만들어지고 또 운영되기도 하지만, 대부분의 매체 뒤에는 실질적으로 그 매체를 만들어서 운영하는 사람들이 별도로 존재한다는 것입니다. 예를 들어 특정의 TV 방송국이 있다면, 이 방송국을 세우고 운영하는 것은 정보를 제공하고 또 정보를 받아들이고 있는 시청자들이 아니라 그 방송국의 경영자와 임직원들이라는 것입니다. 따라서 그 방송국을 통해서 소통되는 정보들은 그저 방송국에 일단 모였다가 모여진 그 상태 그대로 고스란히 스쳐 지나가듯 퍼져나가는 것이 아니라 방송국 운영자들의 수집과 선별을 거쳐 방송된다는 것입니다. 따라서 방송국에서는 시청자들의 요구와 관심에 따라 정보를 수집해서 전달한다고는 하지만, 그 모든 수집 대상과 정보가치의 판단, 그리고 방송 여부에 관한 결정은 거의 모두 방송국 운영자들에 의해 이루어지며, 따라서 이러한 결정 과정에서, 앞서 매체의 권력성에 대해 살펴보았듯이, 오히려 방송국에서 시청자들의 정보에 관한 관심과 선택에 영향력을 행사할 수 있게 된다는 것입니다. 즉 방송국을 통해 소통되는 정보는 시청자나 어떤 추상적 형태의 방송국이 아닌 방송국을 실제로 운영하는 사람들에 의해 주도된다는, 말하자면 '운영자 주도'의 상황이 벌어진다는 것입니다. 그렇다면 방송국과 같은 소위 대중매체를 운영하는 사람들이 정보 소통을 주도하는 기준은 무엇이겠습니까?

여기서 여섯 번째의 반전 상황을 보게 됩니다. 즉 방송을 운영하기 위해서는 여기에 필요한 비용을 충당하기 위한 수익이 발생해야 하는데, 그 수익을 시청자들이 직접 제공하는 것이 아니라, 방송국에 상품이나 기업 등에 대한 광고를 의뢰하는 광고주가 제공한다는 것입니다. 그리고 광고주가 광고를 위한 방송사와 방송 시간대를 선정하는 기준은 바로 시청률입니다. 따라서 방송국에서는 운영비를 최대한 충당하기 위해서는 많은 광고주를 끌어올 수 있어야 하며, 그러기 위해서는 무엇보다 시청률을 최대한 끌어올려야만 한다는 것입니다. 결국 대개의 대중매체가 정보 소통을 주도하기 위해 선택하는 기준은 시청자들의 관심과 요구를 최대한 반영할 수 있는 맞춤형 정보들이 아니라 어떠한 정보든 무엇보다 시청률을 최대한 높일 수 있는 것이어야 한다는 것입니다. 즉 정보 소통의 기준이 시청자들이 아닌 시청률이라는 것입니다. 다시 말해 '정보의 내용이나 질(質)'이 아닌 '소통의 양(量)'이라는 것입니다.

그러므로 우리는 이와 같은 정보나 매체의 반전 현상에 의해 우리 사회의 소통이 왜곡되거나, 이처럼 왜곡된 소통으로 인해 사회관계가 왜곡될 수 있다는 사실을 간과해서는 안 됩니다. 따라서 이와 같은 왜곡 상황을 방지하기 위해서는 먼저 우리 스스로 소통의 주체로서 갖추어야 할 자세부터 가다듬어야만 합니다. 즉, 나와 관련되거나 내게 필요한 정보들을 취급하는 매체를 제대로 선택하고 판단하기 위해서는 평소 자신에 대해 관심을 가지고, 잘 파악하고 있어야 하며, 이와 같은 자세를 바탕으로 내게 필요한 정보를 구분해서 판단할 수 있는 지식과 판단력을 키워야 한다는 것입니다. 즉 '지성인은 깨어 있어야 한다'라는 말이 바로 이와 같은 상황에서 요구되는 것입니다. 다시 말해 나 자신이 내 인생의 올바른 주인이 되어야 하며, 그러기 위해서는 다른 사람들의 판단이나 선택에만 의존해서는 안 되고, 확고한 주인 의식과 함께 이에 필요한 최소한의 지식과 판단력, 즉 지성을 갖추고 있어야 한다는 것입니다.

다음으로 소통의 왜곡을 방지하기 위해선 소통 과정에, 특히 관련된 매체에 어떤 영향력에 의한 간섭과 개입을 막아냄으로써 당사자들의 자유롭고 공정한 의사소통이 보장될 수 있도록 해야만 한다는 것입니다. 바로 이와 같은 이유에서 우리는 표현의 자유, 언론 출판의 자유 등을 요구하고, 또 보장받고자 하는 것입니다. 그런데 이 과정에서 우리는 두 가지 점에 특히 주의를 기울여야 합니다. 첫째는 자유롭고 공정한 소통을 위해서는 매체 자체의 자유만 보장되어서는 안 된다는 것입니다. 왜냐하면 위에서 살펴보았듯이, 특히 신문이나 TV 등 대중 매체의 경우 실제 그 매체를 운영하는 사람들은 대부분 언론인이면서도 기업인이기 때문입니다. 다시 말해 매체의 운영에 바로 경영자의 기업 운영방식이 작용할 수 있다는 것입니다. 따라서 진정한 언론의 자유, 즉 진실하고 공정한 소통이 보장되기 위해서는 언론사에 대한 외부의 간섭과 개입만 배제되어서는 안 되며, 언론사 내부의 자유 또한 보장되어야 한다는 것입니다. 다시 말해 언론사의 취재나 보도의 자유뿐만이 아니라, 언론사 내부 경영자로부터의 편집권이나 편성권에 대한 간섭과 개입도 있어서는 안 된다는 것입니다.

두 번째로 매체나 개인의 잘못된 신념에 따른 소통의 왜곡을 방지하고 올바른 사실과 판단에 따른 정보의 소통을 위해서는 소통 당사자들 간에 자신들의 정보나 판단에 대한 진실성이나 정당성을 입증할 수 있는 공론의 장과 검토과정이 필요하다는 것입니다. 다시 말해 올바른 사회관계의 형성을 위한 대화나 토론을 위한 자리, 즉 자유로운 공론의 장과 이에 수반되는 공정한 검토과정이 필요하다는 것입니다. 이와 관련된 사례로서는 신문사나 방송사 등에 의해서 채택, 운영되고 있는 옴부즈맨(Ombudsman) 제도를 들 수 있을 것입니다.

이제 매체와 관련된 마지막 반전에 대해서 살펴보도록 하겠습니다. 예컨대 문자가 발명되거나, 확산하기 이전의 고대사회에서는 소통을 위한 전달 수단, 즉 매체로는 어떤 것이 사용되었겠는가 하는 것입니다. 사실 동서양의 위대한 성인으로 꼽히는 공자나 석가모니, 예수, 소크라테스 등은 자신들이 직접 저술한 글들이 거의 없다는 것이 공통점 중 하나일 것입니다. 그렇다면 이들이 전한 그 장대한 말씀들은 오늘날까지 어떻게 전해질 수 있었겠습니까? 그리고 기원전 8세기 무렵 고대 그리스의 호메로스(Homeros)가 썼다는 일리아드(Ilias)나 오디세이아(Odysseia) 같은 서사시들은 역시 어떻게 전해질 수 있었겠습니까? 그것은 바로 당시 제자들이나 시인들에 의해 구전되어 온 내용들을 사후에 문자로 집성한 것들을 책으로 엮어 내려왔던 것입니다. 다시 말해 구전을 한 사람, 즉 메신저(messenger)가 매체의 역할을 한 셈인 것입니다. 따라서 오늘날까지 이 성인(聖人)들이 남긴 성경이나 경전 등의 저술은 이 메신저들의 기억에 의존해서 사후에 재정리된 것이라고 볼 수 있기에 오늘날까지 그 내용의 정확성에 대한 진위(眞僞) 논란이 있는 것입니다. 참고로 성전들 대부분이 시(詩)의 형태를 갖추고 있는 것은 당시 제자 등의 메신저들이 기억을 쉽게 해내기 위해 내용에 운율을 넣었기 때문이라는 것입니다. 마치 우리가 그냥 가사만 외울 때보다는 리듬이나 멜로디를 넣어 노래를 부르면서 외울 때 더 잘 기억되기에, 예컨대 조선시대 역대 왕들의 이름을 앞 글자만 따와서 리듬을 넣어 외우거나, 천자문에 운율을 넣으면서 외우는 것과 같은 이치라고 할 수 있겠습니다. 참고로 인도의 베다 성전이나 일리아드와 오디세이아, 그리고 셰익스피어의 모든 희곡 등도 모두 본래 시의 형식을 취하고 있습니다.

그렇다면 마지막 반전이란, 오늘날 주요 매체들 역시 그 자체로서 소통 수단의 역할을 독자적으로 기능하는 것이 아니라, 그 매체들을 운용하는 것은 결국 그 매체의 운용자인 사람들이기에 매체의 실질적인 역할은 '사람'이 한다는 사실입니다. 즉, 신문이나, 방송, SNS 등의 매체도 모두 사람들에 의해 만들어지고 또 사람들에 의해 작동된다는 것입니다. 따라서 특정 매체가 어떤 역할과 기능을 하느냐 하는 것은, 사실 그 매체를 운영하는 사람들에게 달려있다고 할 수 있으며, 특정 매체들은 단지 그 역할과 기능을 기술적으로 보완하는 장치일 뿐이라는 것입니다. 예컨대 인터넷 포털(internet portal)의 운용은 그 자체의 운용시스템에 따라 작동되는 것처럼 보이지만 사실 실질적인 운용은 바로 그 인터넷 포털을 만들고 운영하는 사람들에 의해 작동된다는 것입니다. 따라서 겉으로 보이는 매체는 기술적 장치에 불과하며 실질적인 작동은 운영자인 사람들이 결정한다는 것을 분명히 인식하고 있어야 한다는 것입니다.

제12장

사랑

1. 사랑은 어떤 감정일까요?

만일 배고플 때 음식을 먹지 못하고 있거나, 피곤한데 쉬지 못하고 있다면 우리는 계속해서 음식과 휴식을 갈망하게 될 것입니다. 마찬가지로 사랑도 그 대상을 만나지 못하게 된다면, 우리는 끊임없이 누군가를 사랑의 대상으로 찾게 되고, 또 그리워하게 될 것입니다. 특히 인간은 사춘기에 이르게 되면 그와 같은 연정이 폭발적으로 나타나게 되면서, 밤잠을 설쳐가면서 애타게 사랑의 대상을 찾고 또 그리워하게 되는 것입니다. 만일 사랑의 대상이 정해진다면 그 대상을 그리워하는 마음은 그 어떤 장애물도 극복할 만큼 증폭되면서 때론 비정상적인 감정의 수준까지 치닫게 될 경우도 발생하게 됩니다. 여러분이 잘 알고 있는 상사병이나 스토킹은 이와 같은 증상의 병적인 발현이라고 하겠습니다. 다시 말해 만일 사랑의 기쁨을 나만 느끼게 된다면, 즉 사랑하는 상대와 사랑의 기쁨을 함께 공유하지 못하고, 단지 나만 그 기분을 갖고 있거나 느끼고 있다면, 그 사실을 알게 되는 순간 그 기쁨은 오히려 더욱 심한 허무함과 함께 상대도 나와 같은 사랑의 기쁨을 느끼게 해주고 싶은 간절한 갈망을 하게 될 것입니다. 이와 같은 상황이 바로 짝사랑의 안타까움이라고 할 수 있으며, 이와 같은 갈망이 상대에게 공감되지 못한 채, 오로지 나만 애타게 추구하게 된다면, 이는 한편으론 결국 굶주림에 지치거나, 피로에 지쳐 쓰러지듯이 상대방에 대한 그리움과 갈망으로 자신을 고갈시키게 되거나, 아니면 상대방에게 지겨움과 두려움까지 느끼게 할 수 있는 비극적인 집착으로 귀결될 수도 있다는 것입니다. 그만큼 서로 간에 사랑하는 마음은 너무나도 간절하고도 절실한 감정이기에, 이 사랑의 감정을 실현하기 위해 연인들은 어떠한 장애물도 극복하고자 하는 강력한 의지와 함께 역설적으로 목숨까지도 바칠 수 있는, 즉 어떠한 희생도 감수하려는 경우까지도 있는 것입니다.

　그런데 이처럼 꿈꾸던 사랑이 막상 현실로 다가와 함께 그 사랑을 이루어 나가는 과정에 들어서게 되면, 대개의 연인은 예기치 못한 어려움을 겪게 됩니다. 서로 잠시도 떨어져 있는 것을 못 견딜 정도로 간절히 사랑하고 아끼는 연인들이 실제 그 사랑을 이루어나가는 과정에서 생각지도 않았던 많은 어려움을 겪게 된다는 것입니다. 그렇다면 왜 그와 같은 어려움이 나타나게 될까요? 그것은 바로 자신의 반쪽을 찾아가는 과정이기 때문입니다. 즉 서로 간의 반쪽을 채워주기 위해서는 상대방이 자신의 반쪽을 내주어야만 할 뿐만 아니라, 본인의 반쪽도 상대방에게 내주어야만 하기 때문이라는 것입니다. 다시 말해 서로 간에 상대방을 위해 자신의 반쪽을 양보하거나 희생해야만 한다는 것입니다. 그것은 마치 이인삼각의 경기에서, 경기 중에 쓰러지지 않고 함께 목표지점까지 성공적으로 도착하기 위해서는 자신만의 보폭과 속도, 방향 등을 고집하지 않고 상대방과 호흡을 맞춰 나가야 하듯이, 연인이 인생을 함께 살아가기 위해서는, 즉 인생의 반려자로 함께 나아가기 위해서는 서로 간에 자신이 원하는 방향과 속도만을 고집하지 않고 상대방이 원하는 방향과 속도를 파악해가면서 함께 보조를 맞춰가면서 나아가야만 하기 때문입니다. 다시 말해 이인삼각 경기에서 저 혼자 욕심을 내서 빨리 가려고 한다거나, 자신이 선택한 방향이 옳다고 우기면서 그 방향으로만 나아가려 한다면, 이내 상대방과 호흡이 맞지 않아 계속 넘어지게 되듯이, 인생의 동반 길에서도 서로 간에 자신만의 삶의 목표와 방식만이 옳다고 여길 뿐만 아니라, 상대방은 나를 사랑하니까 당연히 나의 목표와 방식에 무조건 따라와 줄 것이라고 기대하게 된다면, 이내 그 인생의 동반 길은 꽃길이 아니라 끊임없이 덜그럭거리는 자갈밭이 된다는 것입니다.

하지만 반대로 이인삼각 경기를 해본 사람이라면 느껴보았듯이, 상대방과 호흡이 잘 맞아 골인 지점까지 무사히 잘 들어왔을 때의 성취감은, 생각보다 대단히 크다는 것입니다. 그것은 경기에서 이기고 지는 것과는 다른 차원으로서, 서로를 믿고, 또 배려하면서 보조를 맞춰 함께 해냈다는 그 자체가 가져다주는 성취감이라고 할 수 있겠습니다. 마찬가지로 인생을 살아가는 데도 언제나 서로를 믿고 배려하면서, 힘들거나 외로울 때 서로 위로하고 격려하면서 인생이라는 삶의 길을 함께 나아가는, 말뜻 그대로 인생의 반려자가 있다는 것은, 홀로 살아가는 삶에서는 느낄 수 없는 엄청난 존재감과 성취감을 가져다준다고 할 수 있겠습니다.

그런데 사랑하는 사이에서는 항상 배려와 양보를 하면서 때론 희생까지도 감수해야 한다면, 차라리 상대방에게 신경 쓰지 않고 혼자 편안히 사는 것만 못하지 않느냐 하는 반론 아닌 반론이 제기될 수도 있을 것입니다. 그리고 여러분이나 여러분 주변에서도 이와 비슷한 생각을 하면서, 소위 독신을 찬양하는 사람들도 있을 것입니다. 하지만 결론부터 얘기하자면, 그렇기에 우리는 가능하면 정말 자신이 좋아하고 사랑하는 사람을 만나야 하며, 또 자신을 그만큼 사랑하고 또 좋아하는 사람을 만나려고 한다는 것입니다. 아울러 처음부터 그와 같은 사랑의 감정을 느끼지는 않더라도, 함께 살아가면서 어느 순간 상대방의 배려와 양보를 겪으면서 새롭게 그와 같은 사랑의 감정을 뒤늦게라도 느낄 수 있는 상대를 만나야 한다는 것입니다. 왜냐하면 그런 상대를 만나게 된다면, 상대방을 위한 일이거나 상대방이 원하는 일을 기꺼운 마음으로 자발적으로 하게 될 뿐만 아니라, 그와 같은 일을 하는 자체가 기쁨과 보람으로 다가오기 때문입니다. 그리고 이와 같은 감정은 이전에는 전혀 예상치 못한 감정 즉, 함께 하면서 갖게 되는 공감과 성취감이며, 이런 감정은 혼자 살아가면서는 쉽게 얻지 못하는 행복감이기 때문입니다. 따라서 이와 같은 사랑의 힘은 기적을 일으킬 수 있을 정도의 강력한 힘을 가져다주기도 합니다. 어떤 상황에서도 내가 좋아하고 사랑하는 사람이 항상 내 곁에 있다는 것, 또 때론 나 자신보다도 더 나를 믿고, 응원해주는 사람이 언제나 함께 있다는 것은 그야말로 인생을 살아가는 데 있어서 엄청난 에너지와 의지를 가져다주는 활력의 원천이 된다는 것입니다.

2. 사랑은 왜 쉽게 이루어지지 않을까요?

사랑은 그야말로 동서고금을 막론하고 그 많은 시와 소설, 음악과 영화, 그림 등 온갖 예술의 소재였을 뿐만이 아니라, 실제 개인의 인생은 물론 한 나라의 운명도 바꾸는 결정적 근원이기도 한, 그리고 가장 일상적이면서도 가장 강력한 삶의 요소라고 하겠습니다. 그렇기에 사랑에 대해서는 너무나도 쉽게 잘 알 것 같기도 하지만, 사실 조금만 깊이 생각하다 보면 점점 말로 표현하기가 힘들어지면서 결국 미궁에 빠지게 되는, 정답이 없는 문제 같기도 합니다. 때론 사랑 때문에 친구는 물론 가족도 버리고, 조국과 종교까지도 바꾸기도 하며, 심한 경우 모든 재산마저 포기하거나, 자신의 목숨마저 끊어버리는 비극으로 마감하기도 합니다. 이처럼 사랑으로 모든 것을 얻은 행복감에 사로잡히기도 하고, 사랑을 이루지 못했을 때는 세상 모든 일에 대한 의욕을 잃어버린 듯 상실감에 빠지기도 합니다. 특히 열정이 넘치는 청춘 시기에는 항상 머릿속에서 떠나지 않는 관심사이기도 합니다. 물론 여러분 중에는 이미 사랑의 기쁨이나 쓴맛을 겪어본 사람도 있을 것입니다. 그런 사람들은 사랑이 쉽게 이루어지기도 어렵지만, 사랑을 지속해서 이어간다는 것은 그것보다도 더욱 어렵다는 것을 인정하게 될 것입니다.

흔히 우리는 연애와 관련된 얘기를 나눌 때 우선 각자의 이상형에 관한 질문들을 하게 됩니다. 즉 연애를 생각하면서 우선으로 그 상대에 관한 관심과 기준을 떠올리게 되는 것입니다. 여러분은 어떻습니까? 평소 자신의 이상형에 대해 나름의 기준과 스타일을 갖고 있습니까? 갖고 있다면, 그리고 실제 그 이상형을 만나 교제하게 된다면, 꿈꾸던 대로 멋진 연애를 할 수 있을까요? 여기서 중요하게 고려해야 할 사항은 그렇게 이상형을 만나 멋진 사랑을 나누는 것이 가능할 수 있기 위해서는 자신의 이상형인 상대방도 여러분에 대해 마음에 들어 하고, 또 여러분이 꿈꾸던 대로의 멋진 연애에 동참할 수 있어야 한다는 것입니다. 즉, 이런 상황이 가능하기 위해서는 그야말로 상대방과 서로 마음이 맞아야 하는 것입니다. 여기서부터 점점 사랑이 쉽지 않다는 생각이 들 것입니다. 왜냐하면 이상형의 상대방을 만나기도 쉽지 않지만, 정작 그 사람을 만났다고 해도 상대방이 자신과 마음이 통할 수 있을지는 장담하기 어렵기 때문입니다. 이렇듯 사랑이란 한쪽의 생각만으로는 이루어질 수 없을 뿐만 아니라, 사랑이란 감정을 이성적, 논리적으로 분석한다는 것도 어쩌면 이치에 맞지 않는 부분이 있는지도 모릅니다. 에리히 프롬(Erich Fromm)이 말한 대로 사랑은 저절로 이루어지는 것이 아니기에, 우리 대부분 제대로 된 사랑을 하지 못하고 있는 것도 사실입니다. 그래서 그는 사랑을 제대로 하기 위해선 '사랑의 기술'을 배워야 한다고 주장합니다.

요즘에 어린 자녀들을 키우고 있는 부모 중에, 부모 말은 잘 안 들으면서도, 오히려 부모에 대한 불만만을 제기하는 자녀들에게 흔히 하는 얘기로 '우리도 자식을 낳아서 키워보는 것은 이번이 처음인데, 어떻게 처음부터 잘 할 수 있겠니?' 하면서 하소연하는 경우가 있다고 합니다. 하지만 이건 변명이 안 되는 것입니다. 왜냐하면 자라나는 애들로서는 부모가 경험을 쌓아서 이제 부모 노릇을 잘할 때까지 무작정 기다릴 수는 없기 때문입니다. 즉 부부 간의 결혼생활이나 자녀 양육 과정에서 벌어질 수 있는 시행착오를 최대한 줄이기 위해서는 결혼 전부터 이에 관한 교육과 마음가짐에 대한 훈련이 필요하다는 것입니다. 마찬가지로 정말 멋진 사랑도 그저 마음 가는 대로 하면 저절로 이루어지는 것은 아닙니다. 오히려 더 많은 준비와 노력이 필요한 것입니다.

그렇다면 지금부터 좀 더 진지하게 그리고 더 체계적으로 우리의 사랑에 대해서 분석해보도록 하겠습니다. 먼저 위에서 제시했던 질문, 즉 본인과 멋진 사랑을 나눌 대상으로 어떤 사람이 가장 잘 어울리겠는가, 즉 본인의 바람직한 이상형에 대해서 알아보도록 하겠습니다. 여기서 중요한 것은 모든 사람의 이상형이 아니라 자신만의 이상형이라는 것입니다. 다시 말해 자신에게 잘 맞는 상대를 선정하기 위해서는 먼저 자신이 어떤 사람인지, 자신의 성격이나 취향, 가치관, 스타일 등에 대해서 잘 파악하고 있어야 한다는 것입니다. 하지만 이보다 더 중요한 것은 자신이 생각하는 멋진 사랑, 즉 그저 막연하게 생각하는 멋진 사랑이 아니라, 정말 자신이 생각하는 참된 사랑이 무엇인지에 대해서 제대로 알고 있어야 한다는 것입니다. 앞서 설명했듯이 때론 자신의 목숨과도 바꿀 수 있는 것이 사랑이라고 한다면, 우리는 정말 사랑이 무엇인지에 대해서 제대로 알아봐야만 할 것입니다. 그렇다면 여러분은 사랑이 무슨 뜻인지 알고 싶어, 그 의미를 일단 사전에서부터 찾아본 적이 있습니까?

예컨대 사전에는 이렇게 나옵니다. '어떤 사람을 매우 좋아함, 또는 그런 마음이나 상태', '무엇을 아끼고 돌보며 이해하려는 마음, 즉 좋아하고 소중히 여기는 마음.' 또는 '사람이나 존재를 아끼고 위하며 정성과 힘을 다하는 마음' 등입니다. 이와 같은 사랑에 대한 뜻풀이에 여러분도 동의합니까? 그런데 우리의 사랑이 어렵고 또 잘 이루어지지 못하는 이유 중 하나는 역설적으로 바로 이와 같은 사랑에 대한 정의에서부터 시작된다고 하겠습니다. 왜냐하면 뜻풀이 내용을 주의 깊게 들여다보면 공통으로 어떤 대상에 대한 감정을 나타내고 있다는 것입니다. 다시 말해 사랑은 서로 간의 교감(交感)인데, 자신의 상태를 제외한 상대에 대한 감정만이 나타나 있기 때문이라는 것입니다. 예컨대 현재 내가 마음만 앞서 있지 사랑할 능력이나 여건이 안 된다면, 상대를 제대로 사랑하기는 쉽지 않을 것입니다. 특히 결국 내가 상대를 사랑하는 것은 궁극적으로는 나를 사랑하는 마음의 연장선에서 상대를 좋아하는 것이기 때문입니다. 평소 자신에게 관심도 없고, 잘 챙기지도 않는 사람이 갑자기 상대방에게 정성을 다해 사랑하게 된다는 것은 일단 상대방의 환심을 얻기 위한 일시적인 행동이거나, 아니면 그야말로 평강공주를 만난 호동왕자처럼 사랑의 상대를 만난 것을 기점으로 위대한 사랑의 힘으로 자기 자신을 환골탈태한 경우일 것입니다. 결론적으로 진정한 사랑이란 자기 자신에 대한 진정한 사랑의 연장선에서 나온다는 것입니다. 이 말은 역으로 해석하면 쉽게 이해될 것입니다. 즉 평소 자신의 존재나 생활에 관해서 관심도 없고 그에 따라 본인 자신을 잘 챙기지도 않는 사람이 있다면 여러분은 과연 그 사람으로부터 진정한 사랑을 기대할 수 있겠습니까? 다시 말해 자기 자신에게 진정으로 충실하지 못한 사람이, 어떻게 자신의 인생에서 가장 중요한 관계일 수 있는 상대방에게 진정한 사랑을 할 수 있겠는가 하는 것입니다. 따라서 사랑이라는 상호 교감의 출발은 자기 자신에 대한 사랑부터라고 말할 수 있는 것입니다.

3. 진정한 사랑이란 어떤 것일까요?

그렇다면 어떻게 하는 것이 자신을 진정으로 사랑하는 것일까요? 이 부분에서 고대 그리스 철학자들이나 유교 사상가들부터 현대의 사상가들이나 철학자들에 이르기까지 대부분은 자기 절제나 자기관리, 마음의 수련 등 주로 정신적인 측면에 대해 중점을 두어왔습니다. 즉 정신과 육체, 또는 몸과 마음을 이원화해서 그 중 정신이나 마음, 영혼 등을 우선시했으며, 특히 육체에 대한 정신의 지배와 통제를 강조하였던 것입니다. 그러나 최근의 인지과학 분야에서도 강조하고 있다시피 인간이란 존재에 있어서 정신과 육체는 서로 분리될 수 없으며, 특히 정신이 육체보다 더 중요하거나 우선시될 수는 없다는 것입니다. 오히려 윌리엄 제임스(William James) 같은 심리학자는 '행복해서 웃는 것이 아니라, 웃기에 행복한 것'이라고 주장하고 있듯이, 때론 육체가 정신을 지배한다고까지 주장하고 있습니다. 따라서 진정으로 자신을 사랑하기 위해서는 정신뿐만이 아니라, 육체까지도 사랑해야 하며, 특히 정신과 육체 간의 조화와 균형을 이루어야만 한다는 것입니다. 예컨대 인간이 식욕을 이기지 못하고 과식하게 된다면, 결국 몸매는 물론 건강에도 해로울 뿐만 아니라, 이에 따른 자신감 결여와 우울증까지 겪을 수 있다고 합니다. 그런데 흔히 이와 같은 식탐을 억제하기 위해서는 의지를 갖고 육체의 욕구를 누르고 통제해야 한다고들 말합니다. 그러나 가만히 생각해보면 무엇인가 먹고 싶다고 했을 때, 배고픔을 느껴서 식욕이 생겼다면 그것은 육체의 요구라고 할 수 있겠지만, 어느 정도 배가 불렀는데도 더 먹고 싶은 욕구가 생기는 것은 정신적인 욕구라고 할 수 있을 것입니다. 왜냐하면 우리의 몸, 특히 소화기관 입장에서는 자신의 기관에 스스로 편하게 소화할 수 있는 정도 이상으로 음식물이 들어온다면 과연 이를 반갑게 여길 것이냐 하는 것입니다. 바로 이 부분에서 진정으로 자신을 사랑한다면 육체와 정신 중 어느 한쪽에 치중함으로써 고통을 느끼거나 부족감에 따른 불만족을 느끼지 않기 위해서라도 먼저 육체적인 요구와 정신적인 만족감과의 균형과 조화가 필요하다는 것입니다.

4. 사랑과 성(性)은 어떤 관계일까요?

그런데 이처럼 자신을 사랑하는 데 있어서 정신과 육체 간의 조화와 균형을 특히 강조하고 또 자세히 설명하는 이유는 바로 사랑과 직결되는 성(性)의 문제 때문입니다. 성에 대한 욕구, 즉 성욕도 식욕과 마찬가지로 인간의 내재적인 자연스러운 본능입니다. 따라서 음식에 대한 욕구가 생기면 음식물을 배 속에 채우려고 하듯이, 성에 대한 욕구도 이를 느끼게 되면 만족시키고자 하는 충동이 생기는 것은 매우 자연스러운 반응이라고 하겠습니다. 아울러 이 두 욕구는 인간의 생존과 번식을 위한 태생적 본능이라는 것입니다. 다만 식욕의 대상은 음식이라는 자연물이지만, 성욕의 대상은 또 다른 인간, 특히 이성(異性)이라는 점에서 매우 다르다고 하겠습니다. 즉 성욕은 인간관계를 전제로 하고 있다는 것입니다. 따라서 식욕은 본능에 따라 음식물로 충족시켜주면 되지만, 성욕은 단지 본능적인 욕구에만 맞춰 충족시킬 수는 없다는 것입니다. 왜냐하면 바로 상대방 인간, 즉 이성과의 관계에 의존하기 때문입니다. 다시 말해 식욕은 허기를 채우려는 몸의 요구와 정신적인 만족감 간의 적절한 조화와 균형이 이루어지는 것으로 해결되지만, 성욕은 여기에 더해 상대방과의 관계를 통해 우리라는 새로운 차원의 하나 됨을 추가로 요구하게 된다는 것입니다. 즉 상대방과 만나 서로의 성적 욕구를 만족시켜주기 위한 서로 간의 조화롭게 맞춰가는 감각과 감성의 교류를 통해 우리라는 '하나 됨'의 사회적 관계를 추구하게 된다는 것입니다. 이 과정에서 종족 번성이라는 본능적 욕구에 따라 자신도 모르는 사이에 우성 인자를 갖춘 상대를 선택하고자 하는 생리적 욕구와 함께 사회관계 속에서 서로 간의 존재감을 확인하기 위한 심리적 유대감을 얻고자 하는 정신적 욕구를 동시에 만족시키고자 하는 열망이 함께 나타나게 됩니다. 즉 성욕의 출발은 육체적, 본능적이라고 할 수 있지만, 이 욕구의 충족은 이성 상호 간의 사회적 인간관계의 성립에 따른 정신적 만족감과 더불어서 이루어진다고 하겠습니다.

바로 이 부분에서 우리가 앞서 다뤘던 사랑과 접목된다고 하겠습니다. 즉 이성 간의 사랑이란 성욕이라는 육체적 욕구와 더불어 시작되지만, 그 완결은 이성과의 사회적 관계의 성립을 통해 우리라는 '하나 됨'의 정신적 만족감으로써 이루어진다는 것입니다. 아울러 일단 상대방과의 육체적, 생리적 일치를 통해 우리라는 사회적 관계가 성립되면, 성욕은 오히려 부수적인 것으로 여겨지기도 합니다. 그런데 본능적인 성욕은 태어나면서 이미 잠재적으로 갖추어진 것이지만, 그 사회적 관계로서의 사랑이라는 감성은 다른 사회관계와 마찬가지로 성장 과정에서 인간관계를 통해 습득되고 훈련되는 것이라고 할 수 있습니다. 따라서 사랑이 전제되지 않는 일방적인 성욕의 충족은 상대방의 감정뿐만이 아니라 존재감까지 무시하게 되는 매우 비인간적인, 즉 반(反)사회적인 행위이기에 당연히 이를 지탄하고 금지하려고 할 뿐만이 아니라, 사회적인 처벌까지 가하게 되는 것입니다. 아울러 이미 맺어진 이성 관계, 즉 기존의 사회관계를 깨고, 또 다른 이성과 새로운 이성 관계를 맺게 된다면, 이는 기존의 이성과의 사회적인 인간관계, 즉 우리라는 사회적 관계의 약속을 파기한 것이기에, 기존의 이성 관계는 지속되기 어려운 상태로 전환될 뿐만 아니라 기존 이성에게 약속 파기에 따른 보상을 해주어야만 한다는 것입니다. 물론 얼마 전까지 우리나라에서는 이와 같은 이성 관계의 약속 위반에 대해서 보상 차원을 넘어서 형법적인 처벌의 대상으로서 다뤄왔습니다.

5. 완전한 사랑은 가능할까요?

그렇다면 자기 자신에 대한 사랑의 연장선에서 상대방을 사랑해야만 진정한 사랑으로 맺어질 수 있다는 것은 어떤 것일까요? 여기서 첫 번째 인식의 전환이 나타나게 됩니다. 즉 일단 진정으로 나를 사랑한다면, 정말 육체적, 정신적으로 나의 사랑을 만족시켜줄 수 있는 상대, 즉 진정으로 나를 사랑하는 사람을 찾게 된다는 것입니다. 그런데 내가 좋아하지도 않는 상대를 선택하고 싶지 않듯이, 나를 좋아하지도 않는 상대를 선택할 수는 없을 것입니다. 또 정말 나를 아끼고, 나에게 잘해줄 수 있는 상대를 선택하려고 하듯이, 상대방도 자신을 정말 아끼고 잘해줄 수 있는 사람을 찾고자 할 것입니다. 여기서 두 번째 인식의 전환이 나타나게 됩니다. 즉 나를 사랑하는 사람을 내가 제대로 사랑하기 위해서 내게 필요한 것은 무엇인지, 또 내가 해줄 수 있는 것은 무엇인지부터 확인해 보게 된다는 것입니다. 그리고 이를 위해 가장 우선으로 요구되는 것은 바로 자기 자신에 대한 사랑에 바탕을 둔 자신에 관한 관심일 것입니다. 그래야만 내가 필요한 것은 무엇인지, 그리고 내가 해줄 수 있는 것은 무엇이며, 또 얼마나 충실하게 해줄 수 있는지를 제대로 파악할 수 있기 때문입니다. 따라서 자기 자신에 대한 사랑이 부족해서 제대로 관심을 가지고 자신을 파악하지도 못하고 있고, 또 상대를 위해서 본인이 무엇을 해줄 수 있는지도 제대로 모르는 사람과 어떻게 진정한 사랑을 나눌 수 있겠습니까? 이제 애정 어린 관심을 가지고 자신을 파악하려는 사람은 세 번째 인식의 전환이 나타나게 됩니다. 즉 상대방에 대해서도 같은 마음으로 파악하게 된다는 것입니다.

그렇다면 먼저 애정을 갖고 제대로 자기 자신을 파악한다는 것은 어떤 것일까요? 당연히 무엇보다 먼저 자신을 있는 그대로 파악하고 그 자체를 받아들이는 것입니다. 그리고 이어서 자신이 가지고 있는 잠재력을 파악하는 것입니다. 즉 현재의 자신이 비록 마음에 들지 않더라도 그런 자신을 있는 그대로 받아들이고 인정하는 것, 즉 존재감을 가지는 것이며, 아울러 이와 같은 현재의 자신을 토대로 향후 자기의 잠재력을 통해 자신을 더욱 발전시킬 수 있다는 자존감을 확인하는 것입니다.

그렇다면 이제 상대방에게 진정한 사랑을 갖는다는 것도 같은 이치에서 먼저 상대방에게 관심을 가지고 현재의 상대방을 있는 그대로 파악할 뿐만 아니라, 파악된 상대 그 자체를 인정하고 받아주어야만 하는 것입니다. 아울러 상대방의 잠재력을 파악해서 상대방이 그 잠재력을 발휘해서 자기 계발을 이루어 스스로 자존감을 더욱 가질 수 있도록 배려해주고, 또 격려해줄 수 있어야 하는 것입니다.

다음으로 자신을 사랑한다면 자기 발전을 이루기 위해 최대한 성실하게 최선의 노력을 기울이게 될 것입니다. 마찬가지로 이런 사람은 상대방에 대해서도 상대방이 자신의 발전을 위해 최선을 다할 수 있도록 최대한 배려하고 응원하며 또 뒷받침해주고자 할 것입니다. 이 과정에서 우리는 네 번째 관계의 도약, 즉 사랑의 도약 또는 승화를 보게 됩니다. 다시 말해 내가 현재 있는 그대로의 상대방을 좋아하게 된 것이 계기가 되어 상대방을 관심 있게 바라보게 되고, 그 결과 이후로는 상대방이 좀 더 잘 되길 바라는 마음에서 배려하고 양보하는 과정에서 상대방이 이를 통해 만족해하고 또 발전해나가는, 바로 그런 상대방의 모습을 보면서 나 역시 만족감을 느끼게 된다는 것입니다. 즉 이제 상대방이 그저 내 사랑의 대상으로만 존재하는 것이 아니라, 상대방의 기쁨이 나의 기쁨이 되고, 상대방의 슬픔이 나의 슬픔이 되는, 즉 상대방의 존재가 곧 내 존재의 나머지가 되는, '우리'라는 새로운 하나로 승화된다는 것입니다. 즉 가정이라는 공동체를 구성하게 되는 것입니다. 이후 사랑의 결실로 자녀가 탄생하게 되면서 가족, 더 나아가 인간이라는 종족은 더욱 굳건한 유대감 속에 그 존재를 확장해 나가는 것입니다.

이 과정에서 유전학자들이나 진화론자들의 주장에 따르면, 다른 동물은 대부분 발정기에만 성욕이 발산되고 그것도 일생 중 매우 제한된 시기에만 해당하는 반면, 인간의 성욕은 사춘기 이후부터 죽을 때까지 계속 지속되는 이유는 성관계가 가정에서의 사회적 관계, 즉 부부관계를 유지하기 위한 진화론적 방편이기 때문이라는 것입니다. 즉 인간은 다른 동물과 달리 출산 직후 하나의 완성된 개체로서 본능에 따라 곧바로 활동할 수 있는 것이 아니라, 출산 이후에도 최소한 1년 정도까지는 부모나 다른 인간으로부터 성장, 발육을 위한 영양 공급과 함께 그들과 눈맞춤이나 언어 등을 통한 인지적, 감성적 상호교류를 해야만 비로소 인간의 모습을 갖추게 될 뿐만 아니라, 그 이후로도 최소한 사춘기에 도래

할 때까지는 인간이라는 개체로서 활동하기 위한 돌봄과 사회화 과정을 거쳐야만 한다는 것입니다. 그런데 이렇게 성장하기까지는 부모로부터의 지속적인 양육과 보호를 받아야 하는데, 만약 그 과정에서 부부관계가 계속 정상적으로 유지되지 않는다면 자녀 양육은 위기에 처하게 될 것이며, 이는 곧 종족의 위기로 이어질 수밖에 없기에, 진화과정에서 부부관계를 유지하기 위한 생리적인 장치로서, 성욕이 지속되는 방향으로 유전자가 변형되었을 것이라는 분석입니다.

그렇다면 이렇게 사랑하는 사이에서 다툼과 갈등은 왜 벌어지게 되는 것일까요? 예부터 부부관계를 일컫는 말 중에 일심동체(一心同體)라는 말이 있습니다. 부부는 한 몸처럼 한마음, 한뜻으로 함께 지내는 사이라는 것입니다. 그러나 결론부터 말하자면 이 말은 부부 사이는 물론 일반 사람들 관계에서도 맞지 않는 말일 뿐만 아니라, 그렇게 되어서도 안 된다는 것입니다. 오히려 이 말이 부부싸움의 가장 큰 원인이 되고 있다고도 할 수 있겠습니다. 왜냐하면 세상에는 다양한 사람들이 존재하고, 또 이렇게 다양한 사람들이 살아가는 세상에서 삶의 목표나 생활방식에서 차이가 발생하는 것은 당연한 이치인데, 그러함에도 일심동체로 살아가야 한다면, 다시 말해 부부라는 이유로 무조건 한 마음, 한뜻으로만 살아가야 한다면, 그것은 그야말로 사랑을 통해 두 사람 모두의 삶이 더욱 빛나고 풍요로워지기는커녕 어느 한쪽이나 아니면 두 사람 모두의 희생을 요구하는 것이 되기에, 두 사람 사이에 불화가 생기지 않는다면 오히려 그것이 더욱 이상한 관계가 될 수밖에 없다는 것입니다. 따라서 이와 같은 관계가 지속된다면 결국 두 사람 사이의 관계는 파국을 맞이하게 되거나, 아니면 한쪽은 상대방을 소유하고 지배하려 들고, 반대쪽은 상대방에게 일방적으로 의지해야만 하는 비정상적인 주종(主從)관계로 바뀌게 될 수밖에 없을 것입니다. 특히 이와 같은 지배와 의존이라는 부조화의 애정 관계에서는 어느 한쪽의 마음이 돌아설 경우, 이는 곧 다른 쪽의 존재감이나 자존감의 상실로 이어지면서 이에 따라 삶의 의욕을 잃어버리거나 삶 자체를 포기하는 지경까지도 갈 수 있게 됩니다.

이와 관련해서는 오히려 유교의 오륜 사상에서 나오는 부부유별(夫婦有別)이라는 교훈이 부부관계를 더욱 적절하게 나타내고 있다고 하겠습니다. 즉 남편과

아내 사이에는 서로 침범하지 못할 인륜의 분별이 있어야 한다는 뜻으로, 다시 말해 부부는 서로 다르다는 것입니다. 이를 좀 더 확대해서 보자면, 애당초 남녀는 서로 다르다는 것입니다. 즉 남녀는 신체적, 생리적으로 다를 뿐만 아니라, 생각하고 생활하는 방식도 다른데, 이 차이를 무시하고 서로 자신과 같기를 바라고 요구하게 된다면, 이에 응해주지 않는 상대방에게 화도 나게 될 것이며, 이에 따라 다툼이 생기다 보면 결국 사랑이 식게 마련이라는 것입니다. 따라서 남녀가 서로 다르다는 사실을 제대로 인식한다면 상대를 좀 더 잘 이해할 수 있게 되고, 또 서로 간의 오해도 곧 풀리게 되며, 상대방을 자신의 사고나 행동의 틀에 맞추려는 그릇된 기대 또한 쉽게 수정될 수 있다는 것입니다.

따라서 부부나 연인들이 화목한 사랑을 유지하기 위해서는 앞서 설명했듯이 서로 간에 상대방을 있는 그대로 바라보면서 그 차이 자체를 인정하며, 또 서로를 자신에게 맞추려고 하지 않고 서로 간의 다름을 받아들이면서, 그러함에도 불구하고 서로가 상대방을 아끼면서 뒷받침하려는 자세가 필요하다는 것입니다. 특히 변함없는 사랑을 위해서는, 서로 나이가 들어가고 또 주변 환경도 변화됨에 따라 어쩔 수 없이 두 사람 모두 끊임없이 변하게 된다는 사실을 받아들여, 서로 간에 상대방 변화에 맞추어서 뒷받침하고 배려하려는 노력도 끊임없이 해야만 한다는 것입니다. 이를 위해서는 서로 간에 육체적, 정신적인 사랑의 감정, 즉 애정을 계속 유지하면서 끊임없이 서로를 배려하고 돌봐주어야만 합니다.

정리해보자면 사랑의 시작은 서로 간에 상대방에 대한 육체적이고 감성적인 끌림, 즉 매력과 정신적이고 이성적인 호감이 함께 있어야 하겠지만, 그것은 사랑의 필수조건에 해당할 것이며, 사랑의 완성을 위한 충분조건으로는 나를 진정으로 사랑하는 마음의 연장선에서 상대방에 대해서도 끊임없이 아끼고 배려하며, 또 응원하는 마음과 행동을 죽을 때까지 유지해야 한다는 것입니다. 그래서 결혼식은 사랑의 완성을 기념하는 예식이 아니라, 그때부터 상대방과 사랑을 함께 만들어 나갈 수 있다는 그 시작을 알리는 예식일 뿐이라는 것입니다. 결론적으로 이렇게 이루기도 어렵지만 잘 이어가기도 쉽지 않은 사랑을 우리가 갈망하는 이유는 사랑이라는 것이 인간의 삶에서 기본적으로 두 가지 요구를 충족시켜주기 때문이라고 할 수 있겠습니다. 첫 번째는 종족을 대를 이어 보존하고 유지하려고 하는 본능적, 생리적인 욕구입니다. 즉 사랑하는 상대를 만나 자식을 낳게 됨으로써 인간 종족으로서의 대를 이어가고자 하는 본능적 욕구를 충족시켜주게 된다는 것입니다. 두 번째로는 인간으로서의 존재감과 함께 성취감을 가져다주는 상호관계성을 충족시켜준다고 하겠습니다. 즉 서로 간에 교감하고 의지하며 소통함으로써 '우리'라는 하나가 되는 삶을 살아가는 존재가 되어준다는 것은 인간으로서 존재감과 함께 성취감과 행복감을 가져다주는 필수적인 요소라고 할 수 있다는 것입니다. 다시 말해 사랑하는 사이란 본능적, 감성적인 성적 매력과 이성적, 사회적인 판단에 따른 끌림에 따라 인연을 맺은 이성 간에, 너와 나라는 개체를 넘어서 '우리'라는 울타리에서 서로서로 상대방을 위해 조건 없이 지켜주고 받아주며, 또 배려하고 챙겨줄 뿐만 아니라 각자 나아갈 길을 서로 인정하고 응원해줌으로써, 상대방이 만족해하거나 행복해하는 모습, 또는 바라는 바를 잘해나가는 모습 등을 보면서 이를 통해 오히려 본인 자신들도 보람과 행복감을 느끼게 됨으로써, 한편으론 갈수록 상대방에게 더 잘해주고 싶어지고, 다른 한편으론 하염없이 상대방을 그리워하며 의지하게 되는 관계라고 할 수 있겠습니다.

6. 부모와 자식 간의 사랑은 어떤 것일까요?

한편 사랑에는 남녀 간의 사랑만 있는 것이 아니라, 부모와 자식 간의 사랑도 있습니다. 그렇다면 부모와 자식 간의 사랑은 어떤 사랑일까요? 흔히 부모와 자식 간의 사랑은 '내리사랑'이라는 말을 합니다. 즉 부모는 자식들을 위해서라면 어떤 희생도 마다하지 않을 각오로 보살피고 챙기게 된다는 자애심을 말합니다. 그리고 그러한 부모 마음은 의지로서만 갖게 되는 것이 아니라, 그 출발은 대(代)를 이어 나가려고 하는 본능이며, 따라서 매우 자연스러운 마음이라고 하겠습니다. 그렇다면 자식의 부모에 대한 사랑, 즉 효심은 어떤 것일까요? 당연히 생명을 갖게 해주고, 또 키워준 것에 대한 고마움의 표현이라고도 할 수 있겠지만, 오히려 그보다는 어머니의 뱃속에서부터 태어나서 자라는 동안 보호받았던 따사로운 부모의 품에 대한 그리움, 즉 생명의 안전함과 정서의 편안함에 대한 욕구가 더욱 크다고 하겠습니다. 즉 가정이라는 생명의 보금자리에서 함께 생활한 피붙이로서의 친밀감이 자식으로서는 매우 소중하게 여겨진다는 것입니다.

그래서 앞서 제시한 유교의 오륜 사상에서도 부모와 자식 간의 관계를 이르는 교훈으로 부자유친(父子有親), 즉 부모와 자식 간에는 친밀함이 있어야 한다고 제시하고 있는 것입니다. 다시 말해 부모와 자식은 생명을 주고받은 피붙이 사이이기에 서로 간에 거리감이 있어서는 안 된다는 것입니다. 왜냐하면 그런 거리감은 곧 생명의 보금자리에 대한 위협감으로 다가올 수 있기 때문입니다. 그래서 우리 조상들은 자식이 자라나서 요즘으로 치면 초등학교에 들어갈 나이가 되면서부터는 부모가 직접 가르치지 않고, 가능하면 조부모(祖父母)에게나 서당에서, 또는 다른 집안에서 가르침을 받도록 했던 것입니다. 왜냐하면 아무래도 가르치기 위해선 엄한 자세로 꾸짖을 수 있어야 하는데, 그렇게 되면 자식이 부모를 존경은 하겠지만, 그만큼 어려워하게 되어, 부모와 자식 간에 친밀감이 점차 상실되기 때문입니다. 특히 이 점이 요즘 시대에도 와닿는 것은 한 가족이라고 해도 급변하는 세태 변화로 인한 세대 차이, 성별의 차이, 성격의 차이, 사회 경험의 차이 등의 이유로 서로 간에 가치와 의견이 달라 다툼과 갈등이 발생할 수 있는데, 특히 개인주의 성향으로 가족 간에 서로 무관심해지는 경향이 더욱 커지고 있기에, 수시로 기회를 마련하여 서로의 문제를 허심탄회하게 얘기해봄으로써 이 갈등을 해소하는 것이 필요한 상황이라고 할 수 있겠습니다. 그런데 이와 같은 대화가 가능하기 위해선 무엇보다 평소 부모와 자식 간에 친해서 거리감이 없어야 하기 때문입니다.

아울러 부모는 자식이 자라는 과정에서 시행착오를 겪더라도 이 시행착오를 스스로 극복할 때까지 인내심을 갖고 기다릴 줄 알아야 한다는 것입니다. 그래야만 자식도 온전한 인격체로서 가족을 이끌어나갈 수 있는 일원으로 성장할 수 있으며, 다음 세대 우리 사회의 발전에 이바지할 수 있는 공동체의 든든한 구성원이 될 수 있기 때문입니다. 아울러 자신들이 낳았다고 해서 자식을 소유물로 여겨 본인의 뜻대로만 키워서는 안 되며, 하나의 인격체로 성장할 때까지는 자식이 스스로 본인의 잠재력을 찾아 이를 계발할 수 있도록 부모의 능력 범위 내에서 각 성장단계에 맞는 다양한 도전과 배움의 기회를 제공해야 하는 것입니다. 만일 자식이 잘못을 저지르거나 실수를 해서 이를 꾸짖어야만 할 경우에도 부모에 대한 서운한 감정이 들지 않도록 사랑하는 마음과 눈빛을 잃지 않은 채 자식 스스로 본인의 잘못을 깨달을 수 있도록 눈높이에 맞게 설득해야만 합니다. 이때 중요한 것은 정말 자식을 사랑하는 진정성을 갖고 정성을 다해 자식을 대해야 한다는 것입니다. 그렇게 한다면, 설혹 부모로서 본인들의 생각대로만 자식을 판단함에 따라 자식에게 맞지 않는 훈육을 하게 되는 경우가 생기더라도, 자식들이 오히려 이러한 부모의 정성과 진정성을 알고 이를 섭섭하게 생각하지 않으면서 기꺼이 따라주게 될 수도 있다는 것입니다.

한편 자식이 부모를 사랑한다는 것은 예컨대 먼저 성장하는 과정에서는, 부모를 믿고 잘 따르면서 자신의 생명과 건강을 잘 챙김으로써 부모에게 걱정을 끼치지 않는 것은 물론이고 자신뿐만 아니라 가족과 공동체의 미래 번성을 위해 자기의 능력을 열심히 키워나가는 것이라고 할 수 있겠습니다. 다음으로 성장해서는, 부모가 가정의 대소사(大小事)나 사회활동에 대해 자식과 상의하려는 마음이 들 수 있도록 가족과 사회의 어엿한 구성원으로 올바르게 성장했음을 보여드리는 것입니다. 그리고 부모가 연로해졌을 때는, 가정의 일이나 공동체 활동에 부모를 모시거나 부모에게 조언을 구함으로써 부모가 가정에서나 사회적으로 소외감을 느끼지 않도록 배려하는 것이며, 마침내 부모가 노쇠해져 심신이 미약해졌을 때는, 안심하고 자식에게 의지하고자 하는 마음이 들 수 있도록 부모를 세심하게 잘 보살펴드릴 수 있어야 하는 것입니다. 즉 본인의 몸을 챙기듯이, 부모의 건강과 생활을 잘 챙겨드려야 한다는 것입니다. 그래야만 작게는 가족의 화목과 풍요를 그리고 크게는 공동체와 종족의 번창을 대를 이어서 이끌어 나갈 수 있기 때문입니다. 다시 말해서 이와 같은 부모와 자식 간의 관계가 공동체의 기성세대와 자라나는 세대 간의 관계까지 확대되어 적용되고 있는 교훈이 바로 '장유유서(長幼有序)', 즉 젊은 세대와 나이 든 세대 간에는 서로 챙기고 배려하는

데 있어서 차례와 질서가 있어야 한다는 것이라고 하겠습니다.

7. 진정한 우정이란 어떤 것일까요?

이제 그렇다면 친구 사이의 사랑, 즉 우정은 어떨까요? 일단 우정이란, 사전적 의미로는 '친구 사이에 나누는 정신적 유대감을 일컫는다'라고 되어 있습니다. 그렇다면 친구란 어떤 사이겠습니까? 역시 사전적 의미로는 '오랫동안 가깝게 사귀어 온 사람', 또는 '자기와 가까우면서 정(情)이 두터운 사람', 그리고 '피가 한 방울도 섞이지 않았지만, 함께 생활하면서 친해져 사실상 반쯤 가족인 인간관계' 등으로 설명되어 있습니다. 그렇다면 가족과는 어떤 차이가 있을까요?

앞서 살펴보았듯이 가족이란 서로 간에 생명을 주고받은, 즉 생명을 나눌 수 있는 '혈연관계'입니다. 다시 말해 가족은 어떤 상황에서도 서로 믿고, 의지하며, 또 언제나 감싸줄 수 있는 사이일 뿐만 아니라, 때론 목숨까지도 내줄 수 있는 생존의 관계인 것입니다. 이에 반해 친구는 오랫동안 사귀면서 서로를 잘 알기에 이를 기반으로 '서로를 믿는 사이'라고 할 수 있겠습니다. 이때 서로 믿는 사이라는 것은 서로의 존재감을 인정하고 보장해주는 사이라고 할 수 있겠습니다. 따라서 서로 오래 사귀어서 잘 알고 있다고 해서 모두 친구가 되는 것은 아니라는 것입니다. 왜냐하면 진정한 친구란 서로 잘 아는 사이일 뿐만 아니라 이를 바탕으로 서로를 믿을 수 있는 사이라는 것이 중요하기 때문입니다. 이런 믿음이 없는 사이란 그저 지인(知人), 즉 아는 사람일 뿐입니다. 그래서 영어 속담에도 'A friend in need is a friend indeed', 즉 '필요할 때 친구가 진정한 친구다'라는 표현이 있는 것입니다. 다시 말해 필요할 때 서로의 존재를 위해 도와줄 수 있는 사람이라는 믿음이 있어야 진정한 친구라는 것입니다. 그래서 유교의 오륜 사상에서도 친구 관계를 붕우유신(朋友有信), 즉 '벗 사이에는 믿음이 있어야 한다'라고 제시하고 있는 것입니다.

그런데 이 믿음이라는 것은 서로의 존재, 즉 목숨을 담보로 지킬 수 있는 정도의 신념을 의미하는 것이기 때문에 그만큼 진정한 친구를 얻는다는 것은 대단히 어려운 일인 것입니다. 다시 말해 진정한 친구란 가족과 같은 혈연관계가 아니면서도 서로의 존재를 믿고 의지할 수 있을 만큼 매우 가까운 사이를 말하는 것이기에 '진정한 친구를 얻는다는 것은 세상의 반(半)을 얻는 것과 같다'라는 말까지 있는 것입니다. 그렇다면 진정한 친구는 어떻게 만날 수 있을까요? 이에 대해 랠프 월도 에머슨(Ralph Waldo Emerson)은 이렇게 말하고 있습니다. 즉 '친구를 얻는 유일한 방법은 스스로 완전한 친구가 되는 것이다'라고. 다시 말해 사랑과 마찬가지로 진정한 우정이란 서로의 존재에 대한 믿음을 바탕으로 하는 상호 간의 교감(交感)인 것입니다. 따라서 우리는 잠시 어울리면서 조금 친해졌다고 금방 친구 관계를 맺자고 다가오는 사람을 경계해야 할 것입니다.

8. 남을 사랑하고 돕는 마음은 어떻게 나오는 것일까요?

흔히 이성 간의 사랑을 에로스(eros)라고 해서 이기적인 사랑으로, 그리고 원래는 신에 대한 절대적이고 희생적인 사랑을 일컫는 말이었지만, 이에 비유해서 부모의 자식에 대한 사랑을 아가페(agape), 즉 이타적인 사랑으로 제시하곤 합니다. 하지만 앞서 설명했다시피 이성 간의 사랑도 자신만을 위한 이기적인 마음과 태도로는 이루어질 수 없으며, 부모가 자신을 희생하면서까지 오로지 자식만을 위해 무조건적이고도 일방적인 사랑을 베풀 수 있는 것도, 사실 부모가 부모로서의 자신에게 최선을 다하려는 마음이 없다면 가능하지 않을 것입니다. 다만 이성 간의 사랑이나, 부모로서 자식을 사랑하는 마음은 그 출발점에서 자기의 대(代)를 계속해서 이어 나가려고 하는 유전적인 본능이 작용하고 있다고 하겠습니다. 즉 인간이란 종족의 생명체로서 그 존재를 이어 나가려는 생존 욕구에 바탕을 두고 있다는 것입니다. 그렇다면 자신이나 가족이 아닌 타인이나 공동체를 위한 관심과 사랑은 어떻게 나타나는 것일까요?

누군가가 타인이나 자신이 속한 공동체를 위해 자신을 바쳐 사랑을 베푼다는 것은 정말 자신을 생각하거나 돌보지 않고, 오로지 타인과 공동체만을 생각하고자 하는 희생정신에서 나오는 것일까요? 그렇지 않습니다. 역설적으로 정말 자신을 더욱더 사랑할 수 있어야만 타인과 공동체를 위한 희생적 사랑도 가능한 것입니다. 즉 자신을 진정 사랑하는 마음에서 자신의 존재감과 자존감을 더욱 고양하기 위한 원대한 포부에서 자신만이 아닌 자신과 같은 인간으로서의 타인 이나 공동체까지도 사랑하고자 하는 마음과 행동도 가능하게 된다는 것입니다. 다시 말해 박애(博愛)라는 말이 의미하듯이, 자신에 대한 사랑의 범위를 주변에 까지 더욱 넓게 펼치고자 하는 행동이라는 것입니다. 그리고 이와 같은 사랑의 대상을 넓혀가다 보면, 인간 모두를 사랑하는 인류애뿐만이 아니라, 살아있는 모 든 생명체까지 사랑하려는 연민과 자비심의 숭고한 사랑으로 승화하게 되는 것 입니다. 그리고 그 결과 자신의 존재감과 자존감도 그만큼 장대해진다고 하겠습 니다. 우리가 아는 성인들이나 성자들 모두가 바로 이와 같은 자신의 장대한 꿈 을 실현코자 사랑을 널리 베푼 대표적인 분들이라고 하겠습니다.

제13장

갈등과 평화

1. 다른 사람과의 갈등은 왜 생기며 어떻게 해결해야 할까요?

1) 갈등의 원인

우리는 누구나 살아가면서 다양한 사람들과 직간접적으로 교류하면서 살아가야만 합니다. 그런데 그 과정에서 우리는 의도했던, 또는 의도치 않았던 다른 사람들과 크고 작은 다양한 충돌과 다툼을 겪게 됩니다. 그리고 그런 경우 짜증을 내거나 화를 내면서 상대방과 싸우는 경우도 생기게 됩니다. 예컨대, 여러분이 전철을 타려고 줄을 서 있는데, 누군가가 내 앞으로 끼어들면서 갑자기 새치기한다면 여러분은 어떤 반응을 보일 것 같습니까? 아마 아무 일도 없었다는 듯이 담담하게 넘어가기는 쉽지 않을 것이며, 대부분 짜증을 내거나, 화를 내면서 차례를 지킬 것을 강력하게 요구할 것입니다. 그렇다면 우리는 왜 짜증을 내거나, 화를 낼까요? 이렇게 물어보는 것이 오히려 이상하게 여겨질 정도로 당연한 반응이겠지만, 우리는 원만한 인간관계와 안전한 사회생활을 유지하기 위해 이 반응에 대한 진단이 필요하다고 하겠습니다.

우리는 어떤 상황이 자신에게 뭔가 불만족스럽거나 해를 끼치고 있는 것으로 받아들여질 경우, 때론 자신도 모르게 반사적으로, 또는 어떤 기준에 따라 화를 내거나 싸우는 등 갈등의 반응을 보이게 될 것입니다. 즉 자신의 체면, 명예 같은 자존감이나 존재감이 훼손되거나 무시당하고 있다고 느껴질 때나, 또는 자신의 생명이나 재산 등의 안전에 위협을 느끼거나 침해당하고 있다고 여겨질 때 우리는 흔히 이와 같은 반응을 보이게 된다는 것입니다. 하지만 우리는 상대방이 위해(危害)를 가하기 전이나 직후라도 미안해하면서 양해를 구한다면, 그와 같은 반응을 많이 누그러지게 하거나 흔쾌히 양보하게 될지도 모르는 것입니다. 왜냐하면 상대방이 나의 존재감이나 자존감을 인정하는 것으로 받아들일 수 있기 때문입니다. 특히 만일 상대가 노약자의 경우라면 오히려 우리가 먼저 적극적으로 양보나 배려하지 않는다면, 상대방의 존재를 우리가 무시하거나 위해를 가하게 되는 셈이거나, 노약자를 챙기지 못했다는 점에서 자신의 자존감을 스스로 무너뜨리는 경우가 될 것이기 때문에, 우리는 그들을 위해 양보나 배려는 물론이고 때론 희생까지도 감수하게 될 것입니다.

한편 상대방이 양해를 구하지 않거나 노약자가 아닌 경우, 우리가 상대방에게 짜증을 내거나 화를 내는 또 다른 이유는 앞에서처럼 본인 자신의 피해를 넘어서는 또 다른 측면을 고려하기 때문이기도 합니다. 즉 우리가 사회 생활하는 데 있어서 혼란스럽거나 다툼이 벌어지게 될 때, 이를 예방하기 위해 서로 간에 차례와 질서를 지킨다는 것은 그 공동체에서 관례적으로나 또는 규범에 따라 서로 지켜야 할 공동의 약속이기에, 만일 이를 어긴다는 것은 자신을 포함한 공동체와의 약속을 깨는, 그래서 공동체의 혼란을 조장할 수 있는 위해한 행동으로 볼 수 있기에 우리는 당당하게 항의하거나, 때론 이를 제지하기 위한 행동도 과감하게 취할 수 있는 것입니다. 그래서 어떻게 보면, 그저 한 사람쯤 양보한다는 것이 나한테 그렇게 큰 피해가 되지 않음에도 불구하고 우리가 쉽게 양보하지 못하는 것은, 현장에서 내 뒤에 서 있는 다른 사람들에게도 피해가 갈 수 있다는 부분도 있지만, 더 크게 보아 내가 양보해주면, 그것은 우리 사회의 규칙이나 질서를 깨는 것일 수 있기에 이를 지켜야 한다는 공동체 의식, 즉 사회 정의에 따라 오히려 당당하게 상대방을 나무라거나, 상대방의 행위를 제지할 수 있게 된다는 것입니다. 그리고 또 상대방 역시 우리 사회의 일원, 즉 공동체의 구성원이라는 점도 당연히 작용할 것입니다. 그런데 만일 상대방이 이와 같은 지적이나 제지에도 응하지 않거나 오히려 화를 낸다면, 그것은 상대방이 자기 자신밖에 모르는 매우 이기적인 사람이거나, 애당초 우리 공동체에 대해 불만이 많은 사람이라고 할 수 있겠습니다.

그런데 만일 여러분이 만원인 전철에서 내리려고 할 때 사람들에게 밀려 어쩔 수 없이 앞 사람을 밀치게 됐는데 그 사람이 여러분에게 화를 낸다면, 여러분은 어떻게 하겠습니까? 일단 억울한 생각이 들 것입니다. 일부러 그런 것도 아니고, 또 만원 전철에서 흔히 있을 수 있는 일인데, 그 정도로 화까지 낸다는 것에 대해 오히려 여러분이 상대방에 대해 짜증과 화가 날 수도 있겠습니다. 그렇다면 이제 상황을 바꿔서 누군가가 전철에서 내리고 있는 여러분을 뒤에서 밀쳤다면, 여러분은 어떤 기분이겠습니까? 그리고 어떤 반응을 보일 것 같습니까? 여러분도 아마 비슷하게 짜증나고 또 화도 날 것입니다. 왜냐하면 그것은 극히 자연스러운 현상이기 때문입니다. 우리는 누구나 자신의 존재를 침범당하거나 위해를 당하게 되면, 본능적으로 경계를 하게 되면서, 상대에 대해 반발하는 마음이 들게 되는 것입니다. 하지만 문제는 이와 같은 느낌에 대해 실제 어떤 행동으로 반응하느냐 하는 것입니다. 즉, 이런 경우에 짜증나고 화가 나는 것은 당연할 수 있지만, 그에 따른 반응으로서 상대에게 실제로 어떤 반응을 보이느냐 하는 것은 별개의 차원일 수 있다는 것입니다. 왜냐하면 동물들은 대부분 자신이나 자신의 영역에 다른 동물이 위해를 가하거나 침범을 하게 되면, 본능적으로 즉각 상대에게 대들거나, 상대를 내쫓는 행동을 하게 됩니다. 그러나 인간은 조금 전에 살펴보았듯이 당연히 본능적으로는 상대에게 비슷한 반응을 보일 수도 있겠지만, 동물과 달리 합리적인 이성도 갖고 있기에 이 상황에 대해 자신이 어떤 반응을 보이는 것이 진정으로 자신을 위한 결정인가에 대해 생각해보게 된다는 것입니다.

2) 폭력의 발생

이처럼 사람들은 자신들의 다양한 욕구들을 추구하는 과정에서 서로 충돌하면서 갈등을 빚게 됩니다. 즉 어떤 사람들은 자신의 생존이나 존재감을 위해 필요에 따라, 또는 그 이상으로 자신의 욕구 대상을 추구하거나 존재감을 확장하려는 과정에서, 의도적이거나 무의식적으로 다른 사람들의 생존이나 존재성을 무시하거나, 침범하게 된다는 것입니다. 즉 폭력을 행사하게 된다는 것입니다. 그리고 반대로 자신의 생존이나 존재성을 무시당하거나, 침범당한 사람들이 이에 대해 상대방에게 적극적으로 대항 또는 항의하게 될 경우, 이 역시 또 다른 폭력의 행사로서 표출된다는 것입니다.

인간 이외의 동물 세계에서는 기본적으로 자신의 생존과 번식을 위한 욕구 추구와 이에 따른 상대방의 침범에 본능적, 반사적으로 반응하게 됩니다. 예컨대 동물들은 자신의 생존과 번식을 위해 다른 동물들에게 과감한 공격, 즉 폭력을 가하게 됩니다. 아울러 다른 동물로부터 자기 자신이나 자신의 먹잇감, 그리고 새끼들이나 가족, 또는 이 모든 것을 아우르는 자신의 영역 등에서 위협을 느끼게 될 경우, 즉 공격받게 될 때 이에 적극적으로 대응하게 됩니다. 물론 인간도 근본적으로 동물적인 본성을 갖고 있기에, 이와 유사한 동물적인 행태를 보이게 됩니다. 하지만 동물들이 자신의 기본적인 생존 욕구가 충족되면 그 순간에는 더 이상의 욕구를 추구하지 않는데, 인간은 그 이상으로 욕구를 추구하거나, 아니면 반대로 자신의 욕구를 절제하기도 합니다. 아울러 자신의 생존뿐만 아니라 자신의 존재감을 확인받고 싶어 하거나 확대하기 위해, 다른 사람의 존재성에 접근하거나 침범하기도 합니다. 이때 상대방 인간은 이와 같은 접근이 자신의 존재에 위협이 되지 않는다면 호의를 갖고 교류하게 되겠지만, 자신의 존재성에 위협이 된다고 느끼게 된다면, 회피하거나 저항하게 될 것입니다.

그런데 이 과정에서 누군가 자신의 생존이나 존재감을 위해, 상대방의 동의나 협조 없이 강제적으로 상대방의 생존이나 존재감을 위협하거나 침범하게 된다면, 우리는 이를 폭력 행위로서 규정할 수 있을 것입니다. 즉 누구나 자신의 생존을 유지하려고 하며, 또 자신의 존재감을 확인받고 싶어 한다는 것은 인간으로서 매우 당연하고 자연스러운 본성이라고 하겠으나, 이와 같은 욕구 추구와 존재감에 관한 확인 과정이 상대방의 동의나 협조 없이 강제적으로 상대방의 생존과 존재감을 위협하거나 침범하는 방식으로 진행된다면, 이것은 폭력 행위가 된다는 것입니다. 즉, 폭력에는 생존과 관련된 신체적 위해뿐만이 아니라, 따돌림이나 명예 훼손 등과 같은 존재감과 관련된 정신적 상처도 포함된다고 하겠습니다. 그리고 이 폭력에 대해 상대방이 대응하고 저항하는 과정에서 또 다른 폭력이 발생할 수 있는 것입니다. 따라서 자신의 생존 욕구와 존재감을 상대방에게 어떤 형태든 피해를 주지 않는 상황에서 추구하거나, 상대방이 포용력을 갖고 양보나 희생하게 된다면, 상대방과의 관계는 평화로운 상태를 유지할 수 있을 것입니다.

3) 갈등의 해결방식

그렇다면 이 상황에서 상대에게 직접적으로 화를 낸다면, 과연 어떤 결과가 나타나게 될까요? 만일 상대방이 곧바로 수긍하고 사과한다면 과연 나의 기분은 풀릴까요? 얼핏 생각하면 그럴 것 같지만 상황은 반대로 귀결될 수도 있다는 것입니다. 즉 상대방은 자신의 실수를 곧바로 인정하고 사과함으로써 오히려 자신의 예의를 지키게 되는, 즉 자존감을 유지하게 되었다는 만족감을 가질 수 있지만, 나의 경우는 상대방으로부터 사과받았다고 해서 나의 자존감이 유지됐다는 안도감이나 만족감을 얻게 되는 것이 아니라, 오히려 상대방의 작은 실수를 감내하지 못했을 뿐만 아니라 내 감정을 스스로 추스르지 못하고 상대방에게 나의 감정을 드러냈다는 점에서 일말의 자괴감을 느낄 수도 있다는 것입니다. 다시 말해 사소한 일에도 흔들릴 수 있는 본인 자존심의 가벼움에 대해 실망감을 느낄 수 있다는 것입니다. 왜냐하면 똑같은 상황에서 만일 상대가 나를 밀치게 된 것에 대해 먼저 사과하고, 나 역시 상대에게 괜찮다고 응대했을 경우와 비교해 보면 많은 차이가 있다는 점을 확인할 수 있기 때문입니다. 즉 비록 상대가 나를 밀쳤다고는 하지만 상대가 곧바로 사과했다는 점에서 상대에 대한 나의 불쾌감은 이내 사라지고, 오히려 상대가 나의 자존감을 살려주었다는 점에서 상대에 대해 예의가 있는 사람이라는 생각이 들 것이며, 아울러 나 역시 상대의 사과를 괜찮다고 응대해줌으로써 스스로 상대방의 자존감도 받쳐줄 수 있는 예의 있는 사람으로서의 자존감을 유지하게 되었다는 점에서 나름 흐뭇한 만족감을 가질 수도 있기 때문입니다.

물론 인격이 훌륭한 성인이나 현인이라면 비록 상대가 사과하지 않았다고 해도, 상대방의 의도와는 관계없이 상대방의 행위에 대해 그럴 수도 있다는 식으로 먼저 상대방의 상황을 이해하고 포용해줌으로써 자신의 감정도 자제하게 되고, 또 그 결과로써 자신의 자존감도 유지할 수 있다는 점에서 그 자체로 만족감을 얻게 될 수도 있을 것입니다. 하지만 진정한 용서란 피해자의 용서 여부와 관계없이 잘못을 저지른 상대방이 본인의 잘못을 스스로 인정하고, 그에 따른 사과 표시와 함께 용서를 구할 때 비로소 이루어질 수 있다고 할 수 있겠습니다.

그런데 이 상황에서 조심해야 할 점은 자신의 실수나 잘못에 대해 상대방에게 사과하면서 용서를 구할 때, 자신의 자존감부터 지키기 위해서 예컨대 어쩔 수 없었던 상황이었다거나 또는 모르고 그랬다든지 하면서 자기의 입장이나 상황을 먼저 변명하려는 차원에서 접근해선 안 된다는 것입니다. 이는 진정한 사과라고 할 수 없으며, 사과나 용서를 구할 때 중요한 것은 상처를 입은 상대방의 자존감을 회복시켜주는 방식으로 접근해야 한다는 것입니다. 즉 먼저 어디 다친 데는 없는지, 많이 놀라지는 않았는지 등 상대방의 존재부터 배려한 후, '당신이 화날 만하다.', '나라도 화가 났을 것 같다.', '정말 미안한데 내가 어떻게 보상하면 되겠는가?'하는 방식으로 상대의 자존감을 최대한 회복시켜주는 방식으로 사과해야 상대방으로부터 진정한 용서를 끌어낼 수 있다는 것입니다. 반대로 상대방에게 사과를 요구할 때도 똑같이 먼저 상대의 존재감이나 자존감에 상처를 주는 방식으로 예컨대 '어떻게 그런 무식한 행동을 할 수 있는가?'라고 한다든지 또는 '당신도 한 번 당해봐야 한다'와 같은 방식으로 요구하게 되면, 상대방은 사과에 대한 요구라기보다는 복수 차원에서 자신의 존재감이나 자존감에 상처를 주려고 하는 것으로 받아들임으로써 또 다른 반발과 저항을 하게 될 수 있다는 것입니다. 따라서 사과를 요구할 때는 내가 받은 불쾌함이나 피해를 분명하게 밝히는 방식으로서만 접근해야 하며, 용서 여부는 그와 같은 나의 사과 요구에 대한 상대방의 반응을 보고 결정해야 한다는 것입니다.

　그런데 만일 이 상황에서 나도 화를 내고 상대방도 자기의 잘못을 시인하거나 사과하지 않는다면 이후 어떤 결과가 나타나게 될까요? 아마도 두 사람의 다툼은 더욱 확대될 것이며, 이에 따라 서로의 감정도 더욱 상처받게 될 것입니다. 결론적으로 누구나 상황에 따라 기분이 상하고 또 그로 인해 화가 날 수 있다는 것은 매우 자연스러운 본능적인 감정이지만, 중요한 것은 이와 같은 감정에 대해 실제 어떤 반응을 보이느냐 하는 것은 본인이 자신의 자존감을 위해 스스로 선택하고 결정할 수 있는 사안이라는 것입니다. 그리고 이처럼 자신의 자존감을 지키기 위한 자제력을 갖추기 위해서는 별도의 자기관리 훈련이 필요하다는 것입니다. 그리고 이와 같은 갈등의 발생과 그 해소 방식 과정을, 위에서 설명한 바와 같은 개인 간의 관계에서뿐만 아니라, 특정 집단 간의 이해충돌이나 국가 간의 전쟁 상황에까지 확대해서 적용해본다면, 우리가 그런 상황들을 좀 더 잘 이해할 수 있으며 그에 따라 좀 더 무난하게 해결하는 방안들도 모색해볼 수 있을 것입니다.

　이 시점에서 우리는 이와 관련해서 많이 거론되고 있는 역사적 사례를 살펴보도록 하겠습니다. 기원전 1700년경 바빌론(Babylon)을 통치한 함무라비(Hammurabi) 왕이 반포한 세계에서 가장 오래된 성문법 중 하나인 함무라비 법전(Code of Hammurabi)이 바로 그것입니다. 이 법전은 '눈에는 눈'으로 방식의 탈리오의 원칙(lex talionis), 즉 '피해자가 입은 피해와 같은 정도의 손해를 가해자에게 가하는 보복의 법칙'인 동해보복(同害報復)의 대표적인 예로 거론되고 있습니다. 그리고 실제 이에 해당하는 조항을 들여다보면, 196조와 197조에 각각 '평민이 귀족의 눈을 쳐서 빠지게 하였으면, 그의 눈을 뺀다. 그리고 평민이 귀족의 뼈를 부러뜨렸으면, 그의 뼈를 부러뜨린다.'라고 나와 있습니다. (출처 : 한국빅데이터교육협회 발간, 함무라비 법전 전문 편집본) 하지만 여기서 주의 깊게 살펴봐야 할 점은 평민이 감히 귀족의 눈을 빼고, 뼈를 부러뜨렸다면, 계급 간 불평등이 매우 심했던 당시 사회에서 그 평민은 죽임을 당하고, 그 가족은 노예로 팔려 갔을 것인데, 그런 처벌을 가하는 것이 아니라 피해받은 것과 같은 정도의 형벌만을 규정하고 있다는 것입니다. 따라서 이 법전이 가치 있는 것으로 인정받는 이유는 탈리오의 원칙에 있는 것이 아니라, 바로 법으로 정한 것 이상으로 처벌할 수 없도록 하는 근거를 제시했다는 것입니다. 기독교 성경에도 이와 유사한 것이 있는데, 레위기 24장에 '사람이 만일 그의 이웃에게 상해를 입혔으면 그가 행한 대로 그에게 행할 것이니, 상처에는 상처로, 눈에는 눈으로, 이에는 이로 갚을지라'(레24:19-20)라는 것이 그것입니다. 이 역시 문자 그대로의 탈리오 법칙을 제시하고 있는 것이 아니라, 일단 가해와 복수의 균형을 취하여 응보적인 정의감을 만족시켜주는 한편, 아무리 보복한다고 해도 자기가 당한 것 이상의 보복을 금지함으로써 더 이상의 사적인 복수를 종결시키고자 하는 것으로, 이에 따라 가해자 측의 재복수를 허용하지 않는 것을 의미하는 것입니다.

2. 우리에게 관용은 언제 필요할까요?

1) 관용의 의미

관용(toleration)이란 프랑스어인 톨레랑스(tolérance)라는 용어로도 널리 사용되고 있는데, 자신 또는 남의 허물을 너그러이 용서하거나 자신과 다른 특성을 가진 사람의 권리와 자유를 용인한다는 의미입니다. 따라서 앞서 살펴보았듯이 서로 간의 교류에 있어서 각자가 상대에 대해 저항하거나, 반발할 것이냐, 아니면 환대하거나 관용을 베풀 것이냐 하는 것은 서로 간에 상대의 접근에 따라 자신들의 존재에 어떤 영향을 주고받게 될 것이냐에 따른 상대적 차이에 의해 결정되는 것입니다. 즉 자신의 존재에 대해 불안감을 느끼고 있는 사람들은 상대와의 교류에 폐쇄적이거나 배타적인 태도를 보일 수밖에 없을 것이며, 자신감이 있는 사람들은 개방적이거나 공격적인 태도를 보이게 될 것입니다. 이 과정에서 우리가 간과해서는 안 될 점은 각자의 존재는 하나의 개체로서만 존재하는 것이 아니라, 그 존재를 구성하고 있는, 즉 존재의 정체성을 형성하고 있는 주변의 다양한 요소들이 포함된다는 사실입니다. 즉 인간은 개체적, 또는 개인적 자아(individual identity)로서만 존재하는 것이 아니라, 사회적 존재이기에 집단적, 또는 공동체적인 집단 자아(collective identity)를 함께 갖고 있다는 것입니다. 따라서 자신이 속한 공동체가 폐쇄적이거나 배타적인 태도를 보이느냐, 아니면 개방적이거나 공격적인 태도를 보이느냐 하는 것도 개인의 태도에 직간접적인 영향을 끼친다고 하겠습니다. 그리고 이에 따라 자신이나 상대에 대한 관용의 정도도 달라질 것입니다.

2) 관용의 배경

우리는 앞 장에서 사랑을 다룰 때, 사랑이란 일단 자신이나 상대에 대해 먼저 관심을 가지고서, 있는 그대로의 존재를 살피면서, 지금 그대로를 받아들이는 것부터 시작되는 것이라고 제시했었습니다. 따라서 여러분이 자신을 사랑한다면, 일단 자신에 대해 관심을 가지고 현재의 자신에 대해 파악하려고 하고, 또 이렇게 파악된 자신을 있는 그대로 받아들일 수 있어야 할 것입니다. 즉, 자신의 존재를 파악하고, 또 받아들이는 데서부터 자신에 대한 사랑이 시작된다고 하겠습니다.

하지만 사랑은 있는 그대로를 파악하고 받아들이는 데서 멈추는 것이 아니라, 이제 다음으로 그 존재가 가지고 있는 잠재력을 찾아내어, 이를 계발토록 함으로써 그 존재의 발전 가능성을 실현해내고자 하는 과정으로 이어가야만 한다는 것입니다. 그런데 바로 이 점에서 존재 자체의 내적, 외적 갈등이 유발된다고 하겠습니다. 즉, 우선 사람은 누구나 현재의 자신을 지키고자 한다는 것입니다. 그런데 자신이라는 존재는 단순히 하나의 개체로서만 존재하는 것 같지만, 사실은 그 존재가 태어나서 성장하는 과정에서 접촉하거나 교류해온 주변의 매우 다양한 요소들의 집합체라고 할 수 있습니다. 다시 말해 인간은 사회적 존재이기에 자신이 태어나고 성장하면서 육체적으로나 정신적으로 관계를 맺은 부모나 주변의 지인은 말할 것도 없고, 학교나 주변의 생활환경과 자연환경, 그리고 대한민국이라는 국가공동체에 이르기까지 이 모든 요소가 자신의 존재를 구성해오고 있었다는 것입니다. 전문용어로 정리하자면, 이것들이 자신의 정체성(identity)을 구성하는 요소들이기에 대부분 이들 요소와 자신을 동일시하려는 경향이 나타난다는 것입니다. 즉 자신의 생명이나 존재감을 지키려고 하듯이 이들 구성요소에 대해서도 비슷한 감정과 태도를 보인다는 것입니다. 그래서 우리는 나뿐만이 아니라, 내 가족도 지키려고 하며, 더 나아가 내 학교, 내 조국과 관련된 일도 나의 일처럼 여기게 된다는 것입니다. 그래서 나를 사랑하기에 나의 존재에 위협이나 위해를 가하는 상대에게 이에 대응해서 반발하거나 화를 내게 될 뿐만 아니라, 나의 연장선에서 내 가족이나 내 고향, 내 학교는 물론이고, 내 조국, 그리고 내가 좋아하는 스포츠팀에 이르기까지 나와 동일시하는 것들에 대해서 마치 자신이나 자신의 일부처럼 사랑하기에 이들을 응원하거나 지키려고 한다는 것입니다.

문제는 진정 나를 사랑한다는 것은 현재의 나의 존재를 지키려고 할 뿐만 아니라, 나의 잠재적인 가능성을 발견해서, 이를 통해 나를 더욱 계발하고 성장해나가고자 하는 것도 의미합니다. 즉, 사랑하기에 자신을 더욱 발전해나가고자 한다는 것입니다. 이를 위해서는 일단 자신의 현재 한계부터 극복해야만 합니다. 다시 말해 현재의 자신을 유지하고 지키려고만 해서는 자신의 잠재성을 구현해나갈 수 없는 것입니다. 바로 이 점에서 일차적인 내적 갈등이 나타날 수 있는 것입니다. 즉 현재의 자신을 지키고자 하는 의지와 현재의 자신을 극복하고자 하는 의지가 충돌하게 되는 것입니다. 이제 그 다음 단계로서 자신의 잠재성을 계발해서 발전해나가려면 이와 관련된 주변의 다양한 요소들과 끊임없는 교류를 통해 새로운 것들을 받아들여야 합니다. 그런데 바로 이 과정에서 주변 요소들과 외적 갈등이 나타나게 되는 것입니다. 즉 주변 요소들 입장에서는 나의 이런 접근이 자신들의 존재나 주변 요소들에 대한 침범이나 위해로서 받아들여질 수 있기 때문입니다. 따라서 일단 나에 대해 경계하거나, 반발할 수 있는 것입니다.

이처럼 나 또는 우리와 다른 사람들에 대한 거부감이나 저항감은 나 자신의 정체성이나 우리라는 사회적 동질성(social identity)에 대한 침해나 충돌에 대한 우려에서 비롯된다고 할 수 있겠습니다. 즉 나 또는 우리와 다른 사람들을 접촉하거나 충돌함으로써 우리의 정체성이 흔들리거나 훼손되는, 소위 정체성의 위기(identity-crisis)를 맞이하게 될지도 모른다는 존재나 존재감에 대한 걱정과 불안감에 따른 보호 본능일 수 있다는 것입니다. 이는 곧 자기 자신에 대한 불안감이자 상대에 대한 불신에서 비롯된다고 할 수 있으며, 따라서 이와 같은 불안감과 불신에서 벗어나기 위해서는 상대방 역시 나 또는 우리와 마찬가지로 똑같은 불안감과 불신을 느끼고 있다는, 역지사지의 인식과 태도를 갖출 필요가 있다는 것입니다. 다시 말해 어느 한쪽의 일방적인 관용이나 포용만으로 그 기저에 놓여 있는 차별화가 해소될 수는 없으며, 쌍방 모두가 서로의 존재와 차이를 인정하는 한편, 서로 간의 공존의 당위와 필요성을 담보할 수 있어야 한다는 것입니다. 즉 상호 주체성과 다양성에 대한 존중을 통해 서로를 포함하는 공동체 의식을 확장하는 과정에서 서로에 대한 불안감과 불신의 폭을 줄여나갈 수 있다는 것입니다. 이를 위해서는 서로 간의 차이와 차별을 구분할 수 있어야 하며, 이를 통해 기회의 평등에 따른 공정함과 공평함의 기준을 마련할 필요가 있다고 하겠습니다.

　　하지만 서로 간에 이와 같은 공존의 의식을 갖는다는 것은 매우 어려운 일이라고 하겠습니다. 왜냐하면 남을 받아들이기 위해서는 현재의 나의 존재 영역 중 일정 부분을 상대에게 내주어야만 한다는 것을 의미하게 되는데, 이는 곧 나의 존재에 대한 위협으로 여겨지기 때문에 쉽게 용납할 수 없으며, 이를 용납하기 위해선 자기 자신에 대한 확고한 자신감과 함께, 상대를 허용할 수 있는 용기가 필요하다고 하겠습니다. 그래서 관용과 포용, 또는 용서는 자기 자신에 대한 자신감에서부터 나올 수 있는 용기 있는 행위라고 할 수 있는 것입니다. 다시 말해 나와 다른 상대나 나에게 잘못을 저지른 상대에 대해 관용을 베풀거나 용서하지 못하는 것은 그만큼 자신에 대한 자신감이나 자존감이 부족하기 때문이라고 할 수 있는 것이며, 따라서 제삼자에 의한 설득이나 강요를 통해 관용이나 용서하기는 매우 어렵다고 하겠습니다. 특히 개인이나 집단이 갖는 종교적 믿음이나 신념에 따른 차이는 곧 서로 간의 존재감을 결정하는 정체성의 차이를 의미하기에, 그 차이를 극복해서 서로 간에 화합이나 공존을 이루기는 더욱 어렵다고 하겠습니다.

3) 관용의 한계

이제 관용과 관련해서 두 가지 점을 생각해보도록 하겠습니다. 먼저 만일 여러분이 항해 중 조난당해 평소 싫어해서 멀리했던 사람하고 단 둘만 구명보트에 남아 바다 한가운데에 표류하게 되었다면, 그래도 그 사람을 계속 멀리하겠습니까? 이에 대한 대답을 생각해보기 위해 관련된 다음 질문도 제시하겠습니다. 즉 이제 반대로 이유 없이 여러분을 싫어하는 사람과 구명보트에 둘만 남게 된다면 그때 여러분은 어떤 행동을 할 것 같습니까? 일단은 살아남기 위해 이제까지 서로가 상대방에게 갖고 있던 감정부터 내려놓아야만 하지 않을까요? 우리는 누구나 영원히 살지 못합니다. 요즘 백 년 인생이라는 말이 있지만, 이 역시 어느 순간 곧 닥치게 될 시한일 뿐만 아니라, 우리 모두 그 나이까지 살 수 있다고는 누구도 장담할 수 없을 것입니다. 따라서 우리의 하루하루는 누구에게나 매우 소중한 날인 것입니다. 그런데도 우리는 살아가면서 정말 자신에게 중요한 것에 대해서는 무관심하거나 제대로 모른 채, 그저 남들이 하는 대로 따라 하거나, 아니면 눈앞의 자기만 생각하고 제멋대로 살아가는 사람들을 마주치게 됩니다. 그런데 문제는 우리도 다른 사람들이 봤을 때는 그런 사람으로 여겨질 수 있다는 것입니다. 이와 같은 사람들이나 자신에 대해 여러분은 언제까지 관용할 수 있겠습니까?

그래서 우리는 마음의 문을 열고 항상 깨어 있는 자세로 살아가야 한다는 것입니다. 즉, 우리가 좀 더 내 인생을 소중하게 살아가기 위해서는 항상 나 자신이나 내 주변부터 먼저 되돌아보면서 살아가야 한다는 것입니다. 그런데 세상은 결코 나 혼자 살아갈 수 없으며 그래서도 안 되는데, 그러함에도 나 자신이나 내 생활만 옳다고 고집하고 또 집착하면서 살아가고 있는 것은 아닌지 언제나 반성하면서 살아가야 하며, 내가 살아가고 있는 공동체의 다른 구성원들은 어떤 삶을 살아가고 있으며, 그들과 어떻게 더불어 살아가야 하는지도 항상 살펴야만 한다는 것입니다. 이처럼 깨어 있는 자세를 견지하고 있어야 다른 사람들에 대해서도 이해하고 공감할 수 있으며, 또 이와 같은 마음을 바탕으로 자신이나 다른 사람들에 대해서도 관용할 수 있는 것입니다.

다음으로 생각해볼 점은 바로 앞서 제시한 첫 번째 질문을 지구상의 다른 생명체들이 인간에 대해서 하고 있을지도 모른다는 것입니다. 다시 말해서 자기만 생각하고 제멋대로 살아가는 그런 인간들과 지구라는 구명보트에 어쩔 수 없이 함께 남게 된 셈인 다른 생명체들은 그런 인간들에 대해 과연 언제까지 관용할 수 있겠느냐 하는 것입니다. 그런데 다른 생명체들에게 있어서 심각한 상황은, 이런 인간들과 언제까지 이 지구에서 앞으로도 계속 더불어 살아가야만 하는가에 대한 자신들의 선택권은 없다는 것입니다. 즉 인간만이 그 선택권을 행사할 수 있는 상황이라는 것입니다. 이제 우리는 이처럼 무관심하거나 이기적인 인간들에 대해 언제까지 관용해야만 할 것인가에 관해서 다른 생명체들을 대신해서 심각하게 논의해야만 할 시점에 와있다고 하겠습니다.

3. 평화는 어떻게 구축될 수 있을까요?

이 시점에서 우리는 평화로운 상태가 왜 필요하며, 또 이를 유지하기 위해 어떻게 하면 인간이 본성적으로 가지고 있는 욕구 추구와 존재감의 확인을 절제하거나 상대방으로부터의 동의나 협조를 얻게 될 것인가, 또 어떻게 해야 상대방의 위협이나 침범을 포용력을 갖고 양보하거나 희생을 받아들이게 될 것이냐에 대해 살펴봐야만 할 것입니다. 우리가 서로 간의 갈등을 극복해서 평화를 구축하기 위해선 무엇보다 먼저 모든 인간이 서로가 동물적 본성만 가지고 있는 것이 아니라, 합리적 이성에 따른 천부적 인권도 가지고 있는 고귀한 존재이기에 서로를 평등하게 존중해야 한다는 점부터 확고하게 인지하고 있어야 할 것입니다. 이와 같은 내용을 가장 명쾌하게 정리해서 밝히고 있는 것이 유엔(UN)에서 채택한 세계인권선언문이라고 하겠습니다. 따라서 세계인권선언문의 중요한 부분만이라도 살펴보도록 하겠습니다.

세계인권선언문

제1조 모든 인간은 태어날 때부터 자유로우며 그 존엄과 권리에 있어 동등하다. 인간은 천부적으로 이성과 양심을 부여받았으며 서로 형제애의 정신으로 행동하여야 한다.

제2조 모든 사람은 인종, 피부색, 성, 언어, 종교, 정치적 또는 기타의 견해, 민족적 또는 사회적 출신, 재산, 출생 또는 기타의 신분과 같은 어떠한 종류의 차별이 없이, 이 선언에 규정된 모든 권리와 자유를 향유할 자격이 있다. 더 나아가 개인이 속한 국가 또는 영토가 독립국, 신탁통치지역, 비자치지역이거나 또는 주권에 대한 여타의 제약을 받느냐에 관계없이, 그 국가 또는 영토의 정치적, 법적 또는 국제적 지위에 근거하여 차별이 있어서는 아니 된다.

제3조 모든 사람은 생명과 신체의 자유와 안전에 대한 권리를 가진다.

제4조 어느 누구도 노예 상태 또는 예속상태에 놓여지지 아니한다. 모든 형태의 노예제도와 노예매매는 금지된다.

제5조 어느 누구도 고문, 또는 잔혹하거나 비인도적이거나 굴욕적인 처우 또는 형벌을 받지 아니한다.

제6조 모든 사람은 어디에서나 법 앞에 인간으로서 인정받을 권리를 가진다.

제7조 모든 사람은 법 앞에 평등하며 어떠한 차별도 없이 법의 동등한 보호를 받을 권리를 가진다. 모든 사람은 이 선언에 위반되는 어떠한 차별과 그러한 차별의 선동으로부터 동등한 보호를 받을 권리를 가진다.

제8조 모든 사람은 헌법 또는 법률이 부여한 기본적 권리를 침해하는 행위에 대하여 권한 있는 국내 법정에서 실효성 있는 구제를 받을 권리를 가진다.

제30조 이 선언의 어떠한 규정도 어떤 국가, 집단 또는 개인에게 이 선언에 규정된 어떠한 권리와 자유를 파괴하기 위한 활동에 가담하거나, 또는 행위를 할 수 있는 권리가 있는 것으로 해석되어서는 아니 된다.

출처: UN 인권최고대표사무소의 한글 번역본

그렇다면 만일 인간이 자신의 동물적 생존본능에 의지해서 자신의 욕구 충족을 위해 폭력을 행사하게 된다면, 어떠한 상황이 벌어지게 되겠습니까? 대부분 상대방 역시 동물적 생존본능에 따라 이에 저항하게 될 것입니다. 그리고 이와 같은 저항은 상대방으로부터 자신을 지키기 위한 어쩔 수 없는 것으로서 정당화되기도 합니다. 즉 정당방위로서 받아들여지게 되는데, 이때 정당방위란 자기 혹은 타인을 보호하기 위해 부득이하게 행한 가해행위로서, 보통 폭력을 사용하여 상해를 입히거나 죽이는 것을 말합니다. 그리고 정당방위의 성립 요건으로서의 방어 행위에는 순수한 수비적 방어뿐 아니라 적극적 반격을 포함하는 반격 방어의 형태도 포함되지만, 그 방어 행위는 자기 또는 타인의 법익 침해를 방어하기 위한 행위로서 그에 요구되는 상당한 정도의 이유가 있어야만 합니다. 아울러 소위 사적 제재의 형태로 방어가 이루어져서도 안 됩니다. 왜냐하면 사적 제재란 정해진 사법 절차를 거치지 않고, 개인이나 집단에 의해 결정되고 집행되는 모든 형태의 폭력으로서, 이는 폭력의 악순환이나 확대재생산 될 가능성이 크기 때문에 법치주의 국가에서 사적 제재는 범죄로 규정하고 있는 것입니다. 아무리 악한 범죄자라고 해도, 일개 개인이 다른 개인에 대해서 폭행이나 살인을 저지르는 것은 주관적인 대중들의 법 감정과는 관계없이 엄연한 범죄인 것입니다. 아울러 국가적 차원에서의 자위권도 외국으로부터의 불법적 침해에 대해서, 자기 나라 또는 자기 나라의 국민을 위하여, 혹은 관련된 인접 국가를 위해 상대 국가에 대해 무력을 행사할 수 있는 권리이지만 이 또한 국제법상 인정되는 범위에서만 가능한 것입니다.

그렇다면 평화적 상태는 어떻게 확보될 수 있을까요? 이를 위해선 먼저 자신을 포함해서 인간이면 누구나 동물적인 본능에 따라 잠재적인 폭력성을 갖고 있다는 점을 스스로 인지해야 합니다. 아울러 역시 자신을 포함해서 인간이면 누구나 이와 같은 폭력에 따른 갈등을 절제나 양보를 통해 사전에 방지하거나 해결할 수 있는 이성을 갖고 있다는 점 역시 인지해야 할 것입니다. 즉 누구나 폭력에 따른 위해나 공포보다는 상호 간의 소통에 따른 평화 상태가 더욱 바람직하다는 점을 인지하고 있어야만 한다는 것입니다. 그리고는 이 과정을 역지사지의 입장에서 서로 간의 상황에 대한 공감을 통해 상호 인지해야 할 것입니다.

여기서 우리는 서로 간의 갈등을 해결하기 위해 어떤 하나의 기준에 따른 보편적 법칙을 찾아내서 이를 일방적으로 적용함으로써 질서를 찾아가는 방식이 아닌, 서로 간의 갈등 요소를 파악한 후 이를 함께 개선하기 위한 소통을 통해 더욱 나은 질서를 마련하는, 즉 대화와 타협의 절차에 따른 평화적 방식으로 갈등을 점진적, 단계적으로 해소하려는 노력이 요구된다고 하겠습니다.

그런데 이와 같은 대화를 통한 합의의 과정에서 중요한 점은 비록 완벽한 합의는 아닐지라도 서로 합의를 이루게 되었다는 점, 즉 함께 더불어서 해냈다는 그 공동체 정신이 더욱 중요하다는 것입니다. 즉, 인간들이 살아가는 데 있어서 가장 중요한 것은 누가 더 잘 살고, 누가 더 옳은가를 가려내는 것보다는 누가 더 잘 났든, 못 났든 무엇보다도 '함께 더불어' 살아가야만 한다는 공생 공영의 삶이 가장 잘사는 것이고 또 가장 올바른 삶이라는 것입니다. 그리고 바로 이와 같은 공동체 정신의 중요성에 대한 깨달음을 통해, 인간들이 서로를 생존경쟁의 상대로만 인식해서 무엇보다 나부터, 또는 나만 살아남기 위해 상대방에게 신체적인 폭력을 행사하거나, 내 입장이나 내 주장만이 옳다고 주장하기 위해 상대방의 존재를 무시하거나 배제함으로써 상대방에게 정신적인 폭력을 가하는, 본능적이고, 이기적인 승자 독식의 동물적인 야만의 세계로부터, 서로 함께 양보하고 배려함으로써 상생의 길을 모색하는 것이 평화의 공동체로 나아갈 수 있게 해주는 해결책이라고 할 것입니다. 즉 인간들이 대화와 타협의 세계관에 따라 서로의 생존과 존재감을 유지 시켜주면서도 함께 더불어 살아갈 수 있도록 이해와 양보를 통해 조화와 균형을 이루는 공동체에서만이 평화가 가능하다는 것입니다.

제14장

전통과 시대 변화

1. 전통과 정체성은 어떤 관계가 있을까요?

1) 전통의 역할

우리는 성장해가면서 누구나 한 번쯤은 어느 순간 자신의 존재에 대해서 진지하게 생각해볼 때가 있을 것입니다. 그렇게 '나는 누구인가'를 생각하다 보면 이내 본인의 뿌리인 부모나 조상에 대해서도 관심을 가지게 되면서, 그들로부터 자신이 물려받은 것이 무엇인가를 살펴보게 됩니다. 그러다 보면 집안의 족보 등 자신의 성씨(姓氏)나 가문에 대한 궁금증도 생기게 됩니다. '잘 되면 내 탓, 잘못되면 조상 탓'을 하는 사람도 있겠지만, 어쨌든 현재의 부모나 조상 중에 출세나 성공하신 분이 있으면 괜히 어깨가 으쓱해지면서 '나도 잘 될 수 있겠다'라는 자신감이 생기기도 할 것이며, 반대로 그분들의 성공이 자신에게 중압감으로 다가오는 때도 있을 것입니다. 아울러 부모나 조상 중에 출세나 성공하신 분이 없다고 여겨질 때는 자괴감에 빠지거나 창피하게 생각할 수도 있으며, 반대로 본인 스스로 자수성가하고자 하는 도전 의식이 솟구칠 수도 있겠습니다.

그리고 이 과정에서 자신이 살아가고 있는 주변 환경도 살펴보게 됩니다.

즉 자신의 가까운 친지는 물론, 다녔던 학교나 마을, 그리고 지방과 더 나아가서는 대한민국이라는 국가공동체를 돌아보게 된다는 것입니다. 특히 주변 사람이나 책을 통해서 자신의 친지나 고향, 또는 대한민국에서 자신의 귀감으로 삼을 만한 분을 찾게 되면 앞서와 마찬가지로 은연중에 '나도 저분처럼 될 수 있겠구나'라고 하는 목표 의식을 가질 수도 있을 것이며, 반대로 안 좋은 사람들 얘기를 듣게 되면 '나 역시도 어쩔 수 없이 저렇게 될 수도 있겠구나'하는 불안감을 느낄 수도 있을 것입니다. 이처럼 본인이 거쳐온 주변 환경이 현재는 물론 앞날에 자신에게 긍정적인 도움이 되고 있는지, 아니면 족쇄처럼 자신에게 한계와 굴레로서 작용하게 되는지 점검해본다는 것입니다.

이 과정에서 우리는 먼저 두 가지 점을 발견할 수 있겠습니다. 첫 번째는 현재의 자신을 돌아보거나 미래의 자신을 예측해보기 위해 우리는 자신에게 영향을 미치고 있다고 여겨지는, 자기의 뿌리나 주변 환경에 대해 살펴보게 된다는 것입니다. 두 번째는 그와 같은 자기의 뿌리나 주변 환경이 자신에게 어떠한 영향을 미치고 있는가는 이미 정해져 있는 것이 아니라 그것을 받아들이는 자신에게 달려있다는 것입니다. 관련해서 미국의 예를 들자면, 케네디(John F. Kennedy)나 부시(George W. Bush), 그리고 트럼프(Donald J. Trump)처럼 좋은 가문 출신으로서 대통령이 된 사람들도 있지만, 클린턴(William J. Clinton)이나 오바마(Barack H. Obama)처럼 문제 가정이나 결손 가정에서 힘들게 자랐지만 역시 대통령까지 된 사람들도 있다는 것입니다. 또 비록 식민 통치받았던 처지의 나라였지만 조국을 독립으로 이끈 인도의 간디(Mahatma Gandhi)나, 백인 통치에 따른 극심한 인종차별이 행해지던 조국을 국민 통합과 민주화로 이끈 남아프리카 공화국의 넬슨 만델라(Nelson R. Mandela) 같은 위인도 있는 것입니다.

2) 정체성의 형성

이 과정에서 우리는 자기의 뿌리나 주변 환경이 자신에게 어떠한 영향을 미치고 있는가를 살펴보기 위해서는 우선 그 뿌리나 주변 환경부터 알아야만 할 것입니다. 즉 자신의 현재 정체성을 이루고 있는 것이 무엇인지부터 알아내야한다는 것입니다. 과연 여러분은 본인의 부모나 가문에 대해서 얼마나 알고 있습니까? 좀 더 자세히 알아본 적은 있습니까? 과연 여러분은 자신의 모교에 대해서 얼마나 알고 있습니까? 마찬가지로 여러분은 대한민국에 대해서 얼마나 알고 있습니까? 예컨대 한민족으로서의 정통성, 즉 그 뿌리는 어디에서부터 연유된다고 생각합니까? 그리고 그 정통성은 오늘날까지 변함없이 이어져 오고 있다고 생각합니까? 또한 한민족은 과연 단일 민족이 맞습니까?

자신의 정체성을 구성하는 것은 크게 세 가지로 구분해서 규정할 수 있겠습니다. 부모로부터 물려받은 유전적 환경과 자신의 주변을 형성하고 있는 사회 환경, 그리고 자연생태 환경입니다. 이 중에서도 사회 환경은 두 가지 차원에서 살펴볼 필요가 있습니다. 그 첫 번째는 공시적(共時的, diachronic) 차원으로서 현재 자신과 끊임없이 상호작용하면서 자신을 규정하고 있는 주변 인물들은 물론, 사회의 관습, 관례, 윤리, 법, 제도 등이며, 다음으로는 통시적(通時的, Synchronic) 차원으로서 현재의 사회 환경을 형성하고 있는 오래전부터 이어져 내려온 역사적 과정, 즉 전통이라고 하겠습니다. 다시 말해 현재의 자신을 살펴보기 위해서는 자신과 상호교류하면서 자신을 규정하고 있는 주변 사회 환경도 살펴봐야 하며, 이를 제대로 파악하기 위해서는 오늘날의 사회 환경이 형성되기까지의 진행 과정, 즉 역사적 전통도 살펴보아야만 한다는 것입니다.

3) 전통에 대한 태도

한편 우리는 살아가면서 주변으로부터 다양한 요구를 받게 됩니다. 그리고 그중에는 심지어 강요당하는 것들도 있습니다. 나의 부모는 왜 나에게 당신들과 같은 종교를 믿으라고 할까? 학교는 반드시 다녀야만 하는 것인가? 결혼은 꼭 해야만 하나? 자연인처럼 살면 안 되는가? 왜 태극기는 함부로 다뤄서는 안 되는가? 앞서 살펴보았듯이 우리는 육체적으로나 정신적으로 현재의 자신, 즉 자신의 정체성을 유지하고자 합니다. 아울러 자신과 비슷한 사람들과 교류하면서 그 정체성을 유지하게 됩니다. 그리고 자기의 후손들 역시 자신의 존재를 이루고 있는 그 정체성을 이어받길 기대합니다. 반대로 우리는 육체적으로나 정신적으로 우리 자신과 다른 사람들, 즉 우리와 정체성이 다른 사람들을 경계하거나 때론 적대시합니다. 그뿐만이 아니라 자기의 후손이나 친지 등 자신과 같은 정체성을 공유하는 사람들이 다른 정체성을 가지고 있는 사람들과 접촉하는 것도 경계하며 때론 금지하려고도 합니다. 하지만 이와 같은 현상은 자신을 지키고자 하는 매우 자연스러운 본능적, 생태적인 행동이라고 하겠습니다.

한편 우리 중에는 현재의 자신에 만족하지 못하고 있거나 새로운 존재나 영역으로 자신의 존재를 확장하려고 하는 사람들도 있습니다. 특히 현재의 자신에 대해 만족하지 못하고 있거나, 불안하게 여기고 있는 사람들일수록 더욱 새로운 자신을 추구하거나 자신의 한계를 극복하기 위해, 다른 사람들과 교류를 원하거나 다른 환경에 도전하게 됩니다. 이 과정에서 두 가지 갈등(identity-crisis)이 나타날 수 있다고 하겠습니다. 첫 번째는 현재 자신과의 내적 갈등입니다. 즉 새로운 자신에게 다가가기 위해서는 현재 자신의 일정 부분 또는 모든 것을 내려놓아야 하는데, 그에 따른 불안감, 즉 자아 상실의 불안감이 나타날 수 있다는 것입니다. 또 다른 갈등은 자신과 맞닥뜨리게 될 새로운 사람이나 새로운 환경과의 갈등입니다. 왜냐하면 새롭게 만나는 상대방으로서는 자신의 정체성이나 영역에 침범하는 사람에 대해서 자신의 존재, 즉 자신의 정체성과 영역을 지키기 위해 경계하거나 물리치려고 할 수 있기 때문이며, 또 새로운 환경에 도전하려고 할 때 익숙하지 않은 환경으로 인해 발생할 수 있는 위험을 감수해야 하기 때문입니다.

문제는 현재의 자신과 자신의 환경에 대해 만족하고 안주하고자 하는 사람들도 설혹 지금 당장에는 별문제가 없을 수 있겠으나, 조만간 자신의 신체적인 노화는 말할 것도 없고, 주변 환경 역시 끊임없이 변화하고 있는 상황에서는 새로운 변화에 맞닥뜨리지 않을 수 없다는 것입니다. 물론 그렇다고 해서 지금의 자신과 환경으로부터 무작정 벗어나 끊임없이 새로운 자신과 환경을 찾아가거나 도전할 수만은 없을 것입니다. 왜냐하면 그 과정에서 자신의 정체성을 잃어버리게 되는 위험이 놓여 있기 때문입니다.

그렇다면 우리는 내외적으로 끊임없이 변하고 있다는 어쩔 수 없는 현실 속에서 현재의 자신을 일정 부분 유지하는 한편, 변화하는 자신은 물론 다른 존재나 환경과의 갈등이나 위험을 최소화하면서 적응할 수 있는 방법을 찾아야만 할 것입니다. 이를 위해서는 먼저 현재 자신의 존재나 환경부터 제대로 살펴보아야 할 것입니다. 즉 자신이 가지고 있는 특성이나 능력, 그리고 추구하는 가치 등에 대해서 그 장단점을 제대로 알고 있어야 하며, 아울러 자신이 살아가고 있는 환경에 대해서도 그 특성이나, 시스템, 그리고 추구하는 공동가치 등에 대해서도 알고 있어야 합니다. 그 다음으로는 접촉하는 상대나 환경에 대해서도 마찬가지로 그 존재나 환경, 여건 등에 대해 적극적으로 살펴보아야 할 것입니다. 그 이후에는 나와 다른 상대, 또는 이전 환경과는 다른 환경과 공존하면서 서로가 원만하게 적응할 수 있는 방식이나 목표를 찾아야 할 것입니다. 즉 나의 존재, 다시 말해 나의 생존이나 존재감을 유지하기 위해 나만을 위하는 방식에 따라 상대방이나 환경을 내 의지대로 멋대로 대하거나 바꾸려고 해서는 안 되며, 나뿐만이 아니라 상대방이나 주변 환경도 함께 더불어서 살아가야만 하는 존재라는 점을 깨닫고 서로 공존하면서 번성할 수 있는 목표와 실천 방향을 모색해야 한다는 것입니다.

이를 위해선 서로의 장단점을 비교하면서 이제까지 자신을 유지하는 데 도움이 된 각자의 장점은 장점대로 유지하면서, 서로 부족한 부분을 보완할 방안을 모색해야 할 것입니다. 즉 이제까지 자신이나 환경을 유지할 수 있도록 지탱해준 습관이나 전통 중 좋은 것은 계속 이어가되, 상대방이나 주변 환경으로부터 좋은 것들은 그것들대로 받아들이는 것이 바람직하다는 것입니다. 그리고 이를 위해선 자신이나 다른 존재 모두에게 어떤 것이 진정으로 바람직한 것, 즉 공존공영을 위한 목표나 가치부터 정립해야 할 것입니다. 특히 오늘날과 같이 급변하는 세계화와 정보화 그리고 4차 산업혁명의 시대에 우리 자신을 잃지 않으면서도 변화하는 주변 환경에 제대로 적응하기 위해선 이와 같은 공존공영의 가치를 추구하는 방식에 대한 모색과 실천이 대단히 중요하다고 하겠습니다.

2. 시대 변화를 어떻게 받아들여야 할까요?

1) 변화와 교류의 필요성

여러분은 괄목상대라는 말의 의미를 알고 있습니까? 그리고 사대주의라는 말의 뜻도 알고 있습니까? 먼저 괄목상대라는 말은 눈을 비비고 다시 보며 대한 다는 뜻으로, 다른 사람의 학식이나 재주가 깜짝 놀랄 만큼 늘었음을 의미하는 사자성어입니다. 예컨대 좋은 친구란 항상 곁에 있으면서 즐겁게 하는 것만이 아니라, 사흘을 안 본 후 만나게 되면, 그 사이에도 매일같이 새롭게 정진함으로써, 일취월장한 모습으로 나타나 괄목상대가 되어 있는 사람이라는 것입니다. 즉 괄목상대란 사람은 항상 현실에 안주하지 않고 끊임없이 노력해서 계속 성장해 나가야 한다는 것을 강조하고 있는 말입니다.

다음 사대주의라는 말은 자율적이지 못하고 자국보다 강한 국가나 세력에 복종하거나 맹목적으로 받아들이려는 사상을 의미하는 것으로, 20세기 초반에 국수주의자들이 크고 강한 국가에만 지나친 관심을 보이는 당시의 지배층들을 비판하기 위해 만든 말이라고 합니다. 본래 사대(事大)라는 말은 약자가 강자를 섬긴다는 뜻으로, 즉 우리는 현재 자신의 부족함을 채워 발전해나가기 위해서는 누군가로부터 배움을 얻어야 하며, 상대로부터 가르침을 받고자 할 때는 자신을 낮추면서 상대를 따르고 받들어야 한다는 것입니다. 자신의 부족함을 깨닫지 못하거나 부족함을 알면서도 자신을 낮추기 싫어서, 자신보다 많은 것을 잘 알고 있는 상대방, 예컨대 롤 모델(role model)이나 스승 등을 따르고 받들려고 하지 않는다면, 자신의 발전을 기대할 수 없을 뿐만 아니라 남들은 발전하는 데 나만 홀로 현재에 안주한다면, 이는 곧 퇴보를 의미할 뿐입니다. 따라서 아무리 친구 라도 배울 것이 있는 사람에게는 자신을 낮추고, 즉 자신의 마음을 열고 상대방을 스승으로 모시려고 하는 자세가 필요하다는 것입니다.

국가적 차원에서 보자면 비록 한 국가의 주권, 즉 자주성을 지키는 것이 기본적으로 중요하지만, 국제적 흐름에 뒤져 열악한 상황에 놓여 있다면 국가의 개혁이 필요하며, 이를 위해선 국경의 문을 열고 다른 국가의 문물을 받아들여야만 한다는 것입니다. 그래서 개혁과 개방은 함께 붙어 사용되는 경우가 많은 용어라는 것입니다. 예컨대 특정 국가의 개방 여부는 그 국가의 개혁 의지에 달려있으며, 그 국가의 개혁 여부는 바로 개방, 즉 교류하고자 하는 의지에 따라 판단될 수밖에 없는 것입니다. 따라서 그 국가의 개혁 의지를 파악하지 않은 채 개방만을 기대하거나 요구한다는 것은 정책 판단의 착오를 가져올 수밖에 없는 것입니다. 그만큼 국가의 개혁을 위해서는 개방이 중요하다는 것입니다.

2) 전통적인 성(性) 인식의 변화

이제 전통의 변화 과정을 살펴보기 위해서 그 예로써 우리 사회의 성에 대한 인식 변화를 살펴보도록 하겠습니다. 기본적으로 우리는 남성과 여성의 차이에 대해 크게 두 가지 관점에서 바라보게 됩니다. 첫 번째는 신체적, 생리적 차이에 따른 구분과 또 하나는 사회적 역할의 차이에 대한 구분입니다. 그런데 흔히 이렇게 구분하는 과정에서 자신도 모르는 선입관에 빠져 있다는 사실을 깨닫지 못하는 경우가 있다는 것입니다. 그 첫 번째는 남성과 여성의 신체적, 생리적 차이에 따라 사회적 역할도 달라져야 한다는 고정관념입니다. 그리고 또 하나는 사회적 역할도 인위적으로 그 중요도나 가치를 구분하여 우열의 기준을 적용하고 있다는 것입니다. 그리고 이와 같은 선입관은 대부분 과거 전통적인 가부장적 세계관으로부터 내려온 유산의 작용이라고 하겠습니다.

물론 남성과 여성은 신체적으로나 생리적으로 분명한 차이가 있습니다. 그리고 사회의 역할은 그에 걸맞은 능력과 적성 여부에 따라 구분해서 부여해야 합니다. 그러나 신체적으로나 생리적인 차이에 따라 그에 따른 사회적 역할도 곧바로 결정되지는 않습니다. 그리고 사회적 역할의 구분도 필요하지만, 그 역할의 차이에 따라 중요도나 가치도 곧바로 결정되는 것은 아닙니다. 예컨대 남성이라고 해서 가사나 육아 활동을 잘하지 못하는 것은 아닙니다. 또한 가사와 육아가 사업이나 직장생활과 같은 사회활동보다 중요하지 않은 것도 아닙니다. 따라서 남성이 여성보다 잘 나서 사회생활을 하는 것이고, 여성은 남성보다 못 나서 집안에서 살림만 해야 한다는 가부장적(家父長的) 사고방식의 문제는 두 가지 차원에서 잘못된 인식이라고 할 것입니다. 즉 성 차이에 따른 역할 구분과 역할 차이에 따른 중요도의 구분을 하고 있다는 것입니다.

이렇듯 잘못된 전통적인 남성 중심의 가부장적 인식이 아직도 사회 곳곳에 여전히 고질적으로 남아 있는 것은 우리 가정과 사회집단 내에서 이와 같은 사고방식이 우리 사회의 전통과 관습으로서, 즉 우리 정체성의 일부분으로 받아들여지고 있기 때문입니다. 즉 일상적인 가정생활 속에서 조부모나 부모가 아직도 은연중에 자녀들에게 자신들이 어렸을 때부터 보고 자랐던 방식에 따라서 습관적으로 성 차이에 따른 역할 구분을 하도록 가르치거나 방치하고 있으며, 특히 역설적으로 같은 여성으로서 어머니가 자기의 딸이나 며느리에게 성 차이에 따른 역할 구분을 강요하거나 방치하고 있다는 것입니다.

근대사회에 들어서면서 서구에서부터 여성운동이 나타나기 시작하고, 우리나라에서도 20세기 초부터 여성운동이 나타난 이후 여권이 많이 신장하고 있기는 하지만, 아직도 올바른 성평등 의식이 제대로 정착되지는 못하고 있습니다. 그 가장 큰 이유 중 하나로는 성평등의 기준을 남성 중심의 사회생활을 기준으로 보고 있다는 점을 들 수 있겠습니다. 즉 마치 여성도 남성이 하는 일을 똑같이 하게 되면, 성평등이 이루어지는 것처럼 여기는 잘못된 인식과 접근방식이 만연하고 있다는 것입니다. 물론 당연히 여성도 남성이 하는 일을 똑같이 할 수는 있겠지만, 그것을 기준으로 성평등을 주장하게 되면, 신체적, 생리적인 차이로 어쩔 수 없이 남성이 하는 일을 하지 못하는 여성들이 많은 상황에서는, 이와 같은 여성들이 같은 여성들 사이에서조차 차별받을 수 있을 뿐만 아니라, 오히려 남성 중심의 세계관이 고착되는 결과로 이어질 수밖에 없다는 것입니다.

따라서 전통 사회의 가부장적 남성 중심주의에서 벗어나서 진정한 성평등 사회로 나아가기 위해서는 앞서 설명했다시피, 자신의 성별이 아닌 각자의 능력과 적성에 맞게 자신의 사회적 역할을 선택할 수 있는 방향으로 나아가야 한다는 것입니다. 즉 남성이냐 여성이냐를 구분하기 전에 동등한 인간, 그 자체로서 존중받아야 하며, 사회적 역할 역시 그 중요도나 가치에 대한 구분 없이 서로가 자기의 능력과 적성에 맞는 일을 찾아서 할 수 있는 기회가 부여되어야 한다는 것입니다. 따라서 올바른 성평등 의식을 갖고 남녀가 함께 더불어서 생활해나가기 위해서는 성 차이에 대한 잘못된 선입관을 바꾸어야만 할 뿐만 아니라, 성 차이를 떠나 모든 인간을 인간 그 자체로서 동등하게 존중할 줄 아는 올바른 인간관도 함께 정립해야만 한다는 것입니다.

3. 우리 고유의 전통은 무엇일까요?

1) 한국 전통의 실상

그렇다면 과연 한국의 전통으로는 어떤 것들을 제시할 수 있을까요? 이와 관련해서 만일 외국인이 여러분에게 오늘날 한국의 '전통적인 것'으로 무엇을 꼽을 수 있는지를 물어본다면 여러분은 어떤 것을 제시할 수 있겠습니까? 일단 쉽게 생각해볼 수 있는 것으로는 김치나 고추장, 태권도나 택견, 판소리, 사물놀이 등을 들 수 있겠습니다. 하지만 조금만 깊이 들여다보면 이들의 역사가 생각보다 그리 오래되지 않은 것을 발견하게 되면서 오히려 당황하게 될지도 모릅니다. 예컨대 김치는 오늘날 한국인의 대표 음식이고 세계적으로도 널리 알려졌지만, 현재의 붉은 김치의 형태가 본격적으로 나타났던 때는 아메리카 대륙에서 유래한 고추가 포르투갈 상인들을 통해 동아시아로 전해진 이후, 임진왜란 때 우리나라에 들어온 다음부터라고 하겠으며, 그 이전의 김치는 단순히 소금에만 절인 백김치나 물김치가 주를 이루었다고 합니다. 그리고 현재의 김치도 지방마다 그리고 집안마다 조금씩 차이가 나는 형태로 매우 다양하다고 하겠습니다. 물론 고추장도 이와 비슷하다고 보면 되겠습니다. 태권도는 이승만 대통령이 1954년 육군의 공수도 시범을 관람한 후 "어린 시절 본 택견과 비슷하다"라고 언급하면서, 당시 육군 장성 최홍희가 택견을 태권(跆拳)이라는 한자어로 바꾸고 여기에 도(道)를 합하면서 1955년 태권도(跆拳道)라는 명칭을 탄생시켰지만, 전통 택견과는 전혀 다른 무술이라고 할 수 있습니다. 한편 전통 택견 역시 민속놀이의 특징상 그 기원은 정확히 파악되지 않고 있으며, 단지 조선 말기에 임호(林虎)라는 택견 꾼에게 택견을 배운 사람 중에서 송덕기(宋德基)가 정립한 택견이 현대 택견의 뿌리라고 합니다. 판소리 역시 민속 연희이기 때문에 그 자체의 기록이 없으며, 단지 〈조선창극사〉에 1930년대의 여러 명창이 증언한 것을 토대로 기록된 바에 따르면, 판소리는 18세기 숙종 말에서 영조 초에 걸쳐 하한담(河漢潭)과 최선달(崔先達)에 의하여 시창(始唱)되었다고 합니다. 오늘날 우리 국악 중 가장 많이 알려진 장르 중 하나인 사물놀이는 기존의 풍물놀이에 나발, 태평소, 소고를 제외한 꽹과리, 징, 장구, 북만으로 풍물 가락을 실내 연주에 적합하게 재구성한 것인데, 1978년 2월에 서울 종로구 인사동 공간사랑에서 김용배(金容培)가 제안 구성하고, 민속학자인 심우성(沈雨晟)이 이름지어 연주한 것이 사물놀이의 시작입니다. 물론 짜장면, 라면, 부대찌개, K-Pop 등도 오늘날 우리의 문화인 것은 맞지만, 당연히 전통적인 것이라고 할 수는 없을 것입니다.

이렇게 따지고 보면 우리의 전통 제사도, 비록 원시시대부터 신령에게 인간의 안전과 복락을 기원하기 위한 오래된 관습이긴 하지만, 특히 제사상을 차리는 구체적 형식은 조선시대 중기 〈주자가례〉와 〈사례편람〉 등에 따라 시작된 이후, 성리학이 발달하면서 이에 맞게 만들어진 〈증보사례편람〉 등을 통해 당시 유생들에 의해 재정리되었던 것입니다. 그리고 그마저도 6.25 전쟁 이후 생활상과 경제 상황이 바뀌면서 제사를 다시 살리게 되는 과정에서 재창조되었다고 합니다. 따라서 오늘날에 이르러서는 원래 제사와는 사뭇 다른 형식으로 바뀌어 가고 있을 뿐만 아니라 특히 가족 규모가 축소되면서 제사 자체가 점차 사라져 가는 상황이라고 하겠습니다. 아울러 오늘날 소규모 결혼식(small wedding)이 유행하고 있다시피 전통 관혼상제 의례 중 그 대부분이 바뀌어 가고 있거나 사라져가고 있다고 할 것입니다.

이러한 측면에서 보자면, 우리의 전통 생활양식이나 문화뿐만 아니라 한민족 정체성의 뿌리라고 할 수 있는 민족 기원이나, 혈연, 언어, 공동의 가치 등도 우리가 알고 있는 것과는 사뭇 다른 것들이 많다고 하겠습니다. 예컨대 과연 한민족을 단일 민족이라고 할 수 있는가에 대해서 인류학자 등 많은 전문가는 회의적으로 판단하고 있으며, 국경일로서 기리고 있는 개천절 역시 그 기원에 대해서 많은 역사학자가 이견을 제시하고 있기도 합니다. 특히 우리의 역사에 대한 고증도 일제 식민사관에 의해서 많이 왜곡되었다는 것에 대해 많은 역사학자가 공감하고 있는 바입니다. 그렇게 보자면 오늘날 국가적인 행사에서 공식적인 의례로서 따르고 있는 애국가 제창이나 태극기에 대한 경례 등 국민의례도 보편적인 국가행사로서의 의전이라는 의미에서는 그 역사의 뿌리가 매우 깊다고 하겠지만, 그 형식이나 절차 그리고 내용에 있어서는 오히려 서구의 의전을 따르고 있는 부분이 많다고 할 것입니다.

결과적으로 보자면, 우리가 우리의 정체성을 형성하고 있다고 여기고 있던 많은 전통도, 따지고 보면 그 대부분이 오래전부터 면면히 변치 않고 전달되어 온 것이라기보다는, 어느 시기에 누군가에 의해 변형되었거나 새롭게 만들어진 것이라고 할 것입니다. 그리고 그렇게 새롭게 성립된 새로운 기준(New Normal)이 새로운 전통의 출발점이 되었던 것입니다. 이 과정에서 중요한 것은 우리의 정체성을 형성하고 있던 기존의 관습이나 관례 등의 생활양식을 비롯한 윤리, 법, 제도 등이 후세대 공동체 구성원들에게도 따라야 할 사회 환경으로서 받아들여지게 된다면 그것들은 전통의 지위를 유지하게 될 것이며, 그렇지 않고 새롭게 변형되거나 만들어진 사회 환경이 오히려 구성원들에게 인정받게 되면, 그것들이 새로운 전통의 지위를 갖게 될 것이라는 점입니다. 다시 말해 역사와 전통이란 예로부터 어느 날 갑자기 우리 사회에 완성된 상태로 주어진 것이 아니라 마치 생명체와 같이 어느 순간에 누군가에 의해 자연스럽게 형성되면서 정착되다가 일정 시기에 역시 후손들에 의해 새롭게 변형되거나, 폐기될 수 있다는 것입니다.

2) 한국 전통의 변형과 수용

최근 현대인의 생활 예절과 관련된 책자를 살펴보면, 주로 서양식 예법(etiquette)에 맞춘 내용들이 주를 이룹니다. 상대방과 인사할 때나 악수할 때의 방식, 식사 예절과 관련해서 테이블의 자리 배치나 '좌(左) 빵, 우(右) 물' 하는 식의 음식물 배치, 또는 '포크와 나이프' 등의 위치나 사용법, 그리고 '커피잔을 들고 마실 때는 받침 접시와 함께 들어야 한다'라거나, '건배할 때는 상대방의 눈을 바라보면서 해야 한다'라는 등 우리의 일상생활과는 거리가 있는 예절들을 강조하고 있습니다. 한편 이런 예법들에 대해서 서양 문화를 맹종하는 사대주의적 발상이라고 하면서, 우리의 전통 예법을 강조하는 사람들의 경우 역시 오늘날 우리나라 사람들에게 생소하거나 거추장스럽게 여겨지는 절하는 예법이나 식사 예절, 그리고 차 마시는 절차 등에 대해서 대단한 자부심과 함께 훈계하듯이 설명하려고 합니다.

그러나 이와 같은 생활 예절과 관련해서 진정으로 중요한 것은 자기 자신을 가다듬는 마음 자세와 상대방을 진정으로 배려하는 마음가짐이라고 할 것입니다. 이와 관련해서 언급하고자 하는 것은, 예컨대 옛말에 '사방 백리(百里) 밖 음식은 삼가라'라는 말이 있는데, 과거 냉장 보관 시설이 없는 상태에서 멀리 떨어져 있는 곳에서 음식물을 가져오게 된다면 당연히 오는 중에 음식물이 상했을지도 모르는 데다, 평소 먹지 않았던 타지 음식물을 갑자기 먹게 되면 입에 맞지 않아 체하기 쉽기에 그 나름으로 일리가 있는 말이라고 여겨집니다. 하지만 교통이 발달하고 위생시설이 매우 발달한 오늘날까지 적용하기에는 무리가 있다고 하겠습니다. 또한 '로마에 가면 로마법을 따르라'라는 말이 있지만 요즘 세계화 시대에 있어서는 어울리지 않게 현지인들을 흉내내기보다는 자신의 본래 모습을 그대로 보여주는 것이 오히려 환영받을 수도 있다고 보면 이 역시 상대적으로 해석될 수 있는 말이라고 하겠습니다.

따라서 진정한 예절이라는 것은 앞서 얘기했듯이, 자신의 정체성을 유지하면서도 상대방을 진정으로 배려하는 마음 자세를 표현하는 것이라고 하겠습니다. 이와 관련해서 전문 유학자(儒學者)의 설명을 추가한다면, 예컨대 제사의 형식이나 음식을 진설하는 방법도 각각의 집마다 다른데, 단지 각 집마다 자신들의 방식을 정해 놓은 이유는 이와 같은 형식이나 방법 때문에 제사 과정에서 논란이 일어나는 것을 방지하기 위한 것이라고 하면서, 결국 제사 지내는 가장 좋은 예법은 제사의 형식에 얽매이기보다는 온 가족이 모두 모여 조상을 진정으로 기리는 정성의 자세와 태도를 갖추는 것이라는 점을 강조하고 있습니다. (출처 : 이기동 역해, 논어강설 팔일편)

따라서 우리는 전통문화의 생활양식이나 가치뿐만 아니라 다른 사회의 생활양식이나 가치에 대해서도 어떤 선입관을 갖고 비교, 평가하기보다는 전통이나 다른 사회의 문화에 대해 그것이 지금의 우리와는 매우 다르거나 부족하게 보일지 몰라도 일단 있는 그대로를 존중하는 자세로 대해야 할 것입니다. 아울러 각각의 문화들 상호 간의 교류와 소통 과정에서 서로의 미래를 위한 공생 공영의 방향으로 함께 모색해 나가고자 하는 이해와 배려, 그리고 협력의 마음 자세와 태도를 갖추는 것이 중요하다고 하겠습니다.

한편 '노인 한 사람의 죽음은 도서관 하나가 불타 없어지는 것과 같다'라는 아프리카 속담이 있듯이, 우리는 과거 경험으로부터의 지혜를 소중하게 받아들이고 또 이를 잘 활용해야 하겠지만, 특히 오늘날과 같이 사회 모든 부분에 있어서 급격한 변화를 겪고 있는 상황에서는 때론 이와 같은 과거 경험과 지혜들이 미래의 발전을 도모하는 데 있어서 족쇄로도 작용할 수 있음을 잘 파악해서 그 쓸모를 현명하게 결정해야 할 것입니다.

제15장

자연과 생태

1. 자연스러운 삶이란 어떤 것일까요?

1) 건강한 삶

우리는 흔히 살아가는 데 있어서 일단 건강이 최우선이라고들 합니다. 아무리 행복한 집안이라도 식구 중에 누군가 아픈 사람이 생긴다면 이내 집안 분위기는 좋지 않게 될 것입니다. 그리고 평소 우리가 지식이나 지위, 명예, 돈, 취미, 봉사활동 등 추구하고 싶은 일이 아무리 많더라도 일단 건강이 나빠지게 된다면 모든 일이 수포가 될 가능성이 커지게 될 것입니다. 그렇다면 건강은 어떻게 해야 유지될 수 있을까요? 병원에 가게 되면 의사들은 환자들에게 필요한 실생활에서의 건강을 위한 기본적인 행동 지침으로 매우 간단하지만 아주 중요한 것들을 거의 비슷하게 추천합니다. 그 중 대표적인 것들을 꼽아보자면, 식사를 제때 골고루 알맞게 하고, 규칙적인 생활을 하며, 자신에게 맞는 운동을 꾸준히 하면서, 특히 스트레스를 받지 말 것 등을 권장합니다. 그리고 여러분들도 이 제안 사항들 대부분을 이미 잘 알고 있을 것입니다. 문제는 실천하기에 어려운 일이 아님에도 불구하고 제대로 실행에 옮기지 않고 있다는 것입니다. 좀 더 정확히 표현하자면, 이 제안 사항들을 제대로 실행에 옮기지 못하고 있다고 봐야 할 것입니다. 왜 그럴까요?

모든 생명체는 태생적, 본능적으로 개체와 종(種)의 생명을 건강하게 유지하고자 합니다. 따라서 인간들 역시 예외일 수는 없습니다. 그러함에도 불구하고 우리가 질병에 시달리거나 자신의 수명대로 살지 못하는 이유는 무엇일까요? 일차적인 원인으로는 다른 생명체들과 마찬가지로 지진이나 가뭄, 홍수, 혹한, 폭서, 전염병 등 외부적인 자연재해를 들 수 있을 것입니다. 그러나 더욱 큰 이유는 인간 자신들의 욕심 때문이라고 할 수 있겠습니다. 즉 자신의 욕구를 필요한 정도를 넘어서 더 많이 추구하는 과정에서 탈이 난다는 것입니다. 이미 앞에서 설명한 바가 있듯이 다른 동물들은 대개 자신들의 욕구가 일차적으로 충족이 되면, 당분간은 더 이상 욕구를 채우려 하지 않습니다. 예컨대 배고픔을 느껴서 먹이를 잡은 후 일단 배를 채우게 되면, 나중에 다시 배고픔을 느끼기 전까지는 더 이상의 먹이를 잡거나, 먹지 않는다는 것입니다. 그러나 인간들은 대개 자신의 욕구를 채운 후에도 그 이상의 것을 추구하고자 하는 욕심을 갖고 있기에 자신의 건강에 문제가 발생하게 된다는 것입니다. 왜 그럴까요?

2) 몸과 마음의 관계

일단 건강이란 사전적으로는 몸과 마음이 불편하지 않고 튼튼한 것을 의미합니다. 다시 말해 몸만 해당하는 것이 아니라, 마음도 함께 포함된다는 것입니다. 문제는 우리가 몸과 마음은 서로 분리되어 있으며, 특히 마음이 몸을 지배해야 한다는 잘못된 인식을 하고 있다는 것입니다. 기존 종교나 윤리학에서조차 몸의 욕구를 마음이 의지를 갖고 절제해야 하는 대상으로 여기고 있기도 합니다. 하지만 몸과 마음은 유기적으로 연결된 하나의 통일체로서 서로 균형과 조화를 이루어야만 하며, 그러함에도 불구하고 어느 한쪽이 다른 쪽의 요구나 반응을 무시하고 일방적으로 밀어붙이게 되면, 소위 탈이 생기게 된다는 것입니다. 즉 건강에 이상이 생기게 되는 것입니다. 예컨대 우리 모두 겪은 바 있듯이 몸이 불편하게 되면 마음도 그것에 영향을 받아 신경 쓰이거나 불안해지게 되며, 또한 마음이 편치 않거나 긴장되는 일이 생긴다면 몸도 역시 그것에 반응하여 잠을 제대로 못 자거나, 소화불량이 생길 수도 있습니다.

일차적으로 인간의 몸 자체도 자연물이기에 자연의 이치에 따라 생명의 유지와 연장에 필요한 필수적인 욕구들이 충족되어야 하며, 일단 그러한 욕구가 충족된다면 그 이상의 것은 요구하지 않게 됩니다. 그런데 만일 욕구가 충족되지 않거나, 또는 그 이상의 것이 계속 채워진다면 몸의 균형이 깨짐에 따라 고통이 나타나거나 생체리듬에 이상이 발생하게 되는 것입니다. 예컨대 인간은 누구나 하루에 일정 시간 잠을 자야 하기에 그와 같은 수면욕이 생기면, 즉 잠이 오게 되면 잠을 자야만 하는데, 만일 자야 할 때 자지 않거나 너무 적게 또는 너무 많이 잠을 자게 되면 생체리듬의 불균형으로 몸에 이상이 생긴다는 것입니다. 마찬가지로 누구나 때가 되면 음식을 섭취해야 하는데, 음식을 먹지 못하거나, 또는 너무 적거나 많이 섭취하게 되면 역시 생체리듬의 불균형으로 몸에 이상이 생기는 것입니다. 그러함에도 우리가 이와 같은 몸의 자연스러운 욕구에 제대로 반응해주지 못하는 것은 오히려 자신의 마음 때문이라고 할 수 있겠습니다. 즉 마음에 문제가 발생함으로써 필요 이상으로 욕심을 부려 몸에 무리를 가져오거나, 또는 필요한 만큼 몸을 챙기지 않음으로써 역시 몸에 지장을 초래하게 된다는 것입니다.

다음 우리의 마음, 즉 정신에 대해 살펴보자면 우리는 누구나 육체적으로 살려고, 즉 존재하려고 애쓰듯이 정신적으로는 자신의 존재감을 찾고 또 이를 확인받으려 한다는 것입니다. 앞서 지적했듯이 오로지 인간만이 자신에 대한 자의식을 갖고 있기에 자신에 대한 존재감이라는 것은 인간의 삶에 있어서 때론 목숨 이상으로 중요하다는 것입니다. 즉 이와 같은 존재감은 사회적 본능과 생태를 가지고 있는 동물 중에서도 특히 인간에게 있어서는 생명 유지에 대단히 필수적인 존재 조건이 됩니다. 따라서 정신적으로 건강한 삶을 유지하기 위해선 무엇보다 자신의 존재감을 확인할 수 있어야 하고 또 이를 존중받아야만 합니다. 문제는 이러한 존재감을 못 느끼거나 무시당하고 있다고 생각될 때 우리는 정신적인 불편함과 고통을 느끼게 된다는 것입니다.

따라서 건강에 이상이 생긴다는 것은 다음과 같은 세 가지 차원에서 정리해볼 수 있을 것입니다. 즉 첫 번째는 육체적인 생명 유지 활동에 지장이 생길 때, 다음은 정신적인 존재감의 확보와 유지에 문제가 발생할 때, 그리고 세 번째는 이와 같은 정신적인 존재감 유지와 몸의 생태적인 리듬 간에 불균형을 이룰 때라고 하겠습니다. 그런데 우리가 이번 주제와 관련해서 집중적으로 살펴보고자 하는 것은 세 번째의 경우입니다. 왜냐하면 우리의 존재감과 관련된 잘못되거나 왜곡된 판단 또는 습관이 육체의 생명 유지에 지장을 초래할 수 있다는 것은, 다른 측면에서 보자면 우리의 정신적인 판단 기준이 육체를 포함한 자연 세계의 질서를 깨뜨리거나 왜곡시킬 수 있음을 의미하기 때문입니다. 그리고 이와 같은 불균형의 근본 원인은 정신과 육체를 분리해서, 정신이 육체를 지배해야 한다는 근대 이성 중심의 가치관에서부터 나온다고 볼 수 있기 때문입니다.

2. 바람직한 자연관은 무엇일까요?

1) 고대의 총체적 세계관

육체와 정신의 관계와 관련된 세계관의 형성 과정을 잠시 살펴보자면, 고대 그리스의 자연철학이나 중국의 전통 음양오행 사상, 그리고 인도의 베다(Veda) 사상이나 불교의 화엄 사상 등에서는 인간을 포함한 모든 자연과 우주는 따로따로 분리되어 운행되는 것이 아니라, 하나의 통일된 세계로서 서로 유기적으로 모두 연결되어 있다는, 소위 총체적 세계관(Holistic Approach)에 따라 우주를 보고 있다는 것입니다. 따라서 인간의 육체와 정신은 물론 생활과 운명도 이와 같은 자연과 우주의 변화와 연결해서 총체적으로 살펴봐야 한다는 것입니다.

2) 근대 이분법적 세계관

그러나 중세 이후 서양에서 자연과학이 발달하기 시작하면서 이와 같은 자연관과 세계관에 큰 변화가 나타났던 것입니다. 즉 과학혁명이라고 불릴 정도의 자연과학에서의 눈부신 발전이 가능했던 배경에는 어떤 절대자나 보이지 않는 힘에 의한 것으로 막연히 믿고 있던 자연이나 천체의 운행을 인간이 자신의 이성을 통한 관찰과 실험을 통해서 그 운행 법칙들을 밝혀내기 시작했다는 것입니다. 그런데 이때 이와 같은 관찰과 실험에서 가장 중요한 전제 조건은 바로 관찰 대상인 자연 현상이나 천체 현상을 관찰자의 주관적인 선입관이 개입되지 않은 객관적인 태도로 관찰해야 한다는 것입니다. 그리고 이와 같은 객관적 관찰이란 관찰자인 인간 주체와 관찰 대상인 현상, 즉 객체를 철저히 분리한 후 현상을 '보이는 그대로' 관찰하는 태도를 말합니다. 바로 이와 같은 인식 방법을 정립한 대표적인 사상가가 바로 근대 합리주의의 시조라고 할 수 있는 데카르트이기에 이 인식 방법을 데카르트의 이분법(Cartesian Dualism)이라고 합니다. 그리고 이와 같은 세계관에 따라 인간의 육체도 관찰자인 인간의 합리적 이성, 즉 정신을 통해 관찰하게 되는 객체적 대상으로서 분석하게 되었다는 것입니다.

문제는 이와 같은 근대 합리적 이성관에 따라 초기 자연과학이 눈부시게 발전하게 되고 또 이를 통해 산업혁명이 나타나게 되면서 서구 사회는 급격히 풍요로워지기 시작했으며, 그 결과 인간의 합리적 이성에 대한 믿음이 높아지게 되었다는 것입니다. 다시 말해 이제까지 자연에 종속되어 있었던 생활에서 벗어나 인간이 자신이 갖추고 있는 합리적 이성을 통해 객관적으로 자연의 법칙을 찾아냄으로써 자연을 인간의 생활에 필요한 방향으로 개발하고 이용할 수 있게 되었다는 인간중심주의가 대두되었다는 것입니다. 그리고 이때부터 인간은 이성을 도구로 해서 자연을 인간과 분리한 채 인간만을 위하는 방식으로 자연을 개발하게 되었던 것입니다. 그 결과 자연의 개발에 따라 인간 사회의 물질문명이 발달하면 할수록 자연은 더욱 급격히 파괴되기 시작했으며, 결국은 오늘날 여실히 보이듯이, 파괴된 자연에 의해 인간 사회도 생태적, 환경적인 위기가 나타나기 시작했다는 것입니다. 그리고 그 파괴되어가고 있는 자연생태에 인간의 육체도 당연히 포함된다는 것입니다.

따라서 인간 사회의 생태적, 환경적 위기를 극복하는 방법은 오히려 쉽게 도출할 수 있을 것입니다. 즉 이와 같은 합리적 이성관에 따라 인간과 자연을 구분해서 보는 세계관에서 벗어나 인간과 자연을 유기적으로 연결된 공생 공영의 존재로 인식하는 세계관으로 회귀하는 것입니다. 즉 인간의 풍요로운 삶을 위해서라도 자연을 더욱 가꾸고 보존해야 한다는 것입니다. 왜냐하면 인간 자신이 바로 자연의 일부분이기 때문입니다. 따라서 같은 관점에서 인간의 건강을 위하는 방법도 찾을 수 있을 것입니다. 즉 정신과 육체를 분리해서 인식하는 세계관에서 벗어나 정신과 육체의 조화와 균형을 찾는 것입니다. 그리고 자신의 정신적인 존재감을 유지하고 확장하기 위해서라도 육체의 보존과 유지가 필요하다는 것을 인식하는 것입니다. 다시 말해 정신적인 욕구의 만족감을 위해 육체를 학대하거나 등한시하게 된다면, 결국 정신적인 존재감마저 훼손될 수밖에 없다는 것을 깨달아야만 한다는 것입니다.

3. 어떻게 하면 자연 생태계를 회복시킬 수 있을까요?

1) 건강의 회복, 생태계의 회복

하지만 이처럼 파괴된 자연을 회복하고 또 훼손된 건강을 치유하는 방법은 쉬울 수 있으나, 이를 실천하는 일은 대단히 어렵다고 하겠습니다. 아마도 그 이유는 여러분 자신을 돌아보면 쉽게 이해할 수 있을 것입니다. 왜냐하면 앞서 설명한 바 있듯이 의사들이 건강을 위해 제시하는 간단하고 단순한 처방책, 즉 식사를 제때 골고루 알맞게 하고, 규칙적인 생활을 하며, 자신에게 맞는 운동을 꾸준히 하면서, 스트레스를 받지 말라는 것 등이 매우 효과적이라는 점을 여러분도 잘 알고는 있지만, 실제 이 처방책들을 제대로 실천하는 사람은 많지 않다는 것입니다. 마찬가지로 선진국일수록 지구의 생태적 환경을 복원하기 위해서는 생태계파괴나 환경오염을 금지해야 하며, 자연생태계를 조속한 시일 내에 회복시켜야만 한다는 점을 잘 알고 있으나, 이를 위한 선진국들의 정책 추진은 매우 느리게 추진되고 있는 것입니다. 왜 그럴까요?

첫 번째 이유로는 자신의 건강을 위해서는 절제해야 하는데, 즉 자신의 정신적 만족감을 채우기 위한 욕심을 자제해야 하는데, 이것이 매우 어렵다는 것입니다. 특히 습관화된 욕구 충족의 행동은, 습관은 제2의 천성이라는 말이 있듯이 자신의 본성을 바꾸는 것만큼 힘들기 때문입니다. 쉽게 예를 들자면 다이어트가 어려운 이유가 이에 해당할 것입니다. 즉 스스로 뚱뚱하다고 생각하는 사람들은 대부분 육체의 건강과 자존감의 회복을 위해선 살을 빼야만 하고 또 이를 위해선 자신의 생활 습관, 특히 식습관을 바꿔야만 한다는 점을 잘 알고는 있지만, 실행에 옮기는 것을 매우 힘들어한다는 것입니다. 마찬가지로 국가가 친환경 정책을 추진해나가기 위해서는 이제까지의 산업구조를 바꿔 친환경적인 새로운 산업구조로 대체해야만 하는데, 이 역시 매우 어렵다는 것입니다. 왜냐하면 기존의 공해나 환경오염을 유발하는 산업 분야를 줄여나가기 위해서는 친환경적인 기술과 시스템을 개발하거나 도입해서 이를 빨리 산업화해야 하는데, 이 과정이 쉽지 않을 뿐만 아니라 기존 산업에 종사하고 있는 근로자들의 대체 일자리 마련 역시 어렵기 때문입니다. 아울러 국가 간 경제전쟁이 치열한 상황에서 국내 산업구조를 획기적으로 조정한다는 것은 쉽게 선택할 수 있는 정책이 아니라는 것입니다. 이 또한 쉽게 예를 들자면 현재 우리나라를 비롯한 많은 국가에서 찬반 논란이 벌어지고 있는 원자력 발전소의 존폐에 관한 정책을 들 수 있겠습니다.

그 다음으로 어려운 이유를 든다면, 평소 자기의 몸에 대해 무관심해서 건강 상태를 잘 살펴보지 않기 때문이라는 것입니다. 즉 지금 당장에 몸에 이상이 없다고 여긴다면 더 이상 본인의 몸 상태에 관해 관심을 두지 않는다는 것입니다. 건강에 이상이 생겼다는 증세가 확연하게 나타나야만 그때가 돼서야 병원에 가서 검진받으려고 합니다. '건강은 건강할 때 지켜야 한다'라는 말에 대해서 우리는 잘 알고는 있지만, 이를 실천하기 위해서는 평소에도 우리 몸에 대해 관심을 가져야만 하는데 그렇지 못한 것입니다. 예컨대 다이어트를 위해 자신의 몸무게에 신경을 쓰는 사람들은 많겠지만 정작 건강에 중요한 근력이나 폐활량, 혈압, 고지혈 수치 등에 대해 수시로 체크하고 있는 경우는 드물 것입니다. 특히 잦은 스마트폰 사용이나 장시간의 의자 생활로 인해 자신의 자세가 서서히 틀어지면서 굳어져 간다는 사실 역시 의식하지 못하고 있는 것입니다.

국가적 차원에서도 공해나 전염병 등 환경오염으로 인해 국민의 위생과 보건에 가시적인 심각한 영향을 받게 되어 막대한 국가 예산이 소요될 정도가 되어서야 생태 환경과 친환경산업에 대해 적극적인 관심을 두게 됩니다. 오늘날 우리나라의 경우 정부 차원에서 생태와 환경에 대해 많은 관심을 기울이게 되면서 이와 관련된 여러 정책을 추진하고는 있지만, 기존의 산업구조나 고용구조의 변경에 따른 대안 마련이 쉽지 않은 상황에서 아직도 턱없이 부족한 실정이라고 하겠습니다.

결론적으로 개인적으로 자신의 존재감을 확인하고 또 확장해 나가기 위해, 필요 이상으로 육체적인 욕심을 내거나, 또 마찬가지로 국가나 사회적으로 인간 사회의 진보와 성장을 위해 자연을 개발하는 것이 필요하겠지만, 문제는 그 과정이 오히려 본인의 삶 자체인 생존과 자존감을 무너뜨리는 정도까지, 그리고 인간 사회의 존재 기반인 자연생태계는 물론 결국 인간 사회 자체까지 무너뜨리는 정도까지 진행되어서는 안 되며, 항상 자기의 몸과 마음이, 그리고 인간 사회와 자연생태계가 함께 조화와 균형을 이루는 방식으로 전개되어 나가야만 한다는 것입니다. 왜냐하면 인간의 생명이란, 인간 역시 자연의 일부이기에 자연 속에서 자연과 조화와 균형을 이루면서 자연스럽게 더불어서 살아가야만 유지될 수 있기 때문입니다.

특히 인간도 자연물이기 때문에 자연 속으로의 회귀본능을 갖고 있다고 합니다. 따라서 인간을 위한 진정한 복지에는 자연생태계로의 합류도 포함되며, 이를 위해선 자연생태계의 회복과 유지가 전제되어야 할 것입니다. 따라서 자연을 인위적으로 인간의 합리적 구도와 편리에 따라 계획해서 개발한다는 것은 진정한 복지라고 할 수는 없을 것입니다. 자연생태계를 그야말로 자연 그대로 유지,

관리하면서 그 속에 인간이 '자연스럽게' 공존할 수 있어야 바람직한 복지라고 하겠습니다. 자연과 함께 더불어서 공존하는 삶이야말로 가장 기본적인 복지라고 할 수 있다는 것입니다. 왜냐하면 그와 같은 삶은 인간 본연의 삶, 즉 자신의 정체성을 찾게 되는 과정이기 때문입니다. 따라서 인간도 자연생태계의 가장 큰 특성인 다양한 종의 존재와 확장, 그리고 그 모든 종 간의 자연스러운 조화와 균형에 따른 공존을 받아들이고 또 참여해야만 하는 것입니다.

우리는 누구나 제한된 기간에만 인생을 살 수 있습니다. 그리고 각각의 연령대별로 할 수 있는 일도 역시 제한되어 있습니다. 따라서 '개똥밭에 굴러도 이승이 좋다'라는 말이 있듯이, 아무리 험난하고 힘든 인생이라 해도 우리의 하루하루는 누구에게나 그야말로 금쪽같이 소중한 날인 것입니다. 그렇다면 이런 소중한 나날들을 진정 자신이 좋아하고, 또 정말 자신에게 중요한 것들을 위해 보내야 하지 않겠습니까? 그러함에도 자신이 좋아하는 일, 그리고 자신에게 중요한 일이 무엇인지도 모르고, 그저 주변의 다른 사람들처럼 무엇을 위해 사는지도 모른 채 하루하루를 보낸다는 것은 정말 안타까운 일이 아닐 수 없습니다. 어찌 보면 그렇게 남들처럼 보내는 인생은 자신의 인생살이라고 말할 수조차 없을 것입니다.

2) 자연관과 인생관

따라서 이처럼 소중한 나날들을 정말 보람 있게 보내기 위해서는 자신이 좋아하고, 또 자신에게 중요한 것들이 무엇인지부터 알아야 할 것입니다. 그렇게 하기 위해선 먼저 현재 본인의 삶을 돌아보고, 습관처럼 살아가고 있는 본인의 모습을 있는 그대로 제대로 인식할 수 있어야 할 것입니다. 그런 후에는 인간으로서 어떻게 살아가는 것이 올바른가에 대해서 살펴봐야 할 것입니다. 이와 관련하여 고대 인도의 브라만 사상에서는 인간 개체로서의 진정한 자신의 존재인 '아트만(Atman)'을 먼저 파악한 다음으로 온 우주와 자연의 근본적 실재나 원리인 '브라흐만(Brahman)'을 찾은 후, 이와 같은 아트만과 브라흐만을 일치시켜 가는 범아일여(梵我一如)의 삶이 올바른 삶의 길이라고 합니다. 불교에서는 위로는 진리를 추구하고 아래로는 중생을 교화한다는 의미로서 '상구보리(上求菩提) 하화 중생(下化衆生)', 즉 지혜를 구해 자신에게 이롭게 하면서도 이를 통해 타인, 즉 중생 또는 우주 만물도 이롭게 해야 한다는 '자리(自利) 이타(利他)'의 공동체적 정신과 수행을 올바른 구도자의 자세로서 제시하고 있습니다.

그런데 이와 같은 올바른 삶을 찾아가기 위해선 먼저 자신의 진정한 모습을 찾지 못한 채 타성에 젖어 있는 자신부터 돌아다볼 수 있는 인식의 전환이 필요합니다. 하지만 인식을 전환한다는 것은 현재의 자신을 반성할 수 있는 용기와 결단이 필요한 일이기에 실행에 옮기는 것조차 대단히 어렵다고 하겠습니다. 한편 자신을 돌아본 후 올바른 길을 찾아가기 위해선 세속적인 삶의 방식이 아닌, 자연의 존재로서 자신의 마음속으로부터 들려오는 소리에 귀를 기울일 수 있어야만 합니다. 그렇기에 흔히 수행자나 구도자들이 명상이나 참선 등을 하는 이유도 바로 세속적인 마음을 비우면서 진정한 자기의 모습을 찾기 위함이라고 하겠습니다.

아울러 우리는 아무리 편안하고 풍요로운 삶을 살게 된다고 하더라도 만일 그러한 삶이 자신이 이루어낸 것이 아니라 누군가에 의해 주어진 것이라면, 그와 같은 생활 속에서는 자신에 대한 자존감은 물론 존재감조차 스스로 찾고 또 유지한다는 것은 쉽지는 않을 것입니다. 따라서 역설적으로 그와 같이 남이 만들어 놓은 인생을 산다는 것은 진정으로 본인의 삶을 산다고 할 수는 없기에 결코 행복한 삶이라고 여기지는 않을 것입니다. 오히려 비록 어렵고 험난한 인생이라고 해도, 그 속에서 자그마한 일이라도 본인 스스로 도전해서 성취해나가는 과정을 통해 우리는 자신의 존재감을 가지게 되고, 또 자존감마저 얻을 수 있는, 그래서 소소하더라도 진정한 행복감을 느끼게 되는 것입니다.

그렇게 보자면 예컨대 아이가 밥을 흘린다고 대신 먹여주거나, 문제를 푸는데 너무 오래 걸린다고 해서 대신 풀어주는 것은 당사자를 도와주는 것이 아니라 오히려 당사자를 무시하는 행위가 되는 것입니다. 마찬가지로 사람들이 대부분 이기적이라서 다른 사람을 배려하지 않고 저만을 위해 행동하다 보면 사회가 혼란해지면서 결국 모든 사람이 불편해질 수 있다는 이유로, 다시 말해 사회의 질서와 안정을 위한다는 명분에 따라 이를 사전에 방지하기 위한 법과 제도를 통해 사람들을 일일이 통제하고 관리하게 된다면, 결국 사람들은 자신의 주체적인 생활이 아니라 사회가 정해 놓은 그 법과 제도라는 틀 속에 갇혀 살게 될 것입니다. 존 스튜어트 밀(John Stuart Mill)이 그의 저서인 〈공리주의론〉에서, '만족한 바보보다 불만족한 소크라테스가 되는 것이 더 낫다'라고 말했듯이, 우리는 누군가가 마련해준 편안한 방식의 삶에 만족하기보다는 시행착오를 겪더라도 그래서 불편하거나 고통스럽더라도 자신만의 삶을 추구하고자 하며, 또 그렇게 살아가야만 진정한 자기의 삶이 될 수 있다는 것입니다.

자신만의 생존이나 존재감을 추구하기 위한 욕심에 따라 본인의 입장이나 고집만을 내세우려 하지 말고, 오히려 본인의 입장이나 고집을 내려놓고 자신이 속해 있는 세상, 즉 주변 세상의 흐름에 몸을 맡겨야만 합니다. 흔히 교통사고가 날 때 자고 있던 사람이 다른 사람들보다 적게 다치는 경우가 많은 이유는 자는 동안에는 자신도 모르게 자기의 몸을 지탱하기 위한 힘들이 빠져 있는 상태이기에, 사고가 나는 상황에서 자동차의 흐름에 자기의 몸을 무의식중에 자연스럽게 맞출 수 있기 때문이라는 것입니다.

이처럼 세상을 편하게 살아가기 위해서는 억지로 뭔가를 이루고자 욕심내어 애쓰지 말고, 자신을 내려놓은 상태에서 자연의 순리에 맞춰 살아가야 한다고 주장하고 있는 사상이 바로 중국의 노장사상(老莊思想)이라고 하겠습니다. 이때 자연의 순리란 도(道)라고 할 수 있으며, 이처럼 의도적으로 애쓰지 않고 순리에 맞춰, 자신을 내려놓고 흐름에 따르는 것을 무위자연(無爲自然)이라고 할 수 있겠습니다. 다시 말해서 의도적으로 무언가를 하려고 들지 않고 자연스러운 흐름에 따르는 것, 즉 물결이나 바람결처럼 삶의 '결'을 따라 진행해야 한다는 것입니다. 그렇다면 어떻게 해야 자연의 순리를 잘 파악할 수 있을까요? 노장사상에서는 바로 인간 자신이 바로 우주와 자연의 일부인 만큼 자기의 내면에서 들려오는 소리, 즉 자신을 내려놓은 상태인 무아지경에서 떠오르는 육체와 정신의 자연스러운 느낌과 판단에 충실해야만 가능하다고 합니다. 이와 관련해서 소크

라테스 역시 노장사상과 유사하게 당시의 젊은이들에게 아테네의 신들이나 사회
적인 율법보다는 자기 내면의 소리, 즉 '다이몬(daimon)'의 소리에 귀 기울일 것
을 호소하였던 것입니다.

제 **4** 부

정치이념에 대한 이해

시민사회와 시민의식

오늘날 인문학과 사회과학 전반의 논의과정을 이해하는 한편, 이와 관련된 논쟁점들을 제대로 파악하기 위해서는, 그 배경이 되는 시기인 서구의 중세 시대로부터 근대 시민사회로의 출현 과정까지를 살펴보는 것이 필수적이라고 하겠습니다. 그리고 이 기간을 경제사적인 측면에서 접근하자면 봉건주의 장원경제로부터 자본주의 시장 경제로의 이행 기간에 해당한다고 할 수 있겠습니다.

먼저 중세시대부터 정리해보자면, 중세시대는 왕으로부터 할당받은 봉토인 장원(莊園)을 각 지역 영주들이 통치하는 형태의 봉건체제로서 로마제국이 멸망한 5세기부터 절대왕정이 나타나기 시작하는 15세기까지의 기간을 말하며, 무려 천 년간 지속될 정도로 매우 폐쇄적이고 안정적이었다는 점을 그 특징으로 들 수 있겠습니다. 그만큼 체제의 모든 측면에서 변화가 없었다는 것입니다.

우선 사회적 측면에서 보면 영주와 귀족, 기사, 농노들로 구성된 철저한 신분사회로서 계급 간에 이동이 거의 없었으며, 특히 생산 활동의 핵심적 역할을 맡고 있었던 당시 농노들은 토지에 예속되어 있었기 때문에, 이들의 지역 간 유동도 쉽지 않았던 것입니다.

경제적인 측면에서는 삼포제 농경법의 개발에 따라 안정적인 수확이 이루어지면서, 농노들에 의한 소작농과 소수의 장인에 의한 가내수공업 형태로 이루어진 자급자족 형태의 장원경제 체제를 갖추고 있었습니다.

거기에 더해 문화적, 정신적 측면에서는 기독교 교황권에 의한 신 중심적 세계관이 주민들의 의식과 생활을 지배하고 있으면서, 내부의 일탈이나 외부의 다른 사상이나 종교를 이단으로 규정하여 철저히 배제하거나 탄압하고 있었습니다. 아울러 음악이나 미술 등 예술적인 측면에서도 인간의 희노애락이나 일상사가 아닌, 오직 기독교의 신이나 성인들, 또는 성서의 내용만을 그 소재로 다룰 수가 있었으며, 이런 까닭에 중세시대를 흔히 '암흑시대'라고 일컫기도 하는 것입니다.

그리고 정치적 측면에서 보자면, 대내적으로는 봉건제의 특성상 비록 왕이 군림하고는 있었으나 실질적인 통치는 장원을 다스리고 있던 영주들이 왕에게 충성을 바친다는 계약 조건에 따라 영지인 장원 내에서 독자적이고 자의적인 자치권을 행사하고 있었으며, 대외적으로는 왕은 물론 각각의 영주들도 교황권의 영향력 아래에 놓여 있었다고 하겠습니다.

이와 같은 중세 봉건제의 자치적 폐쇄성은 11세기 말부터 약 2세기에 걸쳐 진행됐던 성지회복 운동, 즉 십자군 원정 이후 붕괴하기 시작했습니다. 먼저 정치적으로는 십자군 원정의 실패로 교황권과 왕권이 약화되었으며, 경제적으로는 오리엔트 지방으로부터 들여온 당시 중국의 4대 발명품, 즉 종이, 화약, 나침반, 인쇄술 등을 비롯한 많은 물자의 도입으로 상업과 무역이 급속히 활발해졌습니다. 사회적으로는 흑사병의 만연으로 중세 경제의 기반을 이루고 있던 농노들의 인구가 급속히 감소하면서, 그 여파로 장원경제는 무너지기 시작하고, 도시경제와 화폐경제가 자리 잡기 시작한 것입니다. 문화적으로는 동로마의 멸망 이후 그 지역의 비잔틴 문화, 특히 당시 교황권에 의해 금서로 지정되어 접해볼 수 없었던 고대 그리스, 로마 시대의 인문학 서적들이 대거 유입되면서, 이 문헌들에 대한 번역과 보급이 확산하기 시작하였습니다. 아울러 당시 중동지역에서 유행했던 연금술과 점성술 등이 유입되면서 자연과학도 빠르게 발달하기 시작했습니다. 이와 같은 십자군 원정 이후 동서 간의 문명교류와 자연과학의 발달 등에 따라 중세의 세계관에도 큰 변화가 나타났으며, 그 전환점이 된 대표적인 사건들로는 르네상스(Renaissance)와 종교개혁(Reformation)을 들 수 있겠습니다. 특히 르네상스와 종교개혁이 가져온 영향의 핵심은, 이제까지 기독교의 신 중심적인 세계관에 함몰되어 있던 인간 생활 및 인간의 이성에 관한 관심이 활발하게 나타나게 된 계기가 되었다는 것입니다.

여기에 더해 십자군 원정 이후 활발해진 물류와 신대륙의 발견 등에 따라 급속하게 발달한 상업과 무역을 통해 부를 축적한 상공인들을 중심으로 초기 시장경제가 나타나게 됩니다. 즉, 물류가 활발해지면서 수요가 많아진 수공업자들은 생산량을 늘리기 위해 도제들을 두기 시작했으며, 이들을 활용한 분업화와 전문화가 진행되면서 소위 공장제수공업 체제를 갖추게 되면서 일정부분 대량생산이 가능해졌던 것입니다. 그러면서 이들이 생산한 공산품을 시장에 내다 파는 상인들이 많아지게 되고, 이들 중 부를 축적한 상인들이 선대제(先貸制) 형태로 공장까지 직접 운영하면서, 시장의 규모는 더욱 커지게 되었으며, 이에 따라 도시경제가 규모를 갖춰 형성되기 시작한 것입니다. 급기야 이들은 무질서하게 커지는 도시에서 자신들의 재산과 상권을 보호하기 위한 자치조직, 즉 '길드(Guild)'라는 조합을 활성화하게 됩니다.

한편 십자군 원정 이후 흑사병의 만연과 도시경제의 출현으로 무너지기 시작한 장원경제에서, 활로를 찾고 있던 영주들은 그나마 남아 있던 농노나 소작인들을 내몰고 당시 성행하던 모직 산업에 편승하기 위해 자신들의 영지에 양을 방목하는, 소위 인클로저(Enclosure) 운동을 벌이거나, 집단농장 체제를 갖추게 됩니다. 이에 따라 내몰린 농노나 소작인들은 유휴 노동자가 되어 급속히 커가는 도시경제에 편입되면서 노동자 계층으로 전환되었던 것입니다. 바로 이즈음에 정치적으로는 종교개혁 운동 이후 그 여파에 따라 유럽 각 지역에서 벌어진 종교전쟁 와중에, 왕권을 확대하려는 왕들과 이에 대항하여 자치권을 지키거나, 왕권을 장악하려는 영주들이나 귀족들 간의 갈등이 더욱 심화하면서, 여러 국가에서 통치권의 변화가 나타났습니다.

　이 상황에서 특히 프랑스에서는 왕실의 재정을 만회하고 교황과의 갈등에서 국내의 지지를 얻기 위해 왕이 회의를 소집하게 됩니다. 소위 삼부회라고 지칭되는 이 회의에는 당시 부를 축적하고 있던 귀족계급과 성직자, 그리고 제3계급이라고 불리는 시민계급이 참여하게 됩니다. 그런데 이때의 시민은 일정 이상의 세금을 내고 있던 도시의 신흥 상공인들을 일컫는 것입니다. 그리고 이 시민계급, 즉 신흥 상공인들은 이미 왕이 원하는 바를 알고 있었기 때문에, 이 기회에 자신들의 요구 조건을 준비하여 제시하게 됩니다. 즉 왕에게 세금을 내는 조건으로 자신들의 재산권 보호와 도시 자치권, 치안유지 등을 요구합니다. 이후 왕은 거둬들인 세금을 통해 행정을 맡을 관리들과 치안유지를 위한 상비군을 거느리게 되면서 왕권을 강화하게 되었으며, 이를 기반으로 이후 절대왕정 체제로까지 나아가게 됩니다. 그리고 절대왕정 체제가 구축되는 과정에서 민족국가 또는 국민국가(Nation State)라고 지칭되는 근대 정치체제가 형성됩니다. 다시 말해 이전 봉건시대가 왕과 귀족 중심의 가부장적 통치체제였다면, 국민국가는 영토가 확정되고, 국민의 소속감도 확실해지면서, 왕에 의한 중앙집중식 지배가 이루어지며, 이와 함께 명시적인 국법과 이를 기반으로 한 직업적 관료와 상비군을 갖춤으로써 주권이 왕에 의해 행사되는 통치체제가 등장하게 된 것입니다. 그리고 이와 같은 국민국가 체제가 정비되면서 각각의 국가들은 대외적으로는 자신들의 영토를 확장하고 자원을 확보하기 위한 전쟁을 벌이게 됩니다. 즉 초기 민족주의 체제로 진입하게 되는 것입니다. 이후 근대 시민국가가 자리 잡기 시작하면서 어떠한 경제정책을 펼쳐야 국가의 부를 증대시키는 데 도움이 되는가에 대한 논쟁이 벌어지게 됩니다.

　소위 고전경제학이라 불리는 다양한 경제사상들이 등장하게 되는 것입니다. 즉, 농업 생산물이 모든 재화의 기반이며 토지가 부의 원천이라고 주장하는 중농주의와 국내 산업의 보호와 해외 식민지 건설 등을 강조하는 중상주의, 그리고 개인의 경제활동 자유를 최대한 보장해주면서, 이에 대한 국가의 간섭을 가능한 한 배제해야 한다는 경제정책을 주장하는 자유방임주의가 여기에 해당합니다. 이 중에서도 애덤 스미스(Adam Smith)를 대표로 하는 자유방임주의는 국가의 간섭과 개입이 없어도 개개의 경제인들이 자신들의 이윤을 극대화하려는 경제활동을 추구함으로써 '보이지 않는 손'에 의해 국가 전체의 부는 증대될 수밖에 없다는 공리주의 시장 경제를 내세우면서 자본주의 경제사상의 대표적인 사조로서 자리매김하게 됩니다.

한편 16세기부터 18세기에 이르기까지 왕권의 강화에 따른 절대왕정이 진행되면서 각국의 왕들은 왕궁을 새롭게 짓거나 끊임없이 파티를 여는 등 사치와 폭정을 거듭하게 되고, 또 이웃 국가들과의 불필요한 전쟁 등을 벌이게 되면서 마침내 평민들로부터 반발을 불러일으키게 됩니다. 특히 상공인들을 중심으로 한 시민들은 사치와 전쟁으로 세금을 더 많이 거두면서도, 정작 시민들의 재산권 보호와 도시의 치안유지에는 소홀히 하는 왕에 대해 마침내 대항하게 되면서 평민들과 함께 혁명에 참여하게 됩니다. 우리가 잘 알고 있는 시민혁명, 특히 프랑스혁명은 바로 이와 같은 과정에서 출현했던 것입니다. 그리고 절대왕정의 앙시앵 레짐(Ancien Régime), 즉 구(舊)체제에 대항하기 위한 혁명 과정에서 두 세력이 충돌하게 됩니다. 한편으로는 왕정 체제를 유지한 채 기존 왕을 몰아내고 다른 왕으로 바꿔서 내세우자는 왕정복고 세력과 이 기회에 시민들의 합의에 따른 시민법을 만들어 그 법에 따라 통치하는 공화정을 주장하는 세력이 그것입니다. 결국 프랑스의 경우 혁명 과정에서 구체제를 옹호하는 왕정복고 세력을 누르고 시민들에 의한 공화정 세력이 승리하게 되었지만, 이것도 잠시뿐이었으며, 혁명 세력의 독단과 무자비한 처벌에 대항하는 반(反)혁명이 일어나게 되면서, 마침내 나폴레옹에 의한 구체제로 회귀하게 됩니다. 이 과정에서 왕당파와 공화파 간의 빈번한 충돌로 18세기 후반부에서 19세기 말까지 유럽은 대혼란에 빠지게 됩니다. 하지만 바로 이와 같은 혼란 상황을 겪으면서 근대 시민국가가 출현하게 됩니다.

2. 시민의식은 어떻게 형성되고, 또 어떻게 성장하게 되었을까요?

1) 근대 이전의 시민의식의 성장 배경

앞서 살펴보았듯이, 절대왕정 체제에서 왕이 무소불위의 권력을 자의적으로 행사함에 따라 결국 시민혁명이 일어나게 되고, 이에 따라 공화정 체제의 근대 시민국가가 등장하게 됩니다. 이러한 상황은 시민들의 정치참여가 확대되었음을 말하며, 이는 곧 민주제도의 발전을 의미하게 됩니다. 즉 국가 구성원으로서 시민들의 정치참여에 대한 권리 의식, 다시 말해 시민의식이 자리 잡게 된 것입니다. 이제 이에 관한 역사적, 사상적 배경을 살펴보도록 하겠습니다.

우선 고대 그리스 시대에서의 시민들은 당시 폴리스(Polis, 도시국가)의 구성원으로서 전쟁과 같은 국가 중대사는 말할 것도 없고, 중요 재판 등 공동체의 주요 결정에 직접 참여했으며, 또 그것은 권리이자 의무임을 잘 알고 있었다고 보입니다. 이와 같은 시민의식은 당시 고대사회에서 잦은 전쟁과 내란을 겪게 되면서 공동체와 개인은 공동운명체일 수밖에 없다는 점을 체험적으로 느끼게 되었던 배경에서 나왔을 것으로서 역사가들은 판단하고 있습니다. 그러나 전쟁과 내란 과정에서 누구보다 심각한 고통을 겪게 되는 평민과 여성, 그리고 노예 등이 배제된, 특권적인 시민의식이라고 평가할 수 있을 것입니다. 특히 노예의 경우는 귀족의 재산으로서, 사고파는 물건과 같은 대상으로 취급되었던 것입니다. 사료에 따르면 다만 전쟁에서 공을 세우거나 주인인 귀족에게 헌신함으로써 그에 대한 대가로 국가 또는 귀족으로부터 종종 노예 신분에서 벗어날 수 있었을 뿐, 평생 그 신분에서 벗어나기는 매우 어려웠다고 합니다.

고대 로마제국의 경우는 고대 그리스 시대와 마찬가지로 귀족들과 특정 평민들에게만 시민법에 따른 시민권이 부여되었으며, 로마의 영토가 확장되면서 상대적으로 시민권을 가지고 있는 사람들의 수가 일정부분 확대되었지만, 그래도 시민권은 로마 시민에게만 부여되었기에, 로마국경 밖 제국 내의 다른 이민족을 제국의 시민으로서 포용하기 위한 만민법을 별도로 제정하게 됩니다. 그리고 이때의 만민법은 이후 근대 자유주의와 평등주의의 기반이 되는 자연법의 모태가 됩니다.

한편 로마 멸망 이후 들어선 중세 시대는 철저한 봉건 신분제와 기독교의 신 중심적인 세계관에 종속되어 있었기에 개인의 존재는 육체적으로나 정신적으로 공동체에 함몰되어 있었다고 볼 수 있겠습니다. 즉 일상적인 생활에서는 봉건 계급사회에서의 관행, 관습, 전통에서 벗어날 수 없었으며, 정신적인 생활에 있어서는 신 중심적 세계관의 지배를 받을 수밖에 없었던 것입니다. 이처럼 정체된 공동체는 천년을 이어가게 되었으며, 그 변화는 십자군 원정 이후에야 비로소 나타나기 시작했습니다. 중세 교황권의 위세를 과시하기 위해 벌인 예루살렘 성지회복 운동이 역설적으로 오히려 기독교 세계관의 붕괴로 이어지게 된 것입니다. 먼저, 십자군 원정은 중세 유럽의 기독교 영역 밖의 세상은 미개인과 악마들의 땅으로 여겨왔던 유럽인들의 선입관에 큰 충격을 가져오게 됩니다. 즉 그들의 세계에도 제도와 문명, 그리고 질서가 있었으며, 그중에는 유럽보다 앞선 분야들도 있다는 것을 눈으로 확인하게 되었던 것입니다. 즉, 당시 중동 이슬람 지역에는 동로마의 비잔틴 문화와 중국과 인도, 이집트로부터 유입된 오리엔트 문명이 꽃을 피우고 있었으며, 이를 목격한 유럽의 원정군들이 이 문화들을 유럽에 가져오기 시작하면서 기독교문화에 대한 도전이 나타나게 된 것입니다. 그리고 그 결과로서 서유럽에 출현하게 된 역사적 사건이 르네상스와 종교개혁, 그리고 상업혁명과 과학혁명이었던 것입니다.

먼저 르네상스는 부활, 재생이란 용어의 뜻이 의미하듯이, 고대 그리스, 로마 시대의 인문주의의 복고 또는 부활을 의미합니다. 즉 중세 시대 기독교 교단에 의해 금서로 지정되었던 고대 그리스, 로마 시대의 플라톤이나 아리스토텔레스 등 인문 철학자들의 문학, 사상, 예술 등 인간 중심주의적인 문헌들이 십자군 원정 이후 유럽에 다시 들어오게 되었으며, 당시 약화된 교황권하에서 인문학 분야에 관한 관심과 창작이 활발하게 전개되기 시작했던 것입니다. 즉 그동안 기독교 교단의 종교적 엄숙주의에 따라 금지되었던 인간의 희노애락 등 일상적인 감정에 대한 표현과 서민들의 현실적 생활 속의 일상사에 대한 묘사 등이 문학과 음악, 미술 등에서 활발하게 나타났던 것입니다.

다음 종교개혁의 배경과 진행 과정을 살펴보자면, 중세시대 강력했던 교황권의 위세 속에서 교황청을 비롯한 각 지역의 교회들은 날로 부패해졌으며, 교황과 사제들의 끊임없는 부와 권력에 대한 추구는 급기야 면죄부를 판매하는 데까지 이르게 됩니다. 즉 교회에서 발행하는 면죄부를 구매하게 된다면 지상의 죄를 없애줌으로써, 천국에 오를 수 있다는, 성서에 나오지도 않는 제안으로 사기행각까지 벌이게 된 것입니다. 이와 같은 교황권의 타락을 당시 마틴 루터(Martin Luther) 수도사의 95개 조항에 달하는 반박문처럼 교회 내부에서부터 반발하게 되면서, 신자들이 신의 말씀을 사제들의 자의적인 해석이 아닌 성서로부터 직접 들을 수 있도록 성서 번역 운동과 성서 보급 운동을 벌이게 된 것으로부터 시작되었던 것입니다.

이와 같은 일련의 정치사회의 변동 속에서 중세 신 중심의 세계관과 공동체 중심의 세계관에 가장 큰 타격을 가하게 된 것은 오리엔트 지역의 연금술과 점성술의 유입으로 촉발된 자연과학의 발달이라고 할 수 있겠습니다. 중세 기독교 교황권에서는 자신들의 신앙을 뒷받침하고 있는 교리와 그에 따른 세계 이해, 즉 기독교 신학을 체계적으로 정리하기 위해 당시 아리스토텔레스의 논리학과 신플라톤주의를 접목한 종교철학인 스콜라철학을 정립하게 됩니다. 그리고 이 종교철학을 기반으로 교황권의 사제들이 우주와 세계를 비롯하여 신자들 개개인의 사생활까지 해석하고 관장했던 것입니다. 물론 이와 같은 교황권의 해석에 배치되거나 저항하는 사상이나 행동에 대해서는 마녀사냥에 따른 화형과 고문이 동반된 종교재판과 같은 종교적 형벌을 가차 없이 가했던 것입니다.

그러나 르네상스를 통해 동로마 등지에서 유입된 고대 그리스의 인문 철학, 특히 플라톤과 아리스토텔레스의 원전들이 번역되고 재해석되면서 이 철학자들의 논리학과 철학에 기반을 둔 교리논쟁이 나타났을 뿐만 아니라 이제까지 교황권에서 주장해왔던 세계관과 배치되는, 세계에 대한 새로운 해석, 특히 천문 현상에 대한 새로운 발견들에 따른 우주와 세계에 대한 새로운 주장들이 등장하기 시작했던 것입니다. 그리고 이와 같은 주장들은 약화 된 교황권이나 왕권으로부터 자치권을 확보한 영주들이나 귀족들의 비호하에, 특히 당시 르네상스가 활성화한 도시에서부터 설립되기 시작한 대학들의 학자들로부터 제기되기 시작했던 것입니다. 그리고 이와 같은 새로운 현상의 발견과 그것을 근거로 한 새로운 세계관을 정립할 수 있었던 바탕에는, 당시 학자들의 열성적인 관찰과 실험의 과정이 있었던 것입니다. 즉, 이제까지 종교 교리와 믿음에 근거한 독단적이고 추상적인 세계 해석이 아닌, 인간이면 누구나 직접 경험하고 확인할 수 있는 관찰 결과와 누구나 논리적으로 이해할 수 있는 추론 등을 근거로 세상과 우주를 재해석하기 시작했다는 것입니다. 바로 이것이 과학혁명의 핵심적 기반이며, 중세 기독교 신 중심적 세계관에서 벗어날 수 있는 원동력이 되었던 것입니다. 특히 우리가 잘 알고 있는 갈릴레오 갈릴레이(Galileo Galilei)에 의한 지동설과 뉴턴(Sir Isaac Newton)에 의한 만유인력 법칙의 발견 등이 그 대표적인 예라고 할 수 있겠습니다.

그리고 교회의 탄압에 대응해서 이와 같은 관찰과 해석의 정당성을 주장할 수 있었던 것은 이렇게 관찰할 수 있는 인식능력과 그 결과를 논리적으로 추론해서 해석할 수 있는 판단 능력은 바로 신이 인간에게 부여한 이성(理性)을 통해서 나온다는 근거를 제시했기 때문입니다. 바로 근대 합리적 인간관과 세계관이 여기서부터 비롯되었던 것입니다. 즉, 모든 인간은 신이 부여한 이성을 갖고 있으며, 이 이성을 통해 세계를 인식하고, 그 인식된 결과를 추론하여 이치를 파악할 수 있다는 것입니다. 이와 같은 합리적 이성관에 따라 우리가 알고 있는 근대 계몽주의가 출현하게 된 것이며, 계몽주의의 대표적인 사조로는 바로 경험론과 합리론이 있습니다.

2) 계몽주의의 등장과 영향

프랜시스 베이컨(Francis Bacon)을 대표로 하는 경험론은 모든 인식의 근원으로써 우리의 감각을 통한 지각과 이를 입증하기 위한 실험을 강조하는 사조로서, 우리가 특정 현상과 관련된 경험 사례들을 귀납적으로 추론한 결과를 기반으로 연구 대상인 특정 현상들의 인과관계를 밝힘으로써 그 현상을 설명하는 과학적 방식의 기초를 일컫습니다. 그리고 르네 데카르트(René Descartes)를 대표로 하는 합리론은 우리의 모든 인식의 근원을 감각적 지각이 아닌 이성을 통한 연역적 추론에 두고, 이와 같은 추론을 통해 현상의 이치를 밝히는 사조를 일컫습니다. 여기서 우리는 두 사조에 대해 보다 자세히 비교하고 검토하는 것이 목적이 아니라, 이 두 사조가 근대 사상의 형성에 가장 중요한 배경이 되는 까닭에 이들 사조가 내포하고 있는 세계관의 의미와 영향에 대해서 살펴보고자 합니다. 그 첫 번째로 거론할 사항은, 이와 같은 계몽주의는 그 용어에도 담겨 있다시피 세계에 대한 이해를, 전통적인 관습이나 직관, 또는 초월적인 계시를 통한 불확실하고 근거 없는 지식에 기반을 두는 것이 아닌, 인간 자신의 감각적 경험을 기반으로 하는 귀납적 추론이나, 인간 이성에 의한 연역적 추론에 따라 찾아낸 법칙이나 이론을 통해 밝혀내고자 하는 것을 의미합니다.

다시 말해 이와 같은 계몽주의적인 세계관은 과거 중세 시대의 인습이나, 미신, 또는 초월적 계시 등에 의해 세계에 대한 왜곡 되고, 불확실한 지식에 빠져있었던 무지몽매한 상태에서 벗어나 세계를 제대로 정확하게 알기 위해선, 인간이면 누구나 가지고 있는 이성을 통해 세상을 다시 살펴봐야만 한다는 혁명적인 메시지를 담고 있는 것입니다.

두 번째로 지적할 사항은 이전까지 세계에 대한 지식의 정당성은 신의 계시를 내세우는 교회의 권위나, 신으로부터 권위를 부여받았다는 의미의 왕권신수설에 따른 왕의 권위로부터 나왔다면, 이제는 신이 모든 사람에게 부여한 이성을 활용하여 인간이 직접 관찰하고 실험한 결과를 합리적으로 추론하고 검증함으로써 밝혀낸 법칙이나 이론을 지식의 최종적인 권위의 기준으로 삼았다는 점입니다.

세 번째는, 합리론에 따라 과학방식의 연역 체계를 세운 데카르트의 합리론, 특히 데카르트의 회의주의에 따른 이분법이 이후 자연과학의 발달에 가장 크게 영향을 미쳤던 것은 사실이나 그 반면에 근대 인간중심주의 세계관의 기반이 되면서 이에 따른 부작용도 함께 가져오게 되었다는 것입니다. 즉, 과학적 연구방식의 핵심은 자연 현상을 연구할 때 그 대상인 자연 현상을 객관적으로 관찰해야 하는 것인데, 이때 객관적이라는 것은 관찰자인 연구자의 주관적 입장을 철저히 배제한 채 대상인 현상을 '보이는 그대로' 관찰해야 한다는 것입니다. 이를 위해선 관찰자와 관찰 대상, 즉 연구자인 인간과 연구 대상인 세계를 이분법적으로 철저히 구분한 상태에서 감각을 통해 지각된, 즉 관찰된 현상을 주체와 완벽하게 분리한 채 인간 이성의 논리적 추론에 따라 이해하고 설명할 수 있다는 것입니다. 이와 같은 과정은 인간이 합리적으로 추론할 수 있는 이성을 갖고 있기에 누구나 자신의 판단을 통해서 개별적으로 세상을 이해하고 설명할 수 있으며, 그 결과에 따라 자연을 인간의 사용 목적에 따라 이용할 수 있다는 인간중심주의와 개인주의로 이어지게 되었던 것입니다.

네 번째는, 이제까지 관습적으로나 초월적으로만 인식했던 자연 현상에 대해 과학적 추론을 통해 그 현상 이면에 놓인 자연 질서의 법칙을 찾아냄으로써 자연과학의 눈부신 발전을 이루게 되었듯이, 그와 같은 과학적 방식을 사회 현상에도 적용함으로써 사회 현상 이면에 놓인 어떤 질서의 법칙을 찾아내고자 하는 시도들이 나타나기 시작했다는 것입니다. 그 결과 17세기에 들어서 이른바 사회계약론자들이 등장하게 되었으며, 이들의 사상이 근대 시민사회를 형성하는 이론적, 실천적 배경이 되었던 것입니다.

3) 사회계약론의 역할

사회계약론의 대표적인 사상가로는 토마스 홉스(Thomas Hobbes)와 존 로크(John Locke), 그리고 장 자크 루소(Jean-Jacques Rousseau) 등을 들 수 있는데, 이들은 모두 소위 기존의 제도나 법, 관습 등이 존재하지 않는 자연 상태의 인간 사회를 상정한 후, 그와 같은 자연 상태에서 나타나는 인간 본성과 그에 따른 인간관계의 문제점들을 제시하면서, 이를 해결하기 위한 자신들의 사상적 대안을 연역적으로 제안하고 있습니다. 아울러 이들의 공통적인 인간관은 인간은 모두 합리적이며 평등하다는 것, 그리고 자신의 생명과 재산의 보호를 최우선의 목표로 한다는 것이었습니다.

그럼 이제 토마스 홉스의 사회계약론부터 살펴보도록 하겠습니다. 그에 따르면, 사회의 제재나 구속이 없는 자연 상태의 인간은 자신의 이기적 욕심에 따른 본성대로 행동하게 된다고 합니다. 즉, 인간은 본래 자신의 무한한 욕구와 욕망을 충족시키기에 급급한 이기적인 존재이기 때문에 자연 상태에서는 서로 간에 자신들의 욕구를 충족시키기 위한 투쟁이 나타날 수밖에 없으며, 따라서 절대강자가 없는 상태의 사회에서는 그야말로 '만인(萬人)의 만인(萬人)에 대한 투쟁 상태'에 빠질 수밖에 없을 것이라고 합니다. 그리고 그와 같이 무질서한 상태가 되면 인간은 공포와 두려움에 빠지게 되며, 이와 같은 무질서 상태에서 벗어나기 위해 인간들은 집단 내에서 가장 능력이 탁월한 자, 즉 절대강자에게 자신들의 권리를 양도하는 계약을 함으로써, 그의 통치와 지배에 의한 질서를 추구하게 된다는 것입니다. 이때 집단 내에서 가장 능력이 탁월한 자를 홉스는, 성경에 나오는 괴물인 '리바이어던(Leviathan)'으로 지칭하고 이를 자신의 책 제목으로 삼기도 하지만, 우리가 쉽게 연상할 수 있듯이 이는 당시의 왕을 의미하게 됩니다. 이렇게 보면 홉스의 사상은 오히려 왕권을 인정하고 강화하는 논리로써 해석될 수 있으며, 실제 홉스는 당시 유럽에서 망명 중이던 찰스 2세(Charles II)에게 자신의 저서인 '리바이어던'을 헌정하고자 했으나 거절당하게 됩니다. 왜냐하면 왕권을 옹호하는 사람들의 상황에서는 홉스가 주장하듯이 왕권의 기반을 시민들에 의한 아래로부터의 사회계약에 근거하는 것을 용납할 수 없었던 것이며, 반면에 그들은 이제까지와 마찬가지로 신에 의한 위로부터의 위임, 즉 왕권신수설을 주장했기 때문입니다.

다음으로 인식론의 창시자이며 계몽 철학의 개척자였던 존 로크의 사회계약론을 살펴보자면, 그는 인간은 누구나 이성을 가지고 있는 합리적 존재로서 자유를 추구하지만, 이들의 이성은 완벽한 것이 아니기에 자유를 추구하는 과정에서 다른 사람들의 자유를 침범하는 일이 벌어지게 되고, 그 결과 사회적 갈등과 충돌이 나타나게 된다는 것입니다. 이에 대한 해결책으로서 로크는, 인간들이 자신들의 협의와 합의에 따른 합리적인 규칙을 만들어서, 이 규칙에 자신들의 개인적인 자유를 위임하는 사회계약을 제안하였던 것입니다. 이 규칙이 시민들에 의한 시민법이며, 바로 이 시민들의 합의에 근거한 시민법에 따라 통치되는 시민국가, 즉 공화정을 제시함으로써 로크의 사상이 근대 시민혁명의 사상적 기반이 되었던 것입니다.

다음은 장 자크 루소의 사회계약론에 대해 알아보도록 하겠습니다. 루소는 인간은 자연 상태에서는 평화롭고 공상적이며 단순하지만, 그와 같이 순수했던 인간들이 재산이 많아지면서 탐욕스럽고 경쟁적으로 변해감에 따라 결국 불평등한 사회가 된다는 것입니다. 따라서 자연 상태로 되돌아가는 것이 바람직하겠지만, 현실적으로 자연으로 돌아가는 것은 무리이므로 현실 사회에서 개인의 평등한 자유를 보장하기 위한 합의된 보편의지, 즉 일반의지에 따라 공동선을 마련하여 이를 지키고자 하는 사회계약을 맺어야 한다고 주장했던 것입니다.

사회계약론자들의 이와 같은 논의를 통해 우리는 다음과 같은 점들을 정리해볼 수 있겠습니다. 첫째로는 이제까지 전통적으로 당연시 받아들였던 사회제도나 규칙들이 존재하지 않는, 백지상태인 자연 상태의 사회를 상정하여 이를 기반으로 사회의 제도들을 새롭게 재구성하려 했다는 점에서 매우 혁명적인 사상이라고 볼 수 있다는 것입니다. 두 번째로는 이와 같은 사회 재구성의 논리 전개를 인간 본성에 대한 원천적인 인식을 출발점으로 하여 그 근본에서부터 연역적으로 전개해 나갔다는 점에서 과학적 방법을 적용한 매우 체계적이고 합리적인 시도를 했다는 점입니다. 세 번째는 인간의 천부적인 인권, 즉 자유와 평등을 바탕으로 한 사회계약을 상정했다는 점입니다. 그러나 시민들에 의한 사회계약 이면에는 당시 도시의 주류층으로 급성장하기 시작한 시민들, 즉 상공인들의 재산권과 자치권을 중시했다는 점에서 특정 계급의 권익을 옹호하게 되는 시대적 한계를 갖고 있었다고 볼 수 있겠습니다.

4) 공화제의 등장과 근대 시민의식의 한계

어쨌든 사회계약론에 따른 국가 재구성의 제안이 시민혁명의 이론적 기반이 되었던 것은 사실이며, 그에 따른 공화정의 출현은 근대 민주국가의 토대가 된 셈이며, 이 과정을 통해 시민들의 자유와 평등에 대한 권리 요구가 시민들의 의식에 깊이 자리 잡기 시작한 것입니다. 이 과정을 좀 더 자세히 살펴보자면, 근대 민주국가의 출현은 도시경제가 활성화되면서, 부를 축적하기 시작한 당시 상공인들이, 한편으로는 자신들의 사유재산을 지키기 위해, 다른 한편으로는 자유로운 경제활동을 보장해줄 자치권을 확보하기 위해 정치적 요구와 참여를 시도하면서 비롯되었던 것입니다. 그리고 그 출발점은 도시에서 자신들의 상권을 스스로 보호하기 위해 자체적으로 구성한 '길드'라고 불리는 조합이라고 볼 수 있겠습니다. 이후 왕이 의회의 시초라고 할 수 있는 삼부회를 소집하면서, 상공인들은 시민계급으로서 정치에 참여하기 시작합니다. 그러나 이 과정에서 역설적으로 왕의 권력이 강화됨으로써 절대왕정으로 이어지게 되는데, 그 결과 18세기 후반부 시민혁명이 일어나기 전까지 시민들의 정치참여는 왕이 세금을 올리기 위해 의회를 소집했던 경우 외에는 거의 없었다고 볼 수 있겠습니다.

그러나 앞서 살펴본 바와 같이 17세기 근대 과학혁명과, 이에 따른 계몽주의가 출현하는 과정을 통해 인간 이성에 관한 관심과 믿음이 증대되었으며, 이에 근거하여 모든 사람은 태어나면서부터 하늘이 부여한 이성을 가진 존재로서, 자연의 권리, 즉 자유롭고 평등하며 행복을 추구할 수 있는 권리를 가진다는 인권 의식이 확산하기 시작했던 것입니다. 그리고 이와 같은 인권 의식이 시민들의 경제활동의 자유와 자치권에 대한 요구 등과 맞물려 시민혁명 과정에서 폭발적으로 표출되었던 것입니다. 하지만 이렇게 해서 출현하게 된 근대 공화정은 민주주의 제도적 측면에서 보았을 때 일정부분 제한적일 수밖에 없었습니다. 일단 참정권, 즉 선거권이나 피선거권 등의 정치에 참여할 수 있는 자격이 주어지는 시민계급은 당시 일정 액수 이상의 세금을 낼 수 있었던, 재산을 보유한 상공인 등으로 제한되어 있었으며, 그렇기에 시민들이 참여하여 만든 제도나 법도 주로 상공인들이었던 자신들의 권익을 보호하기 위한 것에 한정될 수밖에 없었던 것입니다. 그 결과 시민의 자격을 갖추지 못한 노동자나 농민, 그리고 여성에 대한 참정권은 19세기 말, 20세기에 들어와서야 조금씩 확대되기 시작했으며,

그것도 각 국가와 지역에 따라 많은 편차가 있긴 하지만 대부분은 당시 지배권 력자와의 끊임없는 갈등과 투쟁을 통해 얻어낸 결과였다고 하겠습니다.

5) 개인주의의 등장과 부작용

근대 시민사회에서 도시화가 진행되면서 개인들은 공동체의 전통적인 관습 이나, 도덕 등의 가치보다는 자신들의 합리적 이성에 따른 개인적 욕구와 가치 에 더 많은 관심을 가지게 되었으며, 따라서 공동체적 생활보다는 각자 자유롭 게 개인적인 욕구와 가치를 추구하려는 이기주의적 경향이 많아지게 되었다고 할 수 있겠습니다. 그러다 보니 역설적으로, 개개인들 사이에서 공동체로부터의 분리에 따른 심리적인 불안감이 나타나게 되었는데, 사회심리학자들은 이 과정 에서 양 극단적인 두 가지 사회병리학적 행태가 나타나게 되었다고 진단하고 있 습니다.

그 첫째는 자신의 개인적 가치를 공동체 집단으로까지 확산시킴으로써 그 들로부터 인정받고자 하거나, 또는 이를 통해 그들을 지배하려는 성향이 나타나 게 되었다는 것입니다. 즉 자신의 가치를 공동체의 지배사상으로까지 확산시키 고자 하며, 더 나아가 국가의 지배 이데올로기로, 그리고 마침내는 주변 국가들 에까지 확장하려고 했던 것입니다. 예컨대 서유럽의 근대 국민국가들이 제국주 의를 추구하면서 결국 세계대전까지 벌이게 되는 배경에는 단지 국가의 부를 증 대시키기 위한 자원 확보 경쟁만이 있었던 것은 아니었던 것입니다. 독일과 이 탈리아의 나치즘(Nazism)이나 일본의 대동아공영론 등은 자국 내 특정 집단이나 지도자의 사상이 국가의 지배 이데올로기로, 그리고 나아가서는 제국주의로까지 확대되어 나타났던 것이라고 볼 수 있다는 것입니다.

개인주의에 따른 사회병리학적 행태의 또 다른 하나는 첫 번째와 정반대의 증상이라고 볼 수 있는 것으로서, 개인주의의 만연에 따른 공동체로부터의 소외 감에 따라 한편으론 사회적 아노미(anomie), 즉 자아 상실감에 빠지게 됨으로써 극단적 경우에는 자살로까지 연결되거나, 아니면 그 소외에서 벗어나기 위한 또 다른 방편으로 특정 집단의 사상이나 종교, 또는 국가의 지배 이데올로기에 자신을 함몰시킴으로써 자신의 정체성을 그 사상이나 집단과 동일시하게 되었다는 것입니다. 여기서 주목해야 할 사항은 이 두 번째의 행태가 앞서 독재자나 제국주의자들의 등장이나 확산과 맞물려서 진행되었다는 점입니다. 즉 이처럼 소외감에 젖어있는 사람들이 그 소외감에서 벗어나기 위해 그 방편으로써 독재자나 제국주의자들을 거의 극단적으로 따르게 되는 쇼비니스트(chauvinist), 다시 말해 맹목적 애국주의자들이 되었으며, 그 결과 당시 독재자나 제국주의자들의 등장을 가능하게 만들었던 것입니다.

따라서 이와 같은 근대 시민사회에서의 개인주의적 성향에 대한 사상적 반발이 정치적, 경제적인 측면에서는 사회주의가, 사회적, 사상적 측면에서는 공동체주의가 출현하게 되는 배경이 되었다고 할 수 있겠습니다.

6) 근대성(Modernity)의 특징과 영향

한편 근대 시민사회의 합리적 이성주의에 따른 공리주의의 추구는 효율성 증대에 따른 산업화 성장의 토대가 되었지만, 이 또한 또 다른 사회적 부작용을 가져오게 되었습니다. 즉 효율성의 극대화에 기여해 왔던 분업화와 전문화는 곧 생산과정의 규격화와 표준화로 연결되었는데, 그에 따른 산업 분야에서의 눈부신 성과에 자극되어 이 규격화와 표준화를 일반 사회 운영에도 적용하게 됨으로써, 개개인의 다양성보다는 사회 전체의 획일화를 중시하는 집단주의로 나아가게 되었다는 것입니다. 즉 효율성을 우선시하는 사회 운영원리로서 규격화, 표준화를 내세우는 근대성 또는 모더니즘의 특징이 바로 이와 같은 배경에서 출현하게 되었던 것입니다.

그리고 이러한 규격화와 표준화의 모더니즘은 겉으로는 합리적 개인주의에 따라 자유와 개성의 다양성을 추구하는 것으로 보이지만, 그 이면에 합리적 이성주의에 따른 보편주의와 연결되면서 개인의 다양성보다는 사회 운영원리로서 제도화와 법치주의를 추구하는 획일주의를 지향하는 것으로 나타나게 됩니다.

그리고 현대사회에 들어서 이와 같은 근대 합리적 이성주의에 따른 몰개성화와 그에 따른 비인간주의적 경향에 대한 회의와 반발이 다양한 분야와 계층에서 나타나게 되었던 것입니다.

이와 같은 근대 시민사회의 보편주의적 특징들은 제2차 세계대전 시기까지 진행되었다고 볼 수 있겠습니다. 그러나 제2차 세계대전이 끝난 후 냉전 시대가 도래하면서, 합리성에 따른 보편적 규범과 효율성을 내세우는 전전(戰前) 세대와 이와 같은 기성세대의 획일적 권위에 맞서 개성과 자율성을 추구하는 전후(戰後) 세대 간에 정치적, 사회적, 문화 예술적, 그리고 사상과 종교적 차원까지 전방위적인 갈등과 충돌이 나타나게 됩니다. 먼저 정치적으로는 애당초 식민지 독립전쟁에서부터 시작되었지만 이후 냉전 시대 자유주의와 사회주의 양 진영 간 대립으로까지 확장되었던 베트남 전쟁에 대한 참전을 둘러싼 세대 간의 이념적 대립이 나타났으며, 사회적으로는 집단과 단체의 공동체적 가치와 질서 그리고 규율을 중시하는 기성세대와 개인주의에 따른 개성과 다양성, 권위의 해체에 따른 자유분방함 등을 추구하는 신세대 간의 가치관과 생활방식의 대립이 나타났던 것입니다. 다음 문화 예술적으로는 모더니즘에 따른 정형화된 조화와 질서 그리고 실용성을 추구하는 기성세대의 예술 양식과 개성과 일탈, 그리고 무정형성을 추구하는 신세대의 포스트모던(postmodern) 예술 양식의 충돌 등이 표출되었습니다. 특히 이와 같은 전후 신세대들의 기성세대에 대한 도전 양상은 정치적, 이념적으로는 프랑스의 68혁명 등을 기점으로 하는 신좌파(New Left) 운동의 대두, 사회적으로는 히피족의 출현, 그리고 문화 예술적으로는 해체주의의 등장 등으로 대표될 수 있겠습니다.

7) 신사회운동의 등장

근대 시민사회 등장 이후 가장 대표적인 사회운동이 노동운동이라고 한다면, 제2차 세계대전 이후 민주화, 세계화가 확산하면서 사회 각 분야에서 자신들의 권리와 복지를 위한 목소리가 다양하게 표출되기 시작하였고, 이에 따라 새로운 성격과 방향의 사회운동이 나타나게 되었는데, 이를 지칭하기 위한 용어가 신사회운동이라고 할 수 있겠습니다. 그리고 이와 같은 신사회운동의 대표적인 것으로 인권운동, 여성운동, 환경 생태운동, 반전 평화운동 등을 들 수 있겠습니다. 그렇다고 현대사회에서 노동문제가 어느 정도 해결되었다고 할 수는 없으며, 전통적인 실업이나 빈부격차뿐만 아니라 사업장 내에서의 안전을 비롯한 근로환경, 평균 노동시간, 근로자 복지 등의 노동문제가 계속해서 증폭되는 상황에서 노동운동은 여전히 지속될 수밖에 없으며, 다만 신사회운동과 병행되어 활성화될 수밖에 없을 것입니다.

이제 이와 같은 신사회운동의 출현 과정을 살펴보자면, 앞에서 제시했듯이 근대 시민사회가 출현하면서 그 대표적인 사조인 모더니즘은 규격화와 표준화를 내세우면서 겉으로는 합리적 개인주의에 따라 자유와 개성의 다양성을 추구하는 것으로 보이지만, 그 이면에 합리적 이성주의에 따른 보편주의와 연결되면서 개인의 다양성보다는 사회 운영원리로서 제도화와 법치주의를 추구하는 획일주의를 지향하는 것으로 나타나게 됩니다. 그리고 이 획일주의의 기준에는 근대사회의 지배적인 주류 계층들의 이해가 반영되고 있었던 것입니다. 즉 모더니즘에 따른 세계관의 명목적인 가치 목표로는 합리성과 효율성을 중시하는 인간중심이 그 기준으로 제시되고 있었지만, 실질적인 차원에서는 서구, 자본가, 백인, 남성 등이 중심이 되는 가치를 그 기준으로 삼는 보편적 획일주의였던 것입니다. 그리고 이와 같은 서구, 자본가, 백인, 남성 등을 기준으로 하는 보편주의 경향은 자유민주주의체제로 포장된 자본주의 체제의 세계관과 그 궤를 같이한다고 볼 수 있겠습니다.

현대사회에 들어서 다양한 분야와 계층에서 이와 같은 근대사회의 보편적 획일주의에 대한 회의와 반발이 나타나게 되면서, 그 비판적 분석 틀로서 적용된 탈근대적 세계관에 따라 등장한 것이 바로 신사회운동이었던 것입니다. 아울러 신사회운동은 1980년대 이후 시민사회가 시민사회 대 국가라는 근대적 도식에서 벗어나, 활동 반경을 지구 차원으로 넓혀가는 세계화의 과정에서 출현했다고 할 수 있겠습니다. 그런데 이 세계화는 이미 산업화를 이룬 경제 선진국들의 다국적 기업들에 대해서는 혜택을 가져다주지만, 그렇지 못한 다른 집단들에게는 희생을 강요하는 양면적인 과정이라고 볼 수 있기 때문에, 그에 따라 세계화와 정보화의 혜택으로부터 소외된 집단들이 경제 선진국들이나 다국적 기업들에 대해 저항하는 계기가 되기도 합니다. 따라서 신사회운동은 이와 같은 신자유주의의 세계화에 대한 저항 운동의 확산 현상과 그 궤를 같이한다고 볼 수 있겠습니다.

특히 세계화의 과정에서 시민사회가 활용할 수 있는 기술과 자원이 증가함에 따라 세계 시민사회의 성장이 가능하게 되었는데, 예컨대 정보화의 발달은 시민단체 간의 접촉 비용을 줄여주게 되면서 시민단체들의 네트워크 구축을 가속화 하였으며, 이를 통해 환경운동을 비롯한 다양한 시민운동의 초국가적 협력을 확대하는 요인으로 작용했던 것입니다. 그리고 이처럼 초국가적인 문제들에 대응하여 활동하는 사회 운동들과 시민사회단체들은 평화, 인권, 개발, 환경, 여성 등과 같은 문제들을 특정 지역이나 국가 차원에서부터 다루기 시작하였지만, 이후 그 범위를 넓혀 세계 차원의 문제로써 대응함과 아울러, 이 운동들과 단체들의 지역 간, 국가 간 네트워크를 구축함으로써 초국가적인 해결책을 스스로 모색할 수 있는 능력을 개발해오고 있다고 하겠습니다.

제17장

정치이데올로기

1. 정치의 목표와 기능은 무엇일까요?

기본적으로 공동체, 특히 국가 공동체는 그 구성원들의 생존을 보장해야 하며, 더불어서 그들의 삶을 풍요롭게 해주어야 합니다. 다시 말해 국가의 가장 기본적인 존재 근거는 국민의 생명과 재산을 지키는 것이라고 할 수 있겠습니다. 아울러 이를 위해 향후 국가가 나아갈 방향을 제시함으로써 국민을 더욱 안전하고 풍요로운 삶으로 이끌어나가야만 하는 것입니다. 이것이 바로 정치의 목표가 되겠습니다.

이와 같은 목표를 위해 정치의 영역에서는 다양한 기능들을 수행하고 있습니다. 예를 통해 살펴보자면 먼저 자유주의 시장경제 체제에서 평소 같으면 시장에서 특정 생필품의 생산과 판매 같은 부분까지 정부가 나설 이유는 없겠으나, 자연재해나 전염병 확산 등에 따라 공급 위기 사태가 발생하게 된다면, 이 때문에 국민의 생명과 안전에 직접적인 영향을 미칠 수 있기에 정부가 직접 나서서 개입하게 될 것입니다. 왜냐하면 공급량은 부족한데 이를 찾는 국민이 많다면 당연히 국민은 서로 사겠다고 아우성을 칠 것이고, 또 생산자나 배급자들의 매점매석 행태도 발생하게 되는 등 시장은 큰 혼란과 불안에 휩싸이게 될 것이기 때문입니다. 따라서 정부가 나서서 관련 상품의 생산에 대한 독려와 지원을 하게 되고, 또 배급의 기준도 제시함과 더불어 그 기준을 어겼을 때의 규제조치도 공표하게 되는 것입니다. 바로 이와 같은 역할이 구성원들 간의 혼란과 갈등을 해소하는 정치의 질서유지 기능이라고 하겠습니다.

한편 이 같은 정부의 지침에 대해 국민이 잘 따르지 않거나 협조하지 않고, 이에 반발하거나 저항하는 사태들이 나타날 수도 있을 것입니다. 물론 가장 큰 이유로는 국민의 공감과 동의를 받지 못하는 방침이나 정책을 제시했기 때문에 그럴 수 있겠지만, 국민이 평소 정부에 대해 불만이 있거나, 신뢰하지 못하고 있는 상황인 경우에도 국민의 지지를 끌어내거나 협조받기는 어려울 것입니다. 따라서 국가 또는 공동체가 그 구성원들을 제대로 이끌어 가기 위해선 구성원들의 적극적 참여에 따른 지지를 바탕으로 해야 하며, 바로 이를 위한 역할이 정치의 참여 기능이라고 하겠습니다.

그런데 국민이 특정 사안에 대한 정부의 정책이나 방침을 잘 모르거나, 또는 다른 사람들은 그 지침에 대해 잘 모르고 있거나, 알고도 따르지 않으려 하는데 나만 지키게 됨으로써 그 결과 나만 불이익을 받지 않을까 하는 우려도 할 수 있을 것입니다. 따라서 국가나 공동체는 이와 같은 상황들을 방지하기 위해 그 구성원들이 국가나 공동체와 관련된 사항들에 대해 잘 알고 또 적극적으로 따를 수 있도록 관련된 정책들이나 정보에 대한 홍보나 교육을 충실히 해야 하며, 바로 이 역할이 정치의 소통 기능이라고 하겠습니다.

아울러 인간이 살아가고 있는 사회는 어떤 사회나 일차적으로 구성원들의 생존이 가장 중요하며, 이를 위해선 의식주 등의 자원이 필요한데, 한정된 자원에 비해 구성원들의 욕구나 욕망은 크기 때문에 이를 차지하기 위한 구성원들 간의 갈등과 충돌이 나타날 수밖에 없습니다. 이때 그 구성원들은 아리스토텔레스(Aristotle)가 인간은 '정치적 동물(political animal, zoon politikon)'이라고 주장했듯이(여러분들이 알고 있는 인간은 '사회적 동물'이란 표현은 본래 아리스토텔레스의 정치적 동물이란 말을 변용시킨 것입니다), 이와 같은 갈등과 충돌을 방지하기 위해 이를 조정하기 위한 나름의 방식을 찾게 되는데, 이것이 바로 정치의 분배 기능입니다. 이와 같은 정치의 기능을 미국의 정치학자 데이비드 이스턴(David Easton)은 바로 '가치의 권위적 배분'으로서 정의하고 있는 것입니다.

2. 정치이데올로기는 어떤 역할을 할까요?

그렇다면 국가나 공동체에서는 어떻게 가치 또는 자원을 배분하게 될까요? 어느 사회에서나 인간들은 한편으로는 무한정한 자신의 욕구를 충족시키기 위해, 다른 한편으로는 자신의 자아실현의 기회를 얻고자 끊임없이 노력하는바, 문제는 이를 충족시킬 수 있는 재화나 자원, 즉 가치의 양은 언제나 부족할 수밖에 없다는 것입니다. 따라서 사회는 언제나 이 가치를 얻고자 하는 구성원들 간의 충돌과 갈등의 연속으로 인한 혼란에서 벗어나기 어렵다고 할 것입니다. 이때 사회의 제한된 재화나 자원, 즉 가치들을 그 구성원들에게 권위적으로 재분배함으로써 사회의 안녕과 질서를 보장해주기 위해서는 먼저 그 분배 기준이 제시되어야 할 것입니다. 즉 이 기준에는 관습적인 윤리적, 도덕적 기준이 있을 수 있겠지만, 법적, 제도적 차원의 기준도 이에 해당한다고 하겠습니다. 그리고 이와 같은 질서의 기준을 구성원들이 따르도록 하기 위해서는 그에 따른 권위(權威, authority)를 확보하고 있어야만 합니다.

이와 관련해서 독일의 사상가 막스 베버(Max Weber)에 따르면, 권위란 그 구성원들이 자발적으로 따르도록 만드는 힘을 말하며, 이에는 카리스마적인(charismatic) 권위와 전통적인(traditional) 권위, 그리고 합리적(rational) 권위가 있다고 합니다. 그 중 카리스마적인 권위란 가치 배분의 기준을 제시하는 통치자가 어떤 초월적인 힘을 갖고 있는 것처럼 구성원들에게 인식되는 것을 말하며, 전통사회의 경우 부족의 무당들을, 현대에 들어서는 히틀러(Adolf Hitler)나 무솔리니(Benito Mussolini) 등의 독재자들이나 특정의 종교 지도자들을 그 예로 들 수 있겠습니다. 전통적 권위란 왕정 시대 왕의 경우처럼, 전통에 따라 내려오는 관습이나 관례에 따라 통치자의 지위에 있는 자가 갖고 있다고 여겨지는 힘을 말합니다. 그리고 합리적인 권위란 법적, 제도적인 절차에 따라 합법적으로 부여받은 힘을 일컬으며, 현대 민주국가의 대통령이나 수상 등 선거를 통해 합법적으로 정권을 장악한 통치자들 대부분이 이를 부여받고 있다고 하겠습니다.

한편 국가가 가치의 배분 기준을 집행하는 과정에서 때론 강제적인 물리력이 동원되는데 이를 공권력이라고 하며, 이와 같은 권력은 특정의 정치사회에서 배타적인 독점적 지위를 갖는 유일의 합법적인 물리력으로서 경찰이나 검찰, 군부 등이 행사하는 권력이 이에 해당한다고 하겠습니다. 그런데 가족이란 공동체를 이끌어가는 데도 우리는 가훈이라는 형태로 다른 가족들과는 달리 뭔가 우리 가족들이 지켜주었으면 하는 일종의 우리 가족만의 생활 목표나 삶의 지표를 정해 놓음으로써 가족 간의 단합과 유대를 더욱 공고히 할 수 있을 것이며, 가정생활을 해나가는 데도 이를 통해 생활의 우선순위가 정해질 것입니다. 다시 말해 생활비를 배분할 때나 가족들이 함께 시간을 보내게 될 때도 이 가훈이 기준이 되어 우선적으로 고려될 것입니다. 비슷한 이유로 학교에서는 급훈이나 교훈을 그리고 회사에서는 사훈을 정하게 되는 것입니다. 마찬가지로 국가적 차원의 공동체도 국민이 따라야 할 공동체의 목표이자 가치 배분의 기준을 정해 제시함으로써 국민을 단합시키는 한편 질서를 유지하는 기능이 필요하며, 국가의 경우는 이를 정치이데올로기라고 합니다.

그런데 개인적인 차원에서 자신이 이루고자 하는 목표나 지키고자 하는 신념을 정하기 위해서는 먼저 현재 자신과 주변 상황부터 파악해봐야 할 것입니다. 그래야 내가 나의 삶을 살아나가는 데 있어서 무엇이 문제이고, 또 무엇이 필요한지, 즉 나 자신과 주변에 대한 점검과 반성이 필요하다는 것입니다. 그다음으로는 이와 같은 상황을 개선해서 정말 내가 행복하고 보람 있는 삶을 살기 위해서 무엇을 추구하고, 또 무엇을 지키면서 살아야 할지, 그 이상과 꿈을 정해야 할 것입니다. 그러나 이와 같은 이상과 꿈을 정했다고 하더라도 저절로 달성되는 것이 아니기 때문에, 실제 이 이상과 꿈을 달성하기 위해서 내게 필요한 자원은 무엇이고, 또 실천 방안으로는 어떤 것이 있는지, 그 구체적인 실행 방안이 마련되어 있어야만 합니다. 이와 같은 과정을 국가 차원에 적용해보자면 국가 역시 국가 공동체의 구성원들이 이제까지 살아온 역사적, 지정학적 상황과 바라고 있는 생활, 그리고 국가 공동체가 처한 대내외적 여건 등을 잘 파악한 후, 이를 토대로 국가와 구성원들이 원하고 바라는 국가적 목표를 정립한 후, 이에 구성원들이 적극적으로 참여할 수 있도록 정책 실행 방안까지 마련하여 공동체의 합의된 신념 체계로써 만들어진 것이 바로 정치이데올로기이며, 국가는 국민에게 이를 제시함으로써 국민 통합을 유도하게 됩니다.

그렇다면 어떤 사회가 가장 바람직한 정치사회일까요? 이에 대한 분석은 좋은 사람, 바람직한 사회와 연관 지어 살펴봐야 할 것입니다. 즉 좋은 사람이란 곧 선(善, good)을 추구하는 사람이며, 이를 사회적으로 보장해주기 위해 구성원 모두의 '삶의 기회(chance of life)'를 넓히고 '삶의 질(quality of life)'을 제고시켜 주는 것을 목표로 하는 사회가 곧 공동선(共同善, common good)을 추구하는 바람직한 사회가 된다는 것입니다. 따라서 바람직한 정치사회란 결국 인간이 더욱 더 인간답게 살아갈 수 있도록 '삶의 기회'를 확대하고 '삶의 질'을 제고시켜주기 위한 최소한의 사회적 평등과 개인적 자유를 부여해 줄 수 있어야 하며, 이를 가치 배분의 기본적인 기준, 즉 법과 제도의 근간으로 삼아야 할 것입니다. 그리고 정치의 바람직한 역할은 이와 같은 법과 제도를 합법적인 절차와 방식을 통해 구성원들의 동의를 얻어 마련하고 추진하는 것입니다. 바로 정치이데올로기가 이와 같은 역할을 위해 제시되는 것입니다. 그리고 이와 같은 정치이데올로기 또는 정치이념으로는 우리가 잘 알고 있는 민주주의와 자본주의, 사회주의 외에도 진보주의, 보수주의, 권위주의, 자유주의, 전체주의, 아나키즘, 이슬람주의 등 다양한 형태가 존재하지만, 여기서는 그중에서도 가장 대표적인 민주주의와 자본주의, 그리고 사회주의에 대해서 좀 더 상세하게 살펴보도록 하겠습니다.

3. 정치이데올로기와 관련해서 어떤 논란이 있을까요?

그러나 이와 같은 이데올로기의 의미와 역할과 관련해서 특히 지난 20세기 동안 많은 국가와 학계에서 수많은 논쟁이 있었으며, 오늘날에도 중국과 러시아의 국가사회주의 또는 국가자본주의 형태의 정치체제 등에 대해서도 그 이념의 의미와 역할에 대해서 대내외적으로 많은 논란이 벌어지고 있다고 볼 수 있겠습니다. 하지만 이와 같은 논란과 논쟁의 근원에는 그 국가가 처해 있는 지정학적 상황과 그 국가체제가 지향하고 있는 중장기적인 목표 간의 차이가 존재한다고 볼 수 있겠습니다. 다시 말해 앞서 살펴보았듯이 한 개인이 추구하는 삶의 목표도 그 사람의 성장 과정과 현재 살아가고 있는 환경, 그리고 추구하고자 하는 삶의 방식에 따라 달라지듯이, 한 국가에서 지향하는 목표, 즉 국가 이데올로기도 그 국가의 과거 역사와 오늘날 처해 있는 정치, 경제적 상황, 그리고 그 국가의 국민이 바라는 미래의 바람직한 국가상 등에 따라 국가마다 서로 다를 수 있다는 것입니다. 다만 개인에게 있어서도 각자 현재의 생활 속에서 추구하고 있는 개별적인 삶의 지표가 아무리 바람직한 것으로 여겨진다 해도, 이것이 곧바로 인간이면 누구나 추구해야만 할 보편적인 삶의 지표가 될 수는 없듯이, 특정 국가가 현재의 대내외적 환경 속에서 개별적으로 추구하고 있는 국가 목표가 다른 모든 국가도 지향해야 할 보편적인 국가 목표가 될 수는 없다는 점을 인식해야만 할 것입니다. 따라서 한 개인이든 또는 특정의 국가든 궁극적으로는 현실적인 현재의 목표에 안주하고 집착할 것이 아니라 향후 지향해야만 할 보편적인 목표, 예컨대 개인적 차원에서는 건강과 행복을 유지하는 가운데 인격 향상을 통한 자아완성의 추구, 그리고 국가적 차원에서는 인류의 공생공영을 위한 공동선의 추구 등을 향해 끊임없이 수정 보완하면서 나아가야만 할 것입니다.

하지만 정치 지도자들이 제시하는 정치이데올로기와 관련해서 국가의 구성원인 국민이 특별히 주의를 기울여야 할 점을 두 가지로 압축할 수 있는바, 그 첫 번째는 정치 지도자들이 제시하는 국가의 목표가 국민의 동의와 참여를 바탕으로 추구되고 있는 것이냐 하는 점이며, 두 번째는 아무리 바람직한 국가 목표라도 그 목표를 달성하기 위한 적절한 자원과 추진 방안까지 마련되어 있느냐 하는 점입니다. 이 두 가지 중 하나라도 만족시킬 수 없는 이데올로기라면 그와 같은 이데올로기는 오로지 정치 지도자들이 자신들의 권력 장악과 독점을 유지하기 위해 국민을 기만하기 위해 동원하는 수단일 뿐이라고 할 수 있겠습니다.

한편 우리는 개인적인 차원에서 이처럼 자신의 목표를 정하고, 또 이를 달성하기 위한 자기만의 방식을 추구하는 과정에서, 어떤 특정의 목표와 이를 추구하기 위한 특정의 방식을 갖게 되는데, 그 이유는 앞서 설명한 바와 같이 이와 같은 목표와 또 이와 같은 방식에 대한 믿음, 즉 신념을 갖고 있어야 우리는 목표 달성에 매진할 수 있기 때문입니다. 그런데 문제는 우리는 자신에 대해서나 주변 상황에 대해서 완벽하게 파악할 수 없을 뿐만이 아니라, 특히 주변 상황도 그렇지만 우리 자신조차도 어떤 고정된 상태에 있는 것이 아니라, 시간과 세월이 흐름에 따라 끊임없이 변화해가고 있는 상태에 있다는 것입니다. 따라서 어떤 특정의 시점이나 여건에서 선택된 목표나 방식에 대한 신념이 그 당시에는 나름 적절했다는 판단에 따라 이에 매진했다고 하더라도, 이 목표나 방식이 변화된 여건이나 상황에서도 항상 맞아떨어진다고 볼 수는 없는데도 불구하고, 이미 정해진 목표나 방식이 신념화되어 있는 상태이기 때문에 오히려 새로운 목표나 방식을 모색하는 데 장애가 될 수 있다는 것입니다.

　　다시 말해 우리가 특정의 목표나 방식을 선택해서 이것에 대한 신념을 갖게 되는 것은 바로 우리의 삶을 성공적으로 잘 살기 위한 것인데, 이처럼 이미 신념화된 목표나 방식에 집착하게 됨으로써, 향후 새롭게 발견되었거나 변화된 우리의 삶을 살아가는 데 이전의 목표나 방식이 오히려 장애가 된다면, 그야말로 주객이 전도된 상황에 맞닥뜨리게 된다는 것입니다. 그리고 이와 같은 상황은 개인적 차원에서만 적용되는 것이 아니라, 작은 집단부터 국가 공동체에 이르기까지도 해당한다고 하겠습니다. 즉 앞에서의 사례들에 적용해본다면 어느 가정의 가훈이나 학교의 교훈, 또는 국가의 이데올로기는 그 공동체의 구성원들이 자신들의 생활 목표나 삶의 지표를 추구하는 기준점이 되며, 또 이 이데올로기를 통해 구성원들 간의 단합과 유대를 더욱 공고히 하게 되는 한편, 이 이데올로기가 공동체 생활을 하는 데 있어서 가치 배분의 기준이 되어 구성원들이 우선순위를 결정하는 데 있어서 서로 간의 충돌과 갈등을 조정하여 질서를 유지하게 되는 긍정적인 역할과 기능을 하는 한편, 그와는 반대로 이 이데올로기에 의해 신념화된 목표나 방식에 집착하게 됨으로써, 이후 새롭게 발견되었거나 변화된 환경에 대응하여 우리의 삶도 변화시키고자 하는 데 이전의 이데올로기가 오히려 장애로서 작용할 수 있다는 양면성이 존재한다는 것입니다.

민주주의

1. 민주주의의 진정한 의미는 무엇일까요?

민주주의는 사전적 의미로는 '국가의 주권이 국민에게 있고, 국민이 권력을 가지고 그 권력을 스스로 행사하며, 국민을 위하여 정치를 행하는 제도, 또는 그러한 정치를 지향하는 사상'이라고 할 수 있겠습니다. 이와 같은 민주주의 개념을 압축적으로 가장 잘 표현한 것으로 많이 인용되고 있는 것은 여러분이 잘 알고 있는 에이브러햄 링컨(Abraham Lincoln)의 게티즈버그 연설(Gettysburg Address)의 한 구절입니다. 이 연설은 링컨이 남북전쟁 중, 미국 펜실베이니아주 게티즈버그에서 했던 것으로, 이 연설 마지막 부분의 'government of the people, by the people, for the people, shall not perish from the earth(인민을 위한, 인민에 의한, 인민의 정부는 이 땅에서 사라지지 않을 것입니다)'라는 표현이 바로 그것입니다. 하지만 이와 같은 민주주의도 역사적 진행에 따라 그 의미와 제도가 점진적으로 확대, 발전해왔다고 볼 수가 있는데, 그 과정을 링컨이 제시한 용어들을 통해 살펴보도록 하겠습니다.

1) 인민(人民)의 의미와 범위

먼저 'the people', 즉 '인민'의 의미입니다. 우리가 서구 시민의식의 전개 과정을 살펴봐서 알다시피, 서구 민주주의 발달 과정은 우선으로 정치의 주체로서 정치에 참여할 수 있는 인민의 기준과 범위의 확장 과정이라고 할 수 있겠습니다.

즉, 고대 그리스, 로마 시대에 있어서 인민의 주요 구성원은 귀족이나 자유민들이었으나 그 규모는 상대적으로 작았으며, 중세에서는 오직 왕이나 영주만이 통치하였기에 일반적인 인민은 존재하지도 않았다고 볼 수 있습니다. 그리고 근대 국민국가가 출현하면서부터는 일정 액수 이상의 세금을 낼 수 있는 상공인, 즉 당시의 시민계급으로 제한되어 있었습니다. 시민혁명 이후 왕정복고를 주장하는 귀족층 중심의 보수당파와 공화정을 주장하는 상공인들 중심의 진보당파 간의 권력 다툼에서 서로 간에 자신들의 세력을 확장하기 위해 노동자, 농민들에게까지 선거권을 부여하는 과정에서 인민의 자격과 범위는 확대되었으며, 그 후 20세기에 들어서서야 비로소 여성까지 포함하여 성인인 모든 국민으로 그 범위가 점차 확대되었다고 보겠습니다.

2) 국민 참여

다음 'by the people' 즉, '국민 참여(participation)'에 대해 살펴보자면, 이는 곧 절차적 민주주의의 핵심이라고 할 수 있겠습니다. 다시 말해 민주주의의 출발점은 국민의 참여에서부터 시작된다고 볼 수 있는 것입니다. 역사적으로 봤을 때 국민의 참여는 앞서 살펴보았듯이 처음에는 수동적으로 부여받은 소극적 권리였다면, 시민혁명 이후에는 시민들의 적극적인 요구와 참여로 쟁취한 적극적 권리라고 할 수 있겠습니다. 미국의 제3대 대통령이자 건국의 주역 중 한 명이었던 토마스 제퍼슨(Thomas Jefferson)이 '민주주의라는 나무는 피를 먹고 자란다'라고 주장했듯이, 실제 역사 과정에서 국민의 참여는 인민들의 끊임없는 투쟁을 통해 지배 권력자들로부터 쟁취해왔다고 할 수 있겠습니다.

그런데 국가가 민주화되면서 개개의 국민은 자신들의 권리가 어떻게 획득됐는가에 대한 역사적 교훈은 어느새 잊어버리고, 오히려 자신들의 개인적인 욕구 충족과 안일에 안주함으로써 정치에서 점점 관심이 없어져 가고 있는 것이 현실입니다. 그러나 '권리 위에 잠자는 자는 보호받지 못한다'라는 영국의 관습법이 있듯이 정치적 무관심은 향후 정치적 권리 포기로 이어지게 되며, 그 결과 이와 관련하여 소크라테스가 플라톤의 저서인 〈국가〉에서 '스스로 통치하려는 마음을 갖지 않을 경우, 그에 대한 최대의 벌은 자기보다 못한 사람한테 통치를 당하게 되는 것'이라고 말한 것과 같은 상황을 맞이하게 될 것입니다. 따라서 독재자일수록 국민의 간섭 없이 자신의 권력을 자의적, 전횡적으로 행사하기 위해 국민의 눈과 귀를 가리고자 하는 정책을 펴게 됩니다. 이처럼 국민의 정치적 무관심을 유도하기 위한 대표적인 정책으로는 우리가 잘 알고 있는 '3S(Sex, Screen, Sports) 정책'을 들 수 있겠습니다. 우리나라의 경우 군사 쿠데타를 통해 등장한 제5공화국 권위주의 정권 시대에 언론에 대해 극심한 통제를 하는 과정에서도 오히려 성인 잡지나 성인 만화를 활성화했을 뿐만 아니라, TV 방송도 흑백 TV에서 컬러 TV로 전환하여 대량 보급하였으며, 프로야구를 출범시키면서 프로 스포츠 산업을 활성화했다는 점이 그 대표적인 예로 꼽을 수 있겠습니다.

여기서 평소 우리가 절차적 민주주의와 관련해서 매우 착각하고 있는 부분을 짚고 넘어가고자 합니다. 우리는 집단 내에서 어떤 사안에 대해 서로 간에 의견이 분분하여 결정이 잘 안 될 경우, 민주적으로 해결하자고 하면서, 흔히 투표에 의한 다수결을 제안하게 됩니다. 그리고는 다수결로 결정된 결과에 모두 따라야 한다고 주장하게 됩니다. 그러나 다수결 결과에 대한 무조건의 승복은 다수자에 의한 횡포를 가져옴으로써 오히려 반민주적인 방식의 결정이라고 할 수 있겠습니다. 다시 말해 다수결에 따른 결정이라는 것은 그 자체가 민주적인 해결책이라고 할 수는 없습니다. 왜냐하면 순수한 개념적 의미의 민주적 절차에 따른다면, 구성원 전체의 만장일치에 따라 의사가 결정되어야 하기 때문입니다.

하지만 현실적으로 만장일치의 결정 과정이 규모가 크고 복잡한 사회에서는 거의 불가능하기에 차선책으로 선택된 것이 다수결의 원칙인 것입니다. 그런데 다수결의 원칙이 갖는 문제점이란 곧 그 결정에 따르지 않거나 결정으로부터 소외된 사람들에 대한 처우의 문제인 것입니다. 따라서 이를 보완하기 위해 제시되는 방안이 바로 '소수자 보호의 원칙'입니다. 즉 의견이 다른 사람들도 그 사회의 주체적 구성원인 것은 당연하기에, 소수자인 이들에 대한 별도의 배려가 있어야 한다는 것입니다. 즉 이들에게 다수결로 결정된 결과에 무조건 따라야 한다고 강요해서는 안 된다는 것입니다. 이들이 다수결 결정에 따른 진행을 적극적으로 저지하거나 방해하지 않는 이상, 이들이 그 결과와는 다른 결정과 행동을 한다고 해서 이들에게 별도의 불이익이나 위해를 가해서는 안 된다는 것입니다.

3) 국민 복지

다음은 'for the people', 즉 '국민 복지(welfare, well-being)'에 대해 살펴보도록 하겠습니다. 20세기에 들어서 선진 민주국가부터 절차적 민주주의가 어느 정도 자리 잡게 되면서, 참다운 민주주의의 목표가 국민 참여에서 곧 국민의 복지, 다시 말해 국민이 잘살도록 하는 정책으로 나아가게 되었습니다. 그렇다면 어떤 것이 잘 사는 것일까, 그 정책 지향점에 대한 논의가 나올 수밖에 없을 것입니다. 이와 관련해서는 두 가지 차원에서 접근해야 할 것입니다. 첫째는 국민의 삶에 있어서 필요조건인 생존권 보장과 재산권의 보호라고 할 수 있겠습니다. 즉 기본적인 '삶의 기회(chance of life)'로써 생계를 보장해주는 정책입니다. 이것은 곧 국가의 일차적 존립 목적인, 국민의 생명과 재산을 지키는 것과 직결되고 있는 사항입니다. 우리나라의 경우 국가의 경제 규모가 커짐에 따라 이제는 세계의 모범이 될 만큼 국민건강보험제도와 국민연금제도 등이 잘 정착되어 있는데, 바로 이와 같은 복지정책이 국가의 일차적 목표에 부응하는 것입니다.

국민 복지와 관련된 두 번째 차원은 복지정책의 충분조건으로서 국민의 '삶의 질(quality of life)'을 고양시켜주는 정책입니다. 다시 말해 국민이 자신이 가진 능력과 관심, 그리고 적성을 충분히 살릴 수 있게끔 관련된 분야에 대한 적절한 교육과 훈련을 받을 수 있는 기회가 주어져야 하며, 아울러 인간다운 생활을 향유할 수 있도록 각종 문화생활에 접근할 수 있는 기회도 부여해야 한다는 것입니다. 이 역시 우리나라의 경우 직업과 관련하여 국민 평생교육 제도가 마련되어 있으며, 저소득계층을 비롯한 문화소외계층의 문화생활을 지원하기 위한 문화바우처 정책 등이 추진되고 있습니다. 아울러 정보화 지체 계층이나 세대를 위한 각종 정부 지원정책들도 진행되고 있습니다. 그러나 가장 중요한 것은 국민 각자가 자기 자신의 생활의 질을 고양시킴으로써 삶을 풍요롭게 향유 하고자 하는 문화 의식을 갖는 것이라고 할 수 있겠습니다.

4) 국민 주체

다음은 세 번째 'of the people', 즉 '국민 주체(subjectivity)'에 대해 알아보도록 하겠습니다. 민주주의 발전의 핵심 관건은 사실 이 부분에 달려있다고 해도 과언이 아닐 정도로 대단히 중요한 개념인데, 최근에 와서야 비로소 이 개념에 대한 이해와 관심이 확대되고 있다고 볼 수 있겠습니다. 왜냐하면 민주주의라는 개념에서 '민주'라는 의미는 곧 국민이 주인이라는 뜻이기에 민주주의가 제대로 추진되기 위해서는 국민 각자가 주인으로서의 의식을 제대로 갖추어야 한다는 것입니다. 다시 말해 국가의 구성원으로서의 소속감을 넘어서 자신이 진정한 국가의 주인으로서 국가를 이끌어가는 주체라는 의식을 가져야만 한다는 것입니다.

이를 위해선 먼저 개인적 차원에서는 자기의 일을 스스로 판단하고, 결정하며, 아울러 그 결과에 대한 책임까지 스스로 감당하고자 하는 주체적 의식을 갖춰야 합니다. 다음으론 가정과 사회, 그리고 국가에 이르기까지 다른 구성원들과 함께 더불어서 살아가야 한다는 공동체 의식을 갖추어야 합니다. 다시 말해 '나 하나쯤이야'하는 개인주의나 '나만 잘 살면 되지'하는 이기주의에서 벗어나 '우리'라는 공동체에서 다른 구성원들과 더불어서 함께 잘 살고자 하는 공생 공영의 자세를 갖추어야 한다는 것입니다. 특히 공동체에는 나와 입장이나 생각이 다른 다양한 구성원들이 있기에, 이들과 더불어 살아가기 위해선 그들을 포용하고 받아들일 수 있는 마음 자세가 중요합니다. 이런 자세가 갖추어져 있어야만 우리보다 열악하거나 힘든 처지에 있는 다른 구성원들도 눈에 들어오게 되면서 그들에 대한 따뜻한 지원과 배려도 할 수 있게 되는 것이며, 아울러 공동체에 위기가 닥쳤을 때 이를 극복하기 위해 자신의 희생을 두려워하지 않고 결연하게 앞장설 수 있는 의지와 용기도 가질 수 있는 것입니다.

그리고 마지막 단계로서는 지구촌의 일원으로서 지구상의 모든 사람과 함께 더불어 살아가고자 하는 인류애로까지 나아가야 한다는 것입니다. 어떻게 보면 내가 일상생활에서 맛있는 것을 먹으며, 안락한 집에서 편안하게 쉴 수 있는 이 모든 것이 세계 저편에 있는 누군가의 노력과 희생 덕분일 수 있기에, 우리는 그들에게도 따뜻한 관심과 지원을 보낼 수 있는 박애의 정신을 가져야 합니다. 지금 바로 이 순간에도 지구상 어디선가 누군가는 헐벗고 굶주리며 고통과 고독 속에서 죽어가고 있다는 사실을 외면한 채 살아간다는 것은, 같은 인류의 한 사람으로서 스스로 대단히 부끄럽고 창피한 일임을 자각해야만 한다는 것입니다. 아울러 인류의 공존과 공영에 필수적인 지구의 환경과 생태의 복원과 유지를 위한 관심과 실천까지도 우리의 권리이자 의무로써 받아들여야만 한다는 자세가 요구됩니다.

이제 이와 같은 주체적 관점에서 앞서 국민 참여와 국민 복지를 다시 점검해본다면, 주체적 구성원으로서 정치에 관한 관심과 참여라는 것은, 먼저 자신부터 책임 있는 주인으로서 그에 필요한 자질과 능력을 적극적으로 키워나가야 한다는 것입니다. 이와 더불어 비록 능력도 안 되거나, 입장이나 주장이 자신과 다른 구성원이라고 해도, 그들도 공동체의 의사결정에 참여할 수 있는 당연한 권리가 있음을 인정함으로써 그들도 의사결정에 참여할 수 있도록 격려하고 배려해야 한다는 것입니다. 또 노약자 등 사회 소외 계층에 대한 복지정책도 단순히 그들의 생계와 생활에 필요한 물품이나 시설 등 물질적인 지원을 하는 데서 그치는 것이 아니라, 그들도 이 사회, 이 국가의 주체적 구성원이라는 존재감과 소속감을 느낄 수 있도록 그들의 적성과 능력에 맞는 자리와 역할을 마련해주어야만 한다는 것입니다.

2. 민주주의의 정착을 위한 필수적인 전제 조건은 무엇일까요?

한편 민주주의 세 가지 필수적 요건인 국민 참여와 국민 복지, 그리고 국민 주체가 제대로 실현되기 위해서는 국민의 자유와 평등, 행복 등의 기본권이 철저히 보장되어야 하겠지만, 그에 앞서 법적으로나, 제도적으로, 그리고 관행적으로도 공평과 공정, 그리고 공개라는 세 가지의 원칙들이 제대로 준수되어야만 합니다. 예컨대 여러분들이 국가나 각 지방의 경제가 제대로 운영되는지를 알고자 한다면 기본적으로 우리나라 올해 국가의 예산은 얼마이며, 또 거주지 지방자치단체의 예산은 얼마인지부터 알아야 하는데, 만일에 이와 같은 정보들이 차단되어 있거나, 접근하기 어렵다면 어떻게 국가 경제나 지방 경제에 대한 감시나 참여를 할 수 있겠습니까? 다시 말해 공공의 이익이나 권리가 특정 집단이나 특정 계층에만 부여되는 불공평한 상황이거나, 국가의 법이나 규칙이 특정 집단에는 예외가 되는 불공정한 상황, 또 정부 부처나 공공단체 등의 운영이나 예산, 그리고 정책과 관련된 정보들이 일부 집단이나 계층에게만 접근이 가능한 정보 차별화의 상황이 여전히 발생할 수 있다면, 그 국가나 사회는 결코 민주적인 공동체라고 할 수 없는 것입니다. 그렇기에 이와 같은 부당한 상황들에 대한 해결이야말로 민주시민으로서 가장 먼저 나서서 극복해야만 할 당위적 차원의 선결 과제라고 할 수 있을 것입니다.

아울러 민주주의 체제에서 정치가 제대로 운영되기 위해서는 어떤 지도자를 선택하느냐, 그리고 어떤 정책을 추진하느냐 하는 점도 중요하겠지만, 그보다 더 근본적으로 중요한 점은 국민이 국가의 주체적 구성원으로서, 즉 주권자로서 얼마나 자신의 권한을 제대로, 그리고 충실히 행사할 수 있느냐 하는 점이 가장 관건이 된다는 것입니다. 그리고 이를 뒷받침하기 위해서는 국민의 상시적인 참여와 감시를 보장할 수 있는 법과 제도의 완비가 필수적인 요소라고 할 것입니다. 바로 이와 같은 점에서 오늘날 민주주의 정체를 갖추고 있는 국가들에서는 입헌주의와 삼권분립을 그 제도의 근간으로 삼고 있다고 하겠습니다.

예컨대 우리나라와 같은 민주정치 체제에서 대통령의 권한은 바로 국가의 주체적 구성원인 국민으로부터 주어집니다. 즉 국민의 사전 합의와 동의를 통해 마련된 법에 따른, 선거라는 국민의 주권 행사 절차에 의해 국민의 권한이 대통령에게 위임되는 법적 범위 내에서 대통령은 그 권한을 갖게 되는 것입니다. 그렇다면 주권자인 국민은 어떤 사람에게 대통령의 권한을 부여하게 될까요? 바로 주권자인 국민 자신을 위해, 다시 말해 대통령 개인이 아닌 국민을 위해 일할 사람을 대통령으로 선출한다는 것입니다. 그리고 어떻게 국민을 위해 일할 것이냐를 판단하게 되는 근거 중 중요한 것은 바로 선거 과정에서 후보자가 내세우는 선거공약이며, 국민은 그 공약사항을 검토해서 투표하게 되는 것입니다. 이 과정에서 우리는 중요한 사항을 파악할 수 있게 됩니다. 즉 대통령이 되어서 막강한 권한을 갖게 되더라도, 그 권한의 사용 정도와 범위는 이미 정해져 있다는 것입니다. 즉 대통령은 개인으로서의 자의적인 판단에 따라 정책을 결정하고, 또 이를 자신의 방식대로 실행할 수 있는 것이 아니라, 사전에 국민으로부터 위임받거나 동의를 얻은 법적, 정치적 범위 내에서 정책을 입안하고 또 실행할 수 있다는 것입니다.

따라서 대통령이 입안한 정책들도 이를 제대로 달성하기 위해서는 그 정책을 실행하게 되는 대상인 국민의 적극적인 참여가 필수적이라고 하겠습니다. 즉 국민이 원하지 않는 정책을 내세우거나, 또는 국민의 참여 없이 대통령의 일방적인 방식으로 추진하게 된다면, 그 정책은 제대로 추진하기 어려울 뿐만 아니라 오히려 국민의 저항에 직면하게 될 수도 있을 것입니다. 다시 말해 아무리 지혜롭고 똑똑한 대통령이라 하더라도 대통령 개인으로서의 자유의지에 따라 판단된 통치가 아니라, 주권자인 국민의 공동 의지에 따라 위임된 범위와 절차에 따라 통치해야만 한다는 것입니다.

이에 따라 우리나라의 경우처럼 아무리 대통령에게 막강한 권한이 부여되는 대통령중심제 정치체제라 하더라도 국민이 민주주의 체제에서의 주권자로서의 주어진 권한과 의무를 성실히 이행하게 된다면, 다시 말해 국민이 국가의 주체적 구성원으로서 자신의 역할을 충실히 한다면 실제 대통령으로서 행사할 수 있는 권한이라는 것은 생각보다 매우 제한적일 수밖에 없다는 것입니다. 특히 현대와 같은 대중민주주의 체제에서는 이와 같은 주권자의 권한을 효율적으로 행사할 수 있도록 삼권분립이라는 제도적 장치를 두고 있기에, 이에 따라 입법부와 사법부의 견제와 균형이 제대로 작동된다면 대통령중심제는 원래의 헌법적 취지대로 원만하게 운영될 수 있을 것입니다.

그러나 앞서 제16장에서 살펴본 바와 같이 현대 사회에서 도시화가 진행되면서 개인주의의 만연에 따른 공동체로부터의 소외감에 따라, 한편으론 조울증이나 사회적 아노미(anomie), 즉 자아 상실감에 빠지게 됨으로써 극단적인 경우 자살로까지 이어지거나, 아니면 그 소외에서 벗어나기 위한 또 다른 방편으로 대중가수나 사회적인 유명 인사를 추종하는 팬덤(fandom) 현상을 보이거나, 또는 특정 집단이나 개인의 사상이나 종교, 또는 국가의 지배 이데올로기에 자신을 함몰시킴으로써 자신의 정체성을 그 사상이나 집단과 동일시하는 현상이 나타날 수 있다는 것입니다. 특히 후자의 경우처럼 오늘날 소외된 대중들이 자신들이 의지할 만한 강력한 카리스마나 능력을 갖추고 있다고 여겨지는 특정의 정치 지도자들이나 포퓰리스트(populist)를 무조건 추종하는 일종의 정치적 팬덤 현상을 나타내고 있다는 점은 민주사회의 토대인 국민의 주체 의식을 무너뜨림으로써 우민화(愚民化)를 통한 권위주의 정치를 초래할 수도 있다는 점에서 철저하면서도 시급하게 해결해야만 할 과제라고 하겠습니다.

제19장

자본주의

1. 자본주의 체제는 어떠한 과정을 통해 정착되었을까요?

서구에서 십자군 원정 이후 붕괴하기 시작한 중세 장원경제가 상업혁명이 진행되는 과정에서 급성장한 도시 시장경제로 대체되면서 자본주의 체제가 서서히 자리 잡기 시작했다고 볼 수 있겠습니다. 이후의 과정을 좀 더 자세히 살펴보자면, 중세 봉건제 이후 등장한 절대왕정 체제에서의 국민국가들은 영토 확장과 더불어 국가의 부를 증대시키기 위한 노력을 경쟁적으로 벌이게 됩니다. 즉 초기 자본주의 체제로 진입하게 되는 것입니다. 이후 근대 시민국가가 자리 잡는 과정에서 어떠한 경제정책을 펼쳐야 국가의 부를 증대시키는 데 도움이 되는가에 대한 논쟁이 벌어지게 됩니다. 소위 고전경제학이라 불리는 다양한 정치경제 사상들이 등장하게 되는 것입니다. 즉, 농업 생산물이 모든 재화의 기반이며 토지가 부의 원천이라고 주장하는 중농주의와 국내 산업의 보호와 해외 식민지 건설 등을 강조하는 중상주의, 그리고 개인들의 경제활동에 대한 자유를 최대한 보장해주면서, 이에 대한 국가의 간섭은 가능한 한 배제해야 한다는 경제정책을 주장하는 자유방임주의 등이 당시의 대표적인 정치경제 사상들이라고 하겠습니다.

이 중에서도 특히 애덤 스미스(Adam Smith)를 대표로 하는 자유방임주의는 국가의 간섭과 개입이 없어도 개개의 경제인들이 자신들의 이윤을 극대화하려는 경제활동을 추구함으로써 그 과정에서 '보이지 않는 손'에 의해 국가 전체의 부는 증대하게 될 것이라는 공리주의적 자유주의 시장경제를 내세우면서 자본주의 경제사상의 대표적인 사조로서 자리매김하게 됩니다.

2. 자본주의의 사상적 배경으로서 공리주의는 어떤 의미일까요?

근대 도시의 시민들, 즉 이제 공화정에서 정치에 참여하기 시작한 상공인들은 종교개혁 이후 개신교, 특히 장 칼뱅(Jean Calvin)의 프로테스탄트 윤리(Protestant Ethic)로서의 직업 소명론을 이어받아 자신들의 이윤추구를 정당화시켜줄 사상적 기반을 찾게 되는데 여기에 이바지한 사상이 바로 공리주의입니다. 공리주의는 인간의 윤리적 기초를 개인의 이익과 쾌락의 추구에 두고 이것을 성취함으로써 개인의 행복이 추구될 수 있다고 하며, 가장 바람직한 사회의 도덕적 기반은 바로 '최대 다수의 최대 행복'이라고 주장합니다. 그러나 여기서 주목할 점은 이들이 주장하는 '최대 다수의 최대 행복'은 개인이 자기의 행복을 위해 이익과 쾌락을 추구한 결과로써 기대되는 바이지, 그 자체를 목적으로 개인이 이익을 추구하는 것은 아니라는 점입니다.

특히 여러분들이 용어상 주의해야 할 점은 공리주의(功利主義)에서의 공리는 공공(公共)의 이익(利益)을 의미하는 공리(公利, common good)가 아니라 공로(功勞)와 이익(利益)을 아우르는 효용을 의미하는 공리(功利, utility)라는 것이며, 따라서 영어로 공리주의는 'utilitarianism'입니다. 결국 이 용어의 의미에 따르자면, 각자 행복해지기 위해서는 자신의 이윤을 얻기에 힘써야 한다는 것입니다. 바로 이와 같은 점에서 공리주의는 뒤에 설명하게 될 영국 고전경제학의 사상적 기초와 자본주의 질서 구축의 토대가 되었던 것이며, 칼 마르크스(Karl Marx)가 자본주의를 비판하게 되는 이론적 출발점이 된다고 볼 수 있겠습니다.

3. 자본주의의 기본 속성과 전제 조건은 어떤 것일까요?

먼저 다음의 질문에 대한 답을 함께 생각해보도록 하겠습니다. 만일 자신에게 30억 원이 생긴다면 여러분은 그 돈으로 무엇을 하고 싶습니까? 잠시만 생각해봐도 여러분들 중 대다수는 물론 어디에 쓸 것인가도 생각해보겠지만, 그보다는 무의식중에 저축이나 포트폴리오(portfolio), 즉 분산투자 등의 재테크(재산 + technology)부터 먼저 떠올릴 것입니다. 그리고 재테크를 위해 좀 더 구체적으로 알아보면 알아볼수록 지금의 30억 원이란 돈도 매우 큰 액수임에도 불구하고 더 많은 돈이 있으면 좋겠다는 생각까지 하게 될 것입니다. 즉 어디에 쓸 것인지 그 대상을 정하기도 전에 우선 돈을 더 많이 불려야 되겠다는 생각부터 하게 된다는 것입니다. 두 번째로 여러분은 어디에 돈을 써야 가장 효과적으로 돈을 쓰는 것인지를 고민하게 될 것입니다. 다시 말해 졸부가 되었다고 그야말로 생각나는 대로 갖고 싶은 것을 사는 등 마구잡이로 돈을 쓰기보다는 자신의 생활에 조금이라도 보탬이 될 수 있는 보다 실속 있고 효율적인 씀씀이를 생각하게 될 것입니다. 세 번째로는 실제 돈을 쓰려고 해도, 시장 상황을 잘 모르기 때문에 사실 어디에 어떻게 써야 할지, 갈피를 잡기 어려울 수도 있을 것입니다.

이처럼 아무 조건 없이 여러분에게 30억 원이라는 돈이 공짜로 생겼다고 해도 이 돈을 제대로 쓰기도 어렵겠지만, 대부분은 쓸 곳을 생각하기도 전에 먼저 돈을 더 불리려는 생각부터 하게 되는데, 그 이유는 바로 우리가 시장경제 체제에서 태어나서 생활하고 있기에 이와 같은 상황에서도 자신도 모르게 익숙해진 시장경제의 특성에 맞춰 그것을 적용하려고 하기 때문입니다. 그렇다면 시장경제의 어떤 특성이 작용하고 있을까요? 이를 알아보기 위해선 자유주의 시장경제의 기본 전제 조건에 대해서부터 먼저 살펴보아야 합니다. 대부분의 경제학 개론서의 앞부분에 나오는 내용으로서 시장경제에서 가격 형성과 시장에서 활동하는 경제인(homo economicus)의 전제 조건이 바로 그것입니다.

먼저 시장경제의 특성 중 시장에서 가격이 형성되는 조건은 여러분이 잘 알고 있듯이 거래되는 물품의 수요와 공급의 상관관계에 의해 결정된다는 것입니다. 즉 수요가 많아지게 되면 가격은 오르고, 수요가 줄어들면 가격이 내리며,

공급이 많아지게 되면 가격은 내려가고, 공급이 줄어들면 가격은 다시 오르게 된다는 것입니다. 문제는 그 다음 전제 조건으로서 이와 같은 수요와 공급의 상관관계에 따른 가격 형성은 그 밖의 다른 조건이 변하지 않는 경우에만 성립된다는 조건입니다. 즉 '다른 모든 조건이 동등하다면(ceteris paribus)'이라는 전제 조건입니다. 다시 말해 관련된 다른 물품의 가격 등 시장의 다른 조건이 변동된다면 그에 따라 가격 형성도 영향을 받게 된다는 것입니다.

다음은 경제활동의 주체인 경제인의 전제 조건으로서 첫째, 모든 경제인은 '합리적인 판단을 한다'라는 것입니다. 그런데 이때의 합리적이라는 것은 이윤율을 극대화하려는 효율적인 판단을 한다는 것을 의미합니다. 예컨대 같은 모델의 운동화를 구매하려는 경우, 만일 이모나 삼촌의 매장에서는 10만 원에 팔고 있는데, 모르는 사람이 운영하는 매장에서는 9만 5천 원에 팔고 있다면, 여러분은 어디에서 신발을 구매하겠습니까? 여러분이 합리적인 경제인이라면 당연히 9만 5천 원에 구매해야 한다는 것입니다. 물론 인간관계에 있어서 정(情)이나 의리를 중시하는 우리나라의 일반적인 문화에 따라 집안의 가족들로부터는 핀잔을 받을 수도 있을 것입니다. 하지만 만일 여러분이 기업의 최고경영자가 되어서 95억 원에 구매할 수 있는 거래를 가족에게서 100억 원에 구매하게 된다면 그 회사는 어떻게 되겠습니까? 경제인으로서의 두 번째 전제 조건은 경제인은 '시장에서 거래되는 모든 정보에 대해서 알고 있다'라는 것입니다. 다시 말해 더 싸게 구매할 수 있는 곳을 몰라서 비싸게 구매한다거나, 더 비싸게 팔 수 있는 곳을 몰라서 싸게 판매하는 일은 없다는 것입니다.

이제 이와 같은 시장과 경제인의 전제 조건들을 참고해서 여러분이 30억 원을 제대로 쓰지 못하거나, 쓰기도 전에 재테크부터 고민하게 되는 이유를 살펴보자면, 무의식중에도 돈을 쓰지 않고 가만히 놓아두고 있기만 해도, 시간이 지남에 따라 화폐가치가 떨어지게 되어 그 자체가 손실이라는 '합리적인' 사고방식을 이미 갖고 있기 때문이라고 할 수 있겠습니다. 하지만 무엇보다도 자신이 소유한 재산, 즉 자신의 사유재산을 어디에 쓸지는 나중 문제로 여기고, 일단 재산을 효율적으로 관리하여 더욱 크게 불리려고 하는 데 매진하게 된다는 것입니다. 그리고 돈을 어디에다 써야 할지 모르는 것은, 무엇이 필요한지 잘 모르기 때문이기도 하겠지만, 그것을 안다 해도 그 물건과 관련된 시장의 거래 정보 등에 대해서 여러분이 잘 모르고 있기 때문이라고 할 수 있겠습니다.

다음은 경제인들 간의 자유경쟁에 따른 '계약의 원리'를 기본으로 전제하고 있다는 것입니다. 즉 근대 시민사회 경제의 근간은 시장경제이며, 이 시장경제 시스템이 잘 작동되기 위해서는 소위 상거래가 원만하게 진행되어야 하는데, 바로 이 상거래는 상품을 사고파는 사람들 간의 계약관계로서 이루어지기에, 이 계약관계가 잘 성립되어야 한다는 것입니다. 그렇다면 시장경제에서 계약관계는 어떻게 성립되는 것일까요?

첫째는 '계약 자유의 원칙'입니다. 즉, 계약은 다른 누구로부터의 간섭이나 통제 없이 자유로운 상태에서 이루어져야 한다는 것입니다. 다시 말해 거래 당사자 각각은 누구나 합리적인 이성을 갖고 있기에 스스로 판단할 수 있는 능력과 권리가 있다는 것입니다. 따라서 두 번째 원칙인 '계약 당사자 원칙'도 계약 자유의 원칙과 더불어 성립하게 되는 것입니다. 즉, 계약은 제3자가 아닌 사고 파는 당사자들 간의 거래여야만 한다는 것입니다. 물론 적법한 절차에 따라 거래를 위임할 수는 있겠지만 이 경우도 당사자의 직접적인 위임에 의한 것이어야만 합니다. 다음 세 번째는 '계약 우선의 원칙'입니다. 즉 거래가 진행될 때 당사자 간에 합의한 계약조건이 가장 우선으로 적용되는 기준이 된다는 것입니다. 따라서 거래가 진행되는 과정에서 어떤 다른 변수가 발생하더라도 무엇보다도 애초 당사자 간에 합의한 계약조건을 우선으로 해서 거래를 진행해야 한다는 것입니다.

그런데 문제는 상거래에 있어서 계약관계가 이성을 가진 당사자 간의 자유로운 판단에 따라 체결된다고 해서 항상 공정한 결과를 가져오는 것은 아니라는 점에 있습니다. 마치 경기규칙을 공평하게 적용한다고 하면서 씨름판에서 체급이 서로 다른 선수들 간의 경쟁을 시킨다면 그 경기는 이미 공정한 것이 아니듯, 생계나 생활에 있어서 이미 열악하거나 어려운 처지에 있는 데다 일자리마저 얻기 힘든 상황에 있는 노동자가 재산과 생활에 여유가 있는 고용주가 제시하는 고용계약 조건에 과연 진정으로 자유로운 상태에서 계약이 가능할 수 있겠는가의 문제입니다. 다시 말해 공리주의적 판단에 따라 '합리적으로' 자기의 재산을 증식시키고자 하는 자본가들이 노동자들의 임금마저 착취하려고 할 때, 일자리마저 얻기 힘든 노동자들로서는 그 사실을 알면서도 스스로 그 고용계약을 받아들일 수밖에 없는 처지가 될 수 있다는 것입니다. 따라서 공정한 계약이란 당사자 간의 자유로운 계약만으로 이루어지는 것이 아니라 계약 당시 당사자들의 여건과 주변 상황까지 반영된 계약이 되어야 한다는 것입니다.

결론적으로 자본주의 시장경제에서 국가의 간섭 없이도 수요와 공급과 관련된 분업이 가장 효율성이 높은 방향으로 조정될 수 있는 이유는 바로 위에서 제시한 시장과 경제인의 전제 조건에 따라 시장이 운영되기 때문이라고 제시하고 있지만, 사실 이런 주장은 오늘날은 물론이고 당시에도 시장경제의 또 다른 경제인인 피고용자들의 상황을 반영하지 않은 편향적인 분석이라는 비판을 받고 있었던 것입니다.

4. 자본주의경제의 문제점은 무엇이며, 그 대안으로는 어떤 것들이 있을까요?

초기 자본주의 경제의 가장 큰 문제점이라고 할 수 있는 것은 자본가들이 노동자들을 착취하게 되고, 그 결과로서 사회적으로 '부익부 빈익빈' 현상이 나타날 수밖에 없다는 점이라고 하겠습니다. 이 과정을 제대로 파악하기 위해서는 앞에서 제시한 바와 같은 경제학의 전제 조건들부터 세심하게 살펴봐야만 합니다. 즉, 가장 중요한 조건으로서 시장의 거래에 참여하는 경제인이라면 누구나 합리적인 판단을 한다는 것을 전제로 하고 있다는 것입니다. 그리고 이와 같은 합리적 판단의 기준은 누구나 최소의 투자로 최대의 효과를 얻고자 하는 이윤극대화의 추구입니다. 즉 앞서 설명했던 공리주의 정신입니다. 마르크스는 이를 자본의 내재적 속성으로서 '확대재생산의 원리'로 설명하고 있지만, 사실 이는 인간 욕망의 무한성을 말한다고 할 수 있겠습니다. 다시 말해 자본주의경제에서 경제인은 누구나 끊임없이 더 많은 이윤을 추구한다는 것을 기본 전제로 하고 있다는 것입니다. 따라서 경제인은 계속해서 자신의 부를 증대시키려고 노력한다는 것이며, 사업체의 고용주 역시 이와 같은 부의 축적을 위해 피고용자인 노동자들의 임금을 착취하게 된다는 것입니다.

그렇다면 노동자들의 경우 이와 같은 착취 상황에서도 고용주와 불공정한 계약을 맺을 수밖에 없는 이유는 그나마 일자리 얻기가 어려운 상황에서 현실적으로 다른 대안을 마련하기가 거의 불가능하기 때문입니다. 즉 다른 고용주들도 마찬가지로 자신들의 이윤을 극대화하기 위해 가능하면 최소의 임금을 지급하려고 하기에 일자리를 옮기기도 여의치가 않다는 것입니다. 따라서 재산이 없는 노동자들로서는 노동의 대가, 즉 임금을 착취당하고 있는 상황에서도 생계를 위해 어쩔 수 없이 불공정한 계약을 맺을 수밖에 없는 것입니다. 아울러 자본가는 자신의 부를 더욱 증대시키기 위해 다른 자본가들과의 이윤 경쟁 과정에서도 시장독점을 통해 결국 상대방 자본가들조차 몰락시키게 되면서 시장은 더욱더 거대 자본을 갖게 되는 소수의 자본가와 대다수의 빈곤계층으로 구성되는, 소위 '부익부 빈익빈'의 상태로 악화할 수밖에 없다는 것입니다.

이와 같은 자본주의 체제의 문제점을 극복하기 위해 제시된 것이 바로 사회주의 체제의 장점을 일부 받아들인 수정자본주의, 즉 정부의 적극적 시장 개입 정책이라고 할 수 있겠습니다. 예컨대 자금이나 상품 시장에서의 독과점 방지 정책이나 노동시장에서의 공정한 고용계약의 보장 정책 등이 이에 해당합니다. 오늘날 이 수정자본주의 체제에 입각한 정책 지향점은 두 가지 차원에서 파악될 수 있을 것입니다. 첫째는 생존권의 보장입니다. 즉 기본적인 삶을 영위할 수 있도록 기초적인 생계를 보장해주는 복지정책입니다. 이를 위해 빈곤층을 위한 최저생계비 지원이나, 기본적인 의료지원, 그리고 소외 계층에 대한 사회복지시설의 제공 등을 정부나 지방자치단체에서 추진하고 있는 것입니다.

두 번째 차원은 국민의 기본적인 삶의 질을 보장해주는 정책입니다. 다시 말해 국민이 노동을 통해 자신의 자아를 실현할 수 있도록, 기본적인 교육과 훈련의 기회를 제공해야 하며, 아울러 조금이라도 인간다운 생활을 향유할 수 있도록 각종 문화생활에 접근할 수 있는 기회도 마련해주어야 한다는 것입니다. 특히 사회 구성원으로서의 존재감과 소속감을 느낄 수 있도록 정부나 지자체 차원에서 직업을 소개하거나 사회봉사 활동에 참여할 수 있도록 유도하는 것입니다.

사회주의

1. 사회주의는 어떻게 등장하게 되었을까요?

중세 봉건제의 장원경제가 붕괴하기 시작하고 도시의 시장경제가 활성화되는 과정에서 신흥 도시의 사회계층으로는 상공업자들이 주를 이루는 자본가들, 즉 부르주아 계층과 이들의 사업장에 고용되어 일하는 노동자 계층, 즉 프롤레타리아 계층으로 나뉘게 되는데, 이들 간에는 고용자와 피고용자의 관계를 넘어서는 지배와 착취의 관계가 성립되고 있었습니다. 즉, 자유시장의 경쟁 체제에서 자신의 부를 극대화하려는 자본가들로서는 피고용자인 노동자들의 노동 시간을 확대하면서도 임금은 더욱 줄이려고 하는 현상이 만연하고 있었으며, 일자리를 잃게 되면 생계가 어려운 노동자들로서는 자본가들의 이와 같은 착취와 지배에 저항하기가 어려운 상황이 되었던 것입니다.

바로 이와 같은 상황에서 사회주의 경제의 주창자인 칼 마르크스(Karl Marx)는 엥겔스(Friedrich Engels)와 함께 자본주의에 대해 비판하면서 그 대안으로서 사회주의 혁명론을 제시하게 됩니다. 따라서 사회주의의 출현 배경과 과정 그리고 사회주의 혁명론을 제대로 파악하기 위해서는 먼저 마르크스의 정치경제론을 비롯한 사상체계 전반에 대해 알아보아야만 하는데, 문제는 마르크스의 사상체계를 제대로 파악하는 것이 쉽지 않다 보니 그에 따른 논쟁과 오해가 오늘날까지 지속되고 있다는 것입니다. 그 이유는 첫째, 마르크스의 사상이 우리나라에 들어오기 시작한 것이 일제 강점기부터인데, 당시 일본 내의 지식인 중에서 자신들의 제국주의에 대한 비판과 그에 대한 대안을 제시하기 위해 마르크스의 원전을 수입하여 번역하기 시작하였던 것입니다. 그런데 그들의 번역 중 마르크스의 주요 용어들이 일본식 한자어로 번역되었으며, 이처럼 일역된 마르크스의 원전들이 당시 우리나라 지식인들에게 소개되면서 핵심적인 한자 용어들을 같은 한자 문화라는 이유로 그냥 그대로 우리글로 번역하게 되었던 것입니다. 그런데 그렇게 일역된 한자 용어들은 그 의미에 있어서 우리가 일상적으로 쓰고 있던 의미와는 달랐던 것입니다. 따라서 핵심 용어들에 대한 오역으로 인해 그렇지 않아도 어려운 마르크스의 사상을 이해하기가 더욱 어렵게 되었던 것이며, 관련된 논쟁점들에 대한 해결 역시 어려웠다는 것입니다.

두 번째로 마르크스의 사상을 이해하기가 어려운 이유는, 예컨대 마르크스의 대표 저작인 〈자본론(Capital: Critique of Political Economy)〉의 경우만 하더라도 그 지적 배경이 다음과 같은 사상들의 비판적 종합의 결과이기 때문입니다. 그중 첫째는 독일의 관념론으로서 특히 헤겔(Hegel)의 역사철학을 비판적으로 받아들였으며, 두 번째는 당시 영국의 정치경제론, 즉 고전경제학을 비판적으로 검토하였으며, 끝으로 당시 풍미하던 프랑스의 사회주의, 즉 공상적 사회주의도 역시 비판적으로 수용하였던 것입니다. 따라서 이들 세 분야에 대한 총체적인 사전 이해 없이 마르크스의 사상을 파악한다는 것은 대단히 어려운 일인 것입니다.

세 번째로는 마르크스의 사회 분석방법론의 핵심이 헤겔(Hegel)의 변증법과 포이어바흐(Ludwig Andreas von Feuerbach)의 유물론을 결합한 변증법적 유물론인데 이 사조는 기존의 연역적이거나 귀납적인 방식과는 대단히 이질적인 것으로, 이를 파악하는 것 역시 결코 쉬운 일이 아니기 때문입니다.

이처럼 마르크스 사상체계가 난해하고 총체적이며, 또 이런 이유로 해석상의 많은 논쟁이 있었지만, 그러함에도 불구하고 사회주의를 살펴보기 위해선 마르크스의 정치경제학 체계를 파악하는 것이 필수적으로 필요하기에 최대한 쉽게 정리해보고자 합니다. 먼저 마르크스가 자본주의를 비판하는 출발점으로 삼았던 요인들, 즉 자본주의 체제에서 나타나는 자본가들의 계급착취와 이에 따른 빈부격차 그리고 이 과정에서 제기되는 노동의 소외 등부터 살펴보도록 하겠습니다. 마르크스는 당시 자본주의 고전경제학, 즉 정치경제학에 대해 비판하면서, 자본주의에서 자본가들의 이윤추구가 확대되면서 이들의 노동자들에 대한 착취와 지배는 더욱 심화하고 있으며, 그 결과 자본가와 노동자, 농민들 간의 빈부격차는 더욱 벌어지고 있고, 아울러 이들 노동자와 농민들의 노동 소외도 그만큼 확대된다고 지적하였던 것입니다. 그리고 이때 노동의 소외란 노동자들의 노동이 본래 자신들의 자아를 실현하기 위한 일에 쓰여야 하는데, 생계를 위해 자신의 노동을 임금을 받기 위한 대가로 상품화하여 고용자인 자본가들에게 팔게 되는 상황, 즉 노동의 상품화를 의미합니다.

따라서 마르크스는 자본주의 체제에서의 이와 같은 착취에서 벗어나기 위해서는 우선 노동자들이 프롤레타리아계급으로서 자신들의 노동이 착취되고, 지배되고 있는 현실을 제대로 인식해야만 하는데, 이와 같은 노동자들의 계급의식은 노동자들 스스로가 정립하기 어렵기에 마르크스 자신과 같은 인텔리겐치아(intelligentsia), 즉 지식인들이 노동자들에게 그와 같은 계급의식을 심어주어야 한다고 주장했던 것입니다. 그리고 마르크스는 자본주의 체제의 착취와 이에 따른 빈부격차는 이 체제에서 사유재산을 보장함으로써 자본가들이 자신들의 재산을 더욱 증대시키려고 하는 데서부터 비롯된다고 보고, 계급의식을 갖춘 노동자들이 앞장서서 이 사유재산제를 무너뜨리고 새로운 체제를 건설해야 한다고 주장했던 것입니다. 그리고 그 대안으로서 새롭게 제시한 체제가 재산의 공유화와 중앙 통제에 따른 계획경제를 기반으로 하는 사회주의 체제였던 것입니다.

따라서 사회주의 체제에서는 사유재산제 대신에 공유재산제를, 그리고 노동의 착취를 가져오는 시장경제 대신에 국가에 의한 중앙계획경제를 그 핵심으로 내세우게 됩니다. 즉 국민은 국가의 계획과 통제에 따라 일의 분야와 업무량을 배분받게 되며, 생계에 필요한 물품도 국가로부터 정해진 품목과 양에 맞춰 배급받게 되는 것입니다. 따라서 사회주의 경제에서는 이론적으로는 모든 국민이 가장 기본적인 생계가 유지될 뿐만 아니라, 특정한 계급을 위한 특혜나 차별도 없는 평등한 체제가 될 수 있다는 것입니다.

2. 마르크스가 제시했던 유물사관이란 무엇일까요?

마르크스의 정치경제학을 제대로 접근하기 위해서는 그 분석 틀로서 마르크스의 역사관, 즉 유물사관과 사회주의 혁명론에 대해서 먼저 파악하고 있어야만 합니다. 이를 위해 마르크스의 유물사관부터 살펴보게 될 텐데, 이 마르크스의 유물사관만큼 많은 논란을 불러일으켰던 역사철학이 없었을 정도로, 제대로 파악하기가 쉽지 않은 것이 사실입니다. 그리고 그 이유 중 가장 큰 요인은 그의 철학이 헤겔의 역사철학에 기반을 두고 있다는 데에 있습니다. 따라서 헤겔의 변증법과 역사철학부터 파악하지 않고는 이를 비판적으로 수용한 마르크스의 유물사관 역시 파악하기가 쉽지 않다고 하겠습니다.

1) 변증법

먼저 변증법에 대해 살펴보자면, 변증법에는 인식론적 변증법과 존재론적 변증법으로 나눌 수 있는데, 일단 인식론적 변증법에 대해서는 다음 제22장에서 인문학의 연구 방법에 대해 다룰 때 자세하게 살펴보기로 하고, 여기서는 유물사관과 관련하여 존재론적 변증법을 중점적으로 알아보도록 하겠습니다. 이를 위해 일단 그림이라는 존재물(存在物)을 예로 들도록 하겠습니다. 먼저 여러분이 코끼리 그림을 그려본다고 가정해보았을 때, 코끼리 그림을 그리기 위해선 이전에 코끼리나 코끼리 그림을 본 적이 있어야 할 것입니다. 다시 말해 여러분 머릿속에 코끼리의 이미지, 즉 코끼리 상(像)이 들어있어야만 합니다. 다음으로는 그림으로 표현해낼 수 있는 재료와 도구가 있어야 합니다. 물감이나, 크레용, 크레파스 등과 도화지, 붓, 칼, 이젤 등이 이에 해당할 것입니다. 마지막으로는 가지고 있는 재료와 도구를 이용해서 머릿속의 이미지를 실제 그림으로 그리는 행위, 즉 그림 그리는 작업을 통해야 비로소 하나의 그림이 나타나게, 즉 존재하게 된다고 하겠습니다. 그러나 이와 같은 작업을 통해 그 그림이 완성되어 존재하게 되었지만, 그 그림은 코끼리 그림으로서는 그야말로 완벽한 그림이라고는 말할 수 없는, 여전히 부족한 그림일 수밖에 없을 것입니다. 그리고 현재 존재하는 것은 분명하지만, 언제가 없어지게 될 수밖에 없다는, 다시 말해 영원할 수 없는 불완전한 존재라는 모순적 상황에 직면하게 됩니다. 그래서 화가는 더욱 완전한 형태의 영원히 존재할 수 있는 명작, 즉 불후의 작품을 꿈꾸며 이를 위해 이전의 코끼리 그림과 비교했을 때 더 완성된 형태의 또 다른 그림을 그리려는, 즉 이전 그림을 부정하면서 이에 대한 대체물로서 또 다른 그림을 끊임없이 추구하는 노력을 계속해서 시도하게 될 것입니다.

이 과정을 존재론적 변증법 용어를 통해 재정리하자면, 하나의 존재가 나타나기 위해선, 반드시 세 요소가 필요하며, 그중에 첫 번째는 그 존재의 이미지, 즉 형상(Form, Idea)이 있어야 하며, 다음으로는 그 존재의 재료, 즉 질료(Matter, Material)가 요구되며, 마지막으로 그 존재가 표출되는 과정으로서의 행위, 즉 일이나 노동 같은 작업 행위(Act, Work, Realize)가 실행되어야만 한다는 것입니다. 이때 이들 세 가지 요소 중 무엇보다 머릿속의 상(像), 또는 이미지가 우선해야 한다고 보는 주장을 소위 이상주의(Idealism) 또는 관념론이나 유심론이라고 하며, 이 입장에서는 실재하는 것 혹은 우리가 알 수 있는 실체는 근본적으로 정신적으로 구성되었거나 혹은 비물질적이라고 주장하고 있으며, 이와 같은 철학적 입장의 대표적인 사상가로는 고대 그리스의 플라톤과 근대의 헤겔 등을 들 수 있겠습니다. 그 반면에 존재의 재료, 즉 질료가 우선해야 한다고 보는 주장은 소위 물질주의(Materialism) 또는 유물론으로서, 이 입장에서는 세계의 근본이 되는 실재는 정신이나 관념이 아니라 의식의 외부에 그것과는 독립하여 존재하는 물질이나 자연이라고 주장하고 있으며, 이와 같은 철학적 입장의 대표적인 사상가로는 고대 그리스의 데모크리토스와 근대의 포이어바흐, 마르크스, 엥겔스 등을 들 수 있겠습니다.

다시 말해 관념론적 입장에서는 모든 존재는 단지 이데아 또는 정신이 표출된 것에 불과한 것으로서, 따라서 진정으로 존재하는 것은 바로 정신이나 이데아라고 주장하는 것에 반해, 유물론적 입장에서는 만물의 근원은 물질이라고 하면서, 정신 또는 이데아는 물질의 작용 혹은 산물이라고 주장하고 있는 것입니다. 이를 앞서 제시했던 예에 적용해보자면, 그림이 존재하기 위해선 무엇보다 그림의 이미지나 상이 가장 중요하고 우선적이라고 보는 주장이 관념론적 입장인데, 이 입장이 주장하는 바에 따르면, 코끼리나 코끼리 그림을 본 적이 없는 사람이 코끼리 그림을 그릴 수는 없는 것이며, 재료는 단지 이 코끼리 이미지를 표현하는 부수적 수단일 뿐이기에, 따라서 진정으로 존재하는 것은 바로 코끼리 이미지라는 것입니다. 그 반면에 그림이 존재하기 위해선 그 재료가 되는 물질이 근본이 되며, 그림의 상이나 이미지는 이와 같은 재료의 작용이나 산물에 불과하다고 보는 것이 유물론적 입장이라고 할 수 있는데, 이 입장에서 주장하는 바에 따르면, 물감이나 붓 등의 재료가 없으면 코끼리 그림은 애당초 존재할 수 없으며, 따라서 진정으로 존재하는 것은 바로 이 재료들이라는 것입니다.

어쨌든 어떤 존재이든 모든 존재는 나타나는 즉시 변화될 수밖에 없는 불완전한 존재로서 언젠가는 소멸하게 될 모순적인 상황에 직면하게 되기에, 이보다 더 완전한 존재, 즉 영원히 존재할 수 있는 이데아(Idea)를 지향하는 변증법적인 지양 또는 승화의 과정을 끊임없이 추구하게 된다는 것입니다. 그리고 이와 같은 변증법적 진행 과정에 대해서는 제22장 변증법에서 자세하게 설명하고 있느니, 그 부분을 참고 바랍니다.

2) 유물사관

그럼 이와 같은 변증법적 논리에 따라 마르크스의 유물사관을 살펴보도록 하겠습니다. 먼저 마르크스 이전의 헤겔은 인간 사회의 역사를 관념론적 입장에서 절대정신(Absolute Spirit)의 자기 구현과정으로 규정하였습니다. 즉, 각 시대의 법과 제도 등을 구성하는 인간 정신은 인간 이성이 투쟁을 통해 원시시대 이후 즉자적 자아의 단계에서부터 대자적 자아의 단계, 그리고 즉자대자적 자아의 단계로 변증법적으로 발전해오고 있는 과정으로 보고 있었던 것입니다. 그래서 결국 근대에 이르러 이성에 의해 계몽된 시민들이 근대국가를 형성하게 되면서 마침내 인간의 절대정신이 세계 속에 구현됨에 따라 역사는 이로써 종결된다고 주장하였던 것입니다.

이에 대해 젊은 시절 이러한 헤겔의 사상적 입장을 추종했던 마르크스는 이후 유물론적인 입장을 갖게 되면서 헤겔의 역사관을 비판적으로 수용한 유물사관을 제시하게 됩니다. 즉 역사를 계급투쟁의 연속으로 규정하면서, 각 시대의 법이나 제도, 이데올로기 등은 단지 계급의 기반이 되는 물질적 토대, 즉 생산수단(生産手段)을 소유한 '가진 자' 계급의 이해와 요구가 반영된 결과일 뿐이라는 유물론적인 입장을 제시하고 있습니다. 다시 말해 생산수단을 소유한 계급은 이와 같은 물질적 토대에 따라 정치적 권력을 행사하는 지배계급이 되며, 이와 같은 생산수단을 갖지 못한 계급은 권력의 지배를 받는 피지배계급이 될 수밖에 없다는 것입니다. 따라서 역사를 발전시키는 원동력은 인간의 의식이나 관념이 아니라 물질적 생산력에 있다고 하면서 역사란 '생산력과 생산관계 간의 모순에 따른 계급 간 투쟁의 연속'으로 전개된다고 제시하고 있습니다.

이제 이 내용을 역사 진행 과정을 통해 조금은 쉽게 다시 정리해보도록 하겠습니다. 일단 마르크스는 역사란 생산력의 발달에 따라 원시 공산제 사회, 고대 노예제 사회, 중세 봉건제 사회, 근대 자본주의 사회, 그리고 사회주의에 이은 공산주의 사회, 이 다섯 단계의 생산양식으로 전개된다고 규정하고 있습니다. 그리고 이와 같은 역사를 계급투쟁의 연속으로 본다는 것은 각각의 생산양식을 결정짓고 있는 생산수단의 소유 여하에 따른 지배계급과 피지배계급 간의 대립의 연속과정으로 본다는 것입니다.

일단 원시 공산제 사회는 자연에 대한 인간의 착취경제의 시대이기 때문에 계급 간 갈등이 나타날 수는 없으며, 고대 노예제 사회에서는 생산수단이 노예였기에 노예를 소유하고 있던 귀족들이 지배계급이고 나머지 평민들이나 노예들은 피지배계급이었기에 귀족과 노예 간에 계급 갈등이 있었다고 할 수 있겠습니다. 다음 중세 봉건제 사회에서는 생산수단이 토지였기에 이 토지를 소유하고 있는 영주나 귀족들과 이 토지를 소유하지 못하고 있던 소작인들이나 농노들 간에 계급 갈등이 있었다고 하겠습니다. 그리고 근대 자본주의 사회에서의 계급 갈등은 자본이 생산수단이기에 자본을 가지고 있는 자본가들, 즉 유산자 계급 또는 부르주아(bourgeois)계급과 자본을 갖고 있지 못하는 노동자, 농민들, 즉 무산자계급 또는 프롤레타리아(proletariat)계급 간의 대립으로 규정됩니다. 이후 자본주의가 성숙하면서 부익부 빈익빈의 상황에 따라 계급 간의 갈등이 첨예화되고 그 결과 프롤레타리아계급에 의한 혁명, 즉 사회주의 혁명을 통해 프롤레타리아계급의 독재에 따른 사회주의를 구축한 후, 이 사회주의 체제에서 생산수단인 자본의 사적 소유제를 폐지하고 생산수단의 공유화를 이룸으로써 자본주의의 잔재를 청산한 후, 이어진 공산주의 사회에서는 마침내 계급 간의 투쟁이 종식됨과 함께 인류의 역사는 종말을 맞이하게 된다는 것입니다.

　　이러한 유물사관에서 마르크스는 생산력과 생산관계의 모순에 따른 역사의 전개 과정을 제시하고 있는데, 이 과정을 잘 파악하는 것이 유물사관을 제대로 이해하는 데 매우 중요하기에 이에 대해 좀 더 상세히 살펴보도록 하겠습니다. 마르크스는 중세 봉건제에서 근대 자본주의로 이행하는 과정을 분석한 후 이를 기준으로 소급하여 그 이전 역사까지 정리하고 있기에 이 이행과정부터 살펴보자면, 봉건제 사회에서 상업혁명에 따라 새롭게 형성된 도시경제에서 가내수공업에서 공장제수공업으로 전환되면서 생산력이 증대되자, 이전 생산 관계에서 지배계급이었던 귀족층들과 피지배계급인 농노들은 기존 봉건제의 생산 관계를 유지하고자 초기 자본주의의 새로운 생산력의 증대를 억제하고 저항하려고 하는, 즉 마르크스가 제시했던 '새로운 생산력과 이전 생산 관계 간의 모순관계'가 나타나게 되며, 이때 도시에서 새로운 지배계급인 자본가계급으로 등장하기 시작하는 신흥 상공인들과 새로이 피지배계급이 되는 노동자들은 이와 같은 생산력의 증대를 더욱 가속화 하려는 노력을 계속 기울임으로써, 결국 두 생산 관계 간의 충돌, 즉 봉건제의 귀족과 농노 간의 생산 관계와 초기 자본주의의 자본가와 노동자 간의 생산 관계가 충돌하게 된다는 것입니다. 이후 상공업에서의 생산력이 더욱 증대됨에 따라 이 대립 관계가 더욱 첨예화되면서 결국 부르주아혁명, 즉 시민혁명이 일어남에 따라 초기 자본주의의 생산력 증대와 봉건제 생산 관계의 저항 간의 모순이 해소되면서 새로운 생산 관계에 따른 새로운 생산양식, 즉 자본주의 생산양식이 정착된다는 것입니다.

물론 이 새로운 자본주의 생산양식도 변증법적 유물사관에 따르면 이미 새롭게 형성되는 순간 산업혁명에 따른 생산력의 증대와 지배계급인 자본가계급과 피지배계급인 노동자계급의 생산 관계는 모순을 보이기 시작하면서, 결국 자본주의가 성숙해질수록 기계화, 산업화에 따른 생산력의 증대와 자본가계급과 노동자계급 간의 대립 관계로 이루어진 생산 관계 간에는 모순이 나타나게 되고, 이 모순관계는 노동자계급의 혁명, 즉 프롤레타리아 혁명을 통해 해소되면서, 새로운 사회주의 생산양식이 출현하게 된다는 것입니다.

이후 프롤레타리아 혁명을 통해 새롭게 등장한 사회주의 생산양식에서는 혁명의 주체 세력인 프롤레타리아계급에 의한 독재에 따라 생산수단인 자본의 사적 소유, 즉 사유재산제를 폐지하고 공유재산제를 정착시키는 과정을 통해 자본주의의 잔재가 청산되면서 계급 간의 갈등은 종말을 고하게 되고, 이후 공산주의 사회가 출현하게 되면서 계급 갈등으로 점철된 인류의 역사는 종말을 고하게 된다는 것입니다.

3. 사회주의 혁명은 어떤 과정을 통해 진행될까요?

이제 마르크스 당시 자본주의 사회에서의 이와 같은 계급 간 갈등의 배경과 이를 종결시키기 위한 혁명 과정을 앞서 제시했던 예를 통해 유물론적 변증법적 입장에서 설명해보고자 합니다. 만일 여러분이 화가라면, 자신이 그리고자 하는 이미지를 구현해가는 과정, 즉 그림 그리는 행위를 통해 화가로서의 자신의 자아를 실현해나갈 수 있을 것입니다. 이처럼 누구나 자신이 추구하고자 하는 가치를 실현하기 위한 작업, 즉 노동을 통해 자아를 실현해가기 때문에 노동이 신성하다고 하는 것입니다. 그런데 화가로서 아무리 훌륭한 이미지를 머릿속에 갖고 있다고 해도, 이를 그림으로 표현하는 데 필요한 도구나 재료를 살 돈이 없어 그리지 못하고 있거나, 또는 그림을 그리기는커녕 아예 당장 의식주를 해결할 수 없는 처지에 놓여 있다면, 즉 화가로서의 일상생활을 영위하기 위한 재산이 없다면 여러분은 어쩔 수 없이 그림 그리기를 잠시 포기한 채 그림 재료와 도구를 마련하기 위해서나 아니면 호구지책으로서 다른 돈벌이에 나서야만 할 것입니다. 즉 누군가로부터 임금을 받기 위해 어떤 형태이든 자기의 노동력을 상품의 형태로 제공해야만 한다는 것입니다. 이 과정에서 그림을 그리는 행위를 통해 자아를 실현하게 될 노동이 임금을 받는 대가로 다른 사람에게 상품화된다는 점에서 노동의 소외(alienation)가 나타나게 된다는 것입니다.

그런데 마르크스가 자본주의에 대해 더욱 심각하게 지적하고 있는 사항은 이와 같은 노동 착취가 갈수록 심해지며, 이에 따라 부익부 빈익빈이 더욱 심화한다는 것이었습니다. 앞서 살펴보았듯이 자본주의에서 자본의 속성으로서의 확대재생산의 논리, 달리 표현하자면 인간의 무한한 소유욕에 의한 이윤극대화의 추구에 따라 부르주아계급인 고용주들은 피고용인인 프롤레타리아들의 임금을 계속해서 착취하게 됩니다. 그리고 이와 같은 불공정한 노동의 착취가 더욱 심화하더라도, 이와 같은 자유시장경제의 계약관계를 뒷받침하고 있는 자본주의 국가의 법과 제도에 의해 이 상황은 더욱 확대될 수밖에 없는 지경에 놓이게 된다는 것이었습니다.

마르크스는 이와 같은 자본주의에서의 생산수단의 소유 여하에 따른 계급 착취라는 악순환의 고리를 끊기 위해서는 자본을 '가진 자(유산자)'와 '갖지 못한 자(무산자)'를 구분하게 되는 원천인 자본(생산수단)의 개인 소유화, 즉 재산의 사유화 대신에 재산의 공동소유화가 필요하다는 것과 함께, 필요한 재화와 상품을 각 개인이 개별적으로 시장에서 생산하고 판매하는 대신에 국가에서 계획과 통제에 따라 공동으로 생산하고 공동으로 구매, 분배하는 형태, 즉 사회주의 계획경제를 제시했던 것입니다. 문제는 자본주의 국가에서는 자본가들의 재산을 법과 제도를 통해 보장하고 보호하기 때문에 자발적이든 강제적이든 자본가들이 소유한 재산의 공유화를 실행에 옮기기가 어렵다는 것입니다.

이에 대해 마르크스는 자본주의가 성숙하면 할수록 부익부 빈익빈이 심화함에 따라 소수의 자본가와 대다수 프롤레타리아가 첨예하게 대립하게 되는 독점자본주의의 극단적 위기 상황, 즉 경제 공황에까지 이르게 되며, 이와 같은 여건에서 프롤레타리아의 불만이 팽배해지게 되면 마르크스 자신과 같은 인텔리겐치아(intelligentsia), 즉 지식인들이 프롤레타리아들에게 자본주의에서 구조적으로 나타날 수밖에 없는 자본가들에 의한 불평등한 착취 상황을 인식시킴과 더불어 이와 같은 착취 상태를 벗어나기 위해서는 사회주의로의 혁명이 필요하다는 계급투쟁의 혁명 의식을 심어주어야 한다는 것입니다. 그리고 이와 같은 계급혁명을 성공시키기 위해서는 국가의 공권력에 대항하기 위한 프롤레타리아의 폭력적인 무력 봉기가 필요하며, 이러한 무력을 동원해야만 프롤레타리아계급에 의한 혁명이 가능하다고 제시하면서 이를 통해 자본주의 체제를 붕괴시킨후 계급착취 없는 평등한 사회주의 체제를 건설할 수 있다고 주장했던 것입니다. 그리고 이와 같은 마르크스의 사회주의 혁명 이론에 따라 실제 역사 속에서 이 혁명을 최초로 구현한 인물이 바로 러시아에서 프롤레타리아 혁명을 이끌었던 레닌(Vladimir Ilich Lenin)이었던 것입니다. 그렇다면 이와 같은 자본주의 문제점을 극복하고자 그 대안 체제로 등장한 사회주의 경제가 실패한 요인은 무엇이겠습니까?

4. 사회주의 경제는 왜 실패했을까요?

이와 관련해서는 크게 두 가지 요인을 제시할 수 있겠습니다. 첫째는 사회주의 경제 체제에서는 국가의 중앙통제식 경제계획을 기반으로 철저한 동원경제와 배급경제가 추진되면서 초기에는 일정 정도의 경제발전을 이루게 되었지만, 곧 생산성의 한계에 따라 경제는 더 이상 성장하기 어렵게 되었다는 것입니다. 즉, 중앙정부의 계획에 따라 생산력의 동원과 소비의 분배가 이루어지기 때문에 노동자들은 최소한 평등하게 배급받게는 되었지만, 그 결과 일을 더 열심히 한만큼 배분도 더 받는 것이 아니라, 이미 계획에 따라 정해진 만큼의 배급만을 받기 때문에 할당된 일의 분량 이상으로 더 열심히 하지 않게 된다는 것입니다.

두 번째 요인은 무역을 포함한 시장경제에서의 수요와 공급에 따른 경제교류를 허용하지 않고, 소위 민족자립에 따른 자급자족 경제를 추구함으로써, 이와 같은 폐쇄경제 체제에서는 기술력 향상과 생산성 제고를 기대하기가 어려워지기 때문입니다. 평등한 사회를 추구하고자 하는 사회주의 혁명의 이념만으로는 경제 성장을 이루기 어려운 것이며, 그 과정에 대한 역사적 증거는 1990년대 이후 사회주의 종주국인 구(舊)소련을 비롯한 동유럽 사회주의 국가들의 몰락을 통해 확인할 수 있겠습니다. 특히 철저한 교조적 사회주의 경제정책을 추구했던 1980년대 이전의 중국과 그 이후 덩 샤오핑(鄧小平)에 의해 주도된 개방과 개혁을 추진해오고 있는 오늘날의 중국은 자본주의 체제와 사회주의 체제 간의 경제정책 추진의 결과를 극명하게 보여주는 예라고 할 수 있겠습니다.

아울러 자본주의 체제에서는 '어떻게 살아갈 것인가'와 '어떠한 일을 할 것인가'와 같은 개인의 생활방식 등을 사회 또는 시장의 여건에 따라 각 개인이 선택하고 결정하게 되지만, 사회주의 체제에서는 이와 같은 생활방식과 일의 분야를 국가 또는 정부 내의 특정 집단에서 판단하고 계획해서 각각의 개인들에게 일괄적으로 부여한다는 것입니다. 다시 말해 사회주의 체제에서는 개개인이 자신의 생활방식이나 일의 분야를 선택할 수 있는 여지가 매우 적다는 것입니다. 어떻게 보면 최소한의 평등한 생계를 보장받기 위해서 나머지 개인의 자유로운 생활방식과 풍요로운 삶에 대한 추구를 포기해야만 하는, 통제된 사회적 굴레 속에서 살아가야만 한다는 것을 의미하게 되는 것입니다. 물론 자본주의 체제에서는 각 개인이 자신의 생활방식과 풍요로운 삶을 위한 추구를 스스로 선택해서 결행할 수 있는 만큼, 시장경제의 자유경쟁 체제에서의 실패에 따라 발생할 수도 있는 결과, 즉 생계 위기에 대한 책임 역시 본인이 감당해야만 한다는 한계가 있겠습니다.

어쨌든 위에서 제시한 사회주의의 한계점이 바로 마르크스가 자본주의 체제의 문제점으로 가장 중요하게 지적하고 있는 노동의 착취나 노동의 소외와 직결되는 사안이라는 점은 매우 역설적이라고 하겠습니다. 즉 마르크스가 자본주의의 문제점으로 지적하는 부분은 예컨대 자본, 즉 돈이 없어서 자기의 노동력을 상품처럼 임금을 받고 자본가인 고용주의 일을 하는 데 쓰게 되며, 이때 노동력의 대가를 제대로 받지 못하고 자본가의 착취에 따라 겨우 생계만을 유지할 정도의 수준으로 받게 된다는 점입니다. 그리고 마르크스는 바로 이와 같은 상황을 노동의 소외라고 표현하고 있는 것입니다. 그런데 소외라는 개념은 마르크스가 당시 무신론자인 포이어바흐(Feuerbach)의 '신(神)으로부터의 소외'라는 개념에서 끌어온 것으로서, 포이어바흐는 인간이 자신의 필요에 따라 만들어낸 대상인 신에게 인간이 오히려 찬양하고 의존하게 되는 상황을 신으로부터 소외되는 것으로 지칭하고 있는데, 마르크스는 본래 자아의 실현을 위해 쓰여야 할 노동이 생계를 위해 상품화되어 팔리는 상황을 노동의 소외 개념으로 지칭하고 있는 것입니다.

따라서 사회주의 문제점과 한계는 이처럼 자신의 생활방식이나 일의 분야를 스스로 선택하지 못하고 국가로부터 부여받게 되는 상황에 따라 다음과 같은 두 가지 부분에서 분명하게 드러난다고 할 것입니다. 즉 첫 번째는 자신이 원하는 일을 하지 못한다는 점에서 바로 역설적으로 노동의 소외에 따른 자아 상실의 결과가 나타날 수밖에 없다고 하겠습니다. 두 번째는 주어진 일의 분야나 업무의 양도 이미 정해져 있을 뿐만 아니라, 그 일에 대한 대가로서 주어지는 물품도 그 종류나 양에 있어서, 일한 성과에 따라 받을 수 있는 것이 아니라 이미 정해진 기준에 따라 다른 사람들과 똑같이 일괄적으로 배분되기에 더 이상 열심히 일할 의욕을 갖게 되지 않는다는 점입니다.

한편 우리는 오늘날 여전히 사회주의 체제를 유지하고 있는 중국이나 사회주의 체제 붕괴 이후 등장한 러시아에서 아직도 마르크스의 악령이 작용하고 있다는 점을 발견할 수 있는데, 그중에서도 특히 마르크스가 사회주의 혁명 이후 계급 간 갈등의 해결 방법으로 변증법적 지양에 따른 탈계급적 방안이 아닌 피지배계급인 프롤레타리아계급에 의한 계급독재를 제시함으로써, 또 다른 계급착취와 억압의 관계로 대치했다는 점과 이러한 프롤레타리아계급에 의한 지배란 사실 그 뒤에서 조정하고 통제하는 인텔리겐치아, 즉 지식층의 지배를 의미하는바, 이에 따라 공산주의의 실질적인 지배 형태는 프롤레타리아들이 아닌 인텔리겐치아로 이루어진 공산당 간부들이나 국가 지도자에 의한 집단 독재 또는 개인 독재로 나아갈 수밖에 없다는 점을 들 수 있겠습니다.

제 5 부

연구 방법에 대한 이해

이제까지 우리가 살펴본 바대로 인문학의 첫 번째 관심 분야는 우리 '인간 자신을 포함한 세상은 과연 어떤 존재인가'에 대한 것이라고 할 수 있겠습니다. 이에 대한 철학적 논의를 우리는 존재론이라고 합니다. 하지만 이와 같은 존재의 본질에 대한 논의는 그와 같은 '존재를 어떻게 파악하려고 하느냐'하는 인식 방법에 따라 달라진다고 하겠습니다. 그리고 이에 대한 철학적 논의를 인식론이라고 합니다. 그런데 인식론적 입장에서는 존재를 어떻게 인식하느냐에 따라 존재의 본질이 제대로 규명될 수 있는지의 여부가 결정된다고 주장하고 있는 반면에, 역설적으로 존재론적 입장에서는 존재의 본질을 어떻게 규정하느냐에 따라 그 존재를 제대로 인식하는 방법도 결정된다고 주장하기도 합니다. 다시 말해 존재론과 인식론에 대한 논의들에는 서로 간의 관점에 따른 연관관계가 있으며, 아울러 그중 어떠한 관점에서부터 먼저 규정해야만 하는가에 대한 우선순위의 논쟁들도 있다는 것입니다.

서양의 철학사에 있어서 이와 같은 존재의 본질에 대한 논의들, 즉 존재론 중에서 주류적인 관점은 세상 모든 존재는 어떤 불변의 기본 원소(arché)로 이루어져 있으며, 아울러 모든 존재는 어떤 불변의 법칙에 따라 질서 있게 운영된다는 소위 '이오니아 마법(Ionian Enchantment)'의 믿음을 따르고 있는 사상이며, '만물의 근원은 물'이라고 주장한 고대 그리스 시대 밀레투스(Miletus) 학파의 창시자인 탈레스(Thales)를 그 기원으로 하고 있습니다. 그리고 근대 이후 모든 자연 현상에는 인과론적(因果論的)인 보편적 법칙이 있다는 과학적 연구 방법도 이와 같은 존재론적 입장이라고 하겠습니다.

이에 반해 모든 존재는 끊임없이 변화하고 있으며, 따라서 불변의 법칙에 따른 보편질서란 존재하지 않는다는 주장이 있는데, '우리는 같은 강물에 두 번 들어갈 수 없다'라고 하면서 만물이 변화된다는 것을 강조한 고대 그리스의 철학자인 헤라클레이토스(Heraclitus)를 그 기원으로 하고 있습니다. 그리고 근대 이후 특히 인식론적인 관점뿐만 아니라 존재론적인 관점에서 변증법을 재규정하여 이를 역사의 발전 법칙에 적용한 헤겔과 이와 같은 헤겔의 역사철학을 유물론적 입장에서 비판적으로 계승한 마르크스가 이와 같은 존재론적 관점을 갖고 있었다고 하겠습니다.

따라서 제5부에서는 서양철학의 대표적인 존재론 중에서 주류의 위치에 있는 과학적 연구 방법과 이에 대치되는 변증법에 대해서 살펴보고자 합니다.

과학적 연구 방법

1. 근대 과학적 연구 방법의 출현과 발전 과정은 어떠했을까요?

앞서 설명한 바 있듯이, 서구의 중세 시대에 추상적, 관념적이며 신 중심적인 기독교적 세계관에 변화를 가져온 사건은 십자군 원정이라고 할 수 있겠습니다. 특히 당시 중동지역에서 들여온 연금술과 점성술의 확산은 자연과 우주를 대하는 태도와 이해하는 방식에 지대한 영향을 끼쳤습니다. 먼저 연금술은 말뜻 그대로 다양한 물질들을 혼합하여 금이나 다른 금속을 인공적으로 만들어내려는 시도인데, 당연히 그 당시에 그것이 가능할 리는 없었겠지만, 그러함에도 불구하고 이러한 실험을 하는 과정에서 예상치 못한 다양한 물질들의 발견들과 함께 다양한 실험 기구들과 실험 방식들이 개발됨으로써 이후 유럽의 자연과학에 커다란 영향을 미치게 됩니다. 오늘날에도 남아 있는 알코올이나 알칼리와 같은 물질들의 용어들은 당시 연금술과 관련된 아랍어에서 기원한 것이며, 예컨대 화학을 뜻하는 영어의 케미스트리(chemistry)라는 용어는 연금술을 뜻하는 알케미(alchemy)에서 나온 말입니다.

한편 당시의 점성술도 본래는 인간의 삶과 천문 현상 간에 어떤 관계가 있다고 믿는 일종의 신앙 체계였지만, 그 관계를 규명하기 위해 하늘의 별자리 등

천문을 관찰하는 과정에서 해와 달, 그리고 별들의 일정한 운행 법칙을 발견하게 되는 계기가 되었던 것입니다. 그래서 이러한 점성술이 서유럽에 들어오면서 관찰을 통해 천문 현상의 이치들을 하나씩 밝혀내기 시작하자, 이는 곧 기독교 교리에 따른 신 중심적인 우주관에 대한 도전으로 여겨져 마침내 교황청으로부터 탄압을 받게 되는 결과를 가져오게 됩니다. 특히 기독교 교단에서 공인한 프톨레마이오스(Ptolemaeus)의 천동설, 즉 지구를 중심으로 모든 천체가 돌고 있다는 지구중심설에 대해, 자신이 개발한 망원경을 갖고 관찰한 결과로써 코페르니쿠스(Copernicus)에 이어 지동설, 즉 지구는 주변의 다른 행성들과 함께 태양을 돌고 있다는 태양중심설을 제기한 갈릴레이 갈릴레오(Galileo Galilei)는 비록 당시 교황청 재판과정에서 어쩔 수 없이 자신의 발견 결과를 철회한 바는 있지만, 논리적 추론만이 아닌 실험과 관찰을 통해 세상의 이치를 밝혀 나가는 과학적 방식을 제시함으로써 과학혁명의 토대를 마련하는 큰 업적을 남겼던 것입니다.

특히 기독교 교단의 천동설에 대한 지동설의 주장은 단순히 새로운 과학적 발견에서만 그치는 것이 아니라, 이제까지 어떤 초월적 존재, 즉 신의 섭리(사실은 당시 기독교 교단에 의한 판단과 결정)에 따라 운행되고 있다고 믿어왔던 우주 현상들에 대해서, 인간이 자신의 관찰과 이에 따른 논리적인 해석으로 그 현상들 이면에 놓여 있는 일정한 질서와 법칙을 찾아냈다는 것을 의미하게 되는 것입니다. 이는 교조적이고 독단적인 기독교 신 중심적 세계관의 균열을 의미하게 되며, 이후 인간 이성을 통한 객관적이고도 합리적인 인식관, 즉 자연과학적 연구 방법이 확산하는 계기를 가져오게 되어, 뉴턴(Sir Isaac Newton)의 만유인력 발견과 같은 과학혁명으로 이어지게 됩니다.

2. 근대 과학의 발전에는 어떤 철학적 배경이 작용했을까요?

근대 이후 과학적 연구 방법에 영향을 미친 철학 사조로서는 경험론과 합리론을 들 수 있겠습니다. 이 중 경험론의 출발점으로는 '아는 것이 힘이다(Scientia est potentia)'라고 주장한 영국의 프랜시스 베이컨(Francis Bacon)의 '실험적 방법'과 '귀납적 방법'을 들 수 있겠습니다. 이 경험론에서는 감각적 경험이 야말로 우리의 개념과 지식의 궁극적인 원천이기에, 실험과 관찰을 통한 자료와 사례들로부터 귀납적인 방법을 통해 참된 지식을 얻을 수 있다고 하면서, 자연 현상들에 대해 가능한 한 많은 자료를 수집하고 분류하여, 이들을 정리할 것을 강조합니다. 이때 귀납적 방법이란 관찰이나 실험을 통해 얻은 개별적인 사실들 이나 현상들로부터 그와 같은 사례들이 포함되는 보편적인 결론을 끌어내는 추 론 형식의 추리 방법을 말합니다. 다시 말해 개개의 구체적인 사실들이나 현상 들에 대한 관찰이나 실험으로부터 얻어진 인식을 그와 같은 사례들 전체에 대한 일반적인 인식으로 이끌어가는 절차를 말합니다.

한편 합리론은 그 출발점으로 '나는 생각한다, 고로 존재한다(Cogito ergo sum)'라는 말로 유명한 프랑스의 철학자 데카르트(René Descartes)의 연역법을 들 수 있는데, 이 입장에서는 이성을 지식의 제일 근원으로 보면서, 진리의 기준 은 감각적인 것이 아니라 이성적이고 연역적인 방법론이나 이론으로부터 얻어진 다고 합니다. 따라서 이 입장에서는 체계적인 의심의 방법을 통해서 누구도 부 정할 수 없는 명제를 정립한 후, 이로부터 연역적 추론을 통해 절대적으로 확실 한 지식을 얻고자 합니다. 이때 연역적 방법이란 이미 알고 있는 판단을 근거로 새로운 판단을 유도하는 추론으로서, 누구도 부정할 수 없는 전제들로부터 논리 적인 타당성을 가진 결론을 끌어내는 방식을 말합니다.

3. 과학적 연구 방법의 핵심 내용은 무엇일까요?

1) 연구 목적

과학적 연구 방법의 연구 목적은 어떤 특정의 개별 현상을 이해하고, 설명 하며, 예측하기 위한 것입니다. 이때 이해한다는 것은, 연구 대상인 특정 현상에 대해 그 원인 현상을 규명하여 이 원인 현상과 결과 현상인 연구 대상 간의 인 과관계(因果關係, 원인과 결과의 관계)의 존재가 성립함을 확인하는 것을 의미하며,

설명한다는 것은, 똑같은 조건에서라면 언제든지 제3자에게 원인 현상과 결과 현상 간의 인과관계를 입증할 수 있음을 의미하며, 예측한다는 것은, 똑같은 조건에서 원인 현상이 발생했을 때 연구 대상이었던 결과 현상이 반드시 발생한다는 것을 제시할 수 있음을 의미합니다. 아울러 똑같은 조건에서 원인 현상을 제거했을 때 결과 현상이 반드시 발생하지 않는다는 것도 제시할 수 있어야 함을 의미합니다.

2) 연구 대상

과학적 연구 방식에 있어서는 오로지 객관적으로 관찰이 가능한 현상들만이 연구 대상이 될 수 있습니다. 다시 말해 관찰할 수 없는 대상, 즉 초월적이거나 관념적인 신이나 영혼은 말할 것도 없고 도덕적, 윤리적인 가치나 이념, 개인적인 감성 등은 연구 대상이 될 수 없는 것입니다. 이때 객관적 관찰이란, 연구자 또는 관찰자의 주관, 예컨대 관찰자의 판단이나 선입관이 개입되지 않은 관찰, 다시 말해 관찰자와 관찰 대상이 철저히 분리된 상태에서 그야말로 '보이는 그대로'의 현상만이 연구 대상이 될 수 있는 것입니다. 이처럼 관찰자와 관찰 대상, 즉 주체와 객체를 철저히 분리하여 인식하는 방식은 데카르트의 회의주의에 따라 관찰자와 관찰 대상 또는 연구자인 나와 연구 대상인 자연 세계를 철저히 분리하는 이원론(Cartesian Dualism)으로부터 정립된 것입니다.

3) 연구 진행 절차

먼저 연구를 위한 관찰 대상을 설정합니다. 다음 이 특정의 연구 대상에 대해 그 원인 현상을 전제를 통한 연역적 방식이나 관찰을 통한 귀납적 방식을 통해 규명하여 제시하게 됩니다. 그런 후 이때 제시된 원인 현상과 연구 대상인 결과 현상 간의 인과관계의 성립을 추론한 후, 이 인과관계를 일정한 같은 조건에서의 관찰이나 실험을 통해 검증함으로써 이 원인 현상과 결과 현상 간의 보편적인 인과관계를 확정하게 됩니다. 다음으로 이 확정된 보편적 인과관계를 통해 연구 대상인 개별적 현상을 삼단논법을 통해 설명하게 됩니다. 삼단논법 방식의 설명이란 예를 들자면 '공자는 죽는다'라는 가설을 입증하기 위해 먼저 '인간은 모두 죽는다'라는 대전제를 내세우고, 그 다음에 '공자는 인간이다'라는 소전제를 제시한 후, 비로소 '공자는 죽는다'라는 결론을 내리게 되는 단계를 말합니다. 즉 'B 현상(원인 현상)이 발생하면, 반드시 C 현상(결과 현상)이 나타난다.'(대전제, 보편적 인과관계) 그런데 '연구 대상인 A 현상은 C 현상이다.'(소전제) 따라서 'B 현상이 발생했기에 A 현상이 나타난 것이다.'(결론) 이와 같은 세 단계에 따른 설명 방식을 의미합니다.

제22장

변증법

1. 변증법은 어떠한 역사적 과정을 통해 정립되었을까요?

변증법(dialectic)이란 용어는 대화(dialogue)라는 용어와 어원이 같으며, 원래는 대화술, 문답법, 변증술이라는 뜻이었습니다. 예컨대 아리스토텔레스가 변증법의 창시자라고 했던 엘레아(Elea)학파의 제논(Zenon)은 상대방의 관점에서 어떤 자기모순이 있는가를 논증함으로써 자기 입장의 올바름을 입증하는 방식, 즉 어떤 문제를 제시하고 상대방이 반증하지 못하면 그 문제는 옳은 것이라고 주장하는 반론술로써 변증술을 제시하였습니다. 그리고 이와 같은 반론술은 문답법으로서 소크라테스에 의해 계승되었던 것입니다. 즉 소크라테스의 문답법은 질문을 통해 어떤 것과 다른 것을 명확히 구별함으로써 참된 지식을 구하는 방법을 의미합니다. 이를 이어받은 플라톤은 반론술이 논리적이긴 하지만 상대방을 반박하는 것에 그치기에 부족하다고 생각했습니다. 즉 그에게 있어서 반론술은 상대방 발언의 모순을 지적하는 데 그치지만, 변증술은 모순을 지적하면서 그 과정에서 다양한 의견들을 종합해서 하나의 결론을 도출함으로써 진리를 인식하는 방법으로 중시되었습니다. 하지만 아리스토텔레스는 변증술에 대해 이를 논박의 기술이라고 비판하면서 부정적인 관점을 보였습니다. 그리고 중세에 이르러 변증술은 논리학의 일부분 또는 그 자체를 가리키는 용어로 사용되었던 것입니다.

근대에 와서 중요한 논리로써 변증법을 다시 끌어낸 인물은 칸트(Immanuel Kant)였습니다. 하지만 칸트는 변증법을 우리의 이성이 빠지기 쉬운 옳은 것 같지만 실제로는 잘못된 추론, 즉 '가상의 논리학'이라는 의미로 사용하였습니다. 다시 말해 칸트에게 있어서 변증법이란 말은 진리를 인식하기 위해 직간접적으로 유효한 기술이라는 의미였으며, 오늘날처럼 상호 모순을 부정함으로써 한 차원 높은 통합을 이루는 논리로 생각되지는 않았습니다.

현재와 같이 변증법을 인식뿐만 아니라 존재에 관한 논리로 생각한 인물은 독일의 관념 철학자 헤겔(Georg Wilhelm Friedrich Hegel)이었습니다. 헤겔은 진리는 자신의 내부에 존재하는 원인, 즉 모순이나 자기부정으로 인해 운동하게 되며, 따라서 만물은 자신의 내부에 있는 그 모순 또는 부정성에 의해 필연적으로 자기가 아닌 타자로 전화(轉化)하며, 그와 같은 자기는 또다시 이 타자성을 부정함으로써 자기 자신으로 되돌아온다고 제시하고 있습니다. 그리고 이처럼 자기 자신을 회복하는 자기 동일성, 즉 타자에서 자기로 돌아가는 운동이 바로 진리라는 것입니다. 오늘날 변증법은 이와 같은 의미로 해석되는 것이 일반적이며, 이와 같은 헤겔의 관념적인 변증법은 마르크스와 엥겔스의 유물론적 입장에 따른 비판적 수용에 따라 유물변증법(唯物辨證法)으로 적용되기에 이르게 됩니다.

2. 변증법의 핵심 내용은 무엇일까요?

1) 변증법에 대한 이해가 어려운 이유

변증법의 의미와 내용을 알아보기 위해 한 번쯤 변증법에 대한 사전적 의미를 찾아보거나 변증법과 관련된 책자나 논문을 읽어본 사람들은 대부분 겪어보았겠지만, 처음 읽어보는 순간 아마도 상당히 당황했을 것이라고 짐작됩니다. 왜냐하면 변증법을 설명하기 위해 사용된 용어나 내용이 일상적이지 않을 뿐만 아니라, 읽어나가는 동안 오히려 처음보다 더욱 혼란함을 느끼거나 전혀 의미를 파악할 수 없었을 것이기 때문입니다. 이처럼 변증법을 제대로 파악하기 어려운 이유는 무엇보다 변증법적으로 세상을 인식하는 방식을 '깨달아야만' 제대로 이해하고 접근할 수 있기 때문입니다. 다시 말하자면 변증법에 대한 사전적 정의를 찾아보면 '모순을 통해 진리를 찾는 철학 방법으로서 변증의 방식은 정의 명제와 반의 명제를 사용하여 이들 간에 모순되는 주장에 대한 합의 명제를 찾거나 최소한 대화가 지향하는 방향의 질적 변화를 일구어내는 논법'이라고 설명되어 있듯이, 그 규정부터 일상적이지 않은 용어로 구성되어 있어서 쉽게 이해하기도 어렵지만, 용어에 대한 이해만으로는 변증법의 의미를 제대로 파악할 수도 없기 때문입니다.

　　한편 변증법적 논리에 대해 대부분의 주류 철학자나 사상가들이 이를 비판하거나 거부감을 표출해왔던 까닭에, 변증법과 관련된 심도 있고 체계적인 연구나 논의에 따라 정리된 자료들이 별로 없었기에 우리가 변증법을 접하기가 어려웠던 것도 사실이라고 할 수 있겠습니다. 그 이유는 크게 두 가지로 요약할 수 있을 것입니다. 그 첫째는 기존 주류 철학의 세계관에서는 모든 존재는 어떤 보편적인 법칙에 따라 존재들 간의 질서가 유지된다는 점을 기반으로 하는 데 반해서, 변증법적 세계관에서는 모든 존재는 상호 간의 대립을 통해 끊임없이 변화한다고 보고 있기 때문입니다. 즉 존재론적 인식의 출발부터가 다르다는 점에서 변증법을 연구의 대상으로서 도외시했던 것입니다. 두 번째 이유로는 주류 철학자들이나 사상가들이 갖는 마르크스에 대한 비판적 관점 때문이라고 할 수 있겠습니다. 특히 마르크스가 역사를 계급 간의 갈등과 투쟁의 연속과정으로 보고 있고, 또 이와 같은 마르크스의 변증법적 역사관, 즉 유물사관에 따라 레닌이 공산주의 혁명을 통해 소비에트연방을 건설함으로써 세계가 냉전의 대결 상황으로 치닫게 되었다는 역사적 현실 상황에서 세계의 안정적인 질서를 추구하는 주류 철학자들로서는 당연히 변증법에 대한 경계심을 갖지 않을 수 없게 되었다고 볼 수 있겠습니다.

2) 변증법의 기본논리

헤겔은 인식이나 존재는 정(正, thesis)－반(反, anti－thesis)－합(合, synthesis), 또는 즉자(卽自, in－itself)－대자(對自, for－itself)－즉자대자(卽自對自, in－for－itself)의 3단계를 거쳐서 전개된다고 하면서, 이 3단계 전개 방식을 변증법이라고 제시하였습니다. 이때 정의 단계란 그 자신 속에 모순을 포함하고 있음에도 불구하고 그 모순을 알아채지 못하고 있는 단계이며, 반의 단계란 그 모순이 자각되어 밖으로 드러남으로써 자기부정(自己否定, self－negation)을 하게 되는 단계를 의미합니다. 그리고 이런 정과 반의 모순이 서로 대립하면서 종합 통일된 단계인 제3의 합의 단계로 전개해 나간다는 것입니다. 그리고 이 합의 단계에서는 정과 반의 단계에서 볼 수 있었던 두 개의 규정이 함께 부정되는 동시에 함께 살아나서 한 차원 높게 통일되는, 즉 지양(止揚, sublimation)된다는 것입니다.

그럼 일단 우리 주변에서 일어날 수 있는 예를 통해 변증법적 논리를 최대한 쉽게 접근해보도록 하겠습니다. 만일 어떤 청년이 평소 자신이 싸움을 잘하지 못하는 것에 대해 모르고 있거나, 관심도 없었다면, 바로 이 상태가 정의 단계입니다. 헤겔에 따르면 자신의 모순, 즉 자신의 부족한 실력을 모르고 있는 바로 이 상황이 변증법의 첫 번째 단계인 '즉자적 자아'의 단계에 해당합니다. 그러다 어느 날 친구와 말다툼 끝에 싸움이 벌어지게 되고, 이내 그 친구에게 지게 되었다면, 이제 그 학생은 자신의 싸움 실력이나 힘에 대해서 어느 정도 자각하게 될 것입니다. 바로 이처럼 실력이 부족하면서도 실력이 있는 것으로 여겼던 모순된 자아를 비로소 인식하게 되는 자기부정의 단계가 반의 단계입니다. 즉 다른 사람의 존재를 통해 나의 존재를 인식하게 되는 '대자적 자아'의 인식 단계로 전환되는 것입니다. 이와 같은 자아에 대한 인식은 스스로 자각되기보다는 지금의 예처럼 다른 상대방과의 대립을 통해, 다시 말해 타자와의 대립상태에서 자신의 부족함을 다른 사람의 입장이 되어 비로소 인식하게 되는, 즉 '타자화'를 통한 인식을 통해 새롭게 자신을 인식하게 된다는 것입니다. 이제 싸움에 지게 된 학생이, 자신의 실력을 늘리기 위해 복싱체육관에 등록해서 열심히 운동하게 되었다고 합시다. 바로 이 단계가 상대방을 통해 자신의 부족함을 인식한 후, 즉 자기부정을 한 후 이를 극복하는 인식의 지양을 통해 이제 비로소 자기 자신의 실력을 향상하기 위해 복싱훈련이라는 한 차원 높은 선택을 하여 긍정적, 적극적으로 훈련하게 되는, 다시 말해서 보다 나은 자기의 모습을 찾아 나가게 되는 합의 단계가 '즉자대자적 자아'의 단계가 됩니다.

　　그렇게 땀 흘리며 열심히 복싱훈련을 하게 되고 이제 어느 정도 실력과 힘이 좋아졌다는 생각이 들게 되는 순간이 한 차원 높은 '즉자적 자아'의 단계에 해당합니다. 왜냐하면 실제로 자신의 복싱 실력이 얼마만큼 늘었는지 모르는 상태에서, 다시 말해 자신의 복싱 실력이 아직 부족한 점이 있다는 사실을 제대로 파악하지 못한 채, 그저 자신의 복싱 실력이 늘었다고 여기고 있는 모순의 상태이기 때문입니다. 따라서 막연히 자신의 복싱 실력이 우월할 것이라는 생각에 다른 사람과 겨루었다면, 이 시합에서 졌을 때는 물론이겠지만, 이겼다고 하더라도 겨루는 과정에서 복싱 실력을 완벽하게 구사할 수는 없기에 그 과정에서 자신의 복싱 실력이 아직도 부족함을 제대로 인식하는, 즉 다른 사람과의 복싱 대결이라는 타자와의 대립상태에서 나의 부족함을 비로소 인식하게 되는 자기부정을 통해 한 차원 높은 '대자적 자아'의 단계로 전환이 되는 것입니다. 그리고 이 상황이 되어서야 비로소 단순한 싸움이 아닌 제대로 된 복싱에 관한 관심, 즉 인식의 전환을 겪게 되며, 이를 통해 단순한 힘과 싸움 실력의 향상이 아닌 자신의 복싱 실력 자체를 향상하기 위해서 본격적인 훈련에 임하게 됩니다. 바로 이 단계가 한 차원 높은 '즉자대자적 자아'의 단계라고 하겠습니다.

　　이제 본격적인 복싱훈련을 한 후, 비록 아직 부족한 실력이지만 그래도 상대방보다는 나을 것이라는 모순된 인식, 즉 이전보다는 한 단계 높아진 차원의 '즉자적 자아'의 인식 상황에서 상대방을 이기기 위하여, 그리고 상대방도 마찬가지의 모순된 '즉자적 자아' 인식을 갖고 서로 시합에 참여하게 됩니다. 따라서 일차적으로는 두 사람 각자 이기기 위한 대결의 대립 관계가 성립된다고 하겠습니다. 그리고 이 대결의 결과 서로 열심히는 싸웠지만, 그 과정에서 서로 이기고자 하는 마음에서 싸우다 보니 복싱 실력을 제대로 발휘하지 못했다는, 즉 자신들이 복싱 경기에 임하는 태도에서 부족함을 인식하는 자기부정의 한 차원 더 높은 '대자적 자아'의 단계를 갖게 되는 것입니다. 이 상황에서 모두가 이기는 방법은 없으며, 역설적으로 단순히 승부의 측면에서 둘 다 이길 수는 없다는 점을 인정함과 아울러 서로가 시합에 참여하는 근본적인 이유가 어떤 수단과 방법을 가리지 않고 무작정 싸워서 상대방을 이기는 데에 있는 것이 아니라, 일정한 복싱 규칙에 따라 시합에 임하여서 상대방을 통해 자신의 실력을 확인하고 또 그럼으로써 자신의 복싱 실력을 향상하기 위한 것이어야 한다는 인식의 지양을 겪게 된다는 것입니다. 즉 서로 간에 복싱으로 대결하는 이유는 자신들의 실력을 파악하고 증대시키기 위해 규칙에 따라 최선을 다해서 시합에 임함으로써 결과적으로 수준 높은 경기를 지향해야 한다는, 한 차원 더욱 높아진 단계의 '즉자대자적 자아'의 합의 단계, 즉 서로 간에 동료 복싱선수로서 '우리'라는 동료 의식을 비로소 갖게 된다는 것입니다.

이 단계에 이르게 되면, 서로 간에 복싱선수로서의 '공동체 의식', 즉 공정한 규칙에 따라 서로 간에 정정당당하게 최선을 다해서 시합에 임함으로써 이를 통해 자신의 실력을 파악하고 또 계속 향상하고자 하는 수준 높은 경기를 보여주어야 한다는, 소위 스포츠 정신(Sportsmanship)의 공동체 의식을 갖게 된다는 것입니다. 따라서 이 단계의 경기에서라면 만일 규칙을 지키면서 자신의 실력을 발휘하여 최선을 다해 싸웠으나 결국 졌다면, 비록 승부에서는 지게 되었다 하더라도, 경기를 통해 자신의 복싱 실력을 제대로 확인했다는 점에서, 그리고 상대방 선수에 대해 최선을 다해주었다는 점에서 수준 높은 경기의 스포츠 정신을 보여준 진정한 승리자로 평가될 것입니다. 물론 한 번의 시합으로 서로 간의 실력이 완벽한 수준까지 향상되어 최고 수준의 복싱 경기를 보여줄 수는 없기에 선수들은 시합을 통해 각자 자신의 부족한 점을 새롭게 파악한 후 실력을 더욱 더 높이기 위해, 즉 보다 완벽한 복싱 경기를 만들어내기 위해 역시 같은 인식을 하는 상대나 또 다른 상대와 계속해서 시합을 이어나고자 하는 끝없는 변증법적 지양의 과정을 보여줄 것입니다.

이제 위의 예를 대화 과정을 통해 다시 정리하자면, 처음에는 어떤 주제에 관한 자기의 입장을 제대로 파악하지 못하는 단계, 즉 정(正)의 즉자적(卽自的) 자아의 단계에 있다가, 상대방과 서로 간 입장들이 대립하게 되는 대화를 통해 비로소 자신의 부족한 입장을 파악하게 되는, 즉 자기부정을 하게 되는 반(反)의 대자적(對自的) 자아의 인식 단계에 들어서게 됩니다. 그리고 이제 이 단계에서 자신의 부족함을 받아들이는 한편 한 차원 높게 새롭게 재정립하게 되는 지양(止揚)의 과정을 통해 합(合)의 즉자대자적(卽自對自的)인 자아 인식을 하게 되는 것입니다. 이후에도 지양을 통해 재정립한 그 입장이 제대로 된 것인가를 알기 위해, 정과 반 그리고 지양을 통한 새로운 합이라는 변증법적 대화 과정을 반복해서 진행하게 된다는 것입니다.

다시 말해서 서로의 입장에 따른 정과 반의 대립적 주장들이 대화를 통해 부딪치는 과정에서 서로의 대립적 입장들이 모두 그 주제에 대한 올바른 입장으로 받아들여질 수는 없기에, 역설적으로 대화의 과정에서 각자의 개별적 입장들이 모두 옳을 수는 없다는 점을 인정한 후 애당초 서로의 입장을 제시하게 된 근본적인 이유, 즉 우리 서로가 자기의 생각이 제대로 된 것인지 파악한 후 이를 통해 주제에 대한 더 나은 입장으로 나아가기 위해 대화를 통해 상대방에게 자기의 생각을 주장하려고 한다는, 즉 주제에 대한 보다 높은 차원의 공동 입장을 지양해나가려고 한다는 합의 즉자대자적 단계로 나아가게 된다는 것입니다. 이 과정 역시 한 번의 대화로 특정 주제에 대한 완벽한 생각을 가지게 될 수는 없기에 대화를 통해 알게 된 또 다른 부족한 점들을 파악하여 이를 개선한 후 한 단계 높은 차원의 대화를 계속해서 이어가게 되는 것입니다.

이와 같은 인식론적 변증법의 전개 과정을 헤겔의 변증법 전개 과정을 통해 재정리해보자면, 먼저 자신의 모순된 입장, 즉 자기의 생각이 부족한 점을 인지하지 못한 상태서도 자기의 생각이 옳다고 주장하는 것을 정의 논지 또는 명제, 즉 테제(thesis)로서, 그리고 상대방도 똑같이 모순된 반대의 생각을 주장하는 것을 반의 논지 또는 명제, 즉 안티테제(Antithesis)로서, 이후 두 사람이 대화 또는 대립하는 과정에서 자기부정을 거친 지양을 통해 한 단계 높은 공통의 입장을 갖게 되는 것을 합(合)의 논지 또는 명제, 즉 진테제(Synthesis)로서 규정하게 됩니다. 이때 자기의 입장을 주장할 때 비록 옳다고 여겨 주장은 하지만 이 주장이 항상 올바른 것은 아니라는, 모순의 인식을 갖추게 되는 것을 자기부정 (自己否定, self-negation)의 인식으로, 또 이와 같은 자기부정의 인식에 따라 비록 자신의 주장이 항상 올바른 것은 아니지만, 그러함에도 불구하고 자기의 입장을 제시하게 되는 것을 정(正)의 논지로써, 그리고 상대방도 똑같이 자기부정의 인식에 따라 비록 자신의 주장이 항상 올바른 것은 아니지만, 그러함에도 불구하고 자기의 입장을 제시하게 되는 것은 반(反)의 논지가 됩니다. 그리고 이 두 가지 정과 반의 논지에 따른 대립의 관계에서 서로의 입장 모두를 부정하는 한편 한 단계 높은 차원에서 두 입장 모두를 수용하게 되는 합의 과정을 지양(止揚, sublimation)으로 규정하고 있습니다. 그리고 이 새로운 합의 논지는 그 자체의 모순을 파악한 자기부정을 통해 이제 또 다른 새로운 정의 논지가 되며, 그리고 이와 대립하는 또 다른 반의 논지와 서로 대립 관계에 놓이게 되면서, 이후 이 대립 관계는 또 다른 합의 과정을 거치면서 한 차원 높게 진행되는 이와 같은 일련의 변증법적 과정을 지속해서 거치면서, 논지는 비록 불가능하지만 완벽함을 향해 더욱 지양, 발전하게 된다는 것입니다.

3. 일상생활에서 변증법은 어떻게 적용될까요?

변증법에서의 지양에 따른 합의 과정을 한 가정의 부부간의 관계와 연관해서 살펴보자면, 남편이 가장의 위치에서 가정을 이끌어 나가려고 하는 것이 정의 입장이라면 부인 역시 가정의 주체로서 가정을 관리하려고 나서는 것이 반의 입장인데, 이 부부 모두 동시에 자신들의 위치에서 가정을 이끌어 나가려고 하는 상황이 바로 대립 관계로서, 이 상황에서 이 두 사람의 주장이 합쳐지려면, 즉 부부 모두의 주장이 반영되려면, 한 차원 높은 단계로 서로의 의견이 극복, 즉 지양되어야 한다는 것입니다. 이는 곧 부부 각자의 주장 중 어느 한쪽 또는 모두의 주장이 반영되느냐 마느냐 하는 선택적 결정이 아니라, 즉 각자의 주장만을 고집하는 것이 아니라 진정으로 가정에서 가장 중요한 가치가 무엇인가를 반성하고 깨달음으로써, 다시 말해 각자의 주장 중 누구의 주장을 선택해야 하는가가 아니라 바로 가정의 궁극적인 가치와 목적에 비추어 각자 자신의 주장이 부족하다는 점을 인정함으로써 각자의 주장을 지양해야 한다는 것입니다. 그 결과 가정에서 진정 중요한 것은 서로 간의 애정과 이를 바탕으로 한 배려심의 입장에서 서로 반성하고 양보한 후 최선을 다해서 가정을 화목하기 유지해야 함을 깨닫게 되면서 각자 가정과 가족에 대한 자신의 사랑과 배려심이 한 차원 높아지게 된다고 하겠습니다. 따라서 어느 한 사람이 가정을 이끌어 나가는 데 있어서 자신의 주도권과 입장에서만 임했다면 비록 그 사람의 주장이 반영되어 가정에서의 주도권을 가졌다고 할지 몰라도 진정으로 가정을 이끌었다고 할 수는 없으며, 반대로 비록 자신의 주장을 강력하게 제시하지 않아서 상대방의 주도권에 따르게 되었다고 하더라도 상대방에 대한 애정과 배려심을 잃지 않고 유지했다면 가정의 진정한 주도권자라고 할 수 있겠습니다. 왜냐하면 가정을 이끄는 데 있어서 진정으로 중요한 사랑과 배려, 그리고 화목함 등의 가치에 충실했기 때문입니다.

이처럼 변증법적 세계관은 오늘날 인간, 서구, 자본가, 백인, 남성 가장 등 특정 집단이나 계층의 입장이 기준이 되어 이를 보편화함으로써 자연생태, 비서구, 노동자/농민, 유색인, 여성 등 다른 집단이나 계층을 지배하거나 주도하고자 함으로써 결국 이들 약자 계층을 착취하고 이용하게 되는 기존의 세계관에 대응하여, 기존 세계관에 따라 서로 대립함으로써 갈등을 빚는 각 집단이나 계층, 또는 관련된 모든 구성 요소를 모두 아우를 수 있는, 다시 말해 주도적인 구성 요소에 의한 나머지 구성 요소들의 착취나 이용, 또는 소외시킴 없이 구성 요소 모두가 주체적인 구성 요소로서 함께 더불어서 조화와 균형을 이룸으로써 서로 상생하는 공동체나 세상이 이루어지도록 모두를 아우르고자 하는 통합의 세계관으로서 제시되고 있습니다.

<부록 1> 대화를 위한 안내

1 대화에 요구되는 마음 자세

1) 세상에는 다양한 사람들이 존재합니다.

세상에는 나와 다른 각양각색의 다양한 사람들이 존재하며, 우리는 이와 같은 현실을 인정하고 받아들여야만 합니다. 물론 애당초 나와 같은 사람들만 존재한다면 대화나 토론도 필요 없을 것입니다. 모든 것이 나와 같은데 굳이 얘기를 나눠보지 않더라도 서로 같은 생각을 하고 있기 때문입니다. 얼핏 생각해보면 이런 세상이라면 서로 간의 차이로 인한 다툼이나 갈등도 없어 대단히 평온하고 편안한 생활이 될 것 같지만, 역설적으로 또 다른 새로운 생각이나 모습이 없기에, 발전이나 진보라는 것도 기대할 수 없을 뿐만 아니라, 오로지 지루하고 답답한 일상이 연속되는 무척 괴로운 생활 속에서 살아나갈 수밖에 없을 것입니다. 다행히도 이와 같은 세상은 존재하지 않습니다. 무엇보다 여러분 자신부터 끊임없이 변화하기 때문입니다.

2) 다양한 사람들과 함께 더불어 살아가야 합니다.

생각이나 태도, 그리고 추구하는 가치 등이 다른 사람들과 함께 생활하는 것이 거슬리고 불편하다고 해서, 언제까지나 서로 격리된 채 따로 살아갈 수만은 없습니다. 오히려 세상의 다양한 사람들에 의해 내 생활이 더욱 편안하고 풍요로워질 수 있습니다. 굳이 일상생활을 위한 분업화와 전문화를 거론하지 않더라도, '세상을 저렇게 바라볼 수도 있겠구나', '세상을 저렇게 살아갈 수도 있겠구나', '세상을 저렇게 받아들일 수도 있겠구나'하는 방식으로 참조함으로써 여러분들이 세상을 살아가는 데 있어서 다양한 선택의 폭을 가질 수도 있을 뿐만 아니라, 그와 같이 다양한 사람들과 접촉하고 어울리면서 여러분들의 삶 자체가 더욱 다양하고 풍요로워질 수 있다는 것입니다. 우리가 현재의 거주지에서 그저 편안하게 살아가도 되는데도 굳이 시간과 경비를 들여서 여행이나 다른 지역을 다니고 싶어 하는 욕구가 생기는 것도 아마 같은 이유일 것이며, 오히려 이렇게 다양한 삶을 추구하는 것이 인간의 자연스러운 내재적 본능일 것입니다.

3) 세상에는 다툼과 갈등이 발생할 수밖에 없습니다.

이렇게 다양한 사람들이 살아가는 세상에서 다툼과 갈등이 발생하는 것은 너무도 당연하다는 점을 인식하고 받아들여만 합니다. 일차적으로 모든 사람은 어떻게든 생명을 유지하고자 하며, 또 기왕이면 더 오래 그리고 더 잘 살려고 합니다. 따라서 서로 간에 생존의 필수적이고 기본적인 요소들인 의식주를 확보하기 위한 경쟁부터 발생할 수밖에 없을 것입니다. 의식주에 필요한 자원이 부족한 경우는 말할 것도 없겠지만, 설혹 자원이 충분하더라도 더 많이 갖고자 하는 욕구로 인한 경쟁과 다툼은 끊임없이 발생할 수 있다는 것입니다.

여기에 더해 자신의 존재를 확인받고 또 확장해 나가기 위한 경쟁과 다툼도 무시할 수 없을 것입니다. 즉, 집단 내의 공동생활을 영위하는 데 있어서 자신의 방식을 내세우면서 이를 다른 사람들이 따르기를 원하는 사람들과, 이에 반해 다른 사람들이 제시하는 방식을 따르려 하지 않거나 또 다른 자신의 방식을 내세우려는 사람들 간에 충돌과 다툼이 나타나는 것은 공동체 생활에 있어서 매우 자연스러운 현상이라는 것입니다. 즉 이와 같은 주도권 다툼은 부부 사이나, 부모와 자식 간일지라도 언제든지 발생할 수 있다는 것입니다.

4) 세상에는 항상 문제점이 발생할 수밖에 없습니다.

이처럼 다양한 사람들이 살아가는 세상이기에 항상 문제점이 발생할 수밖에 없습니다. 그런데 그 문제들을 저절로 해결될 때까지 방치하거나, 또는 힘들거나 귀찮다고 해서 그 문제들을 해결하지 않고 감추거나 회피하려고만 한다면 문제들은 오히려 더욱 악화할 뿐이며, 결국에 가서는 해결할 수 있는 기회마저 놓치게 되어 파국의 상황을 맞이하게 될지도 모릅니다. 세상에는 쉬운 일도 없으며, 저절로 되는 일도 없습니다. 오히려 이 문제들을 적극적으로 해결 해나가는 과정에서 우리는 자신 또는 사회의 진보와 발전을 성취해나갈 수 있는 것입니다. 따라서 우리에게 해결해야 할 과제나 문제가 나타났을 때 우리는 그것이 더 높은 도약의 발판이 될 수 있는 좋은 기회라고 여겨 더욱 과감하게 그 문제를 해결하고자 하는 적극적인 자세가 필요한 것입니다.

5) 문제는 여럿이 함께 해결하는 것이 더 낫습니다.

이와 같은 문제들은 혼자보다 여럿이 함께 해결하는 것이 보다 빨리 그리고 더욱 잘 해결할 수 있습니다. 요즘 유행하는 표현으로 '집단지성'이 발휘될 수 있기 때문입니다. 물론 다른 사람의 도움을 받지 않고 혼자 해결할 수 있을 때의 성취감도 대단한 자존감을 느끼게 하겠지만, 대부분 그만큼의 노력과 시간이 더 들어가게 마련입니다. 때론 해결이 시급한 공동체 전체의 문제를 영웅심에 따른 자기만족 차원에서 혼자 끌어안고 해결하려는 경우가 있는데, 그렇게 한다면 오히려 공동체에 심각한 위해를 가져올 수도 있을 것입니다. 따라서 나만의 문제가 아닌 공동체의 문제일수록, 그리고 때론 나만의 문제일지라도 주변의 구성원들과 함께 노력해서 해결할 줄 아는 지혜가 필요하다는 것을 인식해야 할 것입니다.

6) 내 생각만 옳다는 편견을 버려야 합니다.

우리는 종종 자기의 생각이 옳다는 생각이 들 때, 다른 대안을 살펴볼 틈도 없이 자신의 방식만을 고집하게 됩니다. 특히 그렇게 주장한 이후에는 내 주장이 받아들여지지 않을 경우, 그건 마치 나의 존재가 무시당하는 것으로 여겨 보다 강하게 자신의 주장을 내세우기도 합니다. 소위 고집을 부리는 것입니다. 그리고 자신의 주장에 동의하지 않는 사람에 대해서는 반감을 표출하기도 합니다. 또 한편으로는 앞서 살펴보았듯이 일말의 영웅심으로 자기 존재를 과시하기 위해 자신의 방식만으로 모든 문제를 해결하려고도 합니다. 그러나 우리는 누구도 완벽할 수는 없습니다. 그렇기에 본인 스스로 생각하기에 자신의 방식이나 입장이 가장 좋다고 생각되더라도, 만에 하나라도 자신이 잘못 판단할 수 있거나, 또는 더 좋은 방식이나 입장이 있을 수 있다는 가능성을 항상 열어두고 다른 사람들의 생각도 들어봐야만 합니다. 때론 자신의 방식이 가장 옳은 방식이라고 할지라도, 그러함에도 불구하고 다른 사람들의 생각을 들어볼 기회를 마련해야만 합니다. 왜냐하면 다른 사람들의 생각을 들어보는 절차적 과정을 거치게 되면, 다른 사람들도 어쨌든 문제의 해결책을 마련하는 데 있어 자신들도 참여했다는 소속감을 느끼게 됨으로써, 이후 해결책을 추진하는 과정에서 본인의 일처럼 적극적으로 참여하게 될 것이기 때문입니다.

7) 사회 문제는 대화를 통한 합의로써 해결해야 합니다.

사회를 운영하는 데 있어서 가장 중요한 것 중 하나는 무엇보다 그 사회를 제대로 잘 유지하고 또 발전시켜나가는 일일 것입니다. 그런데 사회란 기본적으로 한 사람도 배제됨이 없이 구성원 모두를 다 챙길 수 있어야 그 사회가 제대로 유지되는 것이라고 할 수 있기에, 결국 모든 구성원의 참여가 핵심일 것입니다. 다시 말해 사회를 유지하기 위한 것이라는 명분으로 구성원들의 일부를 무시하거나 배제하면서 일을 추진한다는 것은 매우 모순적인 방식일 수밖에 없다는 것입니다. 따라서 구성원들 다수가 지지하고 있다고 해서 특정 개인이나 일부 구성원만이 사회 운영을 독단적, 강압적으로 추진하는 경우는 말할 것도 없지만, 구성원들 대다수가 동의했다고 해서 특정 소수의 구성원을 무시하거나 배제한 채 다수의 구성원에 의해서만 일을 추진하는 경우 역시 올바른 사회 유지에 역행되는 행위라고 하겠습니다.

그렇다면 구성원들 간에 의견이 다른 경우, 사회 분열을 막으면서 합의를 통해 사회를 운영해갈 수 있는 가장 좋은 방법은 무엇일까요? 그것은 서로 다른 입장이나 의견을 개진할 수 있는 대화의 자리를 마련해서 각자의 의견을 표출하고 또 반대 의사도 개진할 수 있는, 즉 누구나 사회의 운영에 참여할 수 있는 기회를 항시적으로 제공해야 한다는 것입니다. 왜냐하면 비록 다수의 의견과는 다른 의견을 가지고 있는 소수자들이더라도 언제든지 자신들의 의견을 개진하거나 견지할 수 있는 기회가 주어진다면 결국 다수의 의견에 따라 사회가 운영될 때조차 이들의 사회에 대한 소속감은 계속 유지될 것이기 때문입니다.

2 대화를 위한 자세

1) 상대방의 입장을 있는 그대로 받아들여야 합니다.

일단 상대방의 입장을 선입견이나 편견 없이 있는 그대로 받아줄 수 있어야만 합니다. 다시 말해 다루는 주제에 대해 상대방이 잘 모를 것이라고 여기거나, 또는 그 분야에 대해 어떤 특정의 입장을 내세울 것이라고 미리 예단한 상태에서 논의에 참여해서는 안 된다는 것입니다. 왜냐하면 논의에 앞서 상대방의 입장이나 견해에 대한 정보를 미리 파악한다는 것은 준비에 있어서 훌륭한 자세일 수 있겠으나, 잘못된 정보를 수집하거나 너무 사전 정보에만 의존해서는 안되기 때문입니다. 그렇게 되면, 상대방 발언의 논지를 제대로 파악하지 못할 뿐만이 아니라, 결국 자신의 논지도 상대방의 논지에 제대로 대응하지 못한 채 엇갈린 주장을 펴게 될 수밖에 없다는 것입니다. 예컨대 흔히 시사 토론 방송에서 자주 보듯이, 토론이 진행되는 과정에서 논점을 제대로 못 잡은 채 각자 자신의 주장만 펼치면서 겉돌게 되는 경우가 있는데, 그것은 바로 이와 같은 이유 때문이라고 할 수 있겠습니다. 따라서 상대방의 입장을 있는 그대로 받아들여야 한다는 것은 상대방의 주장이나 발언을 그 내용 자체에만 입각해서 받아들이고, 또 그에 따라 판단해야만 상대방 논지를 제대로 파악할 수 있다는 것입니다.

2) 의견의 다름 또는 다양성을 전제해야 합니다.

내 생각이나 의견만이 유일하게 옳은 것이고, 나와 다른 생각이나 의견은 무조건 잘못된 것으로 여기는 것도 잘못된 태도이지만, 세상에는 오직 하나의 진정한 대안만이 있을 수밖에 없다고 여기는 것 역시 삼가야 할 태도라는 것입니다. 특히 이런 잘못된 태도를 유지한 채 논의에 참여하게 된다면, 애당초 상대방과의 논의를 통해 더욱 바람직한 대안을 모색하려는 공론의 장이 아니라, 상대방의 입장을 공격하거나 비난하기 위한 성토의 장이 되거나, 상대방의 입장을 받아들이고 따르기 위한 순종의 장이 될 수도 있다는 것입니다. 따라서 세상에는 다양한 사람들이 살아가고 있으며, 또 이렇게 다양한 사람들은 각자 그 존재 자체로써 존중받아야만 한다는 사실을 받아들여야 하듯이, 세상에는 다양한 생각이나 의견이 있으며, 오히려 이렇게 다양한 생각이나 의견이 제시될 수 있다는 것 자체가 바람직한 상황이라는 점을 받아들여야만 한다는 것입니다. 다만 우리는 이렇게 다양한 생각이나 의견 중에서 더욱 나은 대안을 선택하기 위해서 대화나 토론을 통해 논의를 해나가는 것이라는 점을 잘 인식해야 하는 것입니다.

3) 상대방이 합리적, 논리적이지 않을 수도 있습니다.

상대방이 항상 합리적, 논리적이지만은 않다는 점을 받아들여야 한다는 것입니다. 즉 논의에 참여해서 상대방의 주장을 들을 때, 상대방이 앞뒤 논리가 맞지 않는 내용을 주장하거나 설득력이 떨어지는 내용을 강변할 수도 있다는 점을 대비하고 있어야 한다는 것입니다. 왜냐하면 상대방의 주장이 논리가 맞지 않거나 설득력이 떨어지는 내용이라는 것을 트집 잡아 직접적으로 상대방에게 이 점을 지적하거나 비난하게 되면, 상대방은 자신이 무시당했다는 기분으로 논의를 중단하고 화를 내거나 논의의 자리를 박차고 나갈 수도 있기 때문입니다. 우리가 상대방과 대화나 논의를 하게 되는 이유는 상대방의 의견을 존중하면서 보다 나은 대안을 찾으려고 하는 것이지, 상대방의 의견이나 상대방 자체를 비난하거나 무시하기 위한 것이 아니기 때문입니다. 따라서 상대방이 자신의 논지에 문제가 있음을 스스로 인정할 수 있을 때까지 상대방에 대한 존중의 자세를 유지한 채 차분하게 설명하고 설득해야만 하는 것입니다. 물론 상대방의 주장이 논리에 맞지 않거나 설득력이 떨어지는 내용이라는 것을 파악하지 못한 채, 그런 상태에서 나의 주장을 제시하다 보면 합의점을 찾아가기가 더욱 어렵게 될 수 있다는 점도 함께 대비해야 할 사항입니다.

4) 이성적인 이해뿐만 아니라 감정적인 포용도 필수적입니다.

예컨대 앞서 첫 번째 제시한 사항과는 반대로 상대방과 논의하다 보면, 상대방이 내가 다루고 있는 주제에 대해 잘 모르고 있거나, 또는 내가 특정의 입장만을 견지하고 있다는 식으로 나에 대한 잘못된 선입관을 갖고 있다는 점을 발견할 수 있으며, 그런 경우 스스로 화가 날 수 있을 것입니다. 또 상대방이 서로 간의 의견 차이에 대해 합리적으로 파악하면서 논리적으로 대응하는 것이 아니라, 의견 차이를 상대방이 자신을 무시하는 것으로 받아들임으로써 감정적으로 대응할 수도 있을 것입니다. 이와 같은 상황에서 논의를 건설적으로 이끌어 나가기 위해서는 서로 간에 똑같이 감정적으로 대응해서는 안 되며, 상대방의 태도나 자세에 대해서 상대방이 스스로 납득하고 인정할 수 있도록 인내심을 갖고 차분하게 설명하면서 대응해야만 한다는 것입니다. 이때 주의해야 할 점은 서로 간의 오해나 비난에 따라 발생한 감정적인 자극이나 상처를 치유하고자 한다면, 이성적인 설득이나 해명만으로는 한계가 있다는 것입니다. 즉 제대로 치유하기 위해선 자극이나 상처받은 감정에 대해 같은 감정적 차원에서 공감하거나 다독거려줄 수 있어야 한다는 것입니다.

5) 서로 합의했다는 점이 우선시되어야 합니다.

우리가 대화나 논의를 하는 데 있어서 가장 중요한 사항은 최선의 합의가 아니라 서로 합의해서 결정했다는 점이 보다 우선시되어야 한다는 것입니다. 우리가 어떤 주제에 대해 서로 대화하거나 토론하는 이유는 얼핏 봐서는 그 주제에 대한 가장 바람직한 대안을 찾는 것이라고 할 수 있을 것입니다. 그러나 그것보다 더 중요한 것은 그렇게 해서 마련한 대안이 과연 무엇을 위한 것이냐를 잊어서는 안 된다는 것입니다. 즉 우리가 굳이 시간을 내서 각자의 의견을 모아 대안을 마련하는 것은 그 주제가 우리 모두의 삶의 기반인 공동체를 위한 것이기 때문이라는 것입니다. 그런데 주객이 전도되어 주제에 대한 가장 바람직한 대안을 마련하기 위한 과정에서 오히려 공동체 구성원들 간의 관계에 안 좋은 영향을 끼치거나 손상을 가하게 된다면, 그것은 공동체 자체에 지장을 초래하게 되는 일인 것입니다. 그렇다면 오히려 애당초 논의하지 않은 것만 못하다고 할 수 있는 것입니다. 따라서 우리는 특히 논의 과정에서 채택되지 않은 의견이나 소수의 의견을 개진한 구성원을 무시하거나 배제해선 안 된다는 것입니다. 논의에서 가장 중요한 것은, 우리가 최선의 대안을 찾았다는 점보다도 비록 각자의 의견은 다르지만, 이 논의 과정에 모두가 함께 참여해서 대안을 마련하고자 했다는 공동체 의식인 것입니다. 그렇기에 최종 결정에 따라 일을 추진하는 과정에서 채택되지 않은 의견이나 소수의 의견을 개진한 구성원들에게 채택된 의견에 무조건 따르라고 강요해서도 안 된다는 것입니다.

6) 갈등과 충돌은 언제든지 나타날 수 있는 것입니다.

합의를 해나가는 과정에서 갈등과 충돌은 언제든지 나타날 수 있다는 점을 받아들여야 합니다. 즉 서로 다른 의견이나 입장을 가진 사람들이 자신들의 주장을 개진하는 과정에서 서로 간의 갈등과 대립에 따른 충돌과 소란이 발생한다고 해서 공동체의 안녕과 질서를 위한다는 명분으로 이를 사전에 차단하거나, 강제로 제지해서는 안 된다는 것입니다. 의견이나 입장은 때론 그 의견이나 입장을 가진 사람에게 있어서는 단순한 생각의 차원을 넘어 자신의 생존이나 자존감의 문제일 수도 있습니다. 그렇기에 종종 의견이나 입장을 주장하는 과정에서 논의가 정도 이상으로 과열되면서 충돌하게 되고, 또 다툼이 생길 수도 있는 것입니다. 그러함에도 불구하고 서로 다투는 과정에서 공동체의 안정과 질서가 깨질 수 있다는 우려에서 필요 이상으로 강압적인 방법을 동원하여 충돌을 차단하거나 제지하게 된다면, 이는 마치 어린아이들이 놀이터에서 시끄럽게 놀거나 다칠 수도 있다고 해서 어른들이 놀지 못하게 하는 것과 비슷한 처사라고 하겠습니다. 왜냐하면 어린아이들이 놀 때 시끄럽게 놀거나 장난치는 것은 지극히 당연하고 자연스러운 일이기 때문입니다. 물론 가능하면 논의가 갈등과 충돌 없이 원만하게 진행되는 것이 가장 바람직하겠지만, 대립과 충돌이 우려된다고 해서 강제적으로 차단하거나 제지하게 된다면, 이는 공동체의 존립과 운영에 있어서 대립과 충돌에 따른 소요보다 더 위험한 행위가 될 수 있다는 것입니다.

7) 자신을 드러내기 위한 논의가 되어서는 안 됩니다.

토론이나 논의 과정이 자신의 존재감을 드러내기 위한 자리가 되어서는 안 됩니다. 다시 말해 논의는 서로 간에 각자의 주장을 개진하는 과정에서 더욱 나은 대안을 마련하기 위한 것이지, 결코 누구의 입장이 더 나은 것인가, 또는 누가 더 잘났는가를 경쟁하거나 뽐내기 위한 자리가 아니라는 것입니다. 그러함에도 불구하고 무의식중에 상대방에게 지지 않으려는 경쟁의식에 따라, 또는 자신의 존재감을 과시하기 위해 대화나 토론에 임하게 된다면, 서로 간에 원만한 이견 조율을 위한 배려나 절충은커녕, 결국에는 각자 자신의 주장만을 내세우는 우격다짐과 상대방을 비난하는 고성만이 난무하게 될 것입니다. 소위 '사공이 많으면 배가 산으로 간다'라는 상황이 벌어지게 되는 것입니다.

3 대화를 위한 사전 준비

1) 용어에 대한 상호이해가 전제되어야만 합니다.

논의 참가자들 간에 사용하는 언어나 용어에 대한 상호이해가 전제되어야만 합니다. 종종 토론이 겉돌거나 같은 얘기를 반복하게 되는 경우가 있는데, 그 이유 중에는 서로 간에 사용하는 용어에 대한 오류나 오해가 원인이 되는 경우가 많기 때문입니다. 흔히 '악마는 디테일에 있다(The devil is in the detail)'라고 하듯이, 의외로 사소하다고 생각한 용어 하나로 인해 전체 의미가 확연하게 달라질 수도 있기 때문입니다. 따라서 논제와 관련해서 핵심적인 용어는 물론 생소한 용어나 전문적인 용어, 최근에 사용되기 시작한 용어, 그리고 약어나 외래어 등은 대화 과정에서 상대방에게 자세한 뜻을 함께 알려주거나, 또는 상대방에게 정확한 의미를 물어보아야만 한다는 것입니다. 아울러 자료를 인용하거나 통계수치 등을 제시할 때도 그 출처와 내용을 분명하게 밝혀야만 합니다.

관련해서 미국인이나 일본인 등 외국인과 대화할 때는 그 나라의 관용적 표현에 대해서도 잘 파악하고 있어야만 합니다. 예컨대 상대방이 '검토하겠다'라거나, 또는 '고려해보겠다'라고 얘기했을 때 그 표현이 동의의 의미인지 또는 완곡한 거절의 의미인지는 미국인이 하는 경우와 일본인이 하는 상황에 따라 상반된다는 것입니다. 물론 우리나라 경우도 지역에 따라서는 예컨대 '괜찮습니다', 또는 '알겠습니다' 등의 표현에 대한 해석이 서로 다를 수 있다는 점도 고려해야 할 것입니다.

따라서 평소 익숙하게 사용했던 용어나 단어인 경우에도 상대방에게 그 의미를 정확하게 전달해야만 할 때나 상대방이 오해의 소지가 있을 수 있다고 여겨졌을 때는 항상 사전을 통해 그 정확한 의미를 다시 확인해봐야 합니다. 그리고 대화 중 상대방의 목소리가 제대로 안 들렸거나, 발음이 헷갈릴 때는 크게 실례가 되는 상황이 아니라면, 대충 넘어가지 말고 그때마다 상대방에게 요청해서 그 정확한 내용을 확인받아야 합니다.

2) 주제에 대해 충분히 알고 있어야만 합니다.

대화나 토론에 참여하기 위해서는 제기된 주제에 대한 평소의 관심과 최소한의 사전 지식이 있어야만 합니다. 만일 관련된 지식이나 관심도 없이 대화나 토론에 참여하게 된다면, 이는 비효율적이거나 때론 의미 없는 논의를 낳게 될 뿐만 아니라 참여한 다른 상대방에 대한 예의도 아닌, 매우 경우에 어긋난 행위일 것입니다. 왜냐하면 상대방의 소중한 시간을 낭비하도록 만들었기 때문입니다. 아울러 논의 과정에서 창의적인 의견이나 새로운 접근 방향이 제시될 수 있기에 이에 적절하게 대처하기 위해선 평소 해당 주제 분야에 관한 관심을 바탕으로 지속적인 관찰과 분석을 해온 사전 과정이 필요한 것입니다. 그래서 우리는 논의의 자리에 기본적으로 그 분야의 전문가들이 참여하길 선호하는 것이며, 아울러 논의에 참여한 패널(panel)들로부터의 새로운 각도의 의견 제시도 권장하는 것입니다.

이 과정에서 특히 중요한 것은 그저 책상에 앉아 관련 책자나 연구 자료에 의존하여 분석하는 한계에서 벗어날 수 있어야 한다는 것입니다. 즉 직접 발로 뛰면서 얻은 현장 경험이 대단히 소중하다는 것입니다. 따라서 전문가일수록 주기적으로 현장을 방문해서 그곳 실무진으로부터의 경험이나 연구를 수집해야 하며, 기회가 된다면 본인 역시 현장 실무진으로서 직접 근무하거나 연구할 수 있는 경험을 쌓는 것이 필요하다고 하겠습니다. 그래야 소위 탁상공론에서 벗어날 수 있는 것입니다.

3) 대화에 진정성을 갖고 임해야 합니다.

대화에 진정성을 갖고 임해야 한다는 것은 어쩌면 당연한 얘기로 들릴 수 있지만, 실제 어떠한 자세로 임해야 진정성 있는 자세인가에 대해서 살펴볼 필요가 있다는 것입니다. 먼저 기본적으로는 논의에 참여하기 전 사전 준비가 철저해야만 한다는 것입니다. 위에서 지적했듯이 관련 책자나 연구 자료, 통계 수치, 관련 사례 등은 말할 것도 없지만, 가능하면 현장에 직접 방문하여 실무진으로부터의 생생한 정보를 수집하는 것도 대단히 중요하다고 하겠습니다. 아울러 본인의 생각과 다르거나 반대 의견인 논지에 대해서도, 사전 조사와 분석이 가능하다면 이 역시 준비해두는 것이 필요합니다.

그리고 논의에 임해서는 본인의 입장이나 주장을 상대방이 쉽게 파악할 수 있도록 논리적, 체계적으로 제시해야 하며, 상대방의 발언도 주의 깊게 경청한 후 본인 입장과의 차이점과 유사점 등을 면밀하게 분석해서 정리해야 할 것입니다. 그래야 논의가 효율적으로 진행됨으로써 소기의 결실을 거둘 수 있기 때문입니다. 따라서 논의 과정에서 자신의 논지를 두서없이 생각나는 대로 전달하거나, 상대방 얘기에 집중하지 않고, 다음 차례에 자신이 발언할 내용에만 주의를 기울이게 된다면 성공적인 논의를 기대하기는 어렵게 될 것입니다.

4) 완벽한 합의는 불가능합니다.

아무리 준비가 잘 된 대화나 토론이라도 완벽한 합의는 불가능하다는 점을 인지하고 있어야 합니다. 논의를 통해 참가자는 물론 관련된 모든 사람이 동의할 수 있는 완벽한 합의점을 찾게 된다면 얼마나 좋겠습니까만, 현실은 그렇지 않다는 것입니다. 양지가 있으면 음지가 있고, 좋은 일이 생기면 나쁜 일도 생길 수 있듯이, 근본적으로 모든 세상사가 양면성을 갖고 있을 뿐만 아니라, 관련된 모든 사람은 각자 저마다의 다양한 사정과 입장이 있기 때문입니다.

한편 논의 과정에서 완벽한 합의를 추구하려다 보면, 어쩔 수 없이 누군가 본인의 입장 중 일부나 전부를 양보해야 할 경우가 발생할 수 있을 것이며, 이런 경우 서로 쉽게 양보하지 않음으로써 논의가 과열되거나 갈등과 다툼이 일어날 수도 있을 것입니다. 아울러 설혹 합의가 도출되더라도 그 과정에서 지연된 시

간으로 인해 그 결정을 실행해야 할 적절한 시기를 놓치게 될 가능성도 커지게
된다는 점도 잘 알고 있어야 할 것입니다.

5) 지속적인 대화가 이루어져야 합니다.

논의에 따라 합의나 대책이 결정된 이후에도 지속적인 대화가 이루어져야
합니다. 앞서 살펴보았듯이 완벽한 합의나 결정이란 있을 수 없기에 결정된 이
후 일이 추진되는 과정에서 발생할 수 있는 새로운 갈등이나 문제점들을 적시에
대처하기 위해서는, 그리고 예상치 못한 돌발 사태에 대한 응급조치를 마련하기
위해서도 논의에 참여했던 당사자들과의 지속적인 정보공유와 대화가 필요하다
는 것입니다. 특히 논의 당사자들 간에 신속하고도 쉽게 합의가 도출된 경우일
수록 예상치 못한 사태가 발생할 수 있는 확률이 높기에 결정 이후에도 항상 경
계심을 놓지 말고 일의 진행 상황을 함께 예의 주시하면서 문제가 발생했을 때
언제든지 만나 추가적인 논의를 할 수 있어야만 합니다.

6) 토론을 위한 토론이 되어서는 안 됩니다.

예컨대 토론하는 과정에 자신의 주장을 중언부언하면서 계속 늘어지게 발
언하거나, 직접 관련된 사항도 아닌데 이에 대해 장황하게 보충 설명해서는 안
되며, 상대방에 대해서도 논의의 진행과는 별다른 관련성이 없는 사소한 내용에
대해 계속 지적하거나, 상대방의 발언에 말꼬리를 잡는 등의 행동은 자제해야만
합니다.

따라서 토론 중에 이와 같은 사태를 방지하기 위한 장치로 사회자를 지정
한 후 사회자가 토론의 목적을 분명히 하도록 하고, 또 이를 위한 합리적이고도
효율적인 진행을 유도하도록 역할을 부여하게 됩니다. 즉 논의 당사자들의 발언
이 늘어질 때는 이를 제지한 후 논지에 맞게 의견을 제시해주길 요구하거나, 사
회자 본인이 내용을 요약하기도 하며, 불필요한 발언이나 부적절한 질문에 대해

서는 이를 제지하거나 주의를 요청하게 됩니다. 물론 이 과정에서 논의의 참가자들은 사회자의 진행에 적극적으로 따라주어야만 하며, 만일 사회자의 진행에 협조하지 않을 때는 사회자가 논의의 중단이나 참가자의 퇴장을 선언할 수도 있는 권한을 가질 수 있는 것입니다. 그래서 스포츠 경기의 심판과 마찬가지로 흔히 토론에서는 '사회자가 왕'이라는 말까지 있는 것입니다.

7) 신념이나 믿음에 관한 주제는 피하는 것이 좋습니다.

어떤 주제든 대화나 토론의 주제가 될 수 있는 것은 아니지만, 특히 신념이나 믿음과 관련된 주제는 가능하면 피하는 것이 좋습니다. 이와 같은 신념이나 믿음의 대상에는 주로 자신이 추구하는 삶의 가치나 목표, 그리고 지키고자 하는 특정인이나 공동체 등이 해당하며, 대표적인 것들로는 종교적 신념이나 정치적 이념, 그리고 개인적인 인생관이나 특정인에 대한 신뢰 등을 들 수 있겠습니다. 그런데 이런 것들이 논의의 기피 대상이 되는 이유는 이것들은 '옳은 것이냐, 옳지 않은 것이냐'라고 하는 옳고 그름의 판단 문제이거나, 어느 것이 더 필요한 것이냐 하는 선택의 우선 문제가 아니기 때문입니다. 다시 말해 이것들은 그것을 지닌 사람의 존재 이유, 즉 존재가치를 부여한다고 여겨지는 것들이기 때문입니다. 특히 사람은 누구나 자신이 인생을 올바로 살고 있든, 그렇지 않든 자신의 존재 자체를 부정하는 사람을 용납하지 않으려고 하거나, 착한 사람이든 착하지 않은 사람이든 자신이 사랑하는 가족이나 좋아하는 사람을 아끼고 지키려고 하기 때문입니다.

이런 상황을 전문적인 용어로 표현하자면, 신념이나 믿음의 대상은 바로 이것을 지닌 사람의 정체성에 해당한다는 것입니다. 즉 당사자는 이 신념의 대상을 자신과 동일시한다는 것입니다. 따라서 이와 같은 신념이나 그 대상을 부정하거나 평가한다는 것은 곧 자신의 존재나 삶 자체를 부정하거나 평가하는 것으로 받아들이기 때문에 그것들에 대해 누가 뭐라고 해도 받아들이지 않거나, 때론 목숨을 걸고 지키거나 싸우려고 할 것입니다. 그래서 흔히 평소 가깝게 지내는 친구 사이일지라도 가능하면 '종교나 정치를 대화의 소재로 삼지 말라'는 말이 있는가 하면, '연인 사이의 애정 문제에는 제3자가 끼어들어서는 안 된다'라는 말이 있는 것입니다.

물론 자신이 추구하는 가치나 대상에 대해 외곬으로 집착하지 않으면서 마음의 문을 열고 언제든 더욱 나은 삶의 가치를 찾고자 하는 사람의 경우에는 예외적이라고 할 수 있겠습니다. 반면에 삶의 가치나 목표 그 자체뿐만 아니라 이를 추구하는 방식이나 수단에까지 집착하는 사람들도 있으며, 이런 사람들과 대화할 때는 예기치 못한 다툼이나 갈등이 발생할 수 있다는 점을 명심해서 조심해야 할 것입니다. 예컨대 자신의 일상생활에서 사소한 습관에까지 집착하는 사람에게 만일 이런 점은 고치는 게 좋겠다는 식의 지적을 하게 된다면, 심할 경우 앞으로 그 사람을 안 볼 각오까지 해야 하는 결과를 불러일으킬지도 모른다는 것입니다.

4 바람직한 대화의 진행

1) 자신의 의견이나 입장을 갖추고 있어야 합니다.

대화나 토론에 참여하기 위해서는 논의의 주제에 대한 자신의 분명한 의견이나 입장을 준비하고 있어야 합니다. 그리고 이를 위해서는 먼저 관련 주제가 왜 논란이 되고 있는지 그 배경과 이유에 대해서 사전 분석한 후, 앞서 사전 준비 사항에서도 제시했듯이 그 주제에 대한 관련 자료나 사례 등을 충분히 조사한 후, 가능하면 현장의 관계자들과 인터뷰까지 하는 등, 최대한 사전 준비를 거쳐야 한다는 것입니다.

아울러 본인의 입장을 뒷받침할 수 있는 입증 자료뿐만이 아니라 이에 해당하는 합리적 논리와 가치판단까지 갖추고 있어야만 합니다. 이를 위해선 평소 우리 사회의 공동체적 가치와 윤리에 대한 이해와 공감 능력을 키워야 합니다. 즉, 우리가 논의하는 주제들은 그 대부분이 개인의 사생활이나 인생 목표에 대

한 것들이 아닌, 공동체에서 발생할 수 있는 공동의 목표나 대책에 관한 것들이
기에 우리 사회의 유지와 발전을 위해서 어떤 가치가 우선시 되어야 하는지에
대한 합리적 판단 기준과 근거를 갖추고 있어야 한다는 것입니다.

2) 자신의 의견을 잘 전달해야 합니다.

토론이나 대화 과정에서 자신의 의견이나 입장을 상대방에게 명료하게 전
달할 수 있어야 합니다. 물론 발음도 정확하게 해야겠지만, 주어진 주제에 대해
서 자신이 어떤 의견을 제시하려는지, 그리고 이를 입증하기 위한 이유와 논거
까지를 상대방에게 분명하게 전달해야 합니다. 이를 위해 필요한 경우 이용할
수 있도록 삼단논법이나 기승전결 등 관련 논리학이나 수사학 등을 훈련하여,
사용할 수 있어야 합니다.

이때 주의해야 할 점은 본인은 논의의 주제를 준비하는 과정에서 사전에
관련된 자료나, 사례 등을 통해 주장하고자 하는 내용에 대해 이미 잘 알게 되었
기에, 이를 바탕으로 요약, 정리된 내용을 상대에게 쉽게 전달할 수 있겠지만,
이를 듣는 상대방은 이와 같은 내용에 대한 사전 지식이 없어서 제대로 알아듣
지 못할 수가 있다는 것입니다. 예컨대 전문적인 용어나 지식, 또는 생소한 사례
등에 대해 본인은 조사하는 과정에서 이미 익숙해져 있을 수 있지만, 상대방은
처음 듣는 내용이라 제대로 알아듣지 못할 수가 있기에, 이런 경우를 예상해서
필요한 경우 좀 더 상세한 설명을 해주어야 한다는 것입니다. 아울러 외래어나
한자어도 불필요하게 남발해서는 안 되며, 가능하면 꼭 필요한 경우에만 사용하
는 것이 좋습니다.

3) 상대방의 의견을 잘 파악해야 합니다.

당연한 얘기지만 실제로는 이행이 잘 안되는 것 중 하나는 논의할 때 상대
방의 의견을 경청해서 그 내용을 잘 파악하고 있어야 한다는 것입니다. 자신의

발언이 끝난 이후 이어지는 상대방의 주장을 제대로 듣기보다 다음 차례에 자신이 제시하고자 하는 내용에 대해서만 신경을 쓰거나, 상대방의 주장이 아직 끝나지도 않았는데 중간에 상대방의 말을 끊고 또다시 자신의 주장을 하게 된다면, 제대로 된 논의 진행도 어려워질 뿐만 아니라 예의에도 어긋난 행동이라고 하겠습니다. 그리고 상대방이 발언하는 내용 중에 잘 모르거나 이해가 안 된 부분에 대해서는 추가 질문을 통해 확인해야 하며, 상대방 발언 내용을 모두 기억할 수는 없기에 필요한 경우 반드시 메모해두어야 합니다. 그래야만 상대방 주장에 반박할 때도 정확한 내용에 근거한 의견 제시가 가능하다고 하겠습니다.

4) 내용을 잘 정리해야 합니다.

자신이 주장하는 내용과 상대방이 주장하는 내용 중 같은 점과 다른 점을 잘 정리해서 제시할 수 있어야 합니다. 상대방의 주장이 나와 다를 것이라는 선입관에 따라 결국은 같은 내용을 반복해서 주장하는 실수를 범하거나, 상대방이 나와 동의하고 있는 내용에 대해서조차 다시 반박하게 되는 그런 실수를 방지하기 위해서는 논의하는 과정에서 서로 간에 주장하는 바의 차이점과 같은 점을 잘 구분해서 정리해두어야만 합니다.

5) 한 번에 해결할 수는 없습니다.

서로 간에 의견 차이가 클수록 '구동존이(求同存異)', 즉 공통점을 추구하면서 다른 점은 남겨두는 지혜가 필요하다는 것입니다. 이 말은 1955년 인도네시아 반둥에서 개최된 아시아와 아프리카 지역 신생 독립국의 정치 세력화를 위한 비동맹회의 당시, 중국의 외교부장이었던 저우언라이(周恩來)가 '우리 서로 같은 점을 찾을 뿐 다른 점은 강조하지 맙시다. 공통점을 먼저 찾아 합의하고, 이견이 있는 부분은 남겨둡시다(求同存異). 그러면 역사와 민족이 다르더라도 서로 화합하고 발전할 수 있을 것입니다'라고 당시 중국의 외교 지향점을 제시했던 것에서 유래한 표현인데, 이를 영어로 번역하자면, 'Let's agree to disagree', 즉 서로 다른 점들이 있다는 것을 서로 인정하자는 의미로 해석될 수 있겠습니다. 논의 과정에서 서로 합의점을 찾으려고만 하다 보면, 이에 동의하지 않는 상대방에 대해 서운한 감정이 들게 되거나, 논의 과정에서 비효율적으로 시간만 소비됨에 따라 논의에 대한 의욕조차 떨어질 수도 있습니다. 그렇기에 우리 속담에도 '첫술에 배부를 수는 없다'라는 말이 있듯이, 서로 합의가 가능한 것부터 하나하나 맞춰 나가면서, 쉽게 합의되지 않는 부분에 대해서는 다음 논의 때 다시 다루는 것으로 미뤄두는 것이 좀 더 나을 수 있다고 하겠습니다.

6) 주제에서 벗어나지 않아야 합니다.

대화나 토론이 효율적으로 그리고 신속하게 진행되기 위해서는 논의가 주제에서 벗어나지 않도록 주의해야 합니다. 즉, 논의 과정에서 주제의 범위를 확대하거나, 관련된 부수적 사항에 대해 너무 장황하게 보충 설명하지 말아야 한다는 것입니다. 특히 주제와 크게 관련이 없는 상대방의 용어나 사례 등에 대해 필요 이상으로 지적하거나, 자신의 지식을 자랑하기 위해 불필요한 사례나 자료를 제시하는 것도 논의의 진행에 방해가 될 뿐만 아니라, 상대방에 대한 예의에도 어긋나는 행위이기에 각별하게 자제해야 할 것입니다.

<부록 2> 글쓰기를 위한 안내

　　자신과 자신 주변의 세계에 대한 성찰 결과들을 단순히 머릿속으로만 정리하게 되면, 아무리 좋은 생각들이라도 새벽안개처럼 이내 곧 흔적도 없이 사라지기 쉽기에, 가능하면 곧바로 이를 메모해두는 것을 습관화하는 것이 매우 중요합니다. 특히 어떤 주제에 대한 자기의 생각이 어느 정도 논리적, 체계적으로 정리가 되었다면, 그 내용들을 완성된 글의 형태로 작성해두면, 글로 쓰기 이전에는 몰랐던 문제점이나 새로운 생각들을 발견할 수 있을 것입니다. 아울러 자신의 SNS에 이 글을 올리거나, 관련된 매체에 기고함으로써, 자기의 생각들을 다른 사람들과 공유할 수 있는 기회도 마련될 수 있을 것입니다. 그리고 이 과정에서 그 글을 읽은 다른 사람들로부터 관련된 피드백(feed-back)을 받을 수도 있을 것입니다.

　　하지만 자기의 생각을 글로 옮긴다는 것은 의욕만큼 쉬운 일이 아니며, 그 자체를 위한 별도의 훈련이 필요하다고 하겠습니다. 따라서 글쓰기를 준비하는 과정과 쓰고 있는 중간에, 그리고 일차 완성된 후에 각각 신경 써야 할 몇 가지 사전 준비 사항들을 제시하고자 합니다.

1 평소 자신과 주변 사회의 관심사에 대해 파악하고 있어야 합니다.

　　즉 갑자기 글을 쓰려고 하면, 막연할 뿐만 아니라, 진정성이 반영이 안 되어 있기에, 읽는 사람에게 공감을 주기 어렵습니다. 그래서 평소 자신에 대한 세심한 성찰과 함께 주변 상황에 대한 날카로운 관찰력을 유지해야만 합니다. 아울러 관심 있는 분야가 생겼을 때, 이에 대해 혼자 생각만 하고 있다면 별다른 진척을 얻기 어려울 뿐만 아니라, 본인의 생각에만 갇힐 수가 있기에, 관련된 책이나 다른 사람들의 글도 찾아서 꾸준히 읽는 것이 필요합니다.

한편, 책을 효과적으로 읽기 위해서는, 이 또한 별도의 사전 훈련이 필요하다고 하겠습니다. 즉 바람직한 독서의 방식은 먼저 책을 읽고 있거나 읽은 직후라도 공감하는 내용들이나 자신에게 떠오른 생각들을 별도의 노트나 책의 한 귀퉁이, 또는 스마트폰 메모 창 등에 메모를 한 후, 산책이나 명상하면서 그 내용들에 대해 다시 한 번 생각해보거나, 관심 있는 누군가와 그 내용에 관해 대화를 나눠보는 것이 필요합니다. 왜냐하면 떠오르는 순간에는 그럴듯하게 여겨졌던 생각들도 다시 여유를 갖고 그 내용을 가다듬어 보거나, 다른 사람과 대화해보면, 허술한 점들이 많이 드러나거나, 또는 그 생각들이 하나의 실마리가 되어 연관된 생각들이 연이어 개진될 수 있기 때문입니다. 바로 이와 같은 과정을 통해서 생각의 깊이나 폭, 즉 사고력이 증대되며, 또 판단 능력도 키워지는 것입니다. 아울러 이렇게 가다듬어진 생각과 메모를 바탕으로 글을 썼을 때 비로소 좋은 글이 나올 수가 있는 것입니다. 그리고 이와 같은 과정을 바탕으로 쓴 글들이야말로 비록 창의적인 글이 아닌 경우조차 글쓴이의 독창성과 개성이 나타나는 훌륭한 글이 될 수 있는 것입니다.

② 쓰고자 하는 내용을 한 줄 또는 한 문장으로 정리할 수 있어야 합니다.

자신이 쓰고자 하는 내용들을 일단 한 줄이나 한 문장으로 축약해서 정리해보라는 것입니다. 만일 핵심적인 내용이 정리가 잘 안 된다면, 아직 본인의 생각이 정리가 잘 안된 상태라는 것을 의미합니다. 따라서 자기의 생각을 좀 더 정리할 필요가 있으며, 이를 위해서는 관련된 자료를 좀 더 읽어보거나 자신이 쓰려고 하는 주제에 대해 다른 사람들과 얘기를 나눠보는 게 도움이 될 것입니다.

3 글의 주제와 관련된 핵심 용어나 단어에 대해 그 정확한 의미를 확인해보아야 합니다.

핵심적인 용어나 단어에 대한 정확한 뜻을 모르거나 잘못 알고 있다면, 전체적인 글을 진행하는 데 있어서 잘못된 내용을 전개하거나, 엉뚱한 내용을 담게 될지도 모릅니다. 따라서 사전이나 백과사전 등을 통해 일차 확인하는 절차부터 거치는 것이 필요합니다.

4 관련 내용에 대해 사전에 주변 사람들의 반응을 살펴보아야 합니다.

왜냐하면 본인으로서는 전개하고 싶은 글의 내용이 중요하거나 매우 의미 있는 것으로 여겨질 수 있으나, 다른 사람들에게는 이미 너무 잘 알고 있는 내용이거나 관심이 없는 내용일 수도 있으며, 때론 시기에 안 맞거나 오해 소지가 있을 만한 내용일 수도 있기 때문입니다. 그리고 반응을 살필 때는 한 사람에게만 묻지 말고 반드시 두 사람 이상에게 확인해봄으로써 상호 교차 점검해야 합니다.

5 글의 내용과 관련된 개론서를 미리 찾는 것도 필요합니다.

본인이 쓰려고 하는 글이 어떤 분야이며, 해당 분야에서는 어떤 논의들이 있고, 그것들과 본인이 쓰려고 하는 내용들이 어떤 관계가 있는지를 개론서의 본문과 참고문헌 등을 통해 사전에 파악하고 있어야 합니다. 그래야 내용도 풍부해질 뿐만 아니라 산만하지 않고 일관성 있게 전개할 수 있습니다.

6 관련된 논문을 찾아보는 것이 필요합니다.

즉 유관 논문들을 검색해서 본인이 쓰려는 주제나 내용과 비슷하거나 아니면 중복되는 논문들이 이미 나와 있는지 확인해봐야 합니다. 아울러 관련된 논문을 참조함으로써 자신의 글을 더욱 내실 있게 전개할 수 있게 됩니다.

7 자신의 판단을 중간에 재점검해보아야 합니다.

즉 처음 쓰려고 할 때 들던 생각이나 논지가 그 당시에는 그럴듯하거나, 일리가 있어 보이지만, 실제 글을 썼을 때나 글을 쓰고 있는 상황에서는 달리 판단될 수도 있기 때문입니다. 이 상황에서도 다른 사람들로부터 점검받는 것이 도움이 됩니다.

8 초고 작성을 마친 후에는 일단 글 전체에 대한 주변 사람들의 반응을 다시 살펴보는 것이 필요합니다.

왜냐하면 글의 논리 전개에 무리는 없는지, 적당한 자료나 예를 선정했는지, 처음에 가졌던 논지가 일관되게 유지되고 있는지 등에 대해 본인이 파악하지 못하고 있거나, 독단적인 선입관을 갖고 있을 수 있기 때문에 가능하면 최종 완성에 앞서 글을 마무리하기 전에 다른 사람들로부터 점검을 받는 것이 필요합니다.

9 글의 완성도를 높여야 합니다.

글을 마무리할 때, 마지막 결론 부분이 서론에서의 문제 제기와 괴리되는 않는지, 문장이 매끄럽지 않은 곳은 없는지, 그리고 오탈자는 없는지 등을 꼼꼼히 점검해서 글의 마무리를 잘해야 한다는 것입니다. 우리가 다른 사람의 글을 읽을 때 결론 부분이 애매하거나 내용 파악이 잘 안 되는 문장이 곳곳에서 발견된다면, 또는 오탈자가 여기저기 눈에 띄게 된다면 아무리 좋은 내용을 담고 있더라도 글에 대한 신뢰도는 떨어지는 법입니다.

10 일단 쓰기 시작하는 것이 중요합니다.

무엇보다 가장 중요한 것은 일단 글쓰기를 시작하라는 것입니다. 처음부터 잘 쓰려는 마음에서 생각을 계속 가다듬거나 이것저것 자료 준비만 계속한다거나 해서 차일피일 미루다 보면, 글을 써나가기가 정말 어려울 수 있습니다. 때론 글의 첫 문장을 시작하는 것조차 두려움을 느낄 수도 있습니다. 그래서 '시작이 반(半)이다'라는 말이 있듯이 '나중에 수정하면 된다'라는 마음가짐으로 일단 글쓰기를 시작하는 것이 대단히 중요하다는 것입니다.

후기

●
○
○

인생은 가진 자의 것이 아니라, 누리는 자의 것이다.

이제 본 강의서를 마무리하면서 새삼 강조하고 싶은 바는, 이 강의서에서 제시하고 있는 각각의 주제들에 대한 분석이나 판단을 여러분이 단순히 학습하는 것이 아니라, 그 내용들을 참조해서 여러분 각자가 제시된 주제들이나 그와 연관된 것들에 대한 본인의 생각을 가다듬어서 이를 통해 자신의 사고 능력을 함양함과 더불어 관련 주제에 대한 자신의 판단 기준도 마련하길 기대한다는 것입니다.

또한 강의서에서 제시하고 있는 각각의 주제들에 대한 설명을 잘 이해하고, 또 그 내용을 받아들인다고 하더라도, 그 설명을 자신의 과제로 삼아 반추해보고 또 그 과정에서 떠오르는 본인의 생각들을 메모 등을 통해 정리해놓길 바란다는 것입니다. 왜냐하면 그렇게 정리해놓지 않는다면, 조만간 자신의 머릿속에서 쉽게 사라지게 될 것이기 때문입니다.

아울러 이처럼 각각의 주제들에 대한 의미와 내용을 파악해서 정리하는 것만이 중요한 것이 아니라, 각각의 주제들이 여러분 자신의 인생에 필수적인 요소인 만큼 이 주제들을 자신의 문제로써 진지하게 접근하고 또 고민해서 이를 토대로 향후 여러분의 삶과 생활에 나름의 지침이 될 수 있는 자신만의 입장과 방향을 찾아가는 것이 더욱 중요하다는 것입니다.

끝으로 학문의 궁극적인 연구 과제는 우주의 기원과 생명의 기원, 그리고 의식의 기원을 밝히는 것이라고 할 수 있으며, 어쩌면 언젠가 인류가 멸망할 때까지도 이 과제들에 대한 해답을 찾지 못할 수도 있을 것입니다. 하지만 인간은 자신의 존재를 보존하고 유지하기 위한 생존 욕구와 자신의 존재감을 충족시키고 또 확대하기 위한 지적 욕구를 충족시키기 위해서 이 과제들의 해결을 위한 탐구에 끊임없이 매진할 것입니다. 마찬가지로 여러분도 죽기 전까지 자신의 존재 이유와 바람직하고 행복한 삶에 대한 해답을 얻지 못할지도 모르겠지만, 살아 있는 동안은 본인 자신과 본인의 삶에 대한 사랑과 기대를 절대 내려놓지 말고, 다른 사람들과 더불어서 어울리되, 다른 누구의 것이 아닌 자신만의 인생을 멋지게 누리길 바랍니다.

추천 도서

📖

세계철학사 상, H. J. 슈퇴릭히 지음, 임석진 옮김, 분도출판사, 1989

주역강설, 이기동 역해, 성균관대학교 출판부, 2015

대학·중용강설, 이기동 역해, 성균관대학교 출판부, 2015

논어강설, 이기동 역해, 성균관대학교 출판부, 2015

서경강설, 이기동 역해, 성균관대학교출판부, 2011

맹자강설, 이기동 역해, 성균관대학교 출판부, 2015

도덕경, 노자 지음, 오강남 풀이, 현암사, 2000

장자, 오강남 풀이, 현암사, 1999

간명한 중국철학사, 펑유란 지음, 정인재 옮김, 형설출판사, 2013

우파니샤드, 임근동 옮김, 을유문화사, 2012

숫타니파타, 법정 옮김, 이레, 1999

반야심경, 금강경, 법화경, 유마경, 홍정식 역해, 동서문화사, 2016

육조단경, 성철 편역, 장경각, 1999

금강경강해, 김용옥 지음, 통나무, 2000

탄트라, 아지트무케르지, 마쓰나가 유케이 지음, 김구산 옮김, 동문선, 1995

헤르메스 가르침: 키발리온, 세 명의 입문자 지음, 김태항 옮김, 하모니, 2014

이것이 영지주의다, 스티븐 횔러 지음, 이재길 옮김, 샨티, 2016

서양철학사, 군나르시르베크, 닐스 길리에 지음, 윤형식 옮김, 이학사, 2017

소크라테스 이전 철학자들의 단편 선집, 탈레스 외 지음, 김인곤 외 옮김, 아카넷, 2017

쾌락, 에피쿠로스 지음, 오유석 옮김, 문학과지성사, 2017

그리스철학자열전, 디오게네스 라에르티오스 지음, 전양범 옮김, 동서문화사, 2011

소크라테스 회상, 크세노폰 지음, 최혁순 옮김, 범우, 2015

소크라테스의 변명, 플라톤 지음, 조병희 옮김, 현북스, 2016

국가, 플라톤 지음, 천병희 옮김, 숲, 2015

파이드로스, 플라톤 지음, 조대호 옮김, 문예출판사, 2016

향연, 플라톤 지음, 박희영 옮김, 문학과지성사, 2006

형이상학1, 아리스토텔레스 지음, 조대호 옮김, 나남, 2012

형이상학2, 아리스토텔레스 지음, 조대호 옮김, 나남, 2012

정치학, 아리스토텔레스 지음, 천병희 옮김, 숲, 2014

사물의 본성에 관하여, 루크레티우스 지음, 강대진 옮김, 아카넷, 2014

아우렐리우스 명상록, 아우렐리우스 지음, 조지 롱 영역, 안정효 한역, 세경북스, 2015

세네카 인생론, 세네카 지음, 김천운 옮김, 동서문화사, 2015

학문의 진보, 프란시스 베이컨 지음, 이종구 옮김, 신원문화사, 2007

베이컨 수필집, 프랜시스 베이컨 지음, 김길중 옮김, 문예출판사, 2015

무한자와 우주와 세계 외, 조르다노 브루노 지음, 강영계 옮김, 한길사, 2011

박학한 무지, 니콜라우스 쿠자누스 지음, 조규홍 옮김, 지식을만드는지식, 2013

마이스터 에크하르트 독일어 논고, 마이스터 에크하르트 지음, 요셉 퀸트 편역, 이부현
　　옮김, 누멘, 2009

신과 인간과 인간의 행복에 대한 짧은 논문, B. 스피노자 지음, 강영계 옮김, 서광사,
　　2016

에티카/정치론, 스피노자 지음, 추영현 옮김, 동서문화사, 2016

방법서설·성찰·데카르트연구, 르네 데카르트 지음, 최명관 옮김, 창, 2014

순수이성비판1, 임마누엘 칸트 지음, 백종현 옮김, 아카넷, 2015

순수이성비판2, 임마누엘 칸트 지음, 백종현 옮김, 아카넷, 2015

실천이성비판, 임마누엘 칸트 지음, 백종현 옮김, 아카넷, 2015

정신현상학1, G.W.F. 헤겔 지음, 임석진 옮김, 한길사, 2013

정신현상학2, G.W.F. 헤겔 지음, 임석진 옮김, 한길사, 2013

법철학, G.W.F. 헤겔 지음, 임석진 옮김, 한길사, 2012

의지와 표상으로서의 세계, 아르투어 쇼펜하우어 지음, 홍성광 옮김, 을유문화사, 2015

진보의 법칙과 원인, 허버트 스펜서 지음, 이정훈 옮김, 지식을만드는지식, 2014

무엇을 가르칠 것인가, 허버트 스펜서 지음, 유지훈 옮김, 유아이북스, 2016

도덕에 관하여, 데이비드 흄 지음, 이준호 옮김, 서광사, 2014

죽음에 이르는 병, 키에르 케고르 지음, 박환덕 옮김, 범우사, 2014

차라투스트라는 이렇게 말했다, 프리드리히 니체 지음, 두행숙 옮김, 부북스, 2012

나와 너, 마르틴 부버 지음, 표재명 옮김, 문예출판사, 2014

우주에서 인간의 위치, 막스 셸러 지음, 이을상 옮김, 지식을만드는지식, 2012

공감의 본질과 형식, 막스 셸러 지음, 이을상 옮김, 지식을만드는지식, 2013

인간, 그 본성과 세계에서의 위치, 아르놀트 겔렌 지음, 이을상 옮김, 지식을만드는지식, 2015

창조적 진화, 앙리 베르그손 지음, 황수영 옮김, 아카넷, 2015

웃음/창조적 진화/도덕과 종교의 두 원천, 앙리 베르그송 지음, 이희영 옮김, 동서문화사, 2016

과정과 실재, 앨프레드 노스 화이트헤드 지음, 오영환 옮김, 민음사, 2013

심리학의 원리, 윌리엄 제임스 지음, 정명진 옮김, 부글북스, 2014

종교적 경험의 다양성, 윌리엄 제임스 지음, 김재영 옮김, 한길사, 2016

인생은 살아야 할 가치가 있는가?, 윌리엄 제임스 지음, 김영희 옮김, 누멘, 2011

인간학적 탐구, A. 겔렌 지음, 이을상 옮김, 이문출판사, 2001

존재와 시간, 마르틴 하이데거 지음, 이기상 옮김, 까치글방, 2013

동일성과 차이, 마르틴 하이데거 지음, 신상희 옮김, 민음사, 2012

부분과 전체, 베르너 하이젠베르크 지음, 김용준 옮김, 지식산업사, 2014

진리와 정당화, 위르겐 하버마스 지음, 윤형식 옮김, 나남, 2008

비판적 사회과학과 철학적 인간학, J. 하버마스 외 지음, 이현아 편역, 서광사, 1999

자유로부터의 도피, 에리히 프롬 지음, 김석희 옮김, 휴머니스트 출판그룹, 2014

건전한 사회, 에리히 프롬 지음, 김병익 옮김, 범우사, 2013

소유냐 존재냐, 에리히 프롬 지음, 차경아 옮김, 까치글방, 2015

이기적 유전자, 리처드 도킨스 지음, 홍영남, 이상임 옮김, 을유문화사, 2016

리처드 도킨스의 진화론 강의, 리처드 도킨스 지음, 김정은 옮김, 옥당, 2016

마인드 인 소사이어티, L. S. 비고츠키 지음, M. 콜 외 엮음, 정회욱 옮김, 학이시습, 2014

변증법 이론의 근본구조, 디이터 반트슈나이더 지음, 이재성 옮김, 다산글방, 2002

몸의 인지과학, 프랜시스코 바렐라, 에반 톰슨, 엘리노어 로쉬 지음, 석봉래 옮김, 김영사, 2016

앎의 나무, 움베르또 마뚜라나, 프란시스코 바렐라 지음, 최호영 옮김, 갈무리, 2015

윤리적 노하우, 프란시스코 J. 바렐라 지음, 유권종, 박충식 옮김, 갈무리, 2010

영혼과 자아의 성장과 몰락, 레이먼드 마틴, 존 배러시 지음, 마리 오 옮김, 영림카디
 널, 2008

황금가지, 제임스 조지 프레이저 지음, 로버트 프레이저 엮음, 이용대 옮김, 한겨레출
 판, 2016

존재론의 새로운 길, N. 하르트만 지음, 손동현 옮김, 서광사, 1997

세계 존재의 이해, 손동현 외, 이학사, 2013

왜 세계는 존재하지 않는가, 마르쿠스 가브리엘 지음, 김희상 옮김, 열린책들, 2017

코스모스, 칼 세이건 지음, 홍승수 옮김, 사이언스북스, 2016

생태적 커뮤니케이션, 니클라스 루만 지음, 서영조 옮김, 에코리브르, 2014

왜 사람들은 자살하는가?, 토머스 조이너 지음, 김재성 옮김, 황소자리, 2012

유년기와 사회, 에릭 H. 에릭슨 지음, 송제훈 옮김, 연암서가, 2014

정체성, 나는 누구인가, 미셸 세르 외 지음, 이효숙 옮김, 알마, 2013

개인의 동일성과 불멸성에 관한 대화, 존 페리 지음, 김태량 옮김, 필로소픽, 2017

과학기술과 인간 정체성, 김선희 지음, 아카넷, 2013

정체성과 폭력, 아마르티아 센 지음, 이상환, 김지현 옮김, 바이북스, 2015

아이덴티티 경제학, 조지 애커로프, 레이첼 크렌튼 지음, 안기순 옮김, 랜덤하우스코리
 아, 2011

집단지성이란 무엇인가, 찰스 리드비터 지음, 이순희 옮김, 21세기북스, 2009

인간이란 무엇인가, 파스칼 피크, 장 디디에 뱅상, 미셸 세르 지음, 배영란 옮김, 알마,
 2012

불안한 현대 사회, 찰스 테일러 지음, 송영배 옮김, 이학사, 2019

사회과학연구의 논리 – 정치학·행정학을 중심으로, 강신택 지음, 박영사, 1989

인간주의 사회학, 김경동 지음, 민음사, 1978

현대사회학의 쟁점 – 메타사회학적 접근, 김경동 지음, 법문사, 1983

사회학의 이론과 방법론, 김경동 지음, 박영사, 1989

사회과학 방법론 비판, 김일동 외 지음, 청람문화사, 1989

집단행동과 사회변동, 김영정 편, 현암사, 1988

사회구조와 행위, 김용학 지음, 나남, 1992

사회구조와 사회행위론, 김일철 지음, 전예원, 1986

현대사회론, 고영복 편, 사회문화연구소, 1991

사상사 개설－사상의 역사와 사회의 변화, 고영복 편, 사회문화연구소, 1992

사회갈등과 이데올로기, 박재환 지음, 나남, 1992

지식사회학, 송호근 지음, 나남, 1990

푸코와 하버마스를 넘어서 －합리성과 사회비판, 윤평중 지음, 교보문고, 1990

현대사회학의 이론, 전경갑 지음, 한길사, 1993

인간과 사회구조－ 사회학 이론과 문제점들, 한완상 지음, 경문사, 1990

앎과 잘남, 양승태 지음, 책세상, 2006

대한민국이란 무엇인가: 국가 정체성 문제에 대한 정치철학적 성찰, 양승태 지음, 이화
여대출판부, 2010

강태규

한국외국어대학교 정치학 박사(정치이론 전공)
박사학위 논문: 정치사회의 질서와 변동에 대한 방법론적 논쟁 연구
저서: 정치학이란(공저), 국제질서의 패러독스(공저)
현) 한국외국어대학교 미네르바교양대학 강사

저자는 대학 학부에서부터 개인과 사회의 정체성, 그리고 이에 관련된 권력, 정당성 등의 의미와 영향에 관해서 연구해오고 있는 한편, 오늘날과 같이 개개의 학문 분야를 깊이 있게 다루는 전문가(specialist)를 필요로 하는 시대일수록 또 하나의 전문가로서 다양한 학문 분야들을 아우를 수 있는 제너럴리스트(generalist)의 역할이 더욱 요구된다는 생각으로 인문학과 사회과학 전반에 관한 연구를 폭넓게 계속해오고 있다.

인문학 기초강의

초판발행	2023년 1월 10일
지은이	강태규
펴낸이	안종만·안상준
편 집	전채린
기획/마케팅	정연환
표지디자인	Ben Story
제 작	고철민·조영환
펴낸곳	(주)**박영사**
	서울특별시 금천구 가산디지털2로 53, 210호(가산동, 한라시그마밸리)
	등록 1959. 3. 11. 제300-1959-1호(倫)
전 화	02)733-6771
f a x	02)736-4818
e-mail	pys@pybook.co.kr
homepage	www.pybook.co.kr
ISBN	979-11-303-1669-7 93300

정 가   18,000원